受験は三省堂

第2版

Vector

Victory

森山和正の

司法書士 Vマジック

Magic

不動産登記法Ⅱ

4

LEC東京リーガルマインド 講師
森 山 和 正 著

三省堂

はしがき

Vマジックとは

本シリーズは，司法書士試験の合格を目指す受験生のために書かれた基本書です。これまで私は，『ケータイ司法書士』シリーズを始め，数多くの受験テキストや勉強法の本を執筆してきましたが，これだけ大部の本格的なテキストを執筆するのは，初めてのことになります。

「Vマジック」というネーミングには，常々私が提唱している「合格まで一直線の最短距離を走れ」というベクトルマジック（Vector Magic）のVと,「その先にある合格を必ず勝ち取ってもらいたい」という勝利（Victory）のVが込められています。

私の講義をそのまま再現しました

一般的に，法律は難解で，理解することが難しいと思われています。その大きな理由は，法律の条文やテキストの記述が抽象的で，生活実感を持ってイメージすることが難しいからです。

本シリーズでは，初学者でも理解できるように，わかりやすい説明を心がけました。特に理解が困難と思われるところでは，私が普段講義で行っているように，具体例や図表を添えて，徹底的に説明しました。さらに，たとえ話や実務の体験談などを交え，楽しく学習を続けられるようにしました。

また，長年講師を続けていると，多くの受験生が同じところでつまずくのがわかります。そのような部分は,「ホームルーム」のコーナーを設け，講師が受験生の質疑に応答するという形で，読者がスムーズに学習を進められるようにしました。実際に私が受験生から受けた多くの質問をもとにしていますので,共感を持って読んでもらうことができると思います。1人の質問者の先には,同じ疑問を持っている受験生が100人はいるものだからです。

情報は多いほどよいというものではありません

執筆にあたっては，適切な情報量を提供することにも留意しました。わかりやすく書かれていても，それが合格レベルに達するものでなければ意味がありませんません。一方，過多な情報量はかえって害になります。本シリーズでは，過去の本試験を徹底的に分析し，合格に必要十分な情報を提供しました。学問的に重要な論点でも，合格にとって不要なものは，一切説明していません。逆に，ハイレベルな論点であって合否を分けるものについては，うやむやにすることなく，ページを割いて丁寧に説明し，読者が本シリーズだけで合格を確実に手にできるようにしました。

よって，本書の記述には無駄がありません。

文体でわかりやすさを演出することはやめました

昨今は，「ですます調」を用いてわかりやすさ・取っつきやすさを演出する向きも多いようですが，本シリーズでは，あえて書き言葉の「である調」を用いました。一見，「ですます調」のほうがわかりやすく見えますが，本試験においては「である調」の問題文と対峙することになります。普段から「である調」の文体で学習をしておけば，文体に慣れていて読みやすいだけでなく，学習した知識と問題文を直接結びつけることができ，合格がぐっと近づくのです。また，精緻な論理を理解するには，「である調」のほうが向いています。

最新の法改正に完全対応しています

本書は，不動産登記法の２冊目として，根抵当権の登記・特殊な登記・不動産登記総論などについて説明しています。不動産登記法の根本的な思想・考え方にまで遡って丁寧に説明しました。また，最新の民法・不動産登記法改正にも完全対応しています。

本書の刊行にあたり，三省堂六法・法律書編集室の加賀谷雅人氏に多大なご尽力を賜りました。心よりお礼を申し上げます。

本書は，私のこれまでの講師活動の集大成ともいえるものです。これまで，多くの受験生が，それぞれの思いを抱きながら，“本気”で合格を目指す姿を見てきました。講師も，その“本気”に“本気”で応えなければならないと思い，本書を書き上げました。読者のみなさんが本シリーズを利用し，司法書士試験に合格できることを祈っております。

著者　森 山 和 正

森山和正の司法書士Ｖマジック４　第２版　不動産登記法Ⅱ／目次

第１編　根抵当権の登記

第１章　根抵当権設定登記

第２章　根抵当権の譲渡

第３章　根抵当権変更

第４章　優先の定めの登記

第5章　根抵当権の相続・合併

第6章　元本確定登記

第7章　根抵当権の処分

第8章　根抵当権抹消

第2編　その他の担保権の登記

第1章　質　　権

第２章　先取特権

第３編　用益権の登記

第１章　用益権の登記総論

第２章　地上権の登記

第３章　永小作権の登記

第４章　地役権の登記

第５章　賃借権の登記

第６章　借地権の登記

第７章　配偶者居住権の登記

第４編　特殊な登記

第１章　仮　登　記

第２章　信託の登記

第３章　工場抵当に関する登記

第４章　区分建物に関する登記

第５章　処分制限の登記

第６章　破産手続に関する登記

第３章　単独申請による抹消登記の特則

第４章　共有における申請方法の特則

第７編　不動産登記法総論

第１章　不動産登記の意義

第２章　登記申請人

第３章　添付情報

施行日未定の改正について

本書においては，所有者不明土地の解消に向けた令和３年の民法・不動産登記法の改正は，本文に取り入れて解説しています。ただし，その改正のごく一部に，公布の日である令和３年４月28日から起算して５年を超えない範囲内において政令で定める日から施行されるものもあります。つまり，令和８年４月27日までに施行されることになります。司法書士試験においては，遅ければ，令和９年度の試験まで試験範囲に加わらない可能性もあります。

そのような改正については，改マークを付けて識別できるようにしておきました。施行日の情報に注意し，実際に受験する年度において法改正が試験の対象となるかどうかを入念に確認したうえで，学習を進めてください。

第1編

根抵当権の登記

第1章 根抵当権設定登記

●この章で学ぶこと●

『不動産登記法Ⅱ』では，根抵当権の学習から始めていきます。普通抵当権との違いを意識しながら学習を進めてください。

1. 総　　説

1 根抵当権とは

(1) 意　　義

根抵当権とは，設定行為で定めるところにより，一定の範囲に属する不特定多数の債権を一定の額（極度額）の限度内において担保する抵当権のことである（民 398 条の 2 以下）。

根抵当権は，一言でいうと，「枠支配権」である。普通の抵当権では，債権が発生したら，その時点で，当該債権を担保するための抵当権を設定する。これに対して，根抵当権は，債権が発生しなくても，とりあえず優先枠を設定しておくことができる。実際に債権が発生したら，その優先枠を使って優先弁済を受けることができるのである。

『民法Ⅰ』では，根抵当権を「空き箱」のイメージで理解するとよいと説明した。不動産の担保価値を押し入れのような体積と考えた場合に，空き箱を置いて押し入れのスペースを確保しておこうということであった。その空き箱には，穴が開いており，その穴から新しい債権を入れることができる。債権が実際に発生していなくても，一定の枠を確保することができる点が，根抵当権の特徴である。

(2)　根抵当権の性質

【付従性がない】

根抵当権には，付従性がない。よって，根抵当権の被担保債権は，設定時に存在している必要はなく，将来発生する債権であってもよい。また，元本の確定前の根抵当権においては，被担保債権が弁済等により消滅しても，根抵当権が当然に消滅するわけではなく，根抵当権はその後新たに発生する債権を繰り返し担保することになる。

【随伴性がない】

元本の確定前の根抵当権においては，担保されている債権が譲渡されたとしても，根抵当権は，これに随伴して移転することはない（民398条の7第1項）。

【被担保債権の不特定性】

付従性・随伴性がないことから，元本確定までは，どの債権が担保されるのか特定されていないところに，根抵当権の特徴がある。

(3)　元本確定

根抵当権が，すでに発生している債権のみを担保するようになることを，元本確定という。空き箱のイメージでいえば，箱に開いていた穴が閉じることが，元本確定である。元本が確定すると，担保される債権は確定し，その被担保債権との結びつきが生じ，付従性・随伴性も生じることになる。

2　根抵当権設定

(1)　設定契約

根抵当権は，根抵当権の設定者と根抵当権を取得しようとする者（根抵当権者）が根抵当権設定契約を締結することにより，設定される。

(2)　必要的契約事項

根抵当権設定契約においては，極度額・被担保債権の範囲・債務者を必ず定めなければならない。この3つが根抵当権設定契約の要素となっており，登記においても，必要的登記事項となっている。

2. 根抵当権設定登記手続

1 登記申請のポイント

(1) 記 載 例

事例 令和6年7月5日，A及びBは，売買取引により発生するBのAに対する債権を担保するため，極度額1,000万円，確定期日令和8年12月31日とする根抵当権を，A所有の甲土地を目的として設定する契約を締結した。

◉記載例 根抵当権設定登記

登記の目的 根抵当権設定
原　　　因 令和6年7月5日設定
極 度 額 金1,000万円
債権の範囲 売買取引
確 定 期 日 令和8年12月31日
債 務 者 A
根抵当権者 B
設 定 者 A
添 付 情 報 登記原因証明情報 登記識別情報 印鑑証明書
代理権限証明情報
課 税 価 格 金1,000万円
登録免許税 金4万円

根抵当権設定登記は，根抵当権者と設定者の共同申請である。所有権に対して根抵当権を設定する場合には，設定者は不動産所有者である。これを登記申請すると，以下のように，登記される。

権利部（乙区）（所有権以外の権利に関する事項）			
順位番号	登記の目的	受付年月日・受付番号	権利者その他の事項
1	根抵当権設定	令和6年7月5日 第56972号	原因 令和6年7月5日設定 極度額 金1,000万円 債権の範囲 売買取引 確定期日 令和8年12月31日 債務者 A 根抵当権者 B

根抵当権は所有権以外の権利なので，その設定登記は，乙区に記録される。順位番号が振られる主登記で実行される。

(2) 登記事項

【総　説】

根抵当権の登記を学習するにあたって，まず，根抵当権の登記事項を押さえなければならない。どのような内容の根抵当権なのかを公示するために，他の権利の場合とは異なる登記事項が用意されている。

根抵当権の絶対的登記事項・任意的登記事項を整理すると，以下のようになる。

絶対的登記事項	①極度額 ②債権の範囲 ③債務者
任意的登記事項	①確定期日 ②民法第 370 条但書の定め ③権利消滅の定め

【絶対的登記事項】

絶対的登記事項は，極度額・債権の範囲・債務者である。この３つは，根抵当権の絶対的契約事項でもある。つまり，極度額・債権の範囲・債務者の３つは，契約内容として必ず定めなければならず，そのうえ登記をしなければならない事項ということである。

担保権の設定登記においては，どの債権が被担保債権となるかを明確にする必要があるが，根抵当権の場合，この３つの内容及び根抵当権者を公示することで，誰に対するどのような債権を，どの限度で担保するか，明確にすることができる。その意味で，極度額・債権の範囲・債務者・根抵当権者という４つの事項が，被担保債権を決定する基準となる根抵当権の最重要登記事項ということになる。

【任意的登記事項】

任意的登記事項としては，確定期日がある。確定期日とは，その日の到来をもって元本が確定する基準日のことである。つまり，いつ元本が確定するかをあらかじめ決めておこうというわけである。確定期日は，根抵当権設定契約の任意的契約事項であり，契約に定めた場合のみ登記することになる。

抵当権の場合と異なり，利息に関する定め・損害金に関する定めは，登記事項となっていない。根抵当権の場合，特定の債権との結びつきが生じていないため，特定の債権についての利息・損害金を公示する意味がないからである。

また，特約として，民法第 370 条但書の定めと権利消滅の定めが任意的登記事項となる。

【特約として登記できるもの】

根抵当権の場合，抵当権に比べて，特約として登記事項となるものが少ないことに気づいただろうか。ここで，根抵当権と抵当権について，特約として登記事項となるものの違いを比較しておこう。

◉特約として登記事項となるもの

抵当権	根抵当権
債権に付した条件 権利消滅の定め 民法第 370 条但書の定め 抵当証券発行の定め	権利消滅の定め 民法第 370 条但書の定め

抵当権の場合には，債権に付した条件と抵当証券発行の定めが登記事項となるが，根抵当権の場合には，これらが登記事項とならないのである。

まず，債権に付した条件が登記事項とならないのは，根抵当権が特定の債権との結びつきが生じていないからである。ある債権が消滅しても根抵当権自体は消滅しないことから，ある債権に付した条件を公示する必然性がないのである。

次に，根抵当権において抵当権証券発行の定めが登記事項とならないのは，根抵当権の場合には抵当証券を発行することができないからである（抵証 2 条 1 号）。

2 登記の目的

登記の目的は，原則として「根抵当権設定」となる。

「抵当権」を「根抵当権」としたうえで，抵当権設定登記の場合と同様に記載すればよい。たとえば，地上権に対して根抵当権を設定した場合には，登記の目的は，「1 番地上権根抵当権設定」などとなる。

3 登記原因

根抵当権設定登記の登記原因は，「年月日設定」となる。登記原因日付は，根抵当権設定契約の日である。

抵当権の場合は，「年月日金銭消費貸借年月日設定」などというように，前半に債権発生原因を記載したうえで，後半に設定契約を記載する。これに対して，根抵当権の場合は，前半の債権発生原因の記載をせずに，設定契約のみを記載する。

抵当権は，特定の債権を担保するものであるため，その被担保債権を公示する必要がある。これに対して，根抵当権は，特定の債権と結びつきがなく，一定の範囲に属する債権を次々に担保するものであるため，特定の債権の発生原因を記載する必要がないのである。

4　極　度　額

空き箱のイメージにおいては，極度額は「箱の大きさ」であり，根抵当権の重要事項である。そのため，極度額は，根抵当権設定登記における絶対的登記事項となっている。

極度額は，「極度額　金1,000万円」のように記載する。抵当権の場合の債権額と異なり，極度額を外貨表示することはできない（昭37・1・26民甲73号）。担保の限度としての箱の大きさを明確にするため，極度額を日本円で表記する必要があるからである。

5　債権の範囲

(1)　意　　義

債権の範囲とは，どのような契約・取引で生じた債権を被担保債権とするかの定めである。空き箱のイメージでは，空き箱に開いた「穴の形」のことである。丸い穴なのか四角い穴なのかを決めておき，丸い穴を開けておけば，丸い形の債権をその穴から出し入れすることができることになる。

包括根抵当権を認めることはできないので，債権の範囲を設定契約で定めておかなければならない。そのため，根抵当権の設定登記において，債権の範囲は絶対的登記事項となっている。

登記申請情報には，「被担保債権」と記載したうえで，契約によって定められた範囲を記載することになる。

(2)　種　　類

債権の範囲とすることができるものには，次のものがある（民398条の2第2項・3項）。

①債務者との特定の継続的取引から生じる債権
②債務者との一定の種類の取引から生じる債権
③特定の原因に基づき債務者との間に継続して生じる債権
④手形・小切手上の請求権，電子記録債権
⑤特定債権

①・②は，根抵当権者と債務者との直接取引によって発生した債権に限定される。偶発的に生じた債権債務関係に基づく債権を，その範囲に含めないためである。

債権の範囲は，上記①～⑤の中から具体的に記載する必要がある。また，債権の範囲は，1つだけに限定する必要はなく，複数の債権の範囲を併記することもできる。

以下，上記①～⑤の内容とその記載方法を確認していくことにしよう。

【①債務者との特定の継続的取引から生じる債権】

債権の範囲として，基本となる継続的契約を定めることで，その契約から生じる一連の債権を担保することができる。

この場合，債権の範囲として，「年月日フランチャイズ契約」「年月日当座貸越契約」「年月日電気製品供給契約」というように，その基本となる継続的契約を記載する。被担保債権は，不特定の債権となるが，その債権を発生させる基本となる契約は特定した契約なので，その契約の成立年月日を「年月日」と記載したうえで，その契約の名称を記載する必要がある。

【②債務者との一定の種類の取引から生じる債権】

債権の範囲として，基本となる契約を定めるのではなく，取引の種類を定めることができる。この場合，その種類の取引をしたときに発生した債権が担保される。

たとえば,「売買取引」「金銭消費貸借取引」「商品供給契約」「請負取引」「銀行取引」「手形貸付取引」「保証取引」（昭46・10・4民甲3230号，昭47・4・4民三301号，昭47・8・4民三608号）などと記載する。取引の種類を定めるにすぎないため,「年月日」というように契約の成立年月日を記載しない。

これに対して,「商社取引」「債務引受取引」「根抵当取引」（昭46・12・27民三960号，昭47・8・4民三608号）などは，内容が不明確なため，債権の範囲として登記することはできないとされている。

一定の種類の取引を被担保債権とした場合，根抵当権が設定される前に発生した債権であっても担保される。

【③特定の原因に基づき債務者との間に継続して生じる債権】

これは，根抵当権者と債務者との取引によらずに，特定の原因に基づいてその両者の間に継続的に発生する債権である。

「甲工場の排液による損害賠償債権」「甲工場からの清酒移出による酒税債権」（昭46・10・4民甲3230号）などと記載する。

「債務者の不法行為による損害賠償債権」は，債権の範囲とすることができない（平2・12・7民三5648号）。不法行為では，交通事故や傷害事件など様々なものを含むため，原因が特定されているとはいえないからである。

【④手形・小切手上の請求権，電子記録債権】

手形・小切手上の請求権，電子記録債権は，根抵当権者と債務者との直接取引によって発生したものでなくてもよい。たとえば，手形・小切手上の請求権が債権の範囲に含まれている場合，手形・小切手上の債権であれば，債務者が直接振り出したものでなく，債務者が振り出したものが転々流通した後に，根抵当権者が取得したもの（いわゆる回り手形・回り小切手）であっても，担保される。

この場合，債権の範囲として，「手形債権」「小切手債権」「電子記録債権」と記載する。手形債権・小切手債権の双方を債権の範囲とする場合でも「手形・小切手債権」と記載することはできず，「手形債権　小切手債権」と記載しなければならない（昭46・10・4民甲3230号）。

【⑤特定債権】

ある特定の債権のみを担保する根抵当権を設定することはできない。特定の債権のみを担保したければ，普通の抵当権を設定すべきである。

しかし，設定時に具体的に存在する特定の債権も，上記の不特定債権と組み合わせた場合には，被担保債権とすることができる。

この場合には，債権の範囲として，「年月日貸付金」「年月日売買代金」「年月日賃貸借契約の保証金返還請求権」のように，具体的な債権を記載する。

例題　CはAに対して売買取引によって生じた債権（α債権）を有していたが，令和6年7月1日，Cはα債権をBに譲渡した。令和6年7月5日，A所有の甲土地に，Bを根抵当権者，Aを債務者，債権の範囲を売買取引とする根抵当権が設定された。α債権はこの根抵当権によって担保されるか。

例題の根抵当権は，売買取引が債権の範囲となっている。この場合，被担保債権となるのは，根抵当権者Bと債務者Aで直接取引した売買取引に限られる。α債権は，BとAが取引して発生させたものではなく，債権譲渡によって取得した特定債権の扱いになる。よって，売買取引を債権の範囲としている当該根抵当権によっては担保されないのである。

しかし，α債権を特定債権として担保することはできる。この場合，債権の範囲として，売買取引に加えて「令和６年７月１日債権譲渡（譲渡人C）にかかる債権」と記載する。

なお，債務者が債務引受をした債権についても，特定の債権として債権の範囲に加えることができる。この場合は，債権の範囲として，「年月日債務引受（旧債務者何某）にかかる債権」と記載する。

⑶ 債務者ごとに異なる場合

複数の債務者を定めたうえで，債務者ごとに異なる債権の範囲を定めることができる。たとえば，XがA所有の甲土地に根抵当権の設定を受けるにあたり，債務者をA及びBと定め，Aに対する売買取引債権，Bに対する商品供給取引債権を担保することができる〈図1-1〉。

図1-1　債務者ごとに異なる債権の範囲を定めることができる

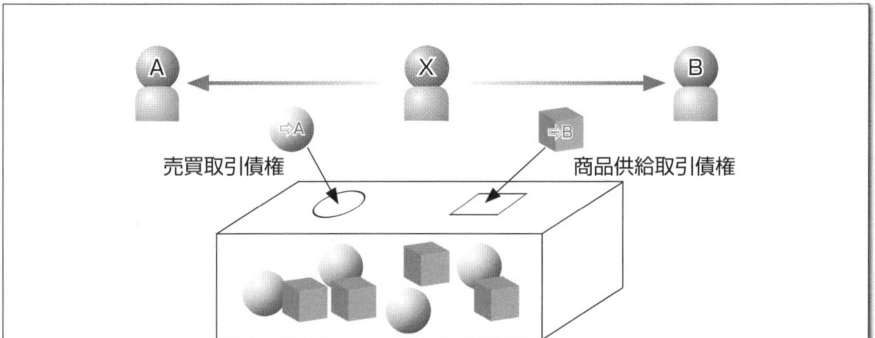

この場合，登記申請情報には，債権の範囲として，以下のように記載する（昭46・12・24民甲3630号）。

債権の範囲　債務者Aにつき　売買取引
　　　　　　債務者Bにつき　商品供給取引

6 債　務　者

債務者は, 根抵当権設定登記における絶対的登記事項である。債務者の氏名・住所を「債務者　千葉県柏市柏一丁目1番1号　乙野次郎」のように記載する。

債務者が複数存在する場合には,「債務者　(住所) A　(住所) B」と併記する。この場合に,「連帯債務者」と記載することはできない (昭46・12・24民甲3630号)。債務者は被担保債権の基準として登記するのであり, 特定の債権を担保するわけではないからである。

権利能力なき社団を債務者として登記することができる点は, 抵当権の場合と同様である (昭31・6・13民甲1317号)。

7 確定期日

(1) 任意的登記事項

確定期日は, 任意的登記事項であり, その定めがある場合のみ, 登記申請情報に記載する。

(2) 適　法　性

確定期日は, 設定契約の日から5年以内の特定の日でなければならない (民398条の6第3項)。

設定契約において, 確定期日として設定契約の日から5年を超える日を定めている場合, 5年以内の日に引き直して登記することはできない (登研580号61)。この場合, 確定期日の定め自体が無効となり, 確定期日の定めのない根抵当権となるからである。なお, この場合でも, 無効となるのは, 確定期日の定めであり, 根抵当権自体が無効となるわけではないので注意すること。

また, 債務者が複数定められている場合に債務者ごとに異なる確定期日を定めたり, 数個の取引がある場合に取引ごとに異なる確定期日を定めたりすることはできない。元本確定は, 根抵当権自体に生じるものだからである。

(3) 記載方法

確定期日の定めがある場合, 登記申請情報には,「確定期日　令和8年12月31日」などと記載する。

確定期日は, 特定の日でなければならないから,「契約の日から3年」「売買取引終了の日」という記載をすることはできない。

8 特　　約

特約として，民法第370条但書の定めと権利消滅の定めを記載することができる。なお，債権に付した条件・抵当証券発行の定めが登記できないことは，前述した（☞前記1(2)）。

9 申　請　人

根抵当権設定登記申請は，根抵当権者を登記権利者，設定者を登記義務者とする共同申請で行う（60条）。

登記申請情報には，「権利者」「義務者」ではなく，「根抵当権者」「設定者」と記載する。また，根抵当権者が金融機関の場合には，取扱店を表示することができる。これらの点は，抵当権の場合と同じ扱いである。

10 添付情報

添付情報は，抵当権の場合と同様である。

11 登録免許税

定率課税であり，極度額の1000分の4となる（登免税別表1.1.(5)）。

3. 共有根抵当権

1 意　　義

(1) 共有根抵当権とは

1個の根抵当権を数人の者が準共有する根抵当権を設定することができる。これを共有根抵当権という。

(2) 優先弁済の割合

【原　則】

共有根抵当権が設定された場合，その各根抵当権者は，原則として，債権額の割合に応じて優先弁済を受ける（民398条の14第1項本文）。つまり，各根抵当権者の優先弁済割合は，債権額の変動に伴って変動するのであり，固定された持分があるわけではない。

【例　外】

例外として，共有者間において，①原則と異なる割合を定めたとき，②ある者が他の者に先だって弁済を受けることを定めたときは，その定めに従って優先弁済を受ける（民398条の14第1項但書）。これを優先の定めという。

2　登記申請のポイント

(1)　記　載　例

事例　令和6年7月5日，A，B及びCは，売買取引により発生するAのCに対する債権及び商品供給取引により発生するBのDに対する債権を担保するため，極度額1,000万円とする根抵当権を，C所有の甲土地を目的として設定する契約を締結した。

◉記載例　共有根抵当権設定登記

登記の目的	根抵当権設定
原　　　因	令和6年7月5日設定
極　度　額	金1,000万円
債権の範囲	根抵当権者Aにつき　売買取引
	根抵当権者Bにつき　商品供給取引
債　務　者	根抵当権者Aにつき　C
	根抵当権者Bにつき　D
根抵当権者	A
	B
設　定　者	C
添 付 情 報	登記原因証明情報　登記識別情報　印鑑証明書
	代理権限証明情報
課 税 価 格	金1,000万円
登録免許税	金4万円

共有者ごとに債権の範囲・債務者を変えることができる。本記載例においても，根抵当権者AとBの債権の範囲・債務者が異なっている。

この根抵当権においては，ＡのＣに対する売買取引債権と，ＢのＤに対する商品供給取引債権が担保されている〈図 1-2〉。

図 1-2　共有者ごとに債権の範囲・債務者を変えることができる

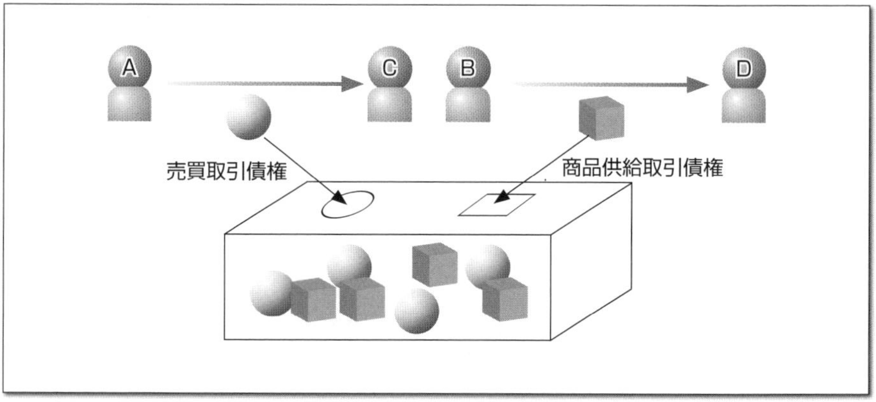

⑵　債権の範囲

共有根抵当権の場合も，債権の範囲を登記することになるが，根抵当権者ごとに債権の範囲が異なる場合は，記載例のように，根抵当権者ごとに特定して記載する（昭 46・12・24 民甲 3630 号）。

なお，根抵当権者ごとに債権の範囲・債務者が異なる場合，債権の範囲は，「債務者何某につき」として債務者ごとに記載するのではなく，「根抵当権者何某につき」として根抵当権者ごとに書き分ける。

⑶　債　務　者

共有根抵当権において，根抵当権者ごとに債務者が異なる場合は，記載例のように，根抵当権者ごとに債務者を特定して記載する（昭 46・12・24 民甲 3630 号）。

⑷　根抵当権者

共有根抵当権においては，根抵当権の準共有者である根抵当権者を記載することになるが，その持分は記載しない（令 3 条 9 号括弧書，昭 46・12・24 民甲 3630 号）。根抵当権の準共有の場合，その持分が固定されていないからである。

4. 共同根抵当権

1　共同根抵当権の意義

(1)　2種類の共同根抵当権

共同根抵当権とは，複数の不動産に根抵当権が設定された場合の根抵当権のことである。共同根抵当権には，累積式共同根抵当権と純粋共同根抵当権の2種類がある。

(2)　累積式共同根抵当権

複数の不動産に設定された根抵当権は，別個独立の関係にあり，共同の関係にはない。たとえば，根抵当権者を同じくする極度額1,000万円の根抵当権が甲土地と乙土地に設定された場合，たとえ債権の範囲・債務者が同一であったとしても，根抵当権者は，両方の土地に設定された根抵当権を別個独立のものとして，それぞれの土地から1,000万円ずつの配当を受けることができる。これが累積式共同根抵当権である。これは，各不動産の根抵当権が別個独立した関係であり，不動産登記法上の共同根抵当権ではない。不動産登記法において「共同根抵当権」という場合は，後述の純粋共同根抵当権のことを指す。

同一の債権を担保するために複数の不動産に根抵当権が設定された場合，累積式共同根抵当権となる（共同根抵当権とはならない）のが原則である。普通抵当権の場合，同一の債権を担保するため複数の不動産に設定されれば，当然に共同抵当権となることと比較すること。

累積式共同根抵当権が設定された場合，各不動産に対して独立して根抵当権の設定登記を申請すればよい。また，共同担保目録も作成されない。

(3)　純粋共同根抵当権

同一の債権を担保するために根抵当権が設定された場合，共同根抵当権の要件を満たしたうえで共同関係にしようとする当事者の意思が明確であるときは，純粋共同根抵当権となる。不動産登記法において「共同根抵当権」という場合は，この純粋共同根抵当権のことを指す。

この場合は，各不動産に共同して1つの根抵当権が設定されているという関係になる。たとえば，甲土地と乙土地に極度額1,000万円の根抵当権が設定され，それが純粋共同根抵当権となる場合，根抵当権者は，両方の土地から全体として1,000万円の配当を受けられることになる。当該配当においては，民法392条，民法393条が適用され（民398条の16），同時配当・異時配当の規定に従い，優先弁済を受ける。また，後順位担保権者の代位も認められる。

純粋共同根抵当権が設定された場合，共同根抵当権の登記をすることになり，各不動産に設定された根抵当権が共同の関係であることを示すため，共同担保目録が作成される。

2　共同根抵当権の成立要件

(1)　総　　説

複数の不動産を目的として設定された根抵当権については，次の要件を満たした場合に，共同根抵当権となる（民398条の16）。

①同一の債権を担保する根抵当権であること。

②設定と同時に共同担保である旨の登記をすること。

以下，項を改めて，これらの要件について検討していこう。

(2)　要件①：同一の債権を担保する根抵当権であること

【同一の債権を担保するとは】

共同根抵当権となるためには，同一の債権を担保するための根抵当権でなければならない。これは，次の4つが同一であることを意味する。

①根抵当権者

②極度額

③債権の範囲

④債務者

これらのうちの1つでも異なる場合には，当該根抵当権によって担保される債権が異なることになってしまうからである。この4つのことを共同根抵当権の「4つの共通事項」と呼ぶことにしよう。

【それ以外の事項】

「4つの共通事項」以外の事項が不動産ごとに異なっていても，共同根抵当権とすることはできる。たとえば，確定期日・優先の定め・民法第370条但書の定めという登記事項が異なっていてもよい。これらは，被担保債権を決定する基準となるわけではないので，これらが異なっていても被担保債権が同一でないとはいえないからである。

根抵当権者自体は同一でなければならないが，根抵当権者の取扱店の表示については，不動産ごとに異なっていてもよい。また，設定者については，不動産ごとに異なっていてもよい。

(3)　要件②：共同担保である旨の登記

複数の不動産に設定する根抵当権を共同根抵当権とするためには，設定と同時に，共同担保である旨の登記をしなければならない（民398条の16）。つまり，根抵当権の設定登記を申請するときに，登記の目的として，「根抵当権設定」ではなく，「共同根抵当権設定」と記載する必要がある。普通抵当権の場合は，「抵当権設定」と記載すれば当然に共同抵当権となることと比較すること。

その意味で，共同根抵当権は，登記が効力要件であるといえる。「共同根抵当権を設定しよう」という契約を締結しただけでは共同根抵当権とはならず，「共同」である旨の登記がされて初めて共同根抵当権となるわけである。

このことから，共同根抵当権設定の仮登記をすることはできない（昭47・11・25民甲4945号）。仮登記の段階で，共同の登記（本登記）を申請することはできないからである。

(4)　累積式根抵当権から共同根抵当権への変更・更正の可否

【総　説】

累積式根抵当権として設定登記がなされている根抵当権を共同根抵当権とする変更登記・更正登記を申請することはできない（昭46・10・4民甲3230号）。利害関係人の承諾があっても，申請できないことに変わりはない。

共同根抵当権とするには，設定と同時に共同の登記をする必要があるから，事後的に共同根抵当権とする変更登記・更正登記を認めないというわけである。

変更登記が認められなくても，更正登記が認められるものは多い（例買戻権における期間の延長）。しかし，累積式根抵当権から共同根抵当権にする場合には，更正登記も認められないことに注意すること。累積式根抵当権は不動産ごとに別個の根抵当権であるのに対し，共同根抵当権は各不動産に及ぶ1個の根抵当権であるため，是正前後の同一性がないからである。

また，共同根抵当権から累積式根抵当権にする変更登記・更正登記も，申請することはできない（登研315号75）。

【仮登記の場合】

複数の不動産に対して同一内容の累積式根抵当権の仮登記がなされている場合においては，本登記をする際に共同である旨の登記をして，共同根抵当権とすることができる（登研424号222）。上述したとおり，仮登記の段階で共同根抵当権設定の仮登記をすることはできないので，この場合，本登記をする際に，共同の登記を申請することが認められるというわけである。

3　共同根抵当権設定登記

(1)　一括申請

【可　否】

共同根抵当権設定登記においては，普通抵当権の場合と同様，一括申請の要件が緩和されており，管轄が同一で，登記の目的の主要部分が同一であれば，一括申請が許されている。

たとえば，同一の債権を担保するため，所有者を異にする数個の不動産を目的として共同根抵当権の設定契約がなされた場合，その不動産が同一管轄内にあれば，一括申請をすることができる。

また，同一の債権を担保するため，数個の不動産を目的として，設定日を異にする共同根抵当権が設定された場合についても，その不動産が同一管轄内にあれば，一括申請をすることができる。

これに対して，数個の不動産を目的として累積根抵当権が設定された場合には，登記の目的・登記原因・当事者・管轄が同一であったとしても，一括申請をすることはできない。不動産ごとに別個独立の根抵当権とされているからである。

【要　否】

登記原因証明情報として提供する根抵当権設定契約書に，複数の不動産に根抵当権が設定されたことの記載があっても，その一部について登記を留保することができる。この点は，普通抵当権の場合と同様である。

(2)　登記申請のポイント

事例　令和6年6月30日，A及びBは，売買取引により発生するBのAに対する債権を担保するため，極度額1,000万円の共同根抵当権を，Aの所有する甲土地・乙土地を目的として設定する契約を締結した。甲土地と乙土地は，同一管轄内にある。

◉記載例　共同根抵当権設定（同一管轄）

登記の目的	共同根抵当権設定
原　　　因	令和６年６月30日設定
極　度　額	金1,000万円
債権の範囲	売買取引
債　務　者	A
根抵当権者	B
設　定　者	A
添付情報	登記原因証明情報　登記識別情報　印鑑証明書 代理権限証明情報
課税価格	金1,000万円
登録免許税	金４万円
不動産の表示	甲土地　乙土地

【登記の目的】

「共同根抵当権設定」と記載する。共同の登記をすることが共同根抵当権にするための要件なので，「共同」と記載することを忘れないこと。

【登記原因】

不動産ごとに設定日が異なる場合でも一括申請することができるが，その場合は，「原因　後記のとおり」と記載し，不動産の表示の各不動産の末尾に，それぞれの登記原因を「（原因　令和６年７月１日設定）」のように記載する。

【登記事項】

登記事項については，通常の根抵当権設定登記と異なるところはない。ただし，極度額・債権の範囲・債務者については，各不動産で同じでなければならないことに注意すること。

【申請人】

根抵当権者を登記権利者，設定者を登記義務者とする共同申請で行う。各不動産について設定者が異なる場合でも，一括申請をすることができる。この場合は，設定者を列挙し，不動産の表示の各不動産の末尾にそれぞれの設定者を記載する。

【登録免許税】

共同根抵当権設定登記の登録免許税は，極度額の1000分の４となる（登免税別表1.1.(5))。共同根抵当権は，各不動産に1個の根抵当権を設定するという性質がある。そこで，登録免許税の算出においても，不動産の個数に関係なく，1つの根抵当権設定とみなして課税されるというわけである(登免税13条1項)。

(3) 登記の実行

登記申請情報には，「共同根抵当権設定」と記載するが，登記記録には，単に「根抵当権設定」と記録される。

また，共同担保の目的となっている不動産を公示するため，共同担保目録が作成され（83条2項），各不動産の根抵当権の登記の末尾に当該共同担保目録の記号・番号が記録される（規則166条1項)。

(4) 管轄が異なる場合

共同根抵当権が設定された場合でも，各不動産の管轄が異なる場合には，一括申請をすることができない。

管轄が異なる不動産に対して共同根抵当権が設定された場合，まず，ある管轄に対して通常の根抵当権設定登記を申請する。共同根抵当権は，共同の登記をすることが効力要件であるが，他の管轄に対する根抵当権設定登記がなされていない段階では，共同の登記をすることができないからである。

そして，その後に，他の管轄に対して，共同根抵当権の追加設定登記を申請することになる（昭46・10・4民甲3230号)。共同担保目録も，追加設定登記がなされ，共同根抵当権として扱われてから初めて作成される。

普通抵当権の場合，最初の管轄に申請するときから共同抵当権として扱われ，共同担保目録もその時点で作成されたことと比較すること。

また，この場合の登記申請の方法は，後記4を参照すること。

4 共同根抵当権追加設定登記

(1) 追加設定の要件

共同根抵当権が追加設定されるためは，次の要件を満たしていなければならない。

①すでに設定されている根抵当権と同一の債権の担保として設定されたこと。
②片面的共同根抵当権でないこと。
③すでに設定されている根抵当権が元本確定前であること。

④設定と同時に共同である旨の登記をすること。

それぞれの要件について，項を改めて説明を加えていこう。

⑵　要件①：同一の債権の担保として設定されたこと

【原　則】

共同根抵当権の追加設定登記の申請においては，登記申請情報の内容として提供した極度額・債権の範囲・債務者・根抵当権者が，すでに登記された根抵当権と完全に一致していなければならない。これらは，被担保債権を決定する基準となるからである。普通抵当権の追加設定登記の申請においては，債権額・債務者・利息等がすでに登記されている抵当権と一致しなくてもよいことと比較すること。

たとえば，普通抵当権の場合，追加設定にあたり，すでに登記されている抵当権について債権額の変更登記を申請しなくても，一部弁済後の債権額で追加設定登記を申請することができる（登研 174 号 74）。これに対して，根抵当権の場合，極度額を変更したうえで追加設定をしたときは，すでに登記されている根抵当権の極度額の変更登記をしたうえで根抵当権の追加設定登記を申請しなければ，却下されてしまう（登研 362 号 83）。

また，普通抵当権の場合は，追加設定登記にあたり，債務者の住所がすでに登記されている債務者の住所と異なるときも，そのまま申請することができる。これに対して，根抵当権の場合は，債務者の住所がすでに登記されている根抵当権と異なるときは，そのまま追加設定の登記を申請すると却下されてしまう（登研 325 号 72）。その場合は，根抵当権の追加設定登記の前提として，すでに設定されている根抵当権について，債務者の変更登記をしておかなければならない。

【例　外】

ただし，例外として，すでに登記された根抵当権の債務者について，地番変更を伴わない行政区画の変更が行われた場合，債務者の変更登記を申請することなく，追加設定の登記を申請することができる（平 22・11・1 民二 2759 号）。たとえば，すでに設定されている根抵当権の債務者の住所が「田無市南町一丁目１番１号」であり，現在の住所が「西東京市南町一丁目１番１号」である場合，田無市と保谷市の合併により西東京市に行政区画が変わっただけなので，債務者の変更の登記を申請することなく，追加設定の登記を申請することができる。このような場合，行政の都合で住所が変わっただけであるため，登記官には，債務者が同一であることが明らかだからである。

(3) 要件②：片面的共同根抵当権でないこと

【片面的共同根抵当権とは】

片面的共同根抵当権とは，甲土地と乙土地，乙土地と丙土地は共同担保関係にあるが，甲土地と丙土地は共同担保関係にないというような場合の根抵当権のことである。

片面的共同根抵当権は，配当関係が複雑になり，法律関係が錯綜してしまうことから，認められていない。

「甲と乙，乙と丙は友だちだが，甲と丙は友だちでない」ということはよくあるが，共同根抵当権では，このような関係が認められていないということである。共同根抵当権の関係は，友人関係ではなく，グループ関係として理解するとよい。3人で1つのグループを作るということである。甲・乙がグループを作り，丙がそのグループに参加した場合，丙は，甲・乙どちらとも仲間になるというわけである。グループ関係を作る以上，「甲とは仲間になるが乙とは仲間にならない」ということはできないのである。

【共同根抵当権が設定されている場合】

甲土地・乙土地を目的として共同根抵当権の設定の登記がなされている場合，甲土地または乙土地のみの追加担保として，丙土地を目的とした共同根抵当権の追加設定をすることはできない（昭46・10・4民甲3230号）。甲土地・乙土地の根抵当権が共同関係にある以上，そのどちらかに追加設定すると，片面的共同根抵当権となってしまうからである。

甲土地・乙土地双方の追加担保として，丙土地を目的とした共同根抵当権の追加設定をすることはできる。

【累積式根抵当権が設定されている場合】

同一の債権を担保するため甲土地と乙土地に根抵当権が設定されているが，共同の登記がなされていない場合，甲土地・乙土地・丙土地を共同担保とする丙土地への共同根抵当権の追加設定をすることはできない（昭46・10・4民甲3230号）。

甲土地と乙土地は累積式根抵当権として設定されているため，この双方の土地の追加として丙土地を追加設定すると，片面的共同根抵当権となってしまう。また，3つの土地のすべてを共同関係にしようとしても，すでに累積式根抵当権として設定されている根抵当権を共同根抵当権とすることはできないからである。

甲土地のみまたは乙土地のみの追加として，丙土地を目的として共同根抵当権の追加設定をし，甲土地・丙土地または乙土地・丙土地の共同根抵当権とすることはできる。

⑷　要件③：すでに設定されている根抵当権が元本確定前であること

すでに登記された根抵当権の元本が確定している場合，他の不動産に対する共同根抵当権の追加設定をすることはできない（平元・9・5民三3486号）。このような追加設定は，特定債権を担保するための根抵当権の設定となってしまい，不特定債権を担保するという根抵当権の性質に反するからである。

なお，すでに登記された根抵当権の元本が確定している場合，抵当権として追加設定することもできない。根抵当権は，元本が確定しても枠支配性は残るため，抵当権に変化するわけではないからである。

⑸　要件④：設定と同時に共同である旨の登記をすること

共同根抵当権は，共同である旨の登記をすることが効力要件である。そのため，追加設定登記の申請をする際に，共同の旨を登記しなければならない。

具体的には，登記の目的に「共同」と記載することが必要となる。

⑹　登記申請情報

事例　令和6年7月5日，A及びBは，甲土地乙区1番根抵当権の追加担保として，A所有の乙土地を目的として，根抵当権の追加設定契約を締結した。甲土地の登記記録には，「極度額　金1,000万円　債権の範囲　手形債権　小切手債権　債務者　A　根抵当権者　B」という1番根抵当権が設定されている。甲土地と乙土地は，異なる管轄内にある。

◉記載例　共同根抵当権設定（追加）

登記の目的　共同根抵当権設定（追加）
原　　　因　令和6年7月5日設定
極　度　額　金1,000万円
債権の範囲　手形債権　小切手債権
債　務　者　A
根抵当権者　B
設　定　者　A

添 付 情 報　登記原因証明情報　登記識別情報　印鑑証明書
　　　　　　　代理権限証明情報　前登記証明書
登録免許税　金1,500円（登録免許税法第13条第2項）
不動産の表示　乙土地の表示（省略）
前登記の表示
甲土地の所在と地番　順位番号1番

⑺　登記の目的

登記の目的は，「共同根抵当権設定（追加）」となる。

根抵当権の場合，共同の旨の登記をしなければ共同根抵当権とならないので，「共同」の記載が必要である。また，追加設定であることを示すために，「追加」の記載が必要である。頭に「共同」，尻尾に「（追加）」と記載する，まさに"尾《お》頭《かしら》付き"の記載となるのである。

普通抵当権の追加設定の場合は，「抵当権設定」であることと比較すること。普通抵当権の場合は，同一の債権を担保する抵当権であれば，共同の旨を登記しなくても当然に共同抵当権となるので，「共同」の記載が不要であることを復習しておこう。

⑻　登記原因

登記原因は，「年月日設定」と記載する。

⑼　登記事項

極度額・債権の範囲・債務者は，前に設定を受けた根抵当権と同じでなければならない。前述したとおり，これが異なる場合には，追加設定登記の前提として，すでに設定されている根抵当権の変更登記を申請しなければならない。

⑽　登記申請人

根抵当権者を登記権利者，設定者を登記義務者とする共同申請である。

⑾　添付情報

【前登記証明書】

添付情報は，共同申請の場合に要求される基本的な添付情報を提供すればよく，難しいことはない。

ただ，1つ説明しなければならない添付情報がある。それは，前登記証明書である。

「あ，それ知ってる。登録免許税法13条2項の規定で，不動産1個につき1,500円で登録免許税を済ませたいときに，減税証明書として提供するものでしょ。抵当権で勉強したことと同じだ。簡単じゃん！」と思った人は，いったん落ち着いてよく思い出してほしい。普通抵当権の追加設定の場合に減税証明書として提供したものは「登記証明書」である。今回は，「前登記証明書」であり，別物なのである。違いをしっかり理解すること。

【必要的な添付情報】

共同根抵当権の追加設定の登記を申請する場合，すでに登記された根抵当権の中に他の登記所の管轄区域内にある不動産に関するものがあるときは，当該根抵当権に関する登記事項証明書を提供しなければならない（令別表56添付情報欄ロ)。これが前登記証明書である。

普通抵当権の場合と異なり，減税を受けたいときだけ提供すればよい任意的なものではなく，すでに設定された根抵当権が他の管轄内にある不動産に関するものである場合に，必ず提供しなければならないものなのである。

共同根抵当権は，根抵当権者・極度額・債権の範囲・債務者の4つの共通事項が同じでなければならないが，前登記証明書は，すでに設定されている根抵当権と追加設定の根抵当権に関して，これら4つの共通事項が一致していることを証明するために提供しなければならないのである。

すでに設定された根抵当権と追加設定の登記を申請する登記所が同一の場合には，登記官がその登記所内で登記記録を確認することができるため，前登記証明書の提供は不要となる。

【減税証明書も兼ねる】

このように，前登記証明書は，4つの共通事項の同一性を確認するための添付情報である。しかし，すでに根抵当権の設定登記がなされている証明にもなっているので，登録免許税法13条2項の減税証明書である登記証明書を兼ねることができる。つまり，前登記証明書を提供することで，登録免許税は，不動産1個につき1,500円となるというわけである。

⑿　前登記の表示

【前登記の表示とは】

共同根抵当権の追加設定の登記を申請する場合には，登記申請情報に，すでに設定の登記がなされている根抵当権の表示をしなければならない（令別表56申請情報欄ニ）。

【どのように記載するか】

前登記の表示として，具体的には次の事項を記載しなければならない（令別表56申請情報欄ニ，規則168条1項）。

①すでに根抵当権が設定されている不動産の表示

②すでに設定されている根抵当権の順位番号

③追加設定登記の申請をする登記所に共同担保目録がある場合には，その共同担保目録の記号・目録番号

①について。不動産の表示としては，土地ならば所在と地番，建物ならば所在と家屋番号を記載する。ただし，これらの事項は，不動産番号を記載することで省略することができる（令6条2項7号・8号）。

③について。追加設定登記の申請をする登記所に共同担保目録がある場合には，①・②の記載に加えて，③の記載も必要となるということである。普通抵当権の追加設定においては，追加設定登記の申請をする登記所に共同担保目録がある場合は，①・②の記載に代えて，③の記載をすれば足りる点と比較すること。

前登記の表示の具体的な記載例は，次のようになる。

◉追加設定登記を申請する登記所に共同担保目録がない場合

前登記の表示
渋谷区代々木一丁目1番1号　順位番号1番

◉追加設定登記を申請する登記所に共同担保目録がある場合

前登記の表示
渋谷区代々木一丁目1番1号　順位番号1番
渋谷区代々木二丁目2番2号　順位番号2番
共同担保　目録㋚第681号

追加設定登記における前登記の表示の記載方法について，普通抵当権と根抵当権を比較すると，次のように整理することができる。

◉前登記の表示の比較

<table>
<tr><th colspan="2"></th><th>抵当権</th><th>根抵当権</th></tr>
<tr><td rowspan="2">登記申請する管轄における共同担保目録の有無</td><td>なし</td><td colspan="2">不動産の表示・順位番号</td></tr>
<tr><td>あり</td><td>共同担保目録の記号・番号</td><td>不動産の表示・順位番号
＋
共同担保目録の記号・番号</td></tr>
</table>

⒀　登録免許税

前登記証明書が，登録免許税法13条2項の減税証明書を兼ねることができるので，不動産1個につき1,500円を納付すれば足りる（登免税13条2項）。

⒁　登記の実行

たとえば，前記記載例のように，甲土地にすでに根抵当権が設定されており，後に甲土地とは異なる管轄内にある乙土地に共同根抵当権の追加設定登記の申請をした場合について考えよう。

この場合，乙土地の登記記録に根抵当権の設定登記がなされ，乙土地を管轄する登記所に甲土地と乙土地の表示を記録した共同担保目録が作られる。そして，乙土地の根抵当権設定登記の末尾に，その共同担保目録の記号・番号が記録される（規則168条2項）。

次いで，乙土地を管轄する登記所から甲土地を管轄する登記所に通知がなされ，甲土地を管轄する登記所でも共同担保目録が作られる。また，甲土地の根抵当権設定登記については，担保追加の登記が付記され，共同担保目録の記号・番号が記録される（規則168条4項）。

第2章 根抵当権の譲渡

●この章で学ぶこと●

元本が確定する前の根抵当権は，根抵当権を譲渡することで移転します。ここでは，そのような元本確定前の根抵当権の移転について学んでいきます。根抵当権の移転にあたって，誰の承諾・同意が必要かに注意して学習を進めてください。

1. 総　説

1 元本確定前の根抵当権の移転

元本確定前の根抵当権には，付従性・随伴性がない。そのため，債権譲渡や代位弁済によって，根抵当権が移転するわけではない。

また，元本確定前の根抵当権については，転抵当を除き，民法376条の処分をすることはできない。つまり，元本確定前の根抵当権について，抵当権の譲渡・放棄，その順位の譲渡・放棄という処分を行うことができないのである。

その代わりに元本確定前の根抵当権において認められているのが，根抵当権の譲渡である。根抵当権の譲渡がなされると，根抵当権が移転することになる。

2 根抵当権の譲渡

根抵当権の譲渡とは，被担保債権とは切り離して，根抵当権だけを絶対的に移転することである。根抵当権が譲渡されると，譲受人が根抵当権者となり，譲受人が債務者に対して有する債権が，根抵当権によって担保される。

根抵当権の譲渡には，次のものがある。

①全部譲渡（民398条の12第1項）

②分割譲渡（民398条の12第2項）

③一部譲渡（民398条の13）

④共有者の権利譲渡・放棄（民398条の14第2項）

④は，共有根抵当権の準共有者が自己の権利のみを全部譲渡することである。共有根抵当権の準共有者は，自己の権利のみの分割譲渡・一部譲渡をすることはできない。権利関係が複雑となるからである。これに対して，共有根抵当権の準共有者全員が根抵当権を分割譲渡・一部譲渡することはできる。

以下，実体法的な説明を交えつつ説明する（実体法の詳細は☞『民法Ⅰ』）。

2. 全部譲渡

1 意　　義

根抵当権の全部譲渡とは，根抵当権者と譲受人の契約により，元本確定前に，被担保債権とは切り離して，根抵当権の全部を譲受人に移転することである。

根抵当権の全部譲渡がなされると，根抵当権は譲受人のものになる。その結果，譲渡人の債権は，譲渡当時に被担保債権であったものも担保されなくなる。反対に，譲受人の債権は，債権の範囲及び債務者の基準に適合するものは，譲受けの前後を問わず，すべて担保されるようになる。

2 要　　件

根抵当権の全部譲渡の要件は，以下のとおりである（民398条の12第1項）。

①元本確定前であること。

②原根抵当権者と譲受人との全部譲渡契約があること。

③根抵当権設定者の承諾があること。

③について。根抵当権の全部譲渡がなされると，根抵当権は譲受人のものとなり，譲受人の有する債権が担保されるようになる。これは，譲受人のために新たに根抵当権を設定したのと同様の効果がある。そこで，根抵当権の全部譲渡において，根抵当権設定者の承諾を要求したのである。

根抵当権設定者の承諾は，民法が要求するものであり，実体法上の効力要件であることに注意すること。変更・更正登記等をする際に不動産登記法を根拠に提供するものではない。よって，根抵当権設定者の承諾がなければ，全部譲渡は効力を生じないし，譲渡契約より後に承諾が得られた場合には，承諾が得られた日が登記原因日付となる。

3　登記申請のポイント

(1)　記　載　例

事例　令和6年6月28日，Bは，甲土地乙区1番で登記されている自己の根抵当権（極度額金1,000万円）の全部をCに譲渡した。令和6年6月29日，甲土地の所有者Aがこれを承諾した。

◉記載例　根抵当権の全部譲渡

登記の目的　1番根抵当権移転
原　　　因　令和6年6月29日譲渡
権　利　者　C
義　務　者　B
添 付 情 報　登記原因証明情報　登記識別情報　代理権限証明情報
　　　　　　承諾証明情報
課 税 価 格　金1,000万円
登録免許税　金2万円

(2)　登記の目的

登記の目的は，「1番根抵当権移転」のように記載する。

(3)　登記原因

【原　因】

登記原因は，「年月日譲渡」である。「年月日全部譲渡」ではないので，注意すること。

【目的と原因の関係】

登記の目的が「移転」，登記原因が「譲渡」である。これは，根抵当権を譲渡するという原因により，根抵当権に移転という変動が生じるからである。特に，登記の目的を「1番根抵当権譲渡」と記載する誤りが多く見受けられるので，注意すること。

【登記原因日付】

登記原因日付は，譲渡契約の成立日である。ただし，当該契約より後に設定者の承諾が得られた場合には，設定者の承諾の日となる。設定者の承諾が全部譲渡の効力要件となっているからである。

前記⑴の記載例においては，令和６年６月 28 日に譲渡契約がなされているが，設定者の承諾が得られたのが令和６年６月 29 日なので，登記原因日付は，令和６年６月 29 日となるのである。

⑷　登記事項

極度額・債権の範囲・債務者などの登記事項を，登記申請情報に記載する必要はない。根抵当権がそのままの内容で移転するため，すでに登記されている登記事項により，根抵当権の内容を公示することができるからである。

⑸　登記申請人

根抵当権の譲受人を登記権利者，根抵当権の譲渡人である根抵当権登記名義人を登記義務者とする共同申請で行う。

⑹　添付情報

【基本的な添付情報】

共同申請の場合の基本的な添付情報を提供すればよい。登記原因証明情報として提供するのは，根抵当権譲渡契約書等となる。また，登記識別情報は，登記義務者のものを提供することになるので，根抵当権登記名義人が根抵当権を取得する登記をした時に通知された登記識別情報の提供が必要となる。

【承諾証明情報】

注意が必要なのは，承諾証明情報である。根抵当権の全部譲渡をするには，設定者の承諾が必要なので，登記原因についての第三者の許可・同意・承諾を証する情報として，設定者の承諾を証明する情報の提供が必要となる（令７条１項５号ハ）。

⑺　登録免許税

全部譲渡による根抵当権移転登記を申請をする場合の登録免許税は，極度額の 1000 分の２となる（登免税別表 1.1.⑹ロ）。

4　登記の実行

全部譲渡による根抵当権移転登記は，所有権以外の移転の登記として，付記登記で実行される（規則3条5号）。

記載例（☞前記3(1)）の登記が実行された後の登記記録は，次のようになる。

◉登記実行後の登記記録

権利部（乙区）（所有権以外の権利に関する事項）			
順位番号	登記の目的	受付年月日・受付番号	権利者その他の事項
1	根抵当権設定	令和3年2月4日 第22356号	原因　令和3年2月4日設定 極度額　金1,000万円 債権の範囲　金銭消費貸借取引 債務者　A 根抵当権者　B
付記1号	1番根抵当権移転	令和6年7月5日 第76333号	原因　令和6年6月29日譲渡 根抵当権者　C

3. 分割譲渡

1 意　義

根抵当権の分割譲渡とは，根抵当権者と譲受人の契約により，元本の確定前に，1つの根抵当権を2つに分割し，そのうちの1つを譲受人に絶対的に移転することである（民398条の12第2項・3項）。

たとえば，甲土地に設定された極度額1,000万円のAの根抵当権を，600万円と400万円の2つの根抵当権に分け，400万円のほうをBに譲渡するようなことである。

根抵当権が分割譲渡されると，分割によって生じた2つの根抵当権は，同順位の別個独立した根抵当権となる。譲渡されたほうの根抵当権は，譲受人に絶対的に移転する。

2 要　件

根抵当権の分割譲渡の要件は，次のとおりである。

①**元本確定前**であること。

②原根抵当権者と譲受人との間で**分割譲渡契約**があること。

③**根抵当権設定者の承諾**があること。

④**利害関係人の承諾**があること。

③について。根抵当権設定者の承諾が必要なことは，全部譲渡の場合と同様

である。分割譲渡によって，譲渡されたほうの根抵当権は，譲受人の有する債権を担保するための根抵当権となることから，新たに譲受人のために根抵当権を設定した場合と同様の利害関係が生じるからである。

④について。利害関係人とは，分割譲渡される根抵当権を目的として権利を有する者である。たとえば，根抵当権を目的とする転抵当権者が，これに当たる。分割譲渡がなされることで，当該転抵当権者の権利は，譲渡されたほうの根抵当権を目的とした部分について消滅してしまうからである。

③・④の承諾は，民法が要求するものであり，実体法上の効力要件であることに注意すること。変更・更正登記等をする際に不動産登記法を根拠に提供するものではない。よって，根抵当権設定者・利害関係人の承諾がなければ，分割譲渡は効力を生じないし，分割譲渡契約より後に承諾が得られた場合には，根抵当権設定者・利害関係人の承諾がすべて得られた日が，登記原因日付となる。

3　可　　否

(1)　3個に分割することの可否

分割譲渡により，根抵当権を3つに分割することはできない。民法398条の12第2項に「2個の根抵当権に分割して」と規定されているからである。

なお，分割譲渡を2回繰り返せば，3つの根抵当権にすることは可能である。

(2)　分割のみをすることの可否

分割譲渡により，根抵当権を2個に分割するのみで，譲渡しないことは認められていない。分割譲渡は，根抵当権を2個に分割してそのうちの1つを譲渡することを内容とする契約だからである。

(3)　共有根抵当権の場合

根抵当権がA・Bの共有である場合においては，A・Bが共同して，Cに対して分割譲渡をすることができる。この場合，A・B共有の根抵当権とCの根抵当権が生じることになる。

これに対して，根抵当権がA・Bの共有である場合において，根抵当権の準共有者の1人であるAが，自己の権利のみをCに対して分割譲渡することはできない（昭46・10・4民甲3230号）。根抵当権の準共有者の1人が自己の権利のみの分割譲渡をすることができるとすると，法律関係が複雑になってしまうからである。前記 *1.* **2** で説明したとおり，根抵当権者の準共有者が自己の権利のみについてすることができる処分は，全部譲渡だけなのである。

(4) 共有根抵当権から単有根抵当権へ

例題　A·B が準共有する根抵当権について，分割譲渡をすることで，直ちに A の単有根抵当権と B の単有根抵当権とすることはできるか。

このような分割譲渡をすることはできない（昭 46・12・27 民三 960 号）。分割譲渡は，2つに分けた根抵当権の1つを譲渡するが，もう一方の根抵当権は原根抵当権者のままとなるからである。たとえば，A・B が B に根抵当権を分割譲渡すると，A・B 共有の根抵当権と B 単有の根抵当権ができることになり，各単有の根抵当権とはならないのである。

A・B 共有の根抵当権を A・B の各単有の根抵当権とするには，分割譲渡に加えて，準共有者の権利の放棄をする必要がある。分割譲渡と準共有者の権利の放棄のどちらを先に行うかによって，2 通りの方法がある〈図 1-3〉。

まず，準共有者の権利の放棄を先に行う方法を見てみよう。A・B 共有の根抵当権の状態で B が権利を放棄すると，A 単有の根抵当権となる。そして，A がその根抵当権を B に分割譲渡すれば，A の根抵当権と B の根抵当権となる。

次に，分割譲渡を先に行う方法を見てみよう。A・B 共有の根抵当権を B に分割譲渡することで，A・B 共有の根抵当権と B 単有の根抵当権ができる。そして，A・B 共有の根抵当権について B が自己の権利を放棄すれば，この根抵当権は A 単有の根抵当権となり，A・B 各単有の根抵当権ができあがる。

図 1-3　A・B 共有の根抵当権を A・B 各単有の根抵当権とする方法

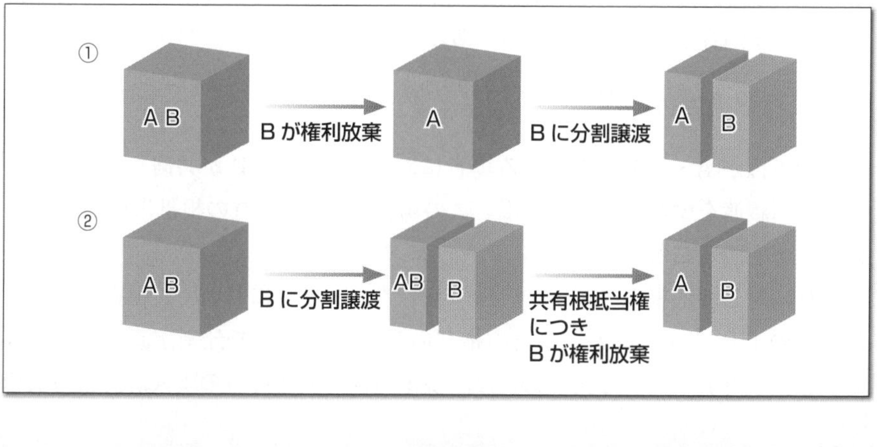

4　登記申請のポイント

(1)　記　載　例

事例　令和６年７月１日，Ｂは，以下のように登記されている甲土地の乙区１番根抵当権を極度額600万円と極度額400万円に分割し，後者をＤに譲渡した。令和６年７月２日，Ａ及びＣがこれを承諾した。

（甲土地の登記記録）

権利部（甲区）（所有権に関する事項）			
順位番号	登記の目的	受付年月日・受付番号	権利者その他の事項
１	所有権保存	平成31年２月22日 第22222号	所有者　Ａ

権利部（乙区）（所有権以外の権利に関する事項）			
順位番号	登記の目的	受付年月日・受付番号	権利者その他の事項
１	根抵当権設定	令和３年２月４日 第22356号	原因　令和３年２月４日設定 極度額　金1,000万円 債権の範囲　金銭消費貸借取引 　売買取引 債務者　Ａ 根抵当権者　Ｂ
付記１号	１番根抵当権 転抵当	令和４年８月22日 第80303号	（登記事項省略） 転抵当権者　Ｃ

◉記載例　根抵当権の分割譲渡

登記の目的　１番根抵当権分割譲渡
原　　　因　令和６年７月２日分割譲渡
（根抵当権の表示）令和３年２月４日受付第22356号
原　　　因　令和３年２月４日設定
極　度　額　分割した根抵当権の極度額　金400万円
　　　　　　分割後の原根抵当権の極度額　金600万円
債権の範囲　金銭消費貸借取引　売買取引
債　務　者　Ａ
権　利　者　Ｄ

義　務　者　B
添 付 情 報　登記原因証明情報　登記識別情報　代理権限証明情報
　　　　　　　承諾証明情報
課 税 価 格　金 400 万円
登録免許税　金 8,000 円

⑵　登記の目的

登記の目的は，「1 番根抵当権分割譲渡」のように記載する。

⑶　登記原因

【登記原因】

登記原因は，「年月日分割譲渡」である。分割譲渡契約があったことが，根抵当権について権利の変動があった原因だからである。

【目的と登記原因】

分割譲渡の登記をする場合，登記の目的も，登記原因も，「分割譲渡」となる。登記の目的は，その権利に生じた変動を記載するが，分割譲渡の場合，単なる「移転」が生じたわけではないので，「移転」と記載するのは適切でない。根抵当権が２つに分割されてその１つが譲渡されるという権利変動が生じたのだから，登記の目的も「分割譲渡」とするほかないのである。

【登記原因日付】

登記原因日付は，分割譲渡契約の成立日となる。ただし，分割譲渡契約後に設定者や利害関係人の承諾が得られた場合には，それらすべての者の承諾が得られた日が登記原因日付となる。設定者や利害関係人の承諾を得ることが効力要件だからである。

⑷　登記事項

【根抵当権の内容を提供】

根抵当権の分割譲渡の登記申請情報には，根抵当権の内容を記載しなければならない。

分割譲渡がなされると，１つの根抵当権が２つになる。譲渡されたほうの根抵当権を，原根抵当権とは別個独立した根抵当権として登記記録に生じさせることになる。つまり，分割譲渡の登記申請がなされると，登記官は，根抵当権を登記記録に記録することになるのである。その際，登記官は勝手にその内容を記録することはできない。登記官は，登記申請情報を見本として，それを写す形で登記記録を書き換えなければならないのである。そこで，分割譲渡の登記申請情報には，登記官が新しい根抵当権を登記記録に記録できるように，その内容を記載しなければならないというわけである。

【何を記載するか】

根抵当権の内容として記載しなければならないものは，次のとおりである（令別表60申請情報欄）。

①原根抵当権の受付年月日・受付番号
②原根抵当権の登記原因及びその日付
③分割後の譲渡された根抵当権の極度額
④分割後の原根抵当権の極度額
⑤分割前の根抵当権の債権の範囲・債務者・その他の特約事項
⑥分割前の根抵当権に関する共同担保目録があるときは，その記号・番号

記載事項が多くて覚えるのが大変だと思う人もいるだろう。しかし，そんなことはない。丸暗記する必要はないのである。前記⑴の記載例で根抵当権の内容の記載を確認してほしい。基本的には，分割譲渡の対象となっている原根抵当権の登記記録の内容をそのまま登記申請情報に写すだけである。

分割譲渡は，根抵当権を２つに分けて１つを譲渡するものである以上，新しく生じる根抵当権の内容は，原根抵当権と同じになるからである。全長30センチの食パンを包丁で切って２つにし，切り分けたほうを友だちにあげる場合をイメージしてほしい。もともとの食パンがレーズン入りの食パンであれば，切り分けたほうもレーズン入りの食パンなのである。

ただ，食パンの長さが変わることには注意しなければならない。10センチ切り分けたとすれば，切り分けた食パンの長さは10センチであり，元の食パンの30センチとは異なる。また，元の食パンも20センチに減ってしまう。

いつまでも食パンの話をしているわけにはいかない。根抵当権に話を戻そう。根抵当権の場合，食パンの長さに対応するのが，極度額である。極度額だけは，原根抵当権の登記記録を写すだけではダメなのである。前記記載例における事例のように，極度額1,000万円の根抵当権を600万円と400万円に分けて400万円のほうを譲渡した場合，登記申請情報には，極度額として，「分割した根抵当権の極度額　金400万円」と記載する。また，原根抵当権の極度額も1,000万円から600万円に変わることから，「分割後の原根抵当権の極度額　金

600万円」とする記載も必要となる。分割譲渡の登記申請がなされると，原根抵当権の極度額は，職権で変更される。その職権登記を促す意味で，登記申請情報には，分割後の原根抵当権の極度額も記載しなければならないというわけである。

(5) 登記申請人

分割譲渡を受けた者を登記権利者，分割譲渡をした根抵当権登記名義人を登記義務者とする共同申請で行う。

(6) 添付情報

共同申請の基本的な添付情報を提供すればよい。

登記原因証明情報として，根抵当権分割譲渡契約書等を提供する。登記識別情報は，登記義務者が根抵当権を取得する登記をした時のものを提供する。

また，設定者・利害関係人の承諾を証する情報を提供しなければならない点に注意すること（令7条1項5号ハ）。

(7) 登録免許税

分割譲渡の登記の登録免許税は，分割譲渡された根抵当権の極度額の1000分の2である（登免税別表1.1.(6)ロ）。

記載例のように，極度額1,000万円の根抵当権を600万円と400万円に分割して400万円のほうを譲渡した場合，譲渡されたほうの根抵当権の極度額である400万円が課税標準金額となるということである。

5 登記の実行

(1) 主登記

所有権を目的とする根抵当権の分割譲渡の登記は，主登記で実行される（規則165条1項・2項）。所有権以外の権利の移転の登記が付記登記で実行される（規則3条5号）ことの例外である。元の根抵当権とは別個独立した根抵当権を登記記録上に登場させる登記だからである。

この登記は，原根抵当権と同一の順位番号で登記される。また，原根抵当権と譲渡された根抵当権を区別するため，それぞれの順位番号に「(あ)」「(い)」の符号が付される（規則165条3項，規則147条2項）。

⑵　極度額減額の登記

分割譲渡の登記がなされると，登記官の職権で，原根抵当権についての極度額減額の登記がなされる（規則165条4項）。これは，付記登記で実行される。

⑶　共同担保目録

共同根抵当権について分割譲渡の登記がなされた場合には，譲渡された根抵当権のために，新しい共同担保目録が作成される（規則169条2項）。原根抵当権とは別個独立した根抵当権となったからである。

⑷　登記実行後の登記記録

記載例（☞4⑴）の登記が実行された後の登記記録は，次のとおりとなる。前記⑴・⑵のとおりに実行されていることを確認してほしい。また，登記申請情報に記載した登記事項を活かして新しい根抵当権が記録されたことを確認すること。

◉登記実行後の登記記録

権利部（乙区）（所有権以外の権利に関する事項）			
順位番号	登記の目的	受付年月日・受付番号	権利者その他の事項
1㋐	根抵当権設定	令和3年2月4日 第22356号	原因　令和3年2月4日設定 極度額　金1,000万円 債権の範囲　金銭消費貸借取引　売買取引 債務者　A 根抵当権者　B
付記1号	1番根抵当権転抵当	令和4年8月22日 第80303号	（登記事項省略） 転抵当権者　C
付記2号	1番㋐根抵当権変更	余白	極度額　金600万円 分割譲渡により令和6年7月5日付記
1㋑	1番根抵当権分割譲渡	令和6年7月5日 第71963号	原因　令和6年7月2日分割譲渡 （根抵当権の表示） 令和3年2月4日受付第22356号 原因　令和3年2月4日設定 極度額　金400万円 債権の範囲　金銭消費貸借取引　売買取引 債務者　A 根抵当権者　D

4. 一部譲渡

1 意　義

根抵当権の一部譲渡とは，根抵当権者と譲受人の契約により，元本確定前に，根抵当権の一部を譲渡することである（民 398 条の 13）。

根抵当権の一部譲渡がなされると，譲渡人と譲受人の準共有の根抵当権となる。A が B に対して分割譲渡をした場合，2 つの根抵当権を A と B がそれぞれ単独のものとするのに対して，A が B に根抵当権の一部譲渡をした場合，1 つの根抵当権を A と B が共有することになるのである。

なお，共有根抵当権の各共有根抵当権者は，原則として債権額の割合に応じて優先弁済を受けるが（民 398 条の 14 第 1 項本文），元本確定前の根抵当権の場合，債権が変動し，各根抵当権者の債権額の割合も変化するため，持分割合は固定しない。

2 要　件

根抵当権の一部譲渡の要件は，次のとおりである。

①元本確定前であること。

②原根抵当権者と譲受人との間で一部譲渡契約があること。

③根抵当権設定者の承諾があること。

③について。一部譲渡の結果，根抵当権は，譲渡人に加えて譲受人の債権をも担保するための根抵当権となり，譲受人のために根抵当権を設定したのと同様の効果があることから，設定者の承諾が要件とされたものである。

これは，民法が要求するものであり，実体法上の効力要件であることは，全部譲渡・分割譲渡と同様である。

注意するのは，分割譲渡の場合と異なり，根抵当権を目的とする転抵当権者等の利害関係人の承諾が不要だという点である。転抵当権者は，一部譲渡後も，共有となった根抵当権を目的とした転抵当権を維持することができるなど，一部譲渡がなされても，第三者に不利益となることはないからである。

3 可　否

A・B が準共有する根抵当権について，A が自己の権利のみを C に一部譲渡することはできない（昭 46・10・4 民甲 3230 号）。優先弁済を受ける割合が複雑になってしまうからである。

A・Bが準共有する根抵当権について，A・Bが共同して，Cに対して一部譲渡することはできる（登研314号67）。この場合は，A・B・Cが3人で準共有する根抵当権となる。

4　登記申請のポイント

(1)　登記申請情報

事例　Aが所有権登記名義人である甲土地には，乙区1番でBを根抵当権者とする根抵当権が設定されている。令和6年6月28日，Bは，当該根抵当権の一部をCに譲渡した。令和6年6月29日，Aがこれを承諾した。

◉記載例　根抵当権の一部譲渡

登記の目的	1番根抵当権一部移転
原　　　因	令和6年6月29日一部譲渡
権　利　者	C
義　務　者	B
添 付 情 報	登記原因証明情報　登記識別情報　代理権限証明情報 承諾証明情報
課 税 価 格	金500万円
登録免許税	金1万円

(2)　登記の目的

「1番根抵当権一部移転」のように記載する。

(3)　登記原因

【登記原因】

登記原因は，「年月日一部譲渡」である。

【目的と原因】

登記の目的は，「一部移転」であり，登記原因が「一部譲渡」である点に注意せよ。これは，一部譲渡契約という原因によって，根抵当権について一部移転という物権変動が生じるからである。

【登記原因日付】

登記原因日付は，原則として，根抵当権一部譲渡契約の成立日である。ただし，一部譲渡契約の成立後に設定者の承諾が得られたときは，その承諾が得られた日が登記原因日付となる。設定者の承諾を得ることが効力要件だからである。

(4) 登記事項

根抵当権の一部譲渡においては，根抵当権の内容を登記申請情報に記載する必要はない。一部譲渡においては，根抵当権の内容がそのまま移転するので，すでに登記されている登記事項により，根抵当権の内容を公示することができるからである。

(5) 登記申請人

一部譲渡を受けた者を登記権利者，一部譲渡をした根抵当権登記名義人を登記義務者として共同申請で行う。

権利の一部移転の登記ではあるが，登記権利者について，取得した持分を記載する必要はない（昭46・10・4民甲3230号）。元本確定前の根抵当権においては，各共有者の持分は固定されていないからである。

(6) 添付情報

共同申請の場合の基本的な添付情報を提供すればよい。ただし，設定者の承諾証明情報の提供が必要となる（令7条1項5号ハ）。

(7) 登録免許税

【理　論】

根抵当権の一部譲渡がなされた場合の根抵当権一部移転登記の登録免許税は，極度額を一部譲渡後の共有者の数で割った額の1000分の2である（登免税別表1.1.(7)）。

また，譲受人が複数いる場合の登録免許税は，極度額を一部譲渡後の共有者の数で割った金額に譲受人の数を乗じた金額の1000分の2となる（登研533号157）。

【考え方】

以上，根抵当権一部譲渡による根抵当権一部移転登記の登録免許税について，登録免許税法・登記研究が示した理論を紹介したが，一見してよくわからない人もいるだろう。難しい理屈が書かれている。

このように登録免許税の計算が難しくなる理由は，根抵当権の場合，持分が固定されていないからである。所有権の３分の１を売買した場合の所有権一部移転登記を申請する場合には，移転した持分の価格（不動産価額に３分の１を乗じたもの）に1000分の20を乗じればよい。しかし，根抵当権の場合，その「3分の1」のような持分が固定されていないのである。

そこで，根抵当権者の持分を便宜上平等のものとみなして移転した持分を計算してしまおうというのが，上記の理論なのである。つまり，一部譲渡後の共有者の数で割って，さらに譲受人が複数いる場合には譲受人の数を乗じることで，持分を平等とみなした場合の移転した持分を算出してしまおうというわけである。上記の理論が丸暗記できなくても，各自の持分を平等とみなして移転した持分を考えるようにすれば，登録免許税を計算することができるのである。

【具体例】

例題１　根抵当権者Ｂと登記されている極度額1,000万円の根抵当権について，ＢからＣに一部譲渡された場合の登録免許税を答えよ。

前記⑴の記載例における事例である。一部譲渡後の根抵当権者はＢ・Ｃの２人なので，極度額1,000万円を２で割った500万円が，課税標準金額となる。よって，登録免許税は，１万円（500万円×2/1000）となる。

各根抵当権者の持分を案分すると考えれば各持分は２分の１となるので，移転した持分を２分の１と考えて計算したものである。

例題２　根抵当権者Ｂと登記されている極度額1,000万円の根抵当権について，ＢからＣ・Ｄ・Ｅに一部譲渡された場合の登録免許税を答えよ。

譲受人が複数いる場合の一部譲渡である。よって，極度額を一部譲渡後の共有者の数で割ってから譲受人の数を乗じたものが，課税標準金額となる。

一部譲渡後の根抵当権者の共有者が４人，譲受人は３人なので，極度額である1,000万円に４分の３を乗じた750万円が，課税標準金額となる。よって，登録免許税は，１万5,000円（750万円×2/1000）となる。

これも，便宜上各自の持分を平等と考えて計算したものである。つまり，各持分は４分の１と考えたうえで，今回の一部移転でそのうちの３人が権利を取得したので，移転した持分を４分の３と考えて計算したということである。

5 登記の実行

一部譲渡による根抵当権の一部移転の登記は，付記登記で実行される（規則3条5号）。

5. 共有者の権利の譲渡・放棄

1 意　　義

(1) 権利の移転

根抵当権の共有者の権利が移転する処分には，権利の譲渡と権利の放棄の2種類がある。

(2) 権利の譲渡

根抵当権の共有者の権利の譲渡とは，根抵当権の共有者と譲受人との契約により，元本前の根抵当権における共有による根抵当権の権利を全部譲渡することである（民398条の14第2項）。これは，根抵当権の共有者が自己の権利のみで行う全部譲渡である。

たとえば，B・Cが根抵当権を共有する場合において，Bが自己の権利をDに譲渡するようなケースである。この場合，根抵当権は，C・D共有の根抵当権となる。

(3) 権利の放棄

根抵当権の共有者の権利の放棄とは，根抵当権の共有者が自己の権利を放棄することである。その結果，根抵当権は他の共有者に帰属し，他の共有者の単独根抵当権となる（民264条，民255条）。これは，根抵当権独自の処分ではなく，共有の規定を根拠に認められるものである。よって，共有される権利であれば行うことができ，元本確定前の根抵当権であることを要しない。

B・Cが根抵当権を共有する場合において，Bが自己の権利を放棄するようなケースである。この場合，根抵当権はCの単有となる。

2 要　件

(1) 共有者の権利の譲渡

根抵当権の共有者の権利の譲渡の要件は，次のとおりである。

①元本確定前であること。

②原根抵当権の共有者と譲受人との間で譲渡契約があること。

③根抵当権設定者の承諾があること。

④根抵当権の他の共有者の同意があること。

③について。全部譲渡など，これまで学習してきた処分と同様，譲受人のための根抵当権を新たに設定したのと同様の状況が生じるので，設定者の承諾が要件となる。

④について。設定者の承諾に加えて，他の共有者の同意が必要な点に注意すること。共有根抵当権は，共有者の被担保債権の債権額割合により優先弁済を受けることになる。よって，根抵当権の共有者にとって，自己とともに共有者となる者が誰であるかは重大な利害関係事項となるのである。

③・④の承諾・同意は，共有者の権利の譲渡の効力要件である。

(2) 共有者の権利の放棄

根抵当権の共有者の権利の放棄は，根抵当権の共有者が自己の権利についての放棄の意思表示をすることで行うことができる。

要件はこれだけである。共有者の権利の譲渡の場合と比較してほしい。前記(1)の要件①・③・④が，共有者の権利の放棄では不要となるのである。

まず，共有者の権利の放棄は，元本確定前である必要はない。元本確定後も権利を有している以上，それを放棄することは自由だからである。

また，設定者の承諾は必要ない。たとえば，根抵当権がB・C共有からC単有となるだけであり，新たな債権を担保するものではなく，設定と同様の利害関係は生じないからである。

さらに，他の共有者の同意も必要ない。放棄された権利は，他の共有者が取得し，単独で根抵当権を行使できることになる以上，不利益が生じることはないからである。

3 可　否

(1) 譲受人複数の場合

譲受人が複数である共有者の権利譲渡をすることはできない。権利関係が複雑になってしまうからである。たとえば，B・Cが根抵当権を共有する場合に，BがD・Eに対して，自己の権利を譲渡することはできないということである。

(2) 分割譲渡・一部譲渡

共有者の権利の譲渡は，共有者の権利についての全部譲渡であるが，共有者が自己の権利についてのみの分割譲渡・一部譲渡をすることはできない。法律関係が複雑になってしまうからである（☞ P33，P40）。

4 登記申請のポイント

(1) 登記申請情報

事例　令和6年6月28日，Bは，甲土地乙区1番で登記されているB・C共有の根抵当権について，自己の権利をDに譲渡した。令和6年6月29日，設定者Aがこれを承諾した。令和6年6月30日，Cがこれに同意した。

◉記載例　根抵当権の共有者の権利の譲渡・放棄

登記の目的	1番根抵当権共有者Bの権利移転
原　　　因	令和6年6月30日譲渡
権 利 者	D
義 務 者	B
添付情報	登記原因証明情報　登記識別情報　代理権限証明情報 承諾証明情報　同意証明情報
課税価格	金500万円
登録免許税	金1万円

(2) 登記の目的

登記の目的は，「1番根抵当権共有者Bの権利移転」のように記載する。

一見難しいようだが，登記申請の対象となる「①権利の特定」をし，「②分量の指定」を行い，「③物権変動の種類の特定」をするという登記の目的の記載方法マニュアルどおりである〈図 1-4〉。

図 1-4　登記の目的

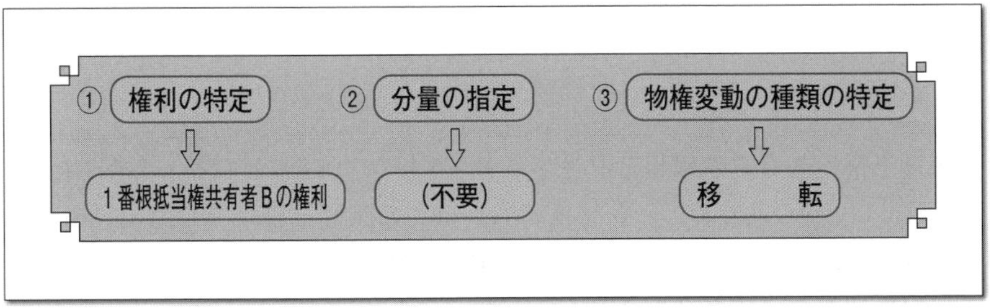

まず，「①権利の特定」をするため，「1番根抵当権共有者Bの権利」と記載する。元本確定前の根抵当権では，持分が固定されていないので，「持分」とは記載せず，「権利」と記載することに注意すること。

次に，「②分量の指定」について，「全部」とする記載は不要である。共有者の権利譲渡については，その一部譲渡ができない以上，「全部」と記載しなくても全部移転であることが理解されるからである。

最後に，「③物権変動の種類の特定」を「移転」と加えてできあがりである。

(3)　登記原因

【登記原因】

登記原因は，共有者の権利譲渡の場合は「年月日譲渡」，共有者の権利放棄の場合は「年月日放棄」である。

【権利譲渡の場合の登記原因日付】

共有者の権利譲渡の場合の登記原因日付は，譲渡契約の成立日である。ただし，譲渡契約の後に，設定者の承諾・他の共有者の同意が得られた場合は，すべての承諾・同意が得られた日が登記原因日付となる。設定者の承諾・他の共有者の同意は，共有者の権利の譲渡の効力要件だからである。

【権利放棄の場合の登記原因日付】

共有者の権利放棄の場合の登記原因日付は，権利の放棄の意思表示がなされた日である。

⑷　登記事項

根抵当権の共有者の権利の移転の登記申請情報には，極度額などの登記事項の記載は不要である。根抵当権の共有者の権利がそのまま移転するため，原根抵当権の登記事項によって，根抵当権の内容が公示されているといえるからである。

⑸　登記申請人

根抵当権の共有者の権利を取得する者（権利の譲渡を受けた者，放棄により権利を取得した他の共有者）を登記権利者，権利の譲渡・放棄をした根抵当権の共有登記名義人を登記義務者とする共同申請で行う。

登記権利者の持分を記載する必要はない。

⑹　添付情報

共同申請の場合の基本的な添付情報を提供すればよい。

また，根抵当権の共有者の権利の譲渡の場合には，設定者の承諾証明情報・他の共有者の同意証明情報の提供も必要となる（令7条1項5号ハ）。これに対して，根抵当権の共有者の権利の放棄の場合には，これらの承諾証明情報・同意証明情報の提供は不要である。

⑺　登録免許税

根抵当権の共有者の権利移転の登記の登録免許税は，極度額を譲渡・放棄前の共有者の数で割った額の1000分の2である（登免税別表1.1.⑹ロ，昭46・10・4民甲3230号）。

これも，根抵当権の一部譲渡の場合と同様，便宜上各共有者の持分を平等と考え，移転した持分を計算しようということである。

一部譲渡の場合には，譲渡後の共有者の数で割るのに対して，共有者の権利の移転の場合には，譲渡・放棄前の共有者の数で割るという違いがある。共有者の権利の放棄の場合，放棄後の人数は1となってしまい，適切でないからである。

5　登記の実行

根抵当権の共有者の権利移転の登記は，付記登記で実行される（規則3条5号）。

6. 共同根抵当権の場合

1 意　　義

共同根抵当権の譲渡（全部譲渡・分割譲渡・一部譲渡・共有者の権利の譲渡）は，根抵当権が設定されているすべての不動産について登記をしなければ，効力が生じない（民398条の17第1項）。つまり，共同根抵当権についてのこれらの処分は，登記が効力要件となっているということである。

共同根抵当権においては，「根抵当権者」「極度額」「債権の範囲」「債務者」の4つの共通事項は，すべての不動産で同じでなければならない。このことから，4つの共通事項に変更を加える場合（根抵当権の移転，極度額の変更等）には，すべての不動産に登記がなされ，すべての不動産についての当該登記事項が登記記録上同じになって初めて，効力が発生することとしたのである。

なお，4つの共通事項以外の変更登記においては，共同根抵当権の場合でも，登記は効力要件となっていない。たとえば，確定期日の変更は，すべての不動産に登記がなされなくても，効力は発生する。

2 登記申請のポイント

(1) 一括申請の可否

共同根抵当権についての譲渡による移転登記は，登記原因日付が不動産ごとに異なる場合であっても，一括申請することができる。共同関係にあることで，一括申請の要件が緩和されているというわけである。

(2) 登記の目的

共同根抵当権についての譲渡の登記を申請する場合の登記の目的は，「1番共同根抵当権移転」「1番共同根抵当権分割譲渡」のように，「共同」の文字を記載しなければならない。

「共同」の記載は，共同根抵当権が設定されているすべての不動産に登記をしなければ効力が生じない登記を申請する場合に要求されるものである。つまり，4つの共通事項に変更を加える登記を申請する場合に要求される。これに対して，確定期日の変更登記のように，すべての不動産に登記をしなくても効力が生じる登記を申請する場合には，登記の目的に「共同」の記載は要求されず,「1番根抵当権変更」のようになる。

共同担保の関係にある数個の不動産を一括申請する場合で,不動産ごとの順位番号が異なるときは,「共同根抵当権移転」のように記載し,不動産の表示における各不動産の記載の末尾にその順位番号を記載する。

(3) 登記原因

共同根抵当権の場合も,登記原因は,通常の根抵当権の場合と同様,「年月日譲渡」「年月日分割譲渡」などとなる。

共同根抵当権の譲渡において,不動産ごとに設定者が異なり,譲渡契約後の別々の日に承諾が得られた場合など,各不動産について登記原因日付が異なることがある。その場合においても,管轄が同一であれば,一括申請をすることができる。その場合の登記申請においては,登記原因を「原因　後記のとおり」と記載し,不動産の表示における各不動産の記載の末尾にそれぞれの登記原因を「原因　年月日譲渡」などと記載する。

(4) 登録免許税

【原　則】

共同根抵当権の譲渡も,通常の譲渡の場合と同様の登録免許税となる。

【例　外】

共同根抵当権の譲渡の登記申請において,その申請が最初の申請以外のものであるときは,登録免許税法13条2項の規定に準じて,登記事項証明書を提供した場合に限り,登録免許税は不動産1個につき1,500円となる(昭43・10・14民甲3152号)。

この場合に提供するのは,単なる減税証明書としての登記証明書であり,前登記証明書ではないので,注意すること。

(5) 登記の実行

共同根抵当権の譲渡における登記の実行も,通常の譲渡の場合と同様なものとなる。

ただし,共同根抵当権について分割譲渡の登記がなされた場合には,譲渡された根抵当権のために,新しい共同担保目録が作成されることに注意せよ(☞P39)。

ホームルーム

生徒：全部譲渡・分割譲渡・一部譲渡・共有者の権利移転など，いろいろな譲渡が出てきましたね。ひとつひとつは理解したつもりなのですが，利害関係人の承諾が要るとか要らないとか，似ているので混乱しますね。

講師：そうだね。では，まとめの意味で，図表で整理しておこう。

《根抵当権の確定前の移転のまとめ》

	全部譲渡	分割譲渡	一部譲渡	共有者の権利譲渡	共有者の権利放棄
元本確定前	○	○	○	○	○
元本確定後	×	×	×	×	○
設定者の承諾	○	○	○	○	×
利害関係人の承諾	×	○	×	×	×
他の共有者の同意				○	×
登記の実行	付記登記	主登記	付記登記	付記登記	付記登記

※元本確定前後：○＝できる，×＝できない／承諾・同意：○＝必要，×＝不要

講師：表を見てみると，○×などが偏っていることがわかるだろう。少ない例外に着目して覚えるようにしてみよう。たとえば，登記の実行でいえば，分割譲渡以外は付記登記だ。これは，所有権以外の権利移転の登記は，付記登記がでなされるのが原則だからだ。このように，分割譲渡の登記が主登記であることと，なぜこの場合が例外なのかという意味をしっかり理解して記憶することが重要だ。

生徒：はい，がんばってみます。

第3章 根抵当権変更

●この章で学ぶこと●

この章では，根抵当権の変更登記について学びます。変更できる時期はいつか，利害関係人の承諾は必要かに注意して学習を進めてください。

1. 総　説

根抵当権の設定登記がなされた後に，その根抵当権の登記事項に変更が生じた場合には，根抵当権変更登記を申請する。

「極度額」「債権の範囲」「債務者」という絶対的登記事項についての変更登記のほかに，「確定期日」という任意的登記事項についての変更登記も学んでいく。優先の定めについては，根抵当権の一般の登記事項とは異なる性格を有するので，次章で説明することにする。

2. 極度額の変更

1 合意による極度額の変更

(1) 意　義

根抵当権者と設定者は，その合意によって，極度額を変更することができる(民398条の5)。極度額は，実際に存在する被担保債権の額でなく，担保の限度額なので，合意で変更することができるのである。

(2) 要　件

合意による極度額の変更は，次の要件を満たさなければならない（民398条の5)。

①根抵当権者と設定者で変更の合意をすること。

②利害関係人の承諾を得ること。

時期的な制限は存在しない。つまり，極度額の変更は，元本確定の前後を問わずすることができる。

②について。利害関係人の承諾を得ることが民法上の要件であることに注意してほしい。つまり，利害関係人の承諾は効力要件であり，この承諾が得られない場合，極度額の変更の効力は生じないということである。

普通抵当権の債権額変更登記を申請する場合と比較してほしい。普通抵当権の債権額変更登記においては，利害関係人の承諾は，不動産登記法上の要件である。普通抵当権の場合，利害関係人の承諾がなくても，一部弁済や利息の元本組入れによって，債権額変更の効力は発生する。ただ，登記をする際に，利害関係人の承諾が問題となってくるにすぎない。承諾があれば付記登記，承諾がなければ主登記で実行されることになるのである（66条）。

(3)　登記申請のポイント

事例　Aが所有権登記名義人である甲土地には，Bの1番根抵当権（極度額1,000万円）とCの2番抵当権が設定されている。令和6年6月27日，A及びBは，乙区1番で設定されている根抵当権の極度額を2,000万円とする変更契約を締結した。令和6年6月28日，Cはこれを承諾した。

◉記載例　極度額の変更登記

登記の目的　1番根抵当権変更
原　　　因　令和6年6月28日変更
変更後の事項　極度額　金2,000万円
権　利　者　B
義　務　者　A
添 付 情 報　登記原因証明情報　登記識別情報　印鑑証明書
　　　　　　代理権限証明情報　承諾証明情報
課 税 価 格　金1,000万円
登録免許税　金4万円

【登記の目的】

登記の目的は，「1 番根抵当権変更」のように記載する。

登記の目的の末尾に「(付記)」と記載する必要はない。「(付記)」という記載は，付記登記・主登記のどちらかで実行される可能性のある登記を付記登記で実行してもらう場合に必要となるが，合意による極度額の変更登記は，必ず付記登記で実行され，主登記で実行されることはないからである。

【登記原因】

登記原因は，「年月日変更」である。登記原因日付は，合意の日である。ただし，利害関係人の承諾が合意後に得られた場合には，その承諾が得られた日が登記原因日付となる。

【登記事項】

「変更後の事項」として，変更後の極度額を「極度額　金 2,000 万円」のように記載する。

【登記申請人】

根抵当権者と設定者の共同申請であるが，登記権利者・登記義務者の割り振りは，次のようになる。

		登記権利者	登記義務者
①	増額変更	根抵当権者	設　定　者
②	減額変更	設　定　者	根抵当権者

どちらに有利でどちらに不利益であるかによって，権利者と義務者が割り振られている。極度額の増額変更は，根抵当権者の優先弁済額が増加するので，根抵当権者が権利者となる。これに対して，極度額の減額変更は，不動産の負担額が減少するので，設定者が登記権利者となる。

【添付情報】

共同申請の場合の基本的な添付情報を提供すればよい。その際，登記権利者・登記義務者の割り振りに注意すること。たとえば，登記識別情報は，登記義務者のものの提供が必要であるが，増額変更の場合は設定者の登記識別情報の提供が必要となり，減額変更の場合は根抵当権者の登記識別情報の提供が必要となる。

さらに，利害関係人がいる場合には，利害関係人の承諾証明情報の提供が必要となる（令7条1項5号ハ)。利害関係人の承諾は民法上の効力要件なので，利害関係人が存在するにもかかわらず，その承諾証明情報の提供をせずに登記申請をした場合，その申請は却下される。利害関係人の具体的範囲については，項を改めて説明する。

【登録免許税】

極度額変更登記の登録免許税は，原則として，不動産１個につき1,000円である（登免税別表1.1.⒁）。

ただし，極度額増額変更の場合は，増加した極度額の1000分の４となる（登免税別表1.1.⑸）。極度額の増加変更登記は，増加する部分について，新たな設定登記とみなすことができるからである（登免税12条１項）。もし，増額変更を1,000円の定額課税とすれば，わざと低い額の設定をしておき，後に極度額の増額変更をすることで，登録免許税を節税（脱税）することができてしまうため，定率課税としたのである。

⑷　利害関係人

【増額変更の場合】

極度額の増額変更において利害関係人となるのは，次の者である。

①同順位・後順位の担保権登記名義人

②後順位の所有権仮登記名義人

③後順位の差押え・仮差押えの登記名義人

④極度額の増額変更がある根抵当権に対して，順位譲渡・放棄をした先順位担保権登記名義人

これらの者は，極度額が増額されることで，自己の配当額の減少が生じるなどの不利益を受けることから，利害関係人とされている。

後順位用益権者は，利害関係人とならない。用益権は使用・収益する権利であり，優先弁済額の増加の影響を受けないからである。

以上の結論･考え方は，抵当権の債権額増額と同じなので，詳しいことは『不動産登記法Ⅰ』を参照してもらいたい。承諾証明情報について，根抵当権の場合は民法上の効力要件であるのに対し，抵当権の場合は不動産登記法で要求される手続上のものという違いがあるが，誰が利害関係人かという考え方は同じなのである。

【減額変更の場合】

極度額の減額変更において，利害関係人となるのは，次の者である。

①根抵当権から根抵当権の処分（転抵当等）を受けている者

②根抵当権の被担保債権の質権登記名義人

③根抵当権を目的とする仮登記名義人，差押え・仮差押えの登記名義人

極度額が減額変更される根抵当権を目的として権利を有している者である。抵当権の債権額減少変更と同様なので，『不動産登記法Ⅰ』を参照すること。

(5) 登記の実行

【付記登記】

合意による極度額の変更登記は，必ず付記登記で実行される（昭46・10・4民甲3230号）。利害関係人が存在する場合，その承諾証明情報が必要的であることから，主登記で実行されることがないのである。

【登記識別情報の通知の有無】

極度額の増額変更登記がなされることで，根抵当権者は，その有する根抵当権で担保される債権が増加する。しかし，極度額の増額変更登記は，権利の取得の登記ではなく，登記名義人として新たに登記される者が登場しないので，登記識別情報の通知はなされない。

【登記実行後の登記記録】

極度額の変更登記が実行された後の登記記録は，次のようになる。

●登記実行後の登記記録

権利部（乙区）（所有権以外の権利に関する事項）			
順位番号	登記の目的	受付年月日・受付番号	権利者その他の事項
1	根抵当権設定	令和3年2月4日 第22356号	原因　令和3年2月4日設定 極度額　金1,000万円 債権の範囲　金銭消費貸借取引 債務者　A 根抵当権者　B
付記1号	1番根抵当権変更	令和6年7月5日 第76333号	原因　令和6年6月28日変更 極度額　金2,000万円
2	抵当権設定	令和4年9月25日 第95632号	（登記事項省略） 抵当権者　C

2 極度額の減額請求

(1) 意　　義

根抵当権の元本が確定した後において，根抵当権設定者は，その根抵当権の極度額を，現に存在する債務の額と以後2年間に生ずべき利息その他の定期金

及び債務不履行による損害賠償の額とを加えた額に減額することを請求することができる（民398条の21第1項）。

(2) 要　　件

極度額減額請求は，次の要件を備えることで行うことができる。

①元本確定後の根抵当権であること。

②請求時に存する被担保債権に，その時から2年間に生ずべき利息等を加えた額が極度額に満たないこと。

③根抵当権設定者が根抵当権者に減額の意思表示をすること。

①について。元本確定前に極度額減額請求をすることはできない。元本確定前は，合意によって極度額の変更をすることができるのみである。

③について。根抵当権設定者が根抵当権者へ一方的に意思表示をすることで，根抵当権の極度額が当然に減額される。

合意による極度額の変更と異なり，利害関係人の承諾を得ることが民法上の効力要件となっていないことに注意が必要である。

(3) 登記申請のポイント

【減額変更登記】

極度額減額請求がなされた場合は，極度額が減少するので，極度額減額変更登記を申請することになる。登記申請情報などは，合意による極度額の減額変更とほぼ同じである。以下，注意すべき点を説明する。

【登記原因】

登記原因は，「年月日減額請求」である。登記原因日付は，減額請求の意思表示が根抵当権者に到達した日である。

【添付情報】

極度額減額請求においては，利害関係人の承諾を得ることが民法上の要件とされていない。よって，減額請求による極度額変更登記については，効力要件としての利害関係人の承諾証明情報の提供は不要である。

しかし，変更登記の申請であるため，登記手続上の利害関係を有する第三者の承諾証明情報の提供は必要となる。

3. 債権の範囲の変更

1 意　　義

根抵当権の元本が確定する前においては，根抵当権者と根抵当権設定者は，その合意により，被担保債権の範囲を変更することができる（民 398 条の 4 第 1 項）。

2 要　　件

(1) 要　　件

債権の範囲を変更するには，次の要件を満たさなければならない。

①元本確定前の根抵当権であること。

②根抵当権者と設定者で合意すること。

①について。元本確定後は，債権の範囲の変更はできないということである。元本確定後は，被担保債権が特定しており，被担保債権の基準となる債権の範囲を変更しても無意味だからである。

②について。共有根抵当権において，共有根抵当権者ごとに債権の範囲を定めることができる（☞ P13）。この場合，共有者の 1 人の債権の範囲のみを変更することができるが，その場合でも，当該共有根抵当権者だけでなく，他の共有者も含めた根抵当権者全員と設定者との合意によらなければならない。根抵当権そのものの変更であるうえに，他の共有者にも影響があるからである。たとえば，A の所有する甲土地に「債権の範囲　根抵当権者 B につき売買取引　根抵当権者 C につき請負取引」と登記されている B・C の共有根抵当権が設定されている場合において，B の債権の範囲を金銭消費貸借取引に変更する場合，A・B が合意をすればよいのではなく，C も含めた A・B・C 全員で合意をしなければならない。

利害関係人の承諾は，不要である（民 398 条の 4 第 2 項）。債権の範囲が変更されても，極度額が変更されない以上，第三者に不測の損害を与えることはないからである。

(2) 登　　記

債権の範囲の変更の登記は，元本確定前に申請しなければならない。元本確定前に登記がなされない場合，債権の範囲の変更はなかったものとみなされる（民398条の４第３項）。

元本確定時点で登記されている基準に従った債権が担保されるものとすることで，競売の基準を明確にするためである。

3　登記申請のポイント

(1)　登記申請情報

事例　Ａが所有権登記名義人である甲土地の登記記録には，乙区１番に「債権の範囲　金銭消費貸借取引」とするＢの根抵当権が登記されている。令和6年6月27日，Ａ及びＢは，当該根抵当権の債権の範囲に売買取引を追加する変更契約を締結した。

◉記載例　債権の範囲の変更

登記の目的	１番根抵当権変更
原　　　因	令和６年６月27日変更
変更後の事項	債権の範囲　金銭消費貸借取引　売買取引
権　利　者	Ｂ
義　務　者	Ａ
添 付 情 報	登記原因証明情報　登記識別情報　印鑑証明書 代理権限証明情報
登録免許税	金1,000円

(2)　登記の目的

登記の目的は，「１番根抵当権変更」のように記載する。

(3)　登記原因

登記原因は，「年月日変更」となる。登記原因日付は，債権の範囲の変更の合意の日である。

(4)　登記事項

「変更後の事項」として，変更後の債権の範囲を「債権の範囲　金銭消費貸

借取引　売買取引」のように記載する。

債権の範囲を追加した場合や，共有根抵当権者の１人についてのみの債権の範囲を変更した場合も，変更のない部分も含めて，変更後の債権の範囲をすべて記載しなければならない。これは，債権の範囲の公示を分断せず，登記記録を見やすくするためである。根抵当権の債権の範囲は重要な登記事項であり，見やすい登記記録になっていることが要請されるのである。

たとえば，記載例のように，債権の範囲を「金銭消費貸借取引」から「金銭消費貸借取引　売買取引」に変更した場合も，変更のない部分も含めて「変更後の事項　債権の範囲　金銭消費貸借取引　売買取引」と記載する。

また，共有根抵当権において「債権の範囲　根抵当権者Ｂにつき売買取引　根抵当権者Ｃにつき請負取引」と共有根抵当権者ごとに異なる債権の範囲が定められている場合に，Ｂの債権の範囲を金銭消費貸借取引に変更するときは，変更のないＣの債権の範囲も含めて，「債権の範囲　根抵当権者Ｂにつき金銭消費貸借取引　根抵当権者Ｃにつき請負取引」と記載しなければならない。

⑸　登記申請人

【共同申請】

債権の範囲の変更登記の申請は，根抵当権者と根抵当権設定者の共同申請で行う。

共有根抵当権において，共有根抵当権者の１人についてのみの債権の範囲の変更の場合であっても，根抵当権の共有者全員が申請人となる。

【権利者・義務者の割り振り】

登記権利者・登記義務者の割り振りは，以下のようになる。

		登記権利者	登記義務者
①	原則（債権の範囲が拡大 or 拡大縮減が不明確）	根抵当権者	設　定　者
②	債権の範囲が縮減することが明らかな場合	設　定　者	根抵当権者

登記権利者・登記義務者の割り振りは，どちらに有利となるかによって決める。債権の範囲が拡大することが明らかな場合は，被担保債権が増加し，根抵当権者に有利なので，根抵当権者が登記権利者となる。債権の範囲が縮減することが明らかな場合は，被担保債権が減少し，設定者の負担が減るので，設定者が登記権利者となる。

債権の範囲が拡大するか縮減するか不明確な場合は，有利・不利の判断では割り振りを決められない。その場合は，根抵当権が設定者の権利を制限しているという関係性に着目して，根抵当権者を登記権利者，設定者を登記義務者と決する。

結局，縮減することが明らかな変更だけ，登記権利者・登記義務者の割り振りが逆になるので，例外として押さえるべきである。

【拡大変更】

債権の範囲が拡大することが明らかな変更とは，「A → A・B」とするように，もとの債権の範囲を維持しながら，債権の範囲を追加することである。たとえば，「銀行取引」から「銀行取引　手形債権　小切手債権」とするような変更である。

【縮減変更】

債権の範囲が縮減することが明らかな変更とは，「A・B → A」とするように，単に債権の範囲が減少することである。「証書貸付取引　当座貸越取引」から「証書貸付取引」とするような変更である。

注意すべきは，「A → A の一部」という縮減変更である。たとえば，「売買取引」から「電気製品売買取引」に変更する場合も，債権の範囲が縮減することが明らかな変更に当たる。電気製品以外の売買取引が債権の範囲に含まれなくなるからである。同じように，「銀行取引」から「手形貸付取引」への変更も，銀行取引の一部となるから，債権の範囲が縮減することが明らかな変更である。このような「A → A の一部」の変更については，「A → B」の不明確な変更と考えがちなので，注意すること。

【不明確な変更】

債権の範囲が拡大するか縮減するかが不明確な場合とは，「A → B」のような場合である。A と B のどちらの債権が多いのかわからないので，不明確なのである。たとえば，「売買取引」から「金銭消費貸借取引」への変更が不明確な変更である。根抵当権者が，売買取引と金銭消費貸借取引のどちらの債権を多く有するのかわからない以上，不明確となるのである。

注意すべきは，「A・B → C」も不明確な変更ということである。A・B と C のどちらの債権が多いのかわからない以上，不明確なのである。債権の範囲の見た目の数が減ったからといって，縮減することが明らかとはいえないのである。

⑹　添付情報

共同申請の場合の基本的な添付情報を提供すればよい。利害関係人の承諾証明情報の提供は不要である。

⑺　登録免許税

債権の範囲の変更登記の登録免許税は，不動産１個につき 1,000 円となる（登免税別表 1.1.⒁）。

4　登記の実行

債権の範囲の変更登記は，付記登記で実行される。利害関係人が存在しないので，主登記で実行されることはない。

◉登記実行後の登記記録

権利部（乙区）（所有権以外の権利に関する事項）			
順位番号	登記の目的	受付年月日・受付番号	権利者その他の事項
1	根抵当権設定	令和３年２月４日第 22356 号	原因　令和３年２月４日設定 極度額　金 1,000 万円 債権の範囲　金銭消費貸借取引 債務者　A 根抵当権者　B
付記１号	１番根抵当権変更	令和６年７月５日第 76123 号	原因　令和６年６月 27 日変更 債権の範囲　金銭消費貸借取引 　売買取引

前記記載例の登記申請をした場合の登記記録である。金銭消費貸借取引については変更されていないが，その部分も含めて従前の債権の範囲に下線が引かれ，変更後の債権の範囲はすべて付記１号でまとめて公示されていることを確認してほしい。金銭消費貸借には下線が引かれず，追加される債権の範囲である売買取引だけ付記登記で公示されるとすれば，債権の範囲の公示が分断されて，登記記録が見にくいものとなってしまう。

付記登記に債権の範囲をまとめて公示をするため，債権の範囲の変更の登記申請情報には，変更後の事項としてすべての債権の範囲を記載しなければならないのである。

4. 債務者の変更

■1 総　　説

⑴ 合意による債務者の変更

元本確定前の根抵当権においては，根抵当権者と根抵当権者設定者の合意により，債務者を変更することができる（民 398 条の 4 第 1 項）。これについては，後記■2で説明する。

⑵ 債務引受

元本確定前の根抵当権について，債務引受があったとしても，根抵当権には随伴性がないので，根抵当権の債務者に変更は生じない。当該債務引受された債権が被担保債権でなくなるだけである。よって，元本確定前の根抵当権においては，債務引受による債務者の変更登記を申請することはできない。

元本確定後の根抵当権について，その被担保債権に債務引受があった場合には，債務引受による債務者の変更登記を申請することができる。これについては，普通抵当権の場合とほぼ同じなので，『不動産登記法Ｉ』を参照してほしい。

⑶ 債務者の表示変更

債務者について住所移転や氏名変更が生じた場合，債務者の変更登記を申請することになる。債務者という登記事項に変更が生じた場合なので，登記名義人表示変更の登記を申請するわけではない。これについて，後記■3で説明する。

⑷ 債務者の相続・合併

相続や合併は包括承継なので，根抵当権の債務者に相続・合併が生じた場合には，債務者に変更が生じ，債務者の変更登記を申請することができる。

しかし，確定前の根抵当権の債務者に相続・合併が生じた場合には，指定債務者の合意の論点とも結びつき，複雑な関係が生じる。これについては，項を改めて説明することとする（☞ P90，P101）。

2 合意による債務者の変更

(1) 意　　義

元本確定前の根抵当権においては，根抵当権者と根抵当権者設定者の合意により，債務者を変更することができる（民398条の4第1項）。被担保債権の基準である債務者を，合意により変更することができるということである。

債務者が変更されると，当初から変更後の債務者により根抵当権が設定されていたのと同様の効果が生じる。つまり，変更後の債務者に対する根抵当権者の債権を担保する根抵当権となるのである。

(2) 要　　件

【要　件】

合意により債務者を変更するには，次の要件を満たさなければならない。

①元本確定前の根抵当権であること。

②根抵当権者と設定者で合意すること。

①について。元本確定後は，合意による債務者の変更はできないということである。元本確定後は，被担保債権は特定しており，被担保債権の基準となる債務者を変更しても無意味だからである。

②について。共有根抵当権において，共有根抵当権者ごとに債務者を定めることができる（☞ P13）。この場合，共有者の1人の債務者のみを変更することもできるが，その場合でも，当該共有根抵当権者だけでなく，他の共有者を含めた根抵当権者全員と設定者との間の合意によらなければならない。

利害関係人の承諾は，不要である（民398条の4第2項）。債務者が変更されても，極度額が変更されない以上，第三者に不測の損害を与えることはないからである。

【登　記】

合意により債務者が変更された場合，その変更の登記は，元本確定前に申請しなければならない。元本確定前に登記がなされない場合，債務者の変更はなかったものとみなされる（民398条の4第3項）。

元本確定時点で登記されている基準に従った債権が担保されるものとすることで，競売の基準を明確にするためである。

⑶　登記申請のポイント

事例　Ａが所有権登記名義人である甲土地には，Ｂの１番根抵当権（債務者Ａ）が設定されている。令和６年６月27日，Ａ及びＢは，甲土地乙区１番で設定されている根抵当権の債務者をＣとする変更契約を締結した。

◉記載例　根抵当権の債務者変更

登記の目的	１番根抵当権変更
原　　因	令和６年６月27日変更
変更後の事項	債務者　Ｃ
権 利 者	Ｂ
義 務 者	Ａ
添付情報	登記原因証明情報　登記識別情報　印鑑証明書 代理権限証明情報
登録免許税	金1,000円

【登記の目的】

登記の目的は，「１番根抵当権変更」のように記載する。

【登記原因】

合意により債務者を変更した場合，登記原因は，「年月日変更」と記載する。登記原因日付は，合意のなされた日である。

【変更後の事項】

「変更後の事項」として，変更後の債務者全員を記載する。債務者が追加された場合も，共有根抵当権の共有者の１人についての債務者が変更された場合も，変更のない債務者を含めてすべて記載しなければならない。債権の範囲の変更の場合と同様，債務者の情報を登記記録の１か所に集中させ，登記記録を見やすくするためである。

【登記申請人】

根抵当権者と根抵当権設定者の共同申請で行う。登記権利者と登記義務者の割り振りは，次のようになる。

		登記権利者	登記義務者
①	原則（追加・交替）	根抵当権者	設　定　者
②	縮減的変更	設　定　者	根抵当権者

考え方は，債権の範囲の場合と同様である。債務者を「A → A・B」のように追加するときは，Bに対する債権も担保され，被担保債権が増加するので，根抵当権者が登記権利者となる。逆に，債務者を「A・B → A」のように縮減するときは，Bに対する債権が担保されなくなり，被担保債権が減少するので，設定者が登記権利者となる。

また，債務者を「A → B」というように交替する場合は，利益・不利益がわからないので，根抵当権者・根抵当権設定者の関係性に戻って，根抵当権者を登記権利者，設定者を登記義務者とするのである。

【添付情報】

共同申請の場合の基本的な添付情報を提供すればよい。

登記義務者が所有権登記名義人である場合には，**印鑑証明書**の提供も必要である（昭46・10・4民甲3230号）。

普通抵当権の場合，債務者変更をするには，たとえ登記義務者が所有権登記名義人であったとしても，印鑑証明書の提供は不要である（☞『不動産登記法Ⅰ』）。債務者を変更しても，被担保債権には変更がないからである。『不動産登記法Ⅰ』では，「プラスネジからマイナスネジに替えるような些細な変更にすぎない」と説明した。

これに対して，根抵当権の場合，債務者は，被担保債権の基準となる重要な登記事項である。そのため，債務者を変更するのは重要な変更であり，所有権登記名義人が登記義務者となる場合に，印鑑証明書の提供を省略する扱いを認めなかったのである。

また，利害関係人の承諾証明情報の提供は，必要ない。利害関係人の承諾を得ることが効力要件とはなっていないからである。

【登録免許税】

根抵当権の債務者変更の登記は，不動産1個につき1,000円となる（登免税別表1.1.⒁）。

3　債務者の表示変更

(1)　共同申請

債務者の住所・氏名等の表示が変更された場合は，根抵当権者と設定者の共同申請で，根抵当権変更登記を申請する。

債務者は，根抵当権の登記事項であり，登記名義人ではないため，登記名義人表示変更登記を申請するわけではないので注意すること。

登記申請の方法は，合意による債務者の変更の場合とほぼ同じである。そこで，以下，異なる点や注意すべき点についてのみ説明を加えることにする。

(2)　登記原因

債務者の表示が変更した場合，登記原因は，債務者の表示が変更された原因に応じて，「年月日住所移転」「年月日住居表示実施」「年月日氏名変更」などと記載する。

(3)　変更後の事項

「変更後の事項」として，変更後の債務者の表示を「債務者　福島県南会津郡只見町大字只見字雨堤１番地　甲野太郎」のように記載する。

債務者の住所のみまたは氏名のみを変更した場合でも，上記のように債務者の表示をすべて記載しなければならない。また，債務者の１人についてのみ表示の変更があった場合でも，変更のない債務者も含めてすべての債務者について記載しなければならない。これも，債務者という根抵当権の重要事項が登記記録上分断して記録されないようにするためである。

普通抵当権の債務者の表示変更の場合は，変更箇所・変更した債務者のみを記載すればよいことと比較すること。

(4)　登記申請人

根抵当権者を登記権利者，設定者を登記義務者とする共同申請で行う。債務者の表示に変更があっても，一方当事者の利益や不利益とはならないので，根抵当権者・設定者の関係性に戻って，このような割り振りとなるのである。

(5)　登録免許税

債務者の表示変更の登記の登録免許税は，不動産１個につき 1,000 円となる（登免税別表 1.1.⒁）。

ただし，住居表示実施により債務者の住所を変更した場合には，登録免許税法５条４号により非課税となる（☞ P377）。

4　登記の実行

根抵当権の債務者変更の登記は，付記登記で実行される。

5. 確定期日の変更

1 意　義

元本確定前の根抵当権においては，根抵当権者と設定者の合意により，元本確定期日を新設・廃止したり，伸長・短縮したりする変更をすることができる（民398条の6第1項）。

2 要　件

(1) 要　件

元本確定期日を変更するには，次の要件を満たさなければならない。

①元本確定前の根抵当権であること。

②根抵当権者と設定者の合意があること。

③新たに定めた確定期日が，変更の日から5年以内であること。

①について。元本確定後の根抵当権においては，元本確定期日の変更をすることはできない。

③について。5年を超える日を定めた場合，その定めは無効である。その場合，登記申請情報に5年以内に引き直した確定期日を記載しても，登記をすることはできない。なお，③の要件は，確定期日を廃止する場合には関係がない。

利害関係人の承諾を得る必要はない。極度額の変更を伴わない以上，第三者に不測の不利益を与えるわけではないからである。

(2) 登　記

元本確定後は，確定期日の変更登記を申請することができない。

すでに確定期日が定められている場合，その確定期日の到来前に確定期日を変更する合意をしていても，その変更の登記をしないうちに変更前の確定期日が到来したときは，変更登記を申請することができない。変更前の確定期日が到来した時点で，元本は確定してしまうからである（民398条の6第4項）。

3 変更の形態

確定期日の変更の形態には，次の4つがある。

①**新設**：確定期日の定めがない場合に，新たに定める変更

②**廃止**：確定期日の定めがある場合に，それを廃止する変更

③**伸長**：確定期日の定めがある場合に，それを先延ばしする繰下変更

④**短縮**：確定期日の定めがある場合に，それを早める繰上変更

4　登記申請のポイント

(1)　登記申請情報

事例　令和６年７月１日，Ａ及びＢは，Ａが所有権登記名義人である甲土地の登記記録の乙区１番に登記されているＢの根抵当権（元本確定期日の定めはない）について，元本確定期日を令和 10 年 12 月 31 日として，新たに設ける契約を締結した。

◉記載例　確定期日の変更

登記の目的	１番根抵当権変更
原　　因	令和６年７月１日新設
変更後の事項	確定期日　令和 10 年 12 月 31 日
権 利 者	Ｂ
義 務 者	Ａ
添 付 情 報	登記原因証明情報　登記識別情報　印鑑証明書 代理権限証明情報
登録免許税	金 1,000 円

(2)　登記の目的

登記の目的は，「１番根抵当権変更」のように記載する。

(3)　登記原因

登記原因は，上記①新設の場合は「年月日新設」となる。上記②廃止，③伸長，④短縮の場合は「年月日変更」となる。

(4)　変更後の事項

上記①新設，③伸長，④短縮の場合は，「変更後の事項」として，「確定期日年月日」と記載する。これらの場合には，新たな確定期日を定めるからである。

これに対して，上記②廃止の場合は，「変更後の事項」として，「確定期日廃止」と記載する。

⑸ 登記申請人

確定期日の変更登記は，根抵当権者と設定者の共同申請で行う。登記権利者・登記義務者の割り振りは，次のとおりである。

		登記権利者	登記義務者
①	原則：新設・廃止・伸長の場合	根抵当権者	設　定　者
②	短縮変更の場合	設　定　者	根抵当権者

伸長・短縮の場合は，利益・不利益で割り振りを決める。伸長変更の場合は，被担保債権が増えるので，根抵当権者が登記権利者となり，短縮変更の場合は，早く元本が確定し被担保債権が減るので，設定者が登記権利者となる。

新設・廃止の場合には，利益・不利益が不明確である。確定期日が新設されれば，その期日に元本が確定することになるので，設定者に有利ではないかと考える人もいるが，確定期日が定められてしまうと，設定者は確定請求ができなくなってしまうという不利益も被る（民398条の19）。この点において，有利不利が不明確なのである。よって，新設・廃止の場合は，根抵当権者と設定者の関係性に戻って，根抵当権者を登記権利者，設定者を登記義務者と決めることになる。

結果的には，短縮変更の場合だけ割り振りが逆になるので，例外としてしっかり押さえること。

⑹ 添付情報

共同申請の場合の基本的な添付情報を提供すればよい。

利害関係人の承諾証明情報の提供は不要である。

⑺ 登録免許税

確定期日の変更登記の登録免許税は，不動産1個につき1,000円である（登免税別表1.1.⒁）。

5 登記の実行

確定期日の変更登記は，付記登記で実行される。

6. 共同根抵当権の変更

1 意　　義

共同根抵当権においては，極度額の変更，債権の範囲の変更，債務者の変更の合意がなされても，共同担保の目的であるすべての不動産について変更の登記をしなければ，効力が生じない（民398条の17第1項）。

根抵当権の譲渡（全部譲渡・分割譲渡・一部譲渡）の場合と同様である。根抵当権の4つの共通事項は，共同担保の目的であるすべての不動産について同一でなければならないからである。

これに対して，確定期日の変更など，不動産ごとにバラバラでよいものについては，共同根抵当権においても，すべての不動産に登記をすることが効力要件となっているわけではない。

2 登記手続のポイント

(1) 一括申請

共同根抵当権の変更登記は，登記の目的の主要部分・管轄が同一なら，登記原因や登記申請人が異なる場合であっても，一括申請することができる。共同根抵当権の場合は，一括申請の要件が緩和されているのである。

(2) 登記の目的

共同担保の目的であるすべての不動産について登記をしなければ効力を生じない変更登記（極度額の変更登記，債権の範囲の変更登記，債務者の変更登記）を申請する場合の登記の目的は，「1番共同根抵当権変更」のように，「共同」の文字が必要となる。共同担保の目的であるすべての不動産について登記をしなければ効力が生じないことを明らかにするためである。不動産ごとに順位番号が異なる場合には，「共同根抵当権変更（順位番号後記のとおり）」と記載し，不動産の表示にそれぞれの順位番号を記載する。

これに対して，元本の確定期日の変更登記のように，共同根抵当権においても登記が効力要件となっていない変更登記を申請する場合は，登記の目的に「共同」の文字は不要であり，「1番根抵当権変更」のように記載すれば足りる。

⑶　登記原因

不動産ごとの登記原因の日付が異なる場合でも，一括申請することができる。この場合，登記原因は，「原因　後記のとおり」と記載し，不動産の表示の各不動産の記載の末尾に，それぞれの原因を「(原因　年月日変更)」と記載する。

⑷　登記申請人

共同担保の目的である不動産ごとに所有者が異なるため不動産ごとに登記申請人が異なる場合でも，共同根抵当権の変更登記は，一括申請することができる。その場合には，不動産の表示の各不動産の記載の末尾に，それぞれの所有者を記載する。

⑸　登録免許税

【原　則】

根抵当権の変更の登記の登録免許税は，原則として，不動産１個につき1,000円である（登免税別表1.1.⒁）。

複数の不動産につき一括申請した場合には，不動産の数を乗じるのを忘れないようにすること。３つの不動産について変更の登記を一括申請した場合には，3,000円となる。

【例　外】

極度額の増額変更登記の登録免許税は，増加した極度額の1000分の４となる（登免税12条１項，登免税別表1.1.⑸)）。これは，複数の不動産への登記を一括申請した場合でも変わらない。

ただし，共同根抵当権の極度額の増額変更登記を申請する場合，最初の申請以外の申請においては，登記証明書を提供すれば，登録免許税法13条２項の規定に準じて，不動産１個につき1,500円となる（昭43・10・14民甲3152号）。

第4章 優先の定めの登記

●この章で学ぶこと●

この章では，優先の定めの登記について学びます。優先の定めは，これまで学習した「極度額」「確定期日」などの登記事項とは性格を異にします。そのような優先の定めの登記の本質的な部分をしっかり理解してください。

1. 意　義

共有根抵当権の各共有者は，債権額の割合に応じて優先弁済を受けるのが原則である（民 398 条の 14 第 1 項本文）。

しかし，共有者間において，①原則と異なる割合を定めたとき，②ある者が他の者に先だって弁済を受けることを定めたときは，その定めに従って優先弁済を受ける（民 398 条の 14 第 1 項但書）。これを優先の定めという。

2. 要　件

優先の定めは，次の要件で定めることができる。

①元本確定前の根抵当権であること。

②共有根抵当権者全員の合意があること。

①について。優先の定めは，元本確定前に定めなければならない。また，元本確定前であれば，一度定めた優先の定めを変更することもできる。

根抵当権設定者は合意当事者ではなく，設定者の承諾も不要である点に注意すること。優先の定めは，共有根抵当権の共有者間における配当の優劣についての定めであり，被担保債権に変更が生じるわけではないので，設定者に影響を与えることはないのである。また，極度額に変更が生じるわけでもないので，利害関係人の承諾も不要である。

共同根抵当権の場合には，不動産ごとに各別に定めることもできる。

3. 登記申請のポイント

1 登記の本質

優先の定めは，「極度額」のような根抵当権の登記事項ではなく，根抵当権の登記に付記して登記される別個の登記である。

2 登記申請情報

事例 Ａの所有する甲土地には，ＢとＣの共有である１番根抵当権が設定されている。令和６年６月29日，Ｂ及びＣは，甲土地乙区１番で設定されている根抵当権について，「ＢはＣに優先する」旨の優先の定めに合意した。

◉記載例　優先の定めの登記

登記の目的	１番根抵当権優先の定
原　　　因	令和６年６月29日合意
優 先 の 定	ＢはＣに優先する
申　請　人	Ｂ
	Ｃ
添 付 情 報	登記原因証明情報　登記識別情報　代理権限証明情報
登録免許税	金1,000円

3 登記の目的

優先の定めを新設した場合の登記の目的は，「１番根抵当権優先の定《さだめ》」のようになる。「１番根抵当権変更」とはならない。優先の定めは，根抵当権の登記事項ではないからである。根抵当権の登記事項を変更しているのではなく，優先の定めという根抵当権とは別個の登記を申請するというわけである。

4 登記原因

優先の定めを新設した場合の登記原因は，「年月日合意」となる。登記原因日付は，合意がなされた日である。

5　登記事項

優先の定めとして，その内容を記載する。変更登記ではないので，「変更後の事項」と記載するわけではない。

優先の定めの内容としては，①原則と異なる割合を定めたときは「Ｂ７・Ｃ３の割合」，②ある者が他の者に先だって弁済を受けることを定めたときは「ＢはＣに優先する」などと記載する。

6　登記申請人

優先の定めの登記は，根抵当権の共有者全員の合同申請で行う（89条２項）。

共有者間で誰が利益を受けるか，誰が不利益を受けるかが明確ではないので，権利者・義務者の割り振りをしない合同申請となる。「Ｂ７：Ｃ３の割合」と定める場合に，Ｂが利益を受けＣが不利益を受けることが明確ではないかと考える人もいるだろう。しかし，そうと決めることもできない。たとえば，債権額がＢ９：Ｃ１であるときにこの定めをすれば，Ｂの配当額は減ってしまい，Ｂにとって不利益な定めとなるのである。

7　添付情報

登記識別情報に注意が必要である。登記申請人となる根抵当権の共有者全員の登記識別情報の提供が必要となる。そもそも登記識別情報は，登記義務者のものを提供する必要があるが，合同申請なので，全員が登記義務者であるといえるからである。

8　登録免許税

優先の定めの登記の登録免許税は，不動産１個につき1,000円である（登免税別表1.1.⒁）。

9　一括申請の可否

【設定登記との一括申請】

共有根抵当権の設定契約と同時に，共有根抵当権者間で優先の定めが合意された場合でも，根抵当権設定登記と優先の定めの登記を１つの登記申請情報で一括申請することはできない（昭46・10・4民甲3230号，登研757号165）。

優先の定めは，根抵当権の登記事項ではなく，別個の登記だからである。また，根抵当権設定登記は，根抵当権者と設定者の共同申請であるのに対し，優先の定めの登記は，根抵当権の共有者の合同申請であるため，登記申請人が異なり，一括申請の要件を満たさないからである。

【一部移転との一括申請】

根抵当権の一部譲渡契約と同時に，譲渡人と譲受人の間で優先の定めを合意した場合でも，根抵当権の一部譲渡による一部移転登記と優先の定めの登記を1つの登記申請情報で一括申請することはできない（昭46・12・24民甲3630号）。優先の定めの登記は，根抵当権の登記事項ではないうえに，一括申請の要件を満たさないからである。

10　登記の実行

根抵当権の優先の定めの登記は，付記登記で実行される（規則3条2号ニ）。

また，根抵当権の優先の定めの登記は，権利取得の登記ではないので，登記識別情報は通知されない。

4. 優先の定めの変更

1　意　義

優先の定めが登記された後に，その定めが変更された場合は，優先の定めの変更登記を申請することができる。

2　廃止の場合

優先の定めが登記された後，その優先の定めを廃止する合意がなされた場合は，優先の定めの抹消登記を申請することはできず，優先の定めの変更登記を申請することになる（登研660号207）。廃止という新たな変更がなされたのであり，初めから優先の定めが無効であったことにはならないからである。

なお，優先の定めの合意が無効であった場合には，優先の定めの抹消登記を申請することができる。

3　登記申請情報

事例　令和6年6月29日，B及びCは，甲土地乙区1番で設定登記がなされているB・Cの共有根抵当権の優先の定め（「B7・C3の割合」と登記されている）を「B3・C7の割合」と変更することにつき合意した。

◉記載例　優先の定めの変更登記

登記の目的　1番根抵当権優先の定変更
原　　　因　令和6年6月29日合意
変更後の事項　優先の定　Ｂ３・Ｃ７の割合
申　請　人　B
　　　　　　C
添 付 情 報　登記原因証明情報　登記識別情報　代理権限証明情報
登録免許税　金1,000円

4　登記の目的

登記の目的は，「1番根抵当権優先の定変更」などとなる。優先の定めは根抵当権の登記事項ではないので，「1番根抵当権変更」とはならない。

5　登記原因

優先の定めを別の内容に変更した場合，登記原因は，「年月日合意」となる。優先の定めを廃止した場合，登記原因は，「年月日合意解除」となる（登研660号208）。

6　登記事項

優先の定めを別の内容に変更した場合，「変更後の事項」として，新しい優先の定めの内容を記載する。優先の定めを廃止した場合，「変更後の事項」として，「優先の定の廃止」と記載する。

7　登記申請人

【原　則】

優先の定めの変更登記の申請は，根抵当権の共有者全員の合同申請で行う（89条2項）。

【例　外】

優先の定めの変更しても配当額に影響を受けない共有者は，登記申請に関与する必要はない。たとえば，「Ａ５・Ｂ３・Ｃ２の割合」と定められている優先の定めを「Ａ５・Ｂ２・Ｃ３」と変更する場合，その変更登記は，Ｂ・Ｃのみの合同申請で行えばよい。

8　添付情報

登記申請人となる者全員の根抵当権取得登記時の登記識別情報の提供が必要となる。優先の定めの変更登記申請ではあるが，優先の定めの登記においては，登記識別情報の通知がなされないので，根抵当権取得登記時の登記識別情報の提供が必要となるのである。

9　登録免許税

優先の定めの変更の登記の登録免許税は，不動産１個につき1,000円である（登免税別表1.1.⒁）。

10　登記の実行

優先の定めの変更の登記は，根抵当権の登記に対する付記登記で実行される（規則３条２号ニ）。たとえば，優先の定めが乙区１番付記１号で登記されている場合に，その優先の定めを変更する登記を申請した場合には，乙区１番付記２号で登記される。

第5章　根抵当権の相続・合併

●この章で学ぶこと●

この章では，元本確定前の根抵当権において，根抵当権者・債務者に相続・合併が生じた場合について学んでいきます。元本確定前の根抵当権に相続・合併が生じた場合に，元本が確定するか否かをしっかり押さえていきましょう。

1. 根抵当権者に相続が生じた場合

1 意　義

(1) 相続の影響

【問題点】

根抵当権者が死亡すると，相続が開始し，被相続人の有していた根抵当権とその被担保債権が相続人に移転する。被相続人が生前に取得した被担保債権は相続人に移転し，同じく被相続人から承継した根抵当権によって担保される。相続は包括承継であるため，この点については問題がない。

問題は，元本確定前に相続が開始した場合，元本が確定することなく，相続人が新たに発生させた債権を担保することができるかということである。つまり，継続的に取引をするという地位が相続されるかということである。

【合意の登記がある場合】

根抵当権者の相続人と設定者の合意によって，根抵当権者の死亡後に債務者と継続して取引をする根抵当権者の相続人（指定根抵当権者）を定めて，その旨の登記を相続開始後６か月以内にすることで，元本は確定しない（民398条の８第１項・４項）。その場合，元本が確定しなかったときは，相続開始時に存在した債権と指定根抵当権者が相続開始後に取得する債権を担保する根抵当権となる〈図 1-5〉。

図 1-5　合意がある場合

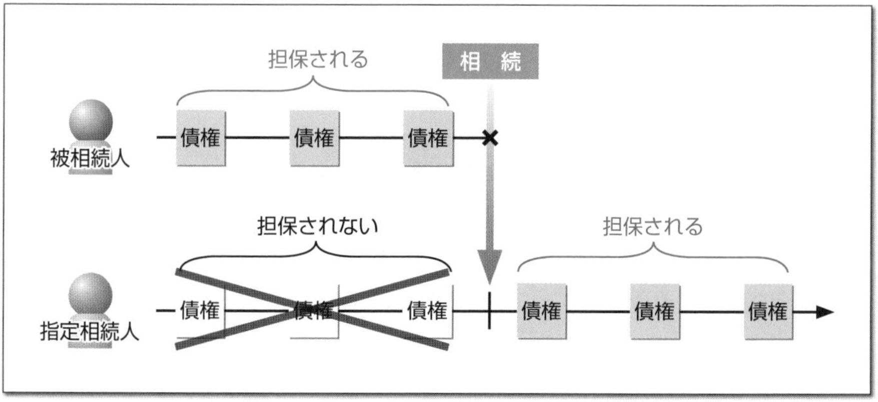

【合意の登記がない場合】

相続開始後，6 か月以内に合意の登記がなされなかった場合，相続開始時に元本は確定したものとみなされ，相続開始時に存在する債権を担保する根抵当権として相続人に移転する（民 398 条の 8 第 4 項）〈図 1-6〉。

図 1-6　合意がない場合

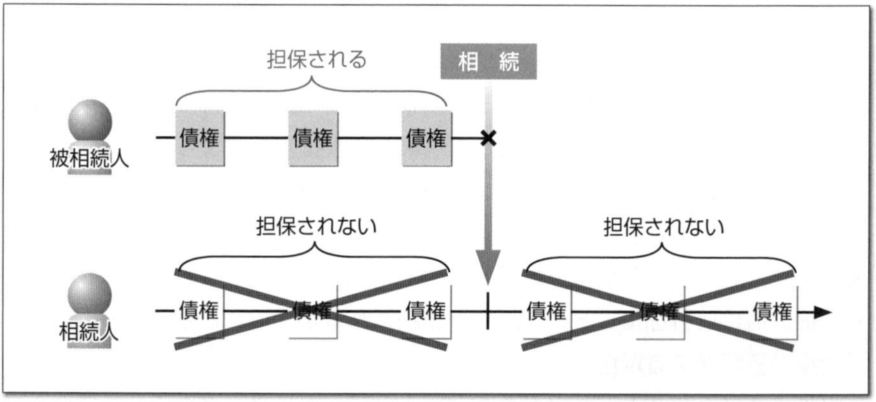

【まとめ】

民法は，根抵当権者に相続が生じた場合には，元本が確定し，被相続人が生前に取得した債権のみを担保する根抵当権となることを原則とした。被相続人が生前に事業をしており，取引をしていたとしても，相続人がその事業を引き継がないことも多いからである。

ただ，例外として，民法は，合意の登記を相続開始後6か月以内にした場合には，元本が確定しないものとした。相続人が被相続人の事業を承継し取引を継続しようと決めたような場合には，新たに設定しなくても，当該根抵当権で相続人が新たに取得した債権を担保できるようにしたのである。

(2)　なすべき登記

【相続による移転登記】

根抵当権者に相続が開始したときは，被相続人の取得した被担保債権と根抵当権が相続人に移転する。よって，相続による根抵当権移転登記を申請する。

【合意の登記】

根抵当権者と設定者との間で指定根抵当権者についての合意をしたときは，指定根抵当権者の合意がなされた旨の登記を申請する。

2　相続による移転登記

(1)　登記申請情報

事例　Aが所有権登記名義人である甲土地には，Bの1番根抵当権（極度額1,000万円，債務者A）が設定されている。令和6年3月3日，Bは死亡した。Bの相続人は，配偶者であるCと，B・C間の子D・Eである。登記申請日は，令和6年3月10日である。

◉記載例　相続による根抵当権移転

登記の目的	1番根抵当権移転
原　　因	令和6年3月3日相続
根抵当権者	(被相続人B)
	C　D　E
添付情報	登記原因証明情報　代理権限証明情報
課税価格	金1,000万円
登録免許税	金1万円

⑵ 登記の目的

登記の目的は，「1 番根抵当権移転」などとなる。

⑶ 登記原因

登記原因は，「年月日相続」である。登記原因日付は，被相続人である根抵当権者の死亡の日である。

⑷ 登記申請人

【単独申請】

相続による根抵当権移転の登記は，相続人の単独申請で行う（63 条 2 項）。相続人が複数存在する場合でも，持分の記載は不要である。

【相続人の範囲】

所有権や普通抵当権の相続による移転登記は，その権利を承継する相続人を登記権利者とすればよい。しかし，元本確定前の相続による根抵当権移転登記の場合は，誰が登記権利者となるかに注意が必要である。それは，相続による根抵当権移転登記が単なる権利承継の登記ではなく，合意の登記の前提としての性格を有しているからである。

相続による根抵当権移転登記において，相続開始時に発生している債権を相続する者は当然，登記権利者としての相続人となる。それに加えて，相続開始時に発生している債権を相続する者でなくても，指定根抵当権者となる可能性がある相続人が登記権利者としての相続人となる。この者は，すでに発生している債権を承継せず，その点では根抵当権を承継しないが，指定を受ける可能性がある以上，根抵当権者となりうるからである。

具体的には，遺産分割により既発生の債権を相続しないこととなった者や特別受益者であっても，指定を受ける意思がない旨を明らかにしていない者は，登記権利者となる。なお，相続放棄をした者は，初めから相続人でないものとみなされ，既発生の債権を承継することも，指定を受けることもできないので，登記権利者とはならない。

登記権利者となる相続人を整理すると，次のようになる。

相続人の状況		登記権利者となるか
相続放棄をした者		×
遺産分割により既発生の債権を相続しないとされた者	指定を受けない意思の明示なし	○
	指定を受けない意思の明示あり	×
特別受益者	指定を受けない意思の明示なし	○
	指定を受けない意思の明示あり	×

(5)　添付情報

単独申請であるため，登記原因証明情報としては，公文書の提供，具体的には，除籍謄本・戸籍謄本等の相続を証明する情報の提供が必要となる。

代理権限証明情報としては，登記権利者となる相続人から司法書士への委任状の提供が必要となる。

(6)　登録免許税

相続による根抵当権の移転登記の登録免許税は，極度額の1000分の1である（登免税別表1.1.(6)イ）。

(7)　登記の実行

相続による根抵当権の移転の登記は，付記登記で実行される（規則3条5号）。所有権以外の権利の移転の登記だからである。

3　合意の登記

(1)　登記の可否

【前提登記】

指定根抵当権者の合意の登記は，相続による根抵当権移転登記をした後でなければ，申請することができない（92条）。また，相続による根抵当権移転登記と合意の登記を一括申請することはできない。

【時　期】

指定根抵当権者の合意の登記は，根抵当権者の相続開始後6か月以内に申請しなければならない（民398条の8第4項）。当該期間内に合意の登記をしないと，相続開始時に遡って元本が確定してしまうからである。

【他の確定事由が生じた場合】

指定根抵当権者の合意の登記をする前に，他の確定事由により根抵当権の元本が確定した場合であっても，相続開始後６か月以内であれば，指定根抵当権者の合意の登記を申請することができる。

合意の登記をしなければ，相続開始時に遡って確定してしまうが，合意の登記をすることで，確定時を当該他の確定事由の時まで延長することができる〈図1-7〉。つまり，合意の登記をすることで，相続時から他の確定事由発生時までの間に指定根抵当権者が新たに取得した債権を担保することができるようになる。このような実益があることから，すでに他の確定事由によって確定していても，合意の登記をすることができるのである。

図 1-7　合意の登記の効果

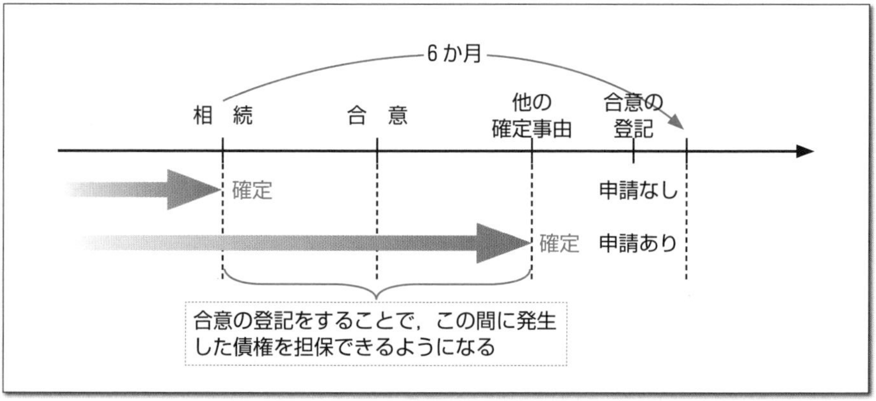

(2)　浮動期間における登記

根抵当権者に相続が開始してから６か月以内であって，合意の登記がなされていない段階においては，当該根抵当権について，元本確定前にのみまたは元本確定後にのみすることのできる登記を申請することはできない。

この段階では，まだ相続開始から６か月を経過していないため，合意の登記がなされる可能性が残っている。もし合意の登記がなされれば，元本は確定しないことになるし，もしこのまま合意の登記がなされなければ，相続時に遡って元本が確定する。つまり，根抵当権者に相続が開始してから６か月以内の時点で合意の登記がなされていない場合，その根抵当権は元本確定前なのか元本確定後なのかがわからないのである。よって，この期間（浮動期間）に元本確定前にのみまたは元本確定後にのみすることができる登記をすることはできないのである〈図1-8〉。

図1-8　浮動期間

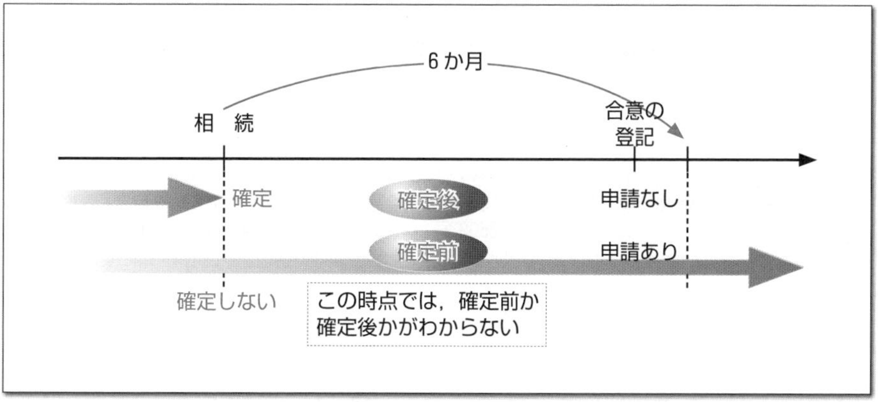

例題1　根抵当権者に相続が開始してから6か月以内において，合意の登記がなされていない場合，債権の範囲の変更登記を申請することができるか。

浮動期間に，債権の範囲の変更登記を申請することはできない。債権の範囲の変更登記は，元本確定前にのみすることができる登記だからである。

例題2　根抵当権者に相続が開始してから6か月以内において，合意の登記がなされていない場合，合意による極度額の変更登記を申請することができるか。

浮動期間に，合意による極度額の変更登記を申請することはできる。合意による極度額の変更登記は，元本確定の前後を問わずすることができる登記だからである。

浮動期間において申請できないのは，元本確定前にのみまたは元本確定後にのみすることのできる登記である。浮動期間であっても，極度額の変更登記のように，元本確定の前後を問わずすることができる登記は，申請することができるので注意すること。

(3)　登記申請情報

事例　令和6年6月30日，A・C・D及びEは，甲土地乙区1番根抵当権について，指定根抵当権者をDとする旨の合意をした。甲土地の所有権登記名義人はＡであり，甲土地の登記記録の乙区は，次のとおりである。

権利部（乙区）（所有権以外の権利に関する事項）			
順位番号	登記の目的	受付年月日・受付番号	権利者その他の事項
1	根抵当権設定	令和３年２月４日 第22356号	原因　令和３年２月４日設定 極度額　金1,000万円 債権の範囲　売買取引 債務者　Ａ 根抵当権者　Ｂ
付記１号	１番根抵当権移転	令和６年３月10日 第32563号	原因　令和６年３月３日相続 根抵当権者　Ｃ　Ｄ　Ｅ

◉記載例　指定根抵当権者の合意

登記の目的　１番根抵当権変更
原　　　因　令和６年６月30日合意
指定根抵当権者　Ｄ
権　利　者　Ｃ　Ｄ　Ｅ
義　務　者　Ａ
添 付 情 報　登記原因証明情報　登記識別情報　印鑑証明書
　　　　　　代理権限証明情報
登録免許税　金1,000円

⑷　登記の目的

登記の目的は，「１番根抵当権変更」などとなる。

⑸　登記原因

登記原因は，「年月日合意」である。登記原因日付は，指定根抵当権者の合意がなされた日である。

⑹　登記事項

「指定根抵当権者」として，指定された者の氏名・住所を記載する。この指定根抵当権者となる者は，相続による根抵当権移転登記の登記名義人となっている者でなければならない（昭46・10・4民甲3230号）。相続による根抵当権移転登記において，債権を承継しない者であっても指定根抵当権者となる可能性がある者を相続人として登記するのは，このためである。

(7) 登記申請人

相続による根抵当権の移転登記により根抵当権登記名義人となった者全員を登記権利者とし，設定者を登記義務者とする共同申請で行う。

(8) 添付情報

共同申請の場合の基本的な添付情報を提供すればよい。登記義務者である設定者の登記識別情報の提供が必要となるほか，設定者が所有権登記名義人である場合には，印鑑証明書の提供も必要となる。

(9) 登録免許税

指定根抵当権者の合意の登記の登録免許税は，不動産１個につき 1,000 円である（登免税別表 1.1.(14)）。

(10) 登記の実行

指定根抵当権者の合意の登記は，必ず付記登記で実行される（規則３条２号ロ）。

登記実行後の登記記録は，次のようになる。

◉登記実行後の登記記録

権利部（乙区）（所有権以外の権利に関する事項）			
順位番号	登記の目的	受付年月日・受付番号	権利者その他の事項
1	根抵当権設定	令和３年２月４日 第 22356 号	原因　令和３年２月４日設定 極度額　金 1,000 万円 債権の範囲　売買取引 債務者　A 根抵当権者　B
付記１号	１番根抵当権移転	令和６年３月 10 日 第 32563 号	原因　令和６年３月３日相続 根抵当権者　C　D　E
付記２号	１番根抵当権変更	令和６年７月１日 第 75395 号	原因　令和６年６月 30 日合意 指定根抵当権者　D

この合意の登記がなされた登記記録を見て，「根抵当権者はＤだけだ」と勘違いする人が多い。この登記記録では，根抵当権者はＣ・Ｄ・Ｅの３人，その中で指定された指定根抵当権者がＤである。指定されていない人も根抵当権

者なのである。指定されていないＣ・Ｅも含めて，Ｃ・Ｄ・Ｅの3人が，Ｂから債権を承継しており，その債権を被担保債権とする根抵当権者なのである。

それに加えて，指定を受けたＤは，相続後のさらなる取引により取得した新たな債権を被担保債権として加えることができるというわけである。

4　追加設定の登記

(1)　意　　義

根抵当権者に相続が開始し，相続開始後6か月以内に指定根抵当権者の合意の登記がなされた場合には，その根抵当権を既存根抵当権として，共同根抵当権の追加設定の登記を申請することができる（昭62・3・10民三1083号）。

共同根抵当権の追加設定登記は，元本確定前の根抵当権に対してのみ行うことができるが，合意の登記がなされることで，元本確定前の根抵当権として存続するからである。

(2)　登記申請のポイント

事例　令和6年7月5日，Ａ・Ｃ・Ｄ・Ｅは，Ａの所有する乙土地（甲土地とは異なる管轄）に対して，甲土地乙区1番根抵当権の追加設定契約を締結した。甲土地の登記記録の乙区は，次のとおりである。

権利部（乙区）（所有権以外の権利に関する事項）			
順位番号	登記の目的	受付年月日・受付番号	権利者その他の事項
1	根抵当権設定	令和3年2月4日 第22356号	原因　令和3年2月4日設定 極度額　金1,000万円 債権の範囲　売買取引 債務者　Ａ 根抵当権者　Ｂ
付記1号	1番根抵当権移転	令和6年3月10日 第32563号	原因　令和6年3月3日相続 根抵当権者　Ｃ　Ｄ　Ｅ
付記2号	1番根抵当権変更	令和6年7月1日 第75395号	原因　令和6年6月30日合意 指定根抵当権者　Ｄ

◉記載例　指定根抵当権者の合意後の追加設定

登記の目的	共同根抵当権設定（追加）
原　　　因	令和6年7月5日設定
極　度　額	金1,000万円
債権の範囲	売買取引
債　務　者	A
根抵当権者	（B（令和6年3月3日死亡）の相続人） C　D　E
指定根抵当権者	（令和6年6月30日合意）D
設　定　者	A
添 付 情 報	登記原因証明情報　登記識別情報　印鑑証明書 前登記証明書　代理権限証明情報
登録免許税	金1,500円（登録免許税法第13条第2項）

共同根抵当権の追加設定登記は，P20で学習したので，おおむね問題ないだろう。

ただし，根抵当権者の記載方法に注意してほしい。「根抵当権者　D」と記載するだけではダメなのである。前記3⑽で説明したように，指定根抵当権者はDであるが，根抵当権者はC・D・Eの3人だからである。

共同根抵当権の追加設定登記においては，根抵当権者は，既存根抵当権とピッタリ一致していなければならない。記載例においては，甲土地に設定された根抵当権の根抵当権者と同一にならなければならないのである。

甲土地に設定されている既存根抵当権においては，令和6年3月3日までにBが取得した債権をC・D・Eが承継しており，C・D・Eがその債権を担保する根抵当権者となっている。さらに，Dが令和6年3月3日以降に新たに取得する債権を担保する指定根抵当権者となっている。乙土地に追加する根抵当権は，この状況とピッタリ同じにならなくてはならないのである。

よって，記載例のように，根抵当権者として，被相続人の表示，相続の日，被相続人の債権を承継した相続人，指定根抵当権者を記載しなければならない。

2. 債務者に相続が生じた場合

1 意　　義

(1) 相続の影響

【基本的な発想】

根抵当権の債務者に相続が生じた場合も，基本的な発想は，根抵当権者に相続が生じた場合と同じである。つまり，元本が確定することを原則として，合意の登記をすることで元本の確定を防ぐことができるということである。

【合意の登記をした場合】

債務者の死亡により，債務者の相続人は，根抵当権で担保されている債務を承継する。また，相続開始後6か月以内に根抵当権者と設定者が指定債務者の合意をし，合意の登記がなされれば，元本は確定せず，指定債務者が相続開始後に負担する債務をも担保することになる（民398条の8第2項）。

合意は，根抵当権者と設定者で行うことに注意せよ。物上保証のように，設定者と債務者が異なる場合には，債務者は合意の当事者とはならないのである。

【合意の登記をしなかった場合】

相続開始後6か月以内に合意の登記がなされなければ，相続開始時に元本が確定したものとみなされ，相続開始時に存在する債務（当該債務は相続人が承継している）だけを担保する根抵当権となる（民398条の8第4項）。

(2) なすべき登記

【相続による変更登記】

根抵当権の債務者に相続が開始したときは，被相続人の負担した債務が相続人に移転する。よって，相続による根抵当権の債務者変更登記を申請する。

【合意の登記】

根抵当権者と設定者との間で指定債務者についての合意をしたときは，指定債務者の合意がなされた旨の登記を申請する。

2　相続による変更登記

(1)　登記申請情報

事例　Aが所有権登記名義人である甲土地には，「極度額　金1,000万円　債権の範囲　売買取引　債務者　B　根抵当権者　C」とする１番根抵当権が設定されている。令和６年３月３日，Bは死亡した。Bの相続人は，配偶者であるDと，B・D間の子E・Fである。登記申請日は，令和６年３月10日である。

◉記載例　根抵当権変更（債務者の相続）

登記の目的	１番根抵当権変更
原　　因	令和６年３月３日相続
変更後の事項	債務者　（被相続人B） D　E　F
権　利　者	C
義　務　者	A
添 付 情 報	登記原因証明情報　登記識別情報　印鑑証明書 代理権限証明情報
登録免許税	金1,000円

(2)　登記の目的

登記の目的は，「１番根抵当権変更」などとなる。

(3)　登記原因

登記原因は，「年月日相続」である。登記原因日付は，債務者が死亡した日である。

(4)　登記事項

【変更後の事項】

「変更後の事項」として，変更後の債務者（相続人）を記載する。

普通抵当権の相続による債務者変更登記の場合と異なり，被相続人も，「(被相続人 B)」のように記載する必要がある。根抵当権の債務者の相続の場合には，被担保債権の基準となる意味で，被相続人も重要な情報であり，抹消されないからである（詳細は☞後記(8))。

【相続人の範囲】

相続による根抵当権の債務者変更登記は，合意の登記の前提登記としての意味がある。よって，相続人として，相続開始時に被相続人がすでに負担している債務を承継している相続人を記載することは当然であるが，当該債務を承継していない相続人でも，指定債務者となる可能性のある相続人については記載することになる。

具体的には，遺産分割の結果，被相続人の債務を承継しないとされた相続人であっても，合意による指定を受けない旨の明示がない場合には，相続人として記載する。

整理すると，次のようになる。

相続人の状況		相続人として記載するか
相続放棄をした者		×
遺産分割により既発生の債務を相続しないとされた者	指定を受けない意思の明示なし	○
	指定を受けない意思の明示あり	×
特別受益者	指定を受けない意思の明示なし	○
	指定を受けない意思の明示あり	○

根抵当権者に相続が生じた場合の相続人の範囲（☞ P83）と比較してほしい。根抵当権者の相続の場合，特別受益者は，指定を受けない意思が明示されていれば相続人とはならないのに対し，債務者の相続の場合，特別受益者は，指定を受ける意思の有無に関係なく相続人として記載する。

特別受益者は，生前に財産をもらっており，これ以上積極財産を承継することができないだけであって，債務は承継することになるからである。

(5) 登記申請人

根抵当権者を登記権利者，設定者を登記義務者とする共同申請で行う。

(6) 添付情報

共同申請の場合の基本的な添付情報を提供すればよい。普通抵当権の場合の債務者変更登記と異なり，登記義務者が所有権登記名義人であるときは印鑑証明書の提供を省略することができないので，注意すること。

(7)　登録免許税

根抵当権の債務者変更登記の登録免許税は，不動産１個につき 1,000 円である（登免税別表 1.1.(14)）。

(8)　登記の実行

根抵当権の債務者変更登記は，付記登記で実行される。

変更登記ではあるが，変更前の債務者である被相続人の氏名・住所は，抹消されない（昭 46・12・27 民三 960 号）。

相続後の根抵当権においては，被相続人が生前負担した債務が被担保債権となる。よって，被相続人も，被担保債権を決定する基準となる事項であり，登記記録上公示しておく必要があるのである。

前記(1)の記載例において，登記が実行された場合の登記記録は，次のようになる。

◉登記実行後の登記記録

権利部（乙区）（所有権以外の権利に関する事項）			
順位番号	登記の目的	受付年月日・受付番号	権利者その他の事項
1	根抵当権設定	令和３年２月４日 第 22356 号	原因　令和３年２月４日設定 極度額　金 1,000 万円 債権の範囲　売買取引 債務者　Ｂ 根抵当権者　Ｃ
付記１号	１番根抵当権変更	令和６年３月 10 日 第 31077 号	原因　令和６年３月３日相続 債務者　　Ｄ　Ｅ　Ｆ

登記記録上，変更前の債務者Ｂに下線が引かれていないことに注意してほしい。

3　合意の登記

(1)　登記の可否

【前提登記】

指定債務者の合意の登記は，相続による根抵当権の債務者変更登記をした後でなければ，申請することができない（92条）。また，相続による根抵当権の債務者変更登記と合意の登記を一括申請することはできない。

債務者の相続人となる者が1人であったとしても，相続による債務者変更登記を省略することはできない。

【時　期】

指定債務者の合意の登記は，根抵当権の債務者の相続開始後6か月以内に申請しなければならない（民398条の8第4項）。当該期間内に合意の登記をしないと，相続開始時に遡って元本が確定してしまうからである。

⑵　浮動期間

債務者の相続開始後6か月以内であって合意の登記がなされていない浮動期間において，元本確定前にのみまたは元本確定後にのみすることのできる登記を申請することはできない。根抵当権者の相続の場合と同じである（☞ P84）。

⑶　登記申請情報

事例　令和6年6月30日，A及びCは，甲土地乙区1番根抵当権について，指定債務者をEとする旨の合意をした。甲土地の所有権登記名義人はAであり，甲土地の登記記録の乙区は，次のとおりである。

権利部（乙区）（所有権以外の権利に関する事項）			
順位番号	登記の目的	受付年月日・受付番号	権利者その他の事項
1	根抵当権設定	令和3年2月4日 第22356号	原因　令和3年2月4日設定 極度額　金1,000万円 債権の範囲　売買取引 債務者　B 根抵当権者　C
付記1号	1番根抵当権変更	令和6年3月10日 第31077号	原因　令和6年3月3日相続 債務者　　D　E　F

◉記載例　指定債務者の合意

登記の目的　1番根抵当権変更
原　　　因　令和6年6月30日合意
指定債務者　E
権　利　者　C

義　務　者　A
添 付 情 報　登記原因証明情報　登記識別情報　印鑑証明書
　　　　　　代理権限証明情報
登録免許税　金 1,000 円

(4) 登記の目的

登記の目的は，「１番根抵当権変更」のように記載する。

(5) 登記原因

登記原因は，「年月日合意」である。登記原因日付は，指定債務者の合意がなされた日である。

(6) 登記事項

指定債務者の氏名・住所を記載する。

指定債務者は，相続による債務者の変更登記において，債務者として登記された者の中から定めなければならない。指定債務者は，１人である必要はなく，複数定めることもできる。相続人として登記された者全員を指定債務者とすることもできる。

(7) 登記申請人

根抵当権者を登記権利者，設定者を登記義務者とする共同申請で行う。

(8) 添付情報

共同申請の場合の基本的な添付情報を提供すればよい。指定債務者の合意をするにあたり，第三者の承諾は要件とされていないので，第三者の承諾証明情報の提供は不要である。

(9) 登録免許税

指定債務者の合意の登記の登録免許税は，不動産１個につき 1,000 円である（登免税別表 1.1.⒁）。

⑽　登記の実行

指定債務者の合意の登記は，付記登記で実行される。

実行後の登記記録は，次のようになる。

●登記実行後の登記記録

権利部（乙区）（所有権以外の権利に関する事項）			
順位番号	登記の目的	受付年月日・受付番号	権利者その他の事項
1	根抵当権設定	令和3年2月4日 第22356号	原因　令和3年2月4日設定 極度額　金1,000万円 債権の範囲　売買取引 債務者　B 根抵当権者　C
付記1号	1番根抵当権変更	令和6年3月10日 第31077号	原因　令和6年3月3日相続 債務者　　D　E　F
付記2号	1番根抵当権変更	令和6年7月1日 第73169号	原因　令和6年6月30日合意 指定債務者　E

この登記記録において，債務者はEのみではない。指定を受けていないD・Fも含めて，D・E・Fの3人が債務者であり，Eが指定債務者ということである。

当該根抵当権においては，Bが生前に負担し，D・E・Fが承継した債務と，Eが相続開始後に新たに負担する債務が担保されるということである。

4　追加設定の登記

⑴　登記の可否

根抵当権の債務者に相続が開始し，相続開始後6か月以内に指定債務者の合意の登記がなされた場合には，その根抵当権を既存根抵当権として，共同根抵当権の追加設定の登記を申請することができる（昭62・3・10民三1083号）。根抵当権者に相続が開始した場合（☞前記 *1.* 4）と同様である。

⑵　登記申請情報

事例　令和6年7月5日，A及びCは，Aの所有する乙土地（甲土地とは異なる管轄）に対して，甲土地乙区1番根抵当権の追加設定契約を締結した。甲土地の登記記録の乙区は，次のとおりである。

権利部（乙区）（所有権以外の権利に関する事項）			
順位番号	登記の目的	受付年月日・受付番号	権利者その他の事項
1	根抵当権設定	令和３年２月４日 第22356号	原因　令和３年２月４日設定 極度額　金1,000万円 債権の範囲　売買取引 債務者　B 根抵当権者　C
付記１号	１番根抵当権変更	令和６年３月10日 第31077号	原因　令和６年３月３日相続 債務者　　D　E　F
付記２号	１番根抵当権変更	令和６年７月１日 第73169号	原因　令和６年６月30日合意 指定債務者　E

◉記載例　指定債務者の合意後の追加設定

登記の目的　共同根抵当権設定（追加）
原　　　因　令和６年７月５日設定
極　度　額　金1,000万円
債権の範囲　売買取引
債　務　者　（B（令和６年３月３日死亡）の相続人）
　　　　　　D　E　F
指定債務者　（令和６年６月30日合意）E
根抵当権者　C
設　定　者　A
添 付 情 報　登記原因証明情報　登記識別情報　印鑑証明書
　　　　　　前登記証明書　代理権限証明情報
登録免許税　金1,500円（登録免許税法第13条第２項）

全体としては，通常の共同根抵当権追加設定登記である（☞P20）。ただし，債務者の記載に注意が必要である。「債務者　E」と指定債務者のみを記載するのでは足りない。D・E・Fの３人が債務者だからである（☞前記3⑽）。

共同根抵当権は，既存根抵当権と債務者が同一でなければならない。既存根抵当権である甲土地の根抵当権は，令和６年３月３日までにBが負担し，D・E・Fが承継した債務と，指定債務者Eが令和６年３月３日後に新たに負担する債務を担保する根抵当権となっている。乙土地に共同根抵当権を追加設定するときは，被担保債権がそれとピッタリ同じになるように記載しなければならない。よって，被相続人・相続開始日・相続人・指定債務者をすべて記載しなければならないのである。

3. 根抵当権者に合併が生じた場合

1 意　　義

(1) 原　　則

元本確定前の根抵当権において，根抵当権者が合併により消滅した場合，根抵当権とその被担保債権が存続会社（または設立会社）に承継される。そして，合併によって，原則として元本は確定せず，合併後に存続会社（または設立会社）が取得する債権も担保される（民 398 条の 9 第 1 項）〈図 1-9〉。

図 1-9　根抵当権者の合併

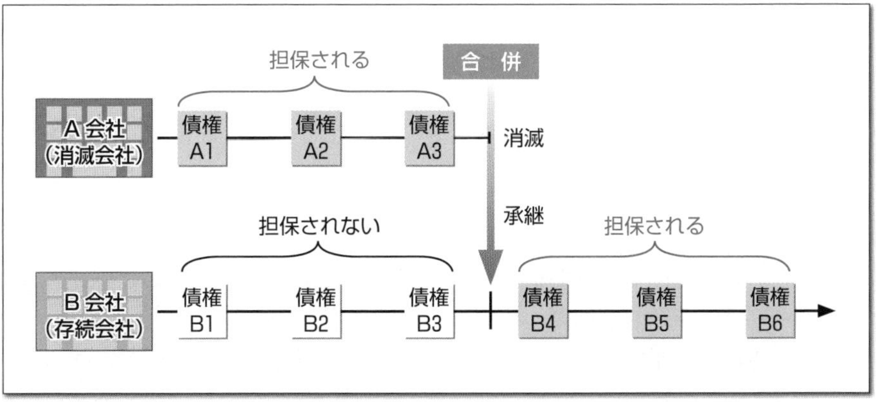

つまり，根抵当権によって担保されるのは，消滅会社がその合併前に有していた債権と，存続会社（または設立会社）が合併後に取得する債権である。

(2) 例　　外

元本確定前の根抵当権において，根抵当権者が合併により消滅した場合，根抵当権設定者は，元本確定請求をすることができる（民 398 条の 9 第 3 項本文）。その場合，元本は，合併の時に確定したものとみなされる。

(3)　相続との比較

根抵当権者に相続が生じた場合は，原則として元本が確定するが，例外として，合意の登記をしたときは，元本の確定を防ぐことができる。これに対して，根抵当権者に合併が生じた場合は，原則として元本は確定しないが，例外として，根抵当権設定者が元本確定請求をしたときは，元本が確定する。原則と例外が逆になっている点を押さえること。

相続の場合，根抵当権者である被相続人が行っていた根抵当権の被担保債権の基礎となっている取引を，相続人がそのまま引き継ぐことは少ないと考えられる。これに対して，合併の場合，取引を承継するのが原則といえる。このような違いから，元本確定についての原則と例外が逆になったのである。

(4)　なすべき登記

【合併による登記】

元本確定前の根抵当権について，根抵当権者が合併で消滅した場合，合併を原因とする根抵当権移転登記を申請する。

【元本確定】

設定者から元本確定請求がなされた場合，元本確定登記を申請する。元本確定登記の詳細は，次章で学習する。

2　登記申請のポイント

(1)　登記申請情報

事例　甲土地には，株式会社Ｂの１番根抵当権（極度額1,000万円）が設定されている。株式会社Ｂは，株式会社Ｃとの間で，株式会社Ｂを消滅会社とする吸収合併を行った。

◉記載例　根抵当権移転（根抵当権者の合併）

登記の目的　１番根抵当権移転
原　　　因　令和６年６月25日合併
根抵当権者　（被合併会社　株式会社Ｂ）
　　　　　　株式会社Ｃ
　　　　　　（会社法人等番号 1111-11-111111）

代表取締役　D
添 付 情 報　登記原因証明情報　代理権限証明情報　会社法人等番号
課 税 価 格　金1,000万円
登録免許税　金1万円

⑵　登記の目的

登記の目的は，「1番根抵当権移転」などと記載する。

⑶　登記原因

登記原因は，「年月日合併」である。登記原因日付は，吸収合併では合併契約で定めた効力発生日であり（会749条1項6号，会750条1項，会751条1項7号，会752条1項），新設合併では設立会社の設立登記の日である（会754条1項，会756条1項）。

⑷　登記申請人

存続会社・設立会社からの単独申請である（63条2項）。

⑸　添付情報

登記原因証明情報として，存続会社・設立会社の登記事項証明書の提供が必要となる（平18・3・29民二755号）。ただし，当該法人の会社法人等番号を提供した場合には，登記事項証明書の提供を省略することができる（平27・10・23民二512号）。申請人が法人なので，会社法人等番号の提供も忘れないこと。

⑹　登録免許税

合併による根抵当権移転登記の登録免許税は，極度額の1000分の1である（登免税別表1.1.⑹イ）。

⑺　登記の実行

合併による根抵当権移転登記は，付記登記で実行される（規則3条5号）。

4. 債務者に合併が生じた場合

1 意　義

(1) 原　則

元本確定前の根抵当権において，債務者が合併により消滅した場合，原則として，元本は確定せず，合併当時に消滅会社が負担していた債務のほかに，合併後に存続会社（または設立会社）が新たに負担する債務も担保される（民398条の９第２項）。根抵当権者に合併が生じた場合と同趣旨である。

(2) 例　外

元本確定前の根抵当権において，債務者が合併により消滅した場合，設定者は，元本確定請求をすることができる（民398条の９第３項本文）。元本確定請求がなされたときは，元本は合併の時に確定したものとみなされる。

ただし，債務者が根抵当権設定者であるときは，債務者の合併を理由とする元本確定請求をすることはできない（民398条の９第３項但書）。

(3) なすべき登記

【合併による登記】

元本確定前の根抵当権において，根抵当権の債務者が合併で消滅した場合，合併を原因とする根抵当権の債務者変更登記を申請する。

【元本確定】

設定者から元本確定請求がなされた場合，元本確定登記を申請する。元本確定登記の詳細は，次章で学習する。

2 登記申請のポイント

(1) 登記申請情報

事例　Ａが所有権登記名義人である甲土地には，Ｃの１番根抵当権（債務者株式会社Ｂ）が設定されている。株式会社Ｂは，株式会社Ｄとの間で，株式会社Ｂを消滅会社とする吸収合併を行った。

◉記載例　根抵当権変更（債務者の合併）

登記の目的	1番根抵当権変更
原　　　因	令和6年6月25日合併
変更後の事項	債務者（被合併会社　株式会社B） 株式会社D
権　利　者	C
義　務　者	A
添 付 情 報	登記原因証明情報　登記識別情報　印鑑証明書 代理権限証明情報
登録免許税	金1,000円

⑵　登記の目的

登記の目的は，「1番根抵当権変更」などと記載する。

⑶　登記原因

登記原因は，「年月日合併」である。登記原因日付は，吸収合併では合併契約で定めた効力発生日であり（会749条1項6号，会750条1項，会751条1項7号，会752条1項），新設合併では設立会社の設立登記の日である（会754条1項，会756条1項）。

⑷　登記事項

変更後の事項として，変更後の債務者である存続会社・設立会社の名称・住所を記載する。被合併会社の名称についても，括弧書きで記載する。

⑸　登記申請人

根抵当権者を登記権利者，設定者を登記義務者とする共同申請である。

⑹　添付情報

【総　説】

共同申請の場合の基本的な添付情報を提供すればよい。以下，注意すべき点について説明を加える。

【登記原因証明情報】

登記原因証明情報としては，合併を証明する存続会社・設立会社の登記事項証明書を提供する。ただし，当該法人の会社法人等番号を提供した場合には，登記事項証明書の提供を省略することができる。

【印鑑証明書】

普通抵当権の債務者変更登記の場合と異なり，根抵当権の債務者変更登記においては，所有権登記名義人が登記義務者となる場合，印鑑証明書の提供を省略することができない。

⑺　登録免許税

債務者の合併による根抵当権の変更登記の登録免許税は，不動産１個につき1,000円である（登免税別表1.1.⑭）。

⑻　登記の実行

債務者の合併による根抵当権の変更登記は，付記登記で実行される。

5. 根抵当権者に会社分割があった場合

1　意　　義

⑴　会社分割の影響

【原　則】

元本確定前の根抵当権において，根抵当権者を分割会社とする会社分割が生じた場合，原則として，元本は確定しない。この場合，分割契約書・分割計画書の記載にかかわらず，根抵当権は，分割会社が会社分割時に有していた債権のほかに，分割会社及び承継会社・設立会社が会社分割後に取得する債権も担保する根抵当権となる（民398条の10第１項）〈図1-10〉。

簡単にいえば，分割会社及び承継会社・設立会社の共有根抵当権となるということである。

【例　外】

元本確定前の根抵当権において，根抵当権者を分割会社とする会社分割が生じた場合，設定者が元本確定請求をしたときは，会社分割時に元本が確定する

図 1-10　根抵当権の会社分割

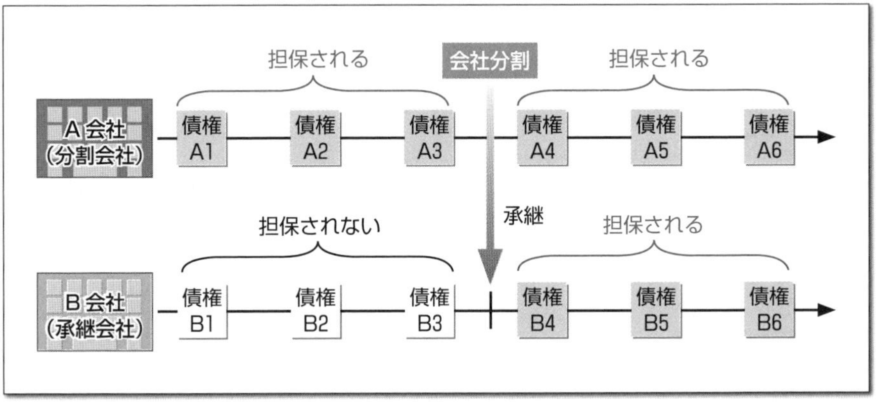

（民 398 条の 10 第 3 項）。

(2)　なすべき登記

【会社分割】

元本確定前の根抵当権において，根抵当権者を分割会社とする会社分割が生じた場合，会社分割による根抵当権一部移転登記を申請する（平 13・3・30 民二 867 号）。

分割契約書・分割計画書において，根抵当権の帰属についての記載があっても，いったん会社分割による根抵当権一部移転登記を申請したうえで，所要の登記を申請すべきである。分割契約書・分割計画書の記載にかかわらず，根抵当権はいったん分割会社と承継会社・設立会社の共有となるからである。

たとえば，甲土地に株式会社 B の根抵当権が設定されている場合において，株式会社 B を分割会社，株式会社 C を承継会社として吸収分割を行ったが，分割契約書に「甲土地に設定されている根抵当権は株式会社 C に移転しない」と記載されているときは，いったん株式会社 B から株式会社 C への会社分割による根抵当権一部移転登記を申請し，株式会社 B・株式会社 C の共有根抵当権としたうえで，株式会社 C の権利について，共有者の権利の放棄の登記を申請することになる。

【元本確定】

設定者から元本確定請求がなされた場合，元本確定登記を申請する。元本確定登記の詳細は，次章で学習する。

2　登記申請のポイント

(1)　登記申請情報

事例　甲土地の1番根抵当権者である株式会社Bは，株式会社Dとの間で，株式会社Bを分割会社とする吸収分割を行った。

◉記載例　根抵当権一部移転（根抵当権者の会社分割）

登記の目的	1番根抵当権一部移転
原　　　因	令和6年6月25日会社分割
権　利　者	株式会社D （会社法人等番号 2222-22-222222） 代表取締役E
義　務　者	株式会社B （会社法人等番号 1111-11-111111） 代表取締役C
添付情報	登記原因証明情報　登記識別情報　代理権限証明情報 会社法人等番号
課税価格	金500万円
登録免許税	金1万円

(2)　登記の目的

登記の目的は，「1番根抵当権一部移転」などとなる。

(3)　登記原因

登記原因は，「年月日会社分割」である。登記原因日付は，吸収分割では分割契約で定めた効力発生日であり（会758条7号，会759条1項，会760条6号，会761条），新設分割では設立会社の設立登記の日である（会764条1項，会766条1項）。

(4)　登記申請人

承継会社・設立会社を登記権利者，分割会社である根抵当権登記名義人を登記義務者とする共同申請で行う。

(5) 添付情報

【総　説】

共同申請の場合の基本的な添付情報を提供すればよい。以下，注意すべき点について説明を加える。

【登記原因証明情報】

会社分割を原因として，所有権移転登記，抵当権移転登記を申請する場合は，承継会社・設立会社の登記事項証明書に加えて，分割契約書・分割計画書を提供しなければならない。会社分割が生じたことは，登記事項証明書から判明する。しかし，会社分割では，すべての権利が承継されるわけではなく，分割契約書・分割計画書を提供しなければ，当該所有権・抵当権が会社分割によって承継されるかどうかが判明しないのである。このため，登記原因証明情報として，承継会社・設立会社の登記事項証明書だけでは足りず，分割契約書・分割計画書の提供までが要求されるというわけである。この点については，すでに『不動産登記法Ⅰ』で詳しく説明した。

これに対して，元本確定前の根抵当権について，会社分割を原因として根抵当権一部移転登記を申請する場合，登記原因証明情報として提供するものは，承継会社・設立会社の登記事項証明書で足りる（平17・8・8民二1810号）。

元本確定前の根抵当権の場合，必ず，根抵当権は分割会社と承継会社・設立会社の共有となるからである。分割契約書・分割計画書の記載にかかわらず，一部移転の効果が生じる以上，分割契約書・分割計画書の提供が不要となるというわけである。

ただし，承継会社・設立会社の登記事項証明書は，当該会社の会社法人等番号を提供することでその提供に代えることができる（平27・10・23民二512号）。

なお，元本確定後の根抵当権において，会社分割による根抵当権移転登記を申請する場合は，登記原因証明情報として，承継会社・設立会社の登記事項証明書に加えて，分割契約書・分割計画書が要求されることになる（☞後記P125）。

【承諾証明情報】

会社分割による根抵当権一部移転登記を申請する場合，利害関係人の承諾証明情報の提供は不要である。

⑹　登録免許税

会社分割を原因とする根抵当権一部移転登記の登録免許税は，極度額を分割後の共有者の数で割った額の1000分の2である（登免税別表1.1.⑺）。

元本確定前の根抵当権において，一部移転登記を申請する場合の課税標準金額の考え方については，前記P42を参照すること。

⑺　登記の実行

会社分割を原因とする根抵当権一部移転登記は，所有権以外の権利の移転の登記であるため，付記登記で実行される（規則3条5号）。

6. 債務者に会社分割があった場合

1　意　　義

⑴　会社分割の影響

【原　則】

元本確定前の根抵当権において，債務者を分割会社とする会社分割が生じた場合，原則として元本は確定しない。この場合，分割契約書・分割計画書の記載にかかわらず，根抵当権は，分割会社が会社分割当時に負担していた債務のほか，分割会社及び承継会社・設立会社が会社分割後に新たに負担する債務も担保する根抵当権となる（民398条の10第2項）。つまり，分割会社と承継会社・設立会社を債務者とする共用根抵当権（複数の者を債務者とする根抵当権）となるということである。

【例　外】

例外として，設定者が元本確定請求をした場合は，会社分割時に元本が確定する（民398条の10第3項，民398条の9第4項）。

ただし，債務者が根抵当権設定者であるときは，会社分割を理由とする元本確定請求をすることはできない（民398条の10第3項，民398条の9第3項但書）。

(2) なすべき登記

【会社分割】

元本確定前の根抵当権において，債務者を分割会社とする会社分割が生じた場合，会社分割を原因として，債務者に承継会社・設立会社を加える根抵当権変更登記を申請する（平13・3・30民二867号）。

分割契約書・分割計画書において，根抵当権の債務者について上記と異なる記載があっても，いったん当該登記を申請したうえで，所要の登記を申請すべきである。分割契約書・分割計画書の記載にかかわらず，根抵当権はいったん分割会社と承継会社・設立会社の双方が負担する債務を担保する根抵当権となるからである。根抵当権者に会社分割が生じた場合と発想は同じである。

【元本確定】

設定者から元本確定請求がなされた場合，元本確定登記を申請する。元本確定登記の詳細は，次章で学習する。

2 登記申請のポイント

(1) 登記申請情報

事例 Aが所有権登記名義人である甲土地には，Cの1番根抵当権（債務者株式会社B）が設定されている。株式会社Bを分割会社，株式会社Dを承継会社とする吸収分割がなされた。

◉記載例 根抵当権変更（債務者の会社分割）

登記の目的	1番根抵当権変更
原　　因	令和6年6月25日会社分割
変更後の事項	債務者　株式会社B 　　　　　株式会社D
権 利 者	C
義 務 者	A
添 付 情 報	登記原因証明情報　登記識別情報　印鑑証明書 代理権限証明情報　会社法人等番号
登録免許税	金1,000円

(2) 登記の目的

登記の目的は,「1 番根抵当権変更」などと記載する。

(3) 登記原因

登記原因は,「年月日会社分割」である。登記原因日付は，吸収分割では分割契約で定めた効力発生日であり（会 758 条 7 号，会 759 条 1 項，会 760 条 6 号，会 761 条)，新設分割では設立会社の設立登記の日である（会 764 条 1 項，会 766 条 1 項)。根抵当権者に会社分割が生じた場合と同様である。

(4) 登記事項

「変更後の事項」として，債務者全員である分割会社と承継会社・設立会社の名称・住所を記載する。

(5) 登記申請人

根抵当権者を登記権利者，設定者を登記義務者とする共同申請で行う。

(6) 添付情報

共同申請の場合の基本的な添付情報を提供すればよい。普通抵当権の場合と異なり，根抵当権の債務者変更登記においては，所有権登記名義人が登記義務者となる場合，印鑑証明書の提供を省略できない。この点については，これまでに何度も説明してきたが，そろそろ身についただろうか。

(7) 登録免許税

会社分割による根抵当権の債務者変更登記の登録免許税は，不動産 1 個につき 1,000 円である（登免税別表 1.1.⒁)。

(8) 登記の実行

会社分割による根抵当権の債務者変更登記は，付記登記で実行される。

ホームルーム

生徒：根抵当権者・債務者に相続が生じた場合は，元本が確定するのが原則なのに対し，根抵当権者・債務者に合併や会社分割が生じた場合は，元本が確定しないのが原則となっていて，原則と例外が逆になっているんですね。

講師：そのあたりは，民法で詳しく説明したよ。

生徒：あれ…そうでしたっけ？しっかり復習してみます。

講師：不動産登記は，民法が基礎になっている。特にこの根抵当権はそうだ。不動産登記法を学習するときには，民法のテキストの同じ分野も復習しながら進めると，民法の復習もできて一石二鳥だよ。

生徒：はい，わかりました。

講師：さらに，そのうえで，不動産登記法特有の注意事項も出てくるから注意だ。たとえば，根抵当権者や債務者に相続が生じた場合の合意の登記って，いつまでに申請しなければいけないか覚えているかな。

生徒：はい。相続開始後，6 か月以内ですよね。

講師：そのとおり。これは，平成 18 年度の司法書士試験の記述式問題で，登記できない事項として使われた。その問題では，平成 17 年 12 月 26 日に根抵当権の債務者が死亡して，平成 18 年 6 月 1 日に指定債務者の合意がされた。そして，登記申請日は，平成 18 年 6 月 30 日だったんだ。

生徒：あ，登記申請日が相続の日から 6 か月経過してしまってますね。

講師：そう。だから，登記できなかったんだ。登記申請日は，問題文の冒頭で書いてあり，読み飛ばしやすい。登記申請日がいつでも申請できる登記も多いしね。ただ，このように，登記申請日がいつかによって，できるか，できないかが変わってきてしまうものもあるから，記述式問題では，登記申請日のチェックを怠らないようにね。

生徒：ほかに，登記申請日がいつかによって，結論が変わる登記ってありますか。

講師：債権の範囲の変更登記のように，元本確定前に登記までしておかなければならない登記だね。変更の合意がされた日が元本確定前であったとしても，登記申請日が確定後であれば，受理されなくなってしまう。

生徒：たしかに。根抵当権は，登記申請日が論点となることが多いんですね。注意します。

第6章 元本確定登記

●この章で学ぶこと●

この章では，元本確定の登記について学びます。どのような場合に元本確定登記の申請が必要になるのかがポイントになります。元本が確定していても，その登記を申請する必要がない場合に注意してください。

1. 元本確定の意義

1 元本確定とは

根抵当権の元本確定とは，一定の事由により，根抵当権によって担保される債権がその時点に存在するものに確定し，その後に発生する債権については担保されなくなることである。

根抵当権を穴の開いた箱に例えた場合，元本確定は，その穴が閉じることである。穴がなくなるので，新しい債権を入れることができなくなり，箱の中にすでに入っている債権のみを担保する箱になるのである。

2 元本確定の効果

元本確定によって，根抵当権が担保する債権は，その時点において存在するものに確定され，その後新たに発生する債権は担保されなくなる。これによって，基本的性格は，普通抵当権のようになる。特定の債権を担保するものとなるので，被担保債権との付従性・随伴性も生じる。

ただし，完全に普通抵当権に転化するわけではない。根抵当権の「枠支配権」としての性格は残ることになる。つまり，担保されている元本に対する利息・損害金は，確定後に発生したものも含めて，極度額を限度に担保される。また，「枠支配性」としての性格が残ることから，元本確定後も，極度額の変更をすることができる。

3 元本確定事由

元本確定事由とそれぞれの元本確定時期は，次のとおりである。

	元本確定事由	元本確定時期
①	元本確定期日が到来した場合（民 398 条の 6）	確定期日の到来した日
②	根抵当権者または債務者に相続があった場合に，相続開始時から 6 か月以内に合意の登記をしなかったとき（民 398 条の 8 第 4 項）	相続開始時
③	根抵当権者・債務者を消滅会社・分割会社とする合併・会社分割が生じた場合において，根抵当権設定者から元本確定請求があったとき（民 398 条の 9 第 4 項，民 398 条の 10 第 3 項）	合併・会社分割の時
④	元本確定期日の定めがない場合に，根抵当権設定の時から 3 年を経過した後に，根抵当権設定者が元本確定請求をしたとき（民 398 条の 19 第 1 項・3 項）	請求時から 2 週間を経過した時
⑤	元本確定期日の定めがない場合に，根抵当権者が元本確定請求をした場合（民 398 条の 19 第 2 項・3 項）	請求時
⑥	根抵当権者自身が抵当不動産について競売・担保不動産収益執行・物上代位による差押えの申立てをした場合（民 398 条の 20 第 1 項 1 号本文）	申立ての時
⑦	根抵当権者自身が抵当不動産に対して，滞納処分による差押えをした場合（民 398 条の 20 第 1 項 2 号）	差押えがなされた時
⑧	第三者の申立てにより，抵当不動産に対して，競売手続の開始または滞納処分による差押えがあった場合（民 398 条の 20 第 1 項 3 号）	根抵当権者が，第三者の申立てにより抵当不動産に対して競売手続の開始または滞納処分による差押えがあった事実を知ったときから 2 週間経過した時
⑨	債務者または根抵当権設定者が破産手続開始の決定を受けた場合（民 398 条の 20 第 1 項 4 号）	破産手続開始決定の時

①について。確定期日の午前 0 時に確定する。よって，確定期日の当日は，元本確定後であり，元本確定後にのみすることができる登記についても，申請することができる。

⑧・⑨については，元本確定の効果が覆る場合がある。つまり，差押え・破産手続開始決定等の効力が消滅したときは，元本は確定しなかったものとみなされる（民 398 条の 20 第 2 項本文）。これらの場合は，根抵当権者の意思とは無

関係に元本が確定したケースであり，元本確定を引き起こした事実が消滅したならば，それを覆すのが根抵当権者の意思に合致すると考えられるからである。ただし，この場合でも，根抵当権の元本が確定したものとして当該根抵当権またはこれを目的とする権利を取得した者がいるときは，元本確定の効果は維持される（民 398 条の 20 第 2 項但書）。当該取得者を保護するためである。

以上，元本確定事由について紹介したが，それぞれの詳しい内容は，『民法Ⅰ』を参照してほしい。

2. 元本確定登記の要否

1 考え方

元本確定後にのみすることができる登記を申請する場合において，登記記録上，元本が確定していることが明らかでないときは，その前提として，元本確定登記を申請しなければならない（昭 46・12・27 民三 960 号）。

逆にいえば，登記記録上，根抵当権の元本が確定していることが明らかであれば，たとえ元本確定後にのみすることができる登記をする場合であっても，その前提として，元本確定登記を申請する必要はないということである。

後記**2**においては，前記 *1.* **3**で列挙した各確定事由が生じた場合に，登記記録上，元本確定していることが明らかであるといえるのか否かについて，具体的に検討することにしよう。

2 具体的検討

ケース①　元本確定期日が到来した。　⇨民 398 条の 6

元本確定期日が到来したことで元本が確定したことは，登記記録上，明確であり，元本確定登記を申請する必要はない。元本確定期日は登記事項だからである。

ケース②　根抵当権者または債務者に相続があった場合に，相続開始時から 6 か月以内に合意の登記をしなかった。　⇨民 398 条の 8 第 4 項

この場合も，元本確定していることは，登記記録上明確といえる。相続の登記がなされることで，相続開始の日が登記記録に公示され，その日から合意の

登記がなされないまま6か月を経過していることは，登記記録から読み取れるからである。

ケース③　根抵当権者・債務者を消滅会社・分割会社とする合併・会社分割が生じた場合において，根抵当権設定者から元本確定請求があった。
⇨民398条の9第4項，民398条の10第3項

この場合は，元本確定していることが登記記録上明らかとはいえない。合併・会社分割による移転・変更登記により，合併・会社分割が生じたことは，登記記録上公示される。しかし，元本確定請求は，設定者から根抵当権者に対する意思表示があるだけであり，元本確定請求があったことは登記記録上明らかとはならないのである。

よって，この場合，元本確定後にのみすることができる登記を申請する前提として，元本確定登記を申請することが必要となる。

ケース④　元本確定期日の定めがない場合に，根抵当権設定の時から3年を経過した後に，根抵当権設定者が元本確定請求をした。
⇨民398条の19第1項・3項

この場合は，元本確定していることが登記記録上明らかとはいえない。ケース③と同様，元本確定請求があったことが登記記録からわからないからである。

よって，この場合，元本確定後にのみすることができる登記を申請する前提として，元本確定登記を申請することが必要となる。

ケース⑤　元本確定期日の定めがない場合に，根抵当権者が元本確定請求をした。
⇨民398条の19第2項・3項

これも，ケース④と同様，元本確定請求があったことが登記記録からわからないので，元本確定していることが登記記録上明らかとはいえない。

よって，この場合，元本確定後にのみすることができる登記を申請する前提として，元本確定登記を申請することが必要となる。

ケース⑥　根抵当権者自身が抵当不動産について競売・担保不動産収益執行・物上代位による差押えの申立てをした。　⇨民398条の20第1項1号本文

【競売・担保不動産収益執行の場合】

この場合，元本確定していることは，登記記録上明確であり，元本確定登記は不要である。

不動産が差し押さえられたことは，登記される。また，差押登記においては，

差押権者も「債権者」として登記される。よって，根抵当権者自身が差し押さえていることについて，登記記録から読み取ることができるのである。

以下，根抵当権者によって，抵当不動産の競売による差押えの申立てがあった場合の登記記録を掲げる。

権利部（甲区）（所有権に関する事項）			
順位番号	登記の目的	受付年月日・受付番号	権利者その他の事項
1	所有権保存	令和1年8月22日 第88222号	所有者　A
2	差押	令和6年6月29日 第66623号	原因　令和6年6月27日東京地方裁判所担保不動産競売開始決定 債権者　B

権利部（乙区）（所有権以外の権利に関する事項）			
順位番号	登記の目的	受付年月日・受付番号	権利者その他の事項
1	根抵当権設定	令和3年2月4日 第22356号	原因　令和3年2月4日設定 極度額　金1,000万円 債権の範囲　売買取引 債務者　A 根抵当権者　B

上記登記記録では，甲区2番で競売による差押えの登記が入っており，「債権者　B」と記録されている。そして，乙区1番を見ると，そのBは根抵当権者であることがわかる。このことから，根抵当権者自身が競売による差押えを申し立てており，1番根抵当権の元本が確定していることを登記記録から読み取ることができる。

【物上代位の場合】

同じく根抵当権者自身が申し立てたものであっても，物上代位による差押えの場合は，元本確定していることが登記記録上明らかとはいえない。この場合，元本確定後にのみすることができる登記を申請する前提として，元本確定登記を申請することが必要となる。

物上代位によって差し押さえられるのは，賃料債権などの価値変形物であり，不動産それ自体ではない。このことから，物上代位による差押えの申立てがあっても，抵当不動産に差押えの登記がなされないというわけである。

たとえば，AのBに対する不特定債権を担保するため，B所有の甲土地に根抵当権が設定されている。また，BはCに対して，甲土地を賃貸している。

この事例において，Aが物上代位による差押えを申し立て，BのCに対する賃料債権を差し押さえても，甲土地に差押えの登記はなされない。差し押さえられたのは，甲土地ではなく，BのCに対する債権だからである。この場合，BのCに対する債権について，債権執行という形で，債権差押えの手続がなされることになる〈図1-11〉。

図1-11　物上代位の場合

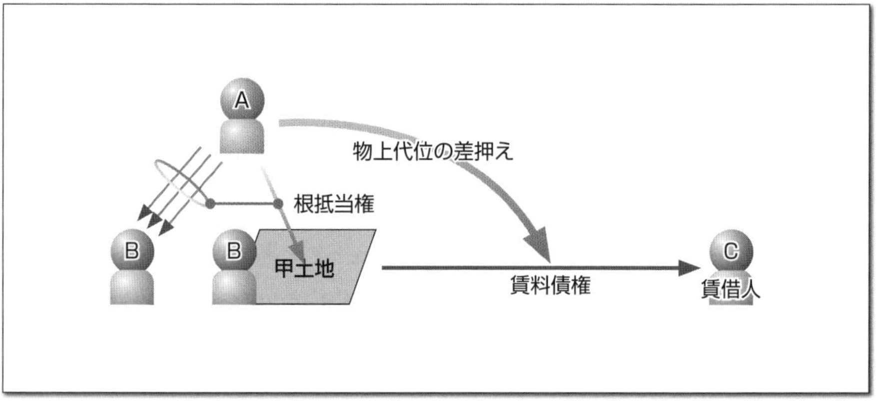

ケース⑦　根抵当権者自身が抵当不動産に対して，滞納処分による差押えをした。　⇨民398条の20第1項2号

これは，財務省などが根抵当権者の場合に生じる事由である。この場合も，根抵当権者である財務省などを「債権者」とする差押登記がなされる。よって，元本確定していることは，登記記録上明確となり，元本確定登記は不要となる。

ケース⑧　第三者の申立てにより，抵当不動産に対して，競売手続の開始または滞納処分による差押えがあった。　⇨民398条の20第1項3号

この場合，元本確定していることが登記記録上明らかとはいえない。よって，元本確定後にのみすることができる登記を申請する前提として，元本確定登記を申請することが必要となる。

たしかに，第三者が差押えの申立てをした場合も，差押えの登記はなされる。よって，以下の登記記録のように，第三者に差し押さえられたことは登記記録から読み取れるのである。

権利部（甲区）（所有権に関する事項）			
順位番号	登記の目的	受付年月日・受付番号	権利者その他の事項
1	所有権保存	令和1年8月22日 第88222号	所有者　A
2	差押	令和6年6月29日 第66623号	原因　令和6年6月27日東京地方裁判所強制競売開始決定 債権者　C

権利部（乙区）（所有権以外の権利に関する事項）			
順位番号	登記の目的	受付年月日・受付番号	権利者その他の事項
1	根抵当権設定	令和3年2月4日 第22356号	原因　令和3年2月4日設定 極度額　金1,000万円 債権の範囲　売買取引 債務者　A 根抵当権者　B

この登記記録では，甲区２番に差押えの登記がなされている。「債権者　C」と登記されているから，根抵当権者Ｂではなく，第三者が差押えの申立てをしたことがわかる。

このように，第三者によって，差押えがなされたことは登記記録上明確なのに，元本確定していることは明確でないため，注意が必要なのである。

では，なぜ，元本確定していることが明確であるとはいえないのか。それは，この場合において，いつ元本が確定するのかを考えてみることで理解できる。元本が確定するのは，根抵当権者が，第三者の申立てにより抵当不動産に対して競売手続の開始または滞納処分による差押えがあった事実を知ったときから２週間を経過した時である。差押えがなされただけでなく，根抵当権者がそれを知って２週間を経過することが必要なのである。

気づいただろうか。「知ってから２週間を経過した」ということが，登記記録から読み取れないのである。登記記録から読み取れるのは，第三者によって差し押さえられたという事実だけであって，それを根抵当権者が知ったのか，知ったとしても２週間が経過したのかということは，読み取れないのである。よって，元本確定していることが登記記録上明らかとはいえないというわけなのである。

ケース⑨　債務者または根抵当権設定者が破産手続開始の決定を受けた。
（民 398 条の 20 第 1 項 4 号）

このケースは，場合分けが必要である。まず，次の図表を見てほしい。

◉元本確定登記の要否

	自　然　人	法　　人
債　務　者	必　要	
設　定　者	不　要	必　要

自然人である設定者が破産手続開始の決定を受けたときは，元本確定登記は不要となるが，法人である設定者が破産手続開始の決定を受けたときや，設定者ではない債務者が破産手続開始の決定を受けたときは，元本確定登記が必要となるということである。

そもそも，破産手続開始の決定を受けた者が自然人である場合には，その所有する不動産に破産手続開始の登記がなされる（破産 258 条 1 項：☞ P353）。また，破産手続開始の決定を受けた者が法人である場合には，当該法人の登記記録に破産手続開始の登記がなされる（破産 257 条）。破産手続開始の決定を受けた者が，その財産を勝手に処分することができないようにするためである。

よって，自然人である設定者が破産手続開始の決定を受けた場合には，登記記録に破産手続開始の登記がなされるため，元本確定していることが登記記録上明確となったといえるのである。これに対して，法人である設定者が破産手続開始の決定を受けた場合には，法人登記記録に破産手続開始の登記はなされるが，不動産登記記録には破産手続開始の登記はなされないため，元本確定していることが明確になったとはいえないのである。また，設定者ではない債務者が破産手続開始の決定を受けた場合も，破産手続開始の登記が登記記録にはなされないので，元本確定していることが明確になったとはいえないのである。

◉元本確定登記の要否のまとめ

元本確定事由	元本確定登記の要否
①元本確定期日が到来した場合（民 398 条の 6）	不要
②根抵当権者または債務者に相続があった場合に，相続開始時から6 か月以内に合意の登記をしなかったとき（民 398 条の 8 第 4 項）	不要
③根抵当権者・債務者を消滅会社・分割会社とする合併・会社分割が生じた場合において，根抵当権設定者から元本確定請求があったとき（民 398 条の 9 第 4 項，民 398 条の 10 第 3 項）	必要

元本確定事由	元本確定登記の要否
④元本確定期日の定めがない場合に，根抵当権設定の時から3年を経過した後に，根抵当権設定者が元本確定請求をしたとき（民398条の19第1項・3項）	必要
⑤元本確定期日の定めがない場合に，根抵当権者が元本確定請求をした場合（民398条の19第2項・3項）	必要
⑥根抵当権者自身が抵当不動産について競売・担保不動産収益執行・物上代位による差押えの申立てをした場合（民398条の20第1項1号本文）	競売・担保不動産収益執行　⇨不要 物上代位　⇨必要
⑦根抵当権者自身が抵当不動産に対して，滞納処分による差押えをした場合（民398条の20第1項2号）	不要
⑧第三者の申立てにより，抵当不動産に対して，競売手続の開始または滞納処分による差押えがあった場合（民398条の20第1項3号）	必要
⑨債務者または根抵当権設定者が破産手続開始の決定を受けた場合（民398条の20第1項4号）	自然人である設定者⇨不要 その他　⇨必要

3. 登記申請のポイント

1　登記申請情報

(1)　記　載　例

事例　Aが所有権登記名義人である甲土地には，Cの1番根抵当権が設定されている。当該根抵当権には，元本確定期日についての定めがない。令和6年6月14日，AはCに対して，当該根抵当権について，元本確定請求を行った。

◉記載例　元本確定登記

登記の目的　1番根抵当権元本確定
原　　　因　令和6年6月29日確定
権　利　者　A
義　務　者　C
添 付 情 報　登記原因証明情報　登記識別情報　代理権限証明情報
登録免許税　金1,000円

⑵ 登記の目的

登記の目的は，「１番根抵当権元本確定」などと記載する。

⑶ 登記原因

登記原因は，「年月日確定」と記載する。登記原因日付は，元本が確定した日である。前記⑴の記載例は，設定者からの確定請求なので，請求日である令和６年６月14日から２週間を経過した令和６年６月29日が元本確定日となる。

⑷ 登記事項

元本確定登記においては，特殊な登記事項は存在しない。

まず，元本確定時の債権額の記載が必要ない（昭46・10・4民甲3230号）。元本確定後に発生した利息・損害金も極度額まで担保されることになるので，元本確定時の債権額を公示することに大きな意味はないからである。

また，元本確定事由の記載も必要ない。元本確定事由によって，確定後の根抵当権の扱いが変わることはないからである。

⑸ 登記申請人

【原　則】

設定者を登記権利者，根抵当権者を登記義務者として，共同申請で行う。

元本が確定すると，新たに発生する債権を担保することができなくなり，根抵当権者に不利益なので，根抵当権者を登記義務者として行うことになる。

【単独申請】

例外として，根抵当権者が単独で申請できる場合がある。元本確定登記は，一般的には根抵当権者にとって不利益な登記であるが，根抵当権者が元本確定登記を望んでいるにもかかわらず設定者の協力が得られないことが多いことから認められたものである。

たとえば，根抵当権者から元本確定請求をしたような場合があるが，その詳細は項を改めて説明する。

⑹ 添付情報

共同申請の場合の基本的な添付情報を提供すればよい。第三者の承諾証明情報の提供は不要である。

(7) 登録免許税

元本確定登記の登録免許税は，不動産1個につき1,000円である（登免税別表1.1.(14)）。

2 単独申請できる場合

(1) 趣　　旨

根抵当権者にとって元本確定登記がなされる必要性が高いにもかかわらず，設定者の協力を得ることが困難な場合もある。このような場合に，一定の添付情報の提供を要求することで真正性を担保したうえで，根抵当権者からの単独申請を認めている。

(2) 要　　件

【単独申請できる確定事由】

次の事由で根抵当権の元本が確定した場合，根抵当権者は，単独で元本確定登記を申請することができる（93条）。

①根抵当権者からの元本確定請求により元本が確定した場合（民398条の19第2項）

②第三者の申立てによる競売手続の開始または滞納処分による差押えがあり，根抵当権者がこれを知った時から2週間を経過したことにより元本が確定した場合（民398条の20第1項3号）

③債務者または設定者が破産手続開始の決定を受けたことにより元本が確定した場合（民398条の20第1項4号）

①は，根抵当権者が元本確定を望んだケースである。根抵当権者が被担保債権の譲渡を行い，それに伴って根抵当権も移転させようと考えた場合は，根抵当権の元本が確定している必要がある。このようなケースで，根抵当権者が元本確定を望むことがあるのである。しかし，そうした事情に関与していない設定者が元本確定登記に協力してくれないことも多いため，根抵当権者からの単独申請を認めたものである。

これに対して，設定者が確定請求をした場合（民398条の9第3項，民398条の10第3項，民398条の19第1項）は，根抵当権者からの単独申請をすることはできない。この場合，自ら確定請求をした設定者が元本確定登記に協力してくれないという事態は考えにくいからである。

②・③は，設定者の不動産が競売されたり，設定者が破産手続開始の決定を受けたりしたケースである。このような設定者を元本確定登記の申請に関与させることは困難なため，根抵当権者からの単独申請を認めたのである。なお，②は，第三者から競売等の申立てをしたケースであり，根抵当権者自身が競売等を申し立てた場合を含んでいない。根抵当権者自身が競売等を申し立てた場合には，登記記録上元本が確定していることが明確であり，元本確定登記が不要なので，根抵当権者が単独で申請することを認める必要性がないのである。

【手続的要件】

上記②・③の場合には，当該根抵当権またはこれを目的とする権利の取得の登記と併せて申請した場合でなければ，根抵当権者が単独で申請することはできない(93条但書)。「当該根抵当権またはこれを目的とする権利の取得の登記」の例としては，債権譲渡・代位弁済による根抵当権移転登記や，根抵当権の順位譲渡・順位放棄の登記などが挙げられる。

この要件の趣旨を説明しよう。

②・③の確定事由においては，競売手続開始決定や破産手続開始決定の効力が消滅した場合，元本は確定しなかったものとみなされる（民398条の20第2項本文)。このように，元本の確定が覆る可能性がある場合に根抵当権者からの単独申請による元本確定登記を認めるのは，適当でない。これらの場合には，無条件で根抵当権者の単独申請を認めるのではなく，元本確定が覆らない場合に限定して認めるべきである。

この点，②・③の確定事由において，競売手続開始決定や破産手続開始決定の効力が消滅した場合であっても，元本が確定したものとして当該根抵当権またはこれを目的とする権利を取得した者がいるときは，元本確定の効果は覆らないとされている（民398条の20第2項但書)。よって，当該根抵当権またはこれを目的とする権利の取得の登記と併せて申請した場合のみ，根抵当権者が単独で申請することを認めたというわけである。

⑶　添付情報

【登記原因証明情報】

根抵当権者が単独申請する場合には，真正確保のため，登記原因証明情報として提供しなければならないものが，次のように法定されている。

①根抵当権者からの元本確定請求により元本が確定した場合	根抵当権者が元本確定請求したことを証する情報（配達証明付き内容証明郵便）（令別表61添付情報欄）
②第三者の申立てによる競売手続の開始または滞納処分による差押えがあり，根抵当権者がこれを知った時から2週間を経過したことで元本が確定した場合	催告または通知を受けたことを証する情報（令別表62添付情報欄）
③債務者または設定者が破産手続開始の決定を受けたことにより元本が確定した場合	債務者または設定者について破産手続開始の決定があったことを証する情報（令別表63添付情報欄）

②について。担保権が設定されている不動産が競売された場合，配当額の計算等のため，裁判所は，担保債権者の実際の債権額等を把握する必要がある。そのため，裁判所書記官から担保権者に債権額などを届け出るように催告する債権届出の催告書が送付される（民執49条2項，民執188条）。根抵当権者は，この催告書が通知されることで競売が開始されたことを知り，その時から2週間を経過することで元本が確定する。よって，当該催告を受けたことを証する情報が元本確定したことを証する情報となるのである。

また，滞納処分による差押えがあった場合は，税務署長等から担保権者に通知がなされることにより，根抵当権者は差押えの事実を知る。よって，当該通知を受けたことを証する情報が元本確定したことを証する情報となるのである。

【登記識別情報】

根抵当権者が単独で申請する場合には，登記識別情報の提供は不要である（登研676号183）。

3　登記の実行

元本確定登記は，常に付記登記で実行される。

4. 元本確定後の登記

1　総　　説

(1)　意　　義

根抵当権の元本が確定すると，根抵当権は，元本確定時に存在する債権を担保する根抵当権となり，付従性・随伴性が生じる。よって，元本確定後の根抵当権については，付従性・随伴性から生じた変更による登記を申請することができる。逆に，根抵当権が不特定債権を担保するものであることを前提とした登記を申請することはできなくなる。

⑵ 具体的整理

元本確定前にのみ申請することができる登記，元本確定後にのみ申請することができる登記，元本確定前後を問わず申請することができる登記を整理すると，次のようになる。

元本確定前のみ申請することができる登記	元本確定後のみ申請することができる登記	元本確定前後を問わず申請することができる登記
①債権の範囲の変更 ②合意（変更契約）による債務者の変更 ③確定期日の変更 ④優先の定め ⑤全部譲渡・分割譲渡・一部譲渡・共有者の権利の譲渡 ※ただし，④の優先の定めの登記は，元本確定前に合意すれば，登記申請は元本確定後にすることができる。	①債権譲渡・代位弁済による移転の登記 ②債務引受・債務者更改による債務者の変更 ③民法 376 条 1 項の処分（転抵当以外） ④減額請求による極度額の変更 ⑤弁済による抹消 ⑥根抵当権消滅請求による抹消	①合意（変更契約）による極度額の変更 ②転抵当 ③被担保債権の質入れ ④順位変更 ⑤先順位抵当権から順位譲渡・順位放棄を受けること ⑥共有者の権利の放棄 ⑦相続・合併・会社分割を原因とする移転・債務者変更 ⑧解除・放棄による抹消

2 元本確定後の根抵当権移転登記

⑴ 総　　説

元本確定後の根抵当権は，随伴性がある点で普通抵当権と類似する。そこで，元本確定後の根抵当権の移転登記は，普通抵当権の移転登記とほとんど同じ取り扱いがなされている。よって，元本確定後の根抵当権の移転登記については，普通抵当権の移転登記と同様に考えれば十分である。

以下，相違点・注意点のみ説明することにする。

⑵ 相続・合併

【意　義】

元本確定後に，根抵当権者が死亡したり，根抵当権者を消滅会社とする合併が生じた場合には，包括承継が生じ，被担保債権と根抵当権が相続人・存続会社（設立会社）に移転する。

よって，この場合には，相続・合併による根抵当権移転登記を申請する。

【合　意】

元本確定前に根抵当権者に相続が生じた場合には，相続開始後6か月以内に合意の登記をすることができる。これに対して，元本確定後に根抵当権者に相続が生じた場合には，合意の登記をすることができない。相続により根抵当権が承継された時点ですでに元本が確定しており，合意をする実益がないからである。

【登記申請のポイント】

元本確定後の根抵当権についての相続・合併による移転登記も，原則として，元本確定前の根抵当権の移転登記と同様となる。

ただし，元本確定後の根抵当権の場合，相続による移転登記において，相続人が複数いるときは，登記申請情報に各相続人の持分を記載しなければならない（登研454号129）。この点については，不動産登記令3条9号括弧書きを根拠に，持分を記載しないとする見解も有力である。

(3)　会社分割

【意　義】

元本確定後の根抵当権において，根抵当権者を分割会社とする会社分割が生じた場合において，分割契約・分割計画において，当該根抵当権の被担保債権が承継会社・設立会社へ承継される旨が定められているときは，根抵当権も承継会社・設立会社へ承継されるので，会社分割を原因とする根抵当権移転登記を申請する。元本確定後の根抵当権は，被担保債権に随伴するからである。

元本確定前の根抵当権の場合には，分割契約・分割契約の定めにかかわらず，一部移転登記になる点と比較すること。

【登記申請のポイント】

元本確定後の根抵当権における会社分割による根抵当権移転登記の登記原因証明情報としては，承継会社・設立会社の登記事項証明書に加えて，分割契約書・分割計画書の提供が必要となる（平18・3・29民二755号）。元本確定後の根抵当権は被担保債権に随伴するので，被担保債権が承継会社・設立会社に承継されるか否かを確認できるようにするためである。所有権や普通抵当権の会社分割による移転登記の場合と同様である。

元本確定前の根抵当権における会社分割による一部移転登記においては，登記原因証明情報として要求されるものが承継会社・設立会社の登記事項証明書のみであり，分割契約書・分割計画書の提供が不要である点と比較すること（☞ P106）。

⑷　債権譲渡・代位弁済

【意　義】

元本確定後の根抵当権において，被担保債権が譲渡されたり，被担保債権について代位弁済がなされたりしたときは，随伴性により根抵当権も移転する。この場合には，債権譲渡・代位弁済を原因とする根抵当権移転登記を申請する。

元本確定前の根抵当権においては債権譲渡・代位弁済によって根抵当権が移転しないことと比較すること。

【登記事項】

被担保債権の一部譲渡・一部代位弁済による根抵当権一部移転登記を申請する場合には，登記申請情報に「譲渡額」「弁済額」を記載しなければならない。

根抵当権の一部移転であるにもかかわらず，「譲渡額」「弁済額」が極度額を上回る場合もある。たとえば，極度額1,000万円の根抵当権において，被担保債権の額が2,000万円で確定した場合に，1,500万円が譲渡されたときは，債権一部譲渡による根抵当権一部移転登記であるにもかかわらず，譲渡額は，極度額を超えた1,500万円となる。

【登録免許税】

根抵当権の全部を移転する場合の登録免許税は，譲渡された債権額にかかわらず，極度額の1000分の2となる。譲受人は，債権額にかかわらず，極度額に応じた優先弁済権を取得することになるからである（登研355号90）。

債権の一部譲渡・一部代位弁済によって根抵当権の一部を移転する場合の登録免許税は，譲渡額・弁済額が極度額未満のときは譲渡額・弁済額の1000分の2，極度額以上のときは極度額の1000分の2となる（登研349号87）。一部移転登記の場合，譲渡額・弁済額が課税標準金額となるのが原則であるが，優先弁済権は極度額の範囲でしか取得できないため，極度額を限度として課税したということである。

まとめると，次の表のとおりである。

◉元本確定後の債権譲渡・代位弁済による根抵当権の移転登記の課税標準金額

	全部移転	一部移転
譲渡額・弁済額が極度額以上	極度額	
譲渡額・弁済額が極度額未満	極度額	譲渡額・弁済額

3　元本確定後の根抵当権変更登記

(1)　総　　説

元本確定後の根抵当権においては，債権の範囲の変更登記をすることはできない。また，極度度の変更登記は元本確定前後を問わずすることができるので，ここでは，債務者の変更登記の説明を中心にしていく。

元本確定後の根抵当権は，特定の債権と結びつきが生じているので，被担保債権となっている債権の債務者が変更された場合に，債務者の変更の登記を申請することになる。よって，債務引受・債務者更改による債務者の変更登記の申請をすることもできる。

元本確定後の根抵当権についての債務者の変更登記は，原則として，普通抵当権の債務者変更登記の場合と同様である。以下，相違点・注意点についてのみ説明していく。

(2)　相続・合併による債務者変更

【意　義】

元本確定後の根抵当権において，債務者が死亡したり，債務者を消滅会社とする合併が生じたりした場合，被担保債権の債務は，相続人・存続会社（設立会社）に承継され，根抵当権の債務者にも変更が生じる。

よって，この場合には，相続・合併を原因とする債務者変更登記を申請する。

【合　意】

元本確定前の根抵当権における債務者に相続が生じた場合には，相続開始後６か月以内に合意の登記をすることができる。これに対して，元本確定後の根抵当権における債務者に相続が生じた場合には，合意の登記をすることができない。相続の時点ですでに元本が確定しており，合意をする実益がないからである。

(3)　会社分割による債務者変更

元本確定後の根抵当権において，債務者を分割会社とする会社分割が生じた場合，分割契約･分割計画により当該根抵当権の被担保債権の債務が承継会社･設立会社へ承継される旨が定められているときは，当該根抵当権も，承継会社･設立会社が負担する債務を担保する根抵当権となるので，会社分割を原因として，債務者を承継会社・設立会社とする根抵当権変更登記を申請する。

元本確定前の根抵当権の場合には，分割契約・分割計画の定めにかかわらず，分割会社及び承継会社（設立会社）の双方を債務者とする根抵当権になる点と比較すること。

ホームルーム

講師：元本確定登記について学習したけど，根抵当権は，元本確定前後で本当に性質が変わることがわかっただろ。記述問題でも，根抵当権があった場合には，元本が確定しているかどうかについて必ずチェックする必要がある。

生徒：そのことで１つ疑問なのですが。元本確定後の根抵当権の場合，債権譲渡があれば，根抵当権も随伴性によって移転しますよね。元本確定前の根抵当権には随伴性はありませんが，根抵当権によって担保されている債権を譲渡して，根抵当権の全部譲渡をすれば，債権譲渡された債権は根抵当権によって担保されますよね。

講師：いい質問だね。でも，その場合，債権譲渡された債権は，当然には根抵当権で担保されないんだよ。たとえば，ＡのＹに対する「売買取引」による債権を担保するため，Ｙの所有する不動産に根抵当権が設定された。そして，この根抵当権の元本は確定されておらず，甲債権が担保されている。この事例で，甲債権がＢに譲渡され，根抵当権もＢに全部譲渡された場合，Ｂは根抵当権と甲債権を取得するが，甲債権は，この根抵当権では担保されず，無担保債権となる。

生徒：どうしてですか。

講師：この根抵当権は「売買取引」債権を担保するためのものだけど，これは根抵当権者となったＢと債務者Ｙが行った売買取引に限るのであって，ＡがＹと行った売買取引により発生した債権である甲債権は，債権の範囲に含まれていないんだ。もはや，甲債権は，Ａから譲り受けた特定債権となってしまっているんだ。

生徒：当事者は，甲債権を担保するためにも，根抵当権を譲渡することもあると思うんですが，甲債権をこの根抵当権で担保する方法はないんですか。

講師：全部譲渡の後に，債権の範囲を変更すればよい。「売買取引」となっている債権の範囲に「年月日債権譲渡（譲渡人Ａ）に係る債権」を加えればいいんだ。

生徒：なるほど。特定債権も，不特定債権とセットならば，債権の範囲に加えることができましたね。

講師：そのとおりだ。

第7章 根抵当権の処分

●この章で学ぶこと●

この章では，根抵当権の処分の登記を学びます。元本確定前の根抵当権において，どのような処分が許されているのかをしっかり押さえていきましょう。

1. 民法376条の処分

1 意　義

(1) 根抵当権・順位の譲渡・放棄

元本確定前においては，根抵当権者は，根抵当権の譲渡・放棄，順位の譲渡・放棄の処分をすることができない（民398条の11第1項）。その代わりに認められているのが，全部譲渡・一部譲渡・分割譲渡の各処分である。

元本確定後においては，根抵当権者は，根抵当権の譲渡・放棄，順位の譲渡・放棄の処分をすることができる。

なお，元本確定前の根抵当権であっても，先順位抵当権者から順位の譲渡・放棄の処分を受けることはできる。

(2) 転 抵 当

根抵当権に対して転抵当権を設定することは，元本確定前後を問わず，することができる。

2　登記申請のポイント

(1)　意　　義

前記1で説明した処分がなされた場合の登記申請は，原則として，普通抵当権の場合と異ならない。『不動産登記法Ｉ』を参照してほしい。

(2)　登記申請情報

事例　Ａが所有権登記名義人である甲土地には，Ｂの根抵当権（極度額1,000万円，債務者Ａ）が設定されている。令和６年６月30日，Ｃは，Ｂに対して，金800万円を，利息年2%，令和８年６月30日を弁済期として，貸し渡したうえ，当該債権を担保するため，Ｃ及びＢは，甲土地乙区１番の根抵当権を目的として転抵当権設定契約を締結した。

◉記載例　根抵当権に対する転抵当

登記の目的　１番根抵当権転抵当
原　　　因　令和６年６月30日金銭消費貸借同日設定
債　権　額　金800万円
利　　　息　年2%
債　務　者　Ｂ
権　利　者　Ｃ
義　務　者　Ｂ
添 付 情 報　登記原因証明情報　登記識別情報　代理権限証明情報
登録免許税　金1,000円

【考え方】

原則として，抵当権に対して転抵当権を設定した場合と同様である。

【登記の目的】

登記の目的は，「１番根抵当権転抵当」などとなる。設定の目的となる権利が根抵当権なので，「根抵当権」となることに注意すること。

【登記原因】

登記原因の前半の部分に，債権発生原因を記載する。設定の目的となる権利は根抵当権であるが，設定する権利は，特定債権を担保するための抵当権だからである。

【登記事項】

同じ理由から，登記事項も，債権額・利息などの抵当権の登記事項を記載する。

2. 債権質入れ

1 意　義

元本確定後の根抵当権において，被担保債権となっている債権が質入れされた場合，債権質入れの登記を申請することができる。

問題は，元本確定前の根抵当権において，被担保債権となっている債権が質入れされた場合，債権質入れの登記を申請することができるかということである。元本確定前の根抵当権においては，根抵当権と債権の結びつきがないため，債権が質入れされても根抵当権には及ばないことから，問題となるのである。

この点，先例は，元本確定前の根抵当権においても，債権質入れの登記を申請することができるとしている（昭55・12・24民三7176号）。

その理由としては，まず，質入れされた債権の不履行を理由に根抵当権の実行ができないことを公示するためである。また，元本確定前の根抵当権において，その被担保債権となっている債権が質入れされた場合，元本が確定した後は，その効果が根抵当権にも及ぶため，公示をしておく必要があるためである。

2 登記申請のポイント

根抵当権の被担保債権となっている債権が質入れされた場合の債権質入れの登記を申請するときは，登記申請情報に，質入れされた債権の表示を記載しなければならない（昭55・12・24民三7176号）。

根抵当権においては，被担保債権が固定・公示されておらず，質入れされた債権を具体的に公示する必要があるためである。

第8章 根抵当権抹消

●この章で学ぶこと●

この章では，根抵当権の抹消登記について，学びます。登記申請情報自体は，普通抵当権の抹消登記の場合とあまり変わりません。根抵当権においては,「弁済による抹消登記は元本確定前でもできるのか」というような抹消登記の可否に注意してください。

1. 意　義

1　確定前後を問わず消滅事由となるもの

次の事由がある場合，元本確定前後を問わず，根抵当権は消滅する。

①設定契約の解除

②根抵当権の絶対的放棄

③混同

④第三者の不動産の時効取得

これらの場合には，元本確定前後を問わず，根抵当権の抹消登記を申請する。

2　確定後にのみ消滅事由となるもの

次の事由がある場合，元本確定後に限り，根抵当権は消滅する。

①被担保債権の全部の弁済

②被担保債権の全部の債権放棄

③被担保債権の全部の債務免除

④根抵当権消滅請求がなされた場合

①～③は，元本確定後の根抵当権の場合，根抵当権によって担保されている債権の全部が消滅することにより根抵当権は消滅するということである。これ

に対して，元本確定前の根抵当権の場合，付従性がないので，被担保債権が消滅しても根抵当権が消滅することはない。

なお，元本確定後の根抵当権において，債権の一部が弁済されただけでは根抵当権は消滅しないし，極度額にも変更がない。債権が一部でも残っていれば，極度額の限度までその債権を担保することができるからである。

2. 弁済による抹消

1 意　義

元本確定後の根抵当権において，被担保債権の全額が弁済された場合，根抵当権は消滅するので，弁済による根抵当権抹消登記を申請することができる。

元本確定前の根抵当権においては，被担保債権の全額が弁済されても，根抵当権の抹消登記は申請することができないので，注意すること。

2 前提登記

弁済による根抵当権抹消登記を申請するためには，登記記録上，元本が確定していることが明らかである場合を除き，前提として，元本確定登記を申請しなければならない（登研 488 号 147）。

3 元本確定後に共有者の１人が弁済を受けた場合

(1) 総　説

根抵当権が設定され，元本が確定した後に，債権の一部譲渡がなされたことなどにより，事後的な根抵当権の準共有が成立する場合がある。たとえば，次の登記記録を見てほしい。

乙区		
1番	根抵当権設定	極度額　金 1,000 万円 確定期日　令和 4 年 5 月 12 日 債務者　A 根抵当権者　B
付記 1 号	1番根抵当権一部移転	譲渡額　金 600 万円 根抵当権者　C

この登記記録においては，Bを根抵当権者とする1番根抵当権が設定されており，元本が確定した。そして，その後，1番根抵当権の被担保債権がCに対して一部譲渡され，一部移転の登記がなされている。

この場合において，債務者AがBに対してのみ，またはCに対してのみ弁済をしたときは，どのような登記を申請すべきか。この事例を前提に，Bに弁済したときとCに弁済したときを分けて説明していこう。

(2)　一部移転を受けた者への弁済

【Cへの弁済】

まず，一部移転を受けた者の債権が全額弁済された場合の登記申請の方法を考えていこう。上記事例において，AがCに対して全額弁済したケースである。

【比較対象としての普通抵当権】

普通抵当権においては，このような場合は，債権額の減少変更登記を申請することを『不動産登記法Ⅰ』で学習した。たとえば，債権額1,000万円のBの抵当権からCに対して，譲渡額600万円の一部移転登記がなされている場合に，債務者がCに対して600万円を弁済したときは，債権額400万円とする変更登記を申請することになる。「Cに弁済してBのみが抵当権者として残るのだから，一部移転登記を抹消すればよい」と考えてはならない。Bの債権額は一部移転の結果400万円となっているのに，債権額1,000万円の公示が残ってしまうからである。

【根抵当権の場合】

根抵当権においては，これとは異なる登記申請となる。

元本確定後の根抵当権において，債権の一部譲渡などにより根抵当権の一部移転登記がなされている場合に，一部移転を受けた者の債権の全額が弁済されたときは，根抵当権の一部移転の抹消登記を申請すべきである（昭36・4・22民甲954号）。

上記事例では，1番付記1号根抵当権一部移転抹消という登記を申請することになる。普通抵当権の場合と異なり，共有根抵当権者の1人が弁済を受けても，極度額に変更はなく，変更登記を申請する必要がないからである。1番根抵当権者からCを脱退させるための登記をすればよいのだから，根抵当権一部移転を抹消すればよいというわけである。

ただし，後記(3)と同様の変更登記をすべきとする見解もあり，争いがある（登研410号83）。

【記載例】

上記事例をもとにした登記申請情報は，次のとおりである。

◉登記申請情報　根抵当権者の１人（譲受人）への弁済

登記の目的	１番付記１号根抵当権一部移転抹消
原　　　因	令和６年６月30日弁済
権　利　者	A
義　務　者	C
添 付 情 報	登記原因証明情報　登記識別情報　代理権限証明情報
登録免許税	金1,000円

(3)　原根抵当権者への弁済

【なすべき登記】

元本確定後の根抵当権において，債権の一部譲渡などにより根抵当権の一部移転登記がなされている場合，原根抵当権者の債権の全額が弁済されたときは，根抵当権を他の共有者の根抵当権とする変更の登記を申請すべきである（登研592号185）。

この場合，B・C共有となっている根抵当権からBを脱退させればよいので，前記(2)と同様，Bの根抵当権の抹消登記を申請すればよさそうである。しかし，Bの根抵当権を抹消してしまうと，その根抵当権に依存しているCの根抵当権一部移転登記も抹消されてしまう。このことから，やむなく消去法により，変更登記を申請すべきとされたのである。

変更登記である点は，普通抵当権の場合と同様である。しかし，普通抵当権においては債権額の変更の登記をするのに対し，根抵当権においては極度額の変更の登記はしないという違いがある。根抵当権の場合，根抵当権者の１人の債権が弁済されても，極度額は減少しないからである。

【登記申請情報】

上記事例における登記申請情報は，次のとおりである。

◉登記申請情報　根抵当権者の１人（原根抵当権者）への弁済

登記の目的	１番根抵当権の根抵当権者をCとする変更
原　　　因	令和６年６月30日Bの債権弁済

権　利　者　A
義　務　者　B
添 付 情 報　登記原因証明情報　登記識別情報　代理権限証明情報
登録免許税　金 1,000 円

登記事項として，「変更後の事項」を記載しない点を確認しておいてほしい。消去法により変更登記を申請しているだけで，登記事項に変更があるわけではないのである。

3. 登記申請のポイント

事例　A が所有権登記名義人である甲土地には，C の 1 番根抵当権（債務者 B，極度額 1,000 万円，元本確定期日　令和 6 年 3 月 22 日）が設定されている。当該根抵当権の元本は確定しており，被担保債権の額は 2,000 万円である。令和 6 年 6 月 30 日，A は C に対して，根抵当権消滅請求権を行使し，その請求書は，同日 C に到達した。

◉記載例　消滅請求による根抵当権抹消登記

登記の目的　1 番根抵当権抹消
原　　　因　令和 6 年 6 月 30 日消滅請求
権　利　者　A
義　務　者　C
添 付 情 報　登記原因証明情報　登記識別情報　代理権限証明情報
登録免許税　金 1,000 円

本記載例は，元本確定後に設定者から元本確定請求がなされた場合のものである。この場合，登記原因が「年月日消滅請求」となる。

根抵当権抹消登記の登記申請情報は，原則として，普通抵当権の抹消登記の場合と同様である。

第2編

その他の担保権の登記

V

Magic

第1章　質　　権

●この章で学ぶこと●

この章では，質権の登記について，学びます。試験で頻出というわけではありません。抵当権との違いに注目して学習していきましょう。

1. 意　　義

1　質権とは

質権とは，債権者が，債権の担保として債務者または第三者から提供を受けた物を占有し，かつ，その物につき他の債権者に先だって自己の債権の弁済を受けることができる約定担保物権である（民 342 条）。

2　質権の登記

質権の中でも不動産を目的とする質権が不動産質である。

不動産質の第三者対抗要件は登記であり，不動産質が設定された場合には，質権設定登記を申請することができる。

不動産賃借権を目的として質権の設定登記を申請することもできる（昭 30･5･16 民甲 929 号）。不動産賃借権を目的として，抵当権の設定登記を申請することはできないことと比較しておくこと。

2. 登記申請のポイント

1　登記申請情報

事例　令和 6 年 6 月 30 日，B は，A に対して金 1,000 万円を貸し渡す金銭消費貸借契約を書面により締結した。また，同日，A及びBは，当該債権を担保するため，Aが所有する甲土地に質権を設定する契約を締結し，Bは甲土地の引渡しを受けた。

◉記載例　質権設定登記

登記の目的	質権設定
原　　　因	令和6年6月30日金銭消費貸借同日設定
債　権　額	金1,000万円
存続期間	令和6年6月30日から10年
利　　　息	年2%
損　害　金	年14%
違　約　金	金100万円
特　　　約	質権者は質物を使用収益できない
債　務　者	A
質　権　者	B
設　定　者	A
添付情報	登記原因証明情報　登記識別情報　印鑑証明書 代理権限証明情報
課税価格	金1,000万円
登録免許税	金4万円

2　登記原因

(1)　登記原因

登記原因は，「年月日金銭消費貸借年月日設定」のように記載する。

抵当権と同様，特定の債権を担保する権利であるため，登記原因の前半に債権発生原因を記載する。

(2)　登記原因日付

登記原因は，不動産の引渡しの日である。質権設定契約は要物契約であるため，抵当権設定契約の場合と異なり，合意がなされただけでは効力が生じないからである。

3 登記申請人

質権設定登記申請は，質権者を登記権利者，設定者を登記義務者とする共同申請で行う（60条）。

共有質権においては，質権者の持分を記載するが，共有根質権においては，根抵当権の場合と同様，持分を記載する必要はない（令3条9号括弧書）。

4 登記事項

(1) 総　説

質権は，抵当権と同様，特定の債権を担保するものであり，被担保債権によってその内容が変わってくるので，きちんとその債権の内容を公示する必要がある。ただし，一部，抵当権と登記事項が異なっている。

質権の登記事項は，次のように整理できる。

◉質権の登記事項

絶対的登記事項	①債権額 ②債務者の氏名・住所
任意的登記事項	①存続期間の定め ②利息に関する定め ③損害金に関する定め ④違約金に関する定め ⑤債権に付した条件 ⑥権利消滅の定め ⑦民法370条但書の定め ⑧被担保債権の範囲についての別段の定め（民法346条但書の定め） ⑨使用収益・管理費用についての別段の定め（民法359条の別段の定め）

絶対的登記事項は，債権額と債務者の氏名住所であり，抵当権と同じである。任意的登記事項については，抵当権と異なるところがある。次ページの表で，登記事項を抵当権と比較してみよう。よく比較して押さえてほしい。

(2) 存続期間の定め

存続期間の定めがある場合には，その定めが登記事項となる（95条1項1号）。

不動産質権の存続期間は，10年を超えることができない（民360条1項）。10年を超える期間を定めた場合には，当然に10年に短縮されるので，登記申請情報に10年に引き直して記載することができる。

◉登記事項の比較

	抵当権	質　権
債権額	○	○
債務者	○	○
存続期間の定め	×	△
利息に関する定め	△	△
損害金に関する定め	△	△
違約金に関する定め	×	△
債権に付した条件	△	△
権利消滅の定め	△	△
民法 370 条但書の定め	△	△
被担保債権の範囲についての別段の定め（民法 346 条但書の定め）	×	△
使用収益・管理費用についての別段の定め（民法 359 条の別段の定め）	×	△
抵当証券発行の定め	△	×
取扱店の表示	△	×
弁済期	×	×

○＝絶対的登記事項　△＝任意的登記事項　×＝登記できない

⑶　違約金に関する定め

抵当権の場合と異なり，一定額の支払いを定めた違約金の定めを登記することができる。たとえば，契約において違約金を定めた場合には，上記記載例のように，「違約金　金 100 万円」と記載する。

抵当権の場合は，定期金的性質（年 6％など）を有するものを損害金として登記することができるのみであることと比較しておくこと。質権においても，損害金は登記することができるが，それに加えて，違約金の定めも登記することができるのである。

⑷　特　　約

【総　説】

債権発生原因としての契約や質権設定契約において，一定の特約がなされた場合には，その定めを登記することができる。登記できる特約は，①債権に付した条件，②権利消滅の定め，③民法370条但書の定め，④被担保債権の範囲についての別段の定め（民法346条但書の定め），⑤使用収益・管理費用についての別段の定め（民法359条の別段の定め）である。

①～③は，抵当権の場合と同じである。③の権利消滅の定めについては，質権の登記に付記して記録されることを復習しておいてほしい。

ここでは，それ以外の特約について解説を加えていこう。

【被担保債権の範囲についての別段の定め（民法346条但書の定め）】

質権は，元本・利息・違約金・質権実行の費用・質権保存の費用・債務不履行または質物の隠れた瑕疵によって生じた損害の賠償を担保することを原則としている（民346条本文）。この範囲に別段の定めを加えることができるが（民346条但書），その定めが登記事項となるということである。

【使用収益・管理費用についての別段の定め（民法359条の別段の定め）】

不動産質権者は，不動産を，その用法に従い，使用・収益することができる（民356条）。その代わりに，不動産質権者は，不動産の管理費用を払い，公租公課など不動産に関する負担を負わなければならず（民357条），また，自らの債権の利息を請求することができない（民358条）。

以上の点について設定行為で別段の定めをすることができるが（民359条），この定めが登記事項となるということである。たとえば，上記記載例のように，「質権者は不動産を使用収益できない」などと記載する。

5　添付情報

共同申請の場合の基本的な添付情報を提供すればよい。抵当権設定登記の場合とほぼ同じである。

ただ，抵当権設定登記の場合との相違点について，1つ注意しなければならないことがある。それは，農地法の許可書についてである。

質権設定の目的となる土地が農地である場合には，質権設定登記の登記申請情報には，農地法の許可書の提供が必要となる（令7条1項5号ハ）。農地について質権を設定した場合，その土地の使用収益権は原則として質権者に移るので，質権者が農業従事者としての適格があることを確認しなければならないからである。抵当権を設定した場合には，農地の使用収益権は設定者に留保されるので，農地法の許可書の提供は必要ない（詳細は☞P475）。

6 登録免許税

質権設定登記の登録免許税は，債権額の1000分の4である（登免税別表1.1.(5)）。

抵当権の場合と同様である。担保権の設定登記の登録免許税は，債権額・極度額の1000分の4であることを原則としているのである。

7 登記の実行

所有権を目的として質権が設定された場合は，主登記で実行され，地上権・賃借権など所有権以外の権利を目的として質権が設定された場合は，付記登記で実行される（規則3条4号）。

第2章 先取特権

●この章で学ぶこと●

この章では，先取特権の登記について学びます。新築工事の先取特権についての登記の実行の方法が特殊なものとなっています。しっかり理解してください。

1. 意　義

1 先取特権とは

先取特権とは，法律で定めた特殊な債権を有する者が，債務者の財産について，他の債権者に優先して債権の弁済を受けることができる法定担保物権である（民 303 条）。

法定担保物権であることに注意が必要である。法律上規定されている債権を有していれば，契約をしなくても，先取特権は当然に成立する。反対に，先取特権を契約で発生させることはできない。

2 先取特権と登記

登記することができるのは，一般の先取特権と不動産の先取特権である。

一般の先取特権は，債務者の総財産に及ぶ。そして，債務者が不動産を所有している場合は，その不動産にも及ぶので，その不動産に対して登記をすることができることになる。

不動産の先取特権には，不動産保存の先取特権，不動産工事の先取特権，不動産売買の先取特権の 3 種類があるが，どれも不動産を目的とするので，登記することができる。

不動産工事の先取特権の登記は，建物の増築・建物の新築・宅地造成の 3 つに分けて考えていく。附属建物の新築は，建物の増築と同様に考えればよい。

3　登記の種類

先取特権が成立した場合に，その先取特権を登記記録に登場させる登記は，保存登記である。設定登記ではない。

保存登記とは，当事者の意思表示とは関係なく法律上権利が発生した場合に，その権利を保存するためにする登記である。なお，保存登記をすることができる権利は，所有権と先取特権のみである。

2. 登記申請のポイント

1　登記時期

不動産の先取特権は，次の時期に登記をしなければ効力を生じない。

①不動産保存の先取特権：保存行為が完了した後直ちに（民337条）

②不動産工事の先取特権：工事を始める前（民338条1項）

③不動産売買の先取特権：売買による所有権移転登記と同時（民340条）

②について。建物の新築工事の場合に注意が必要である。新築工事の場合，その工事により建物が完成して，表題登記を申請することで，初めて建物登記記録が作成される。その工事前に不動産工事の先取特権保存登記をしなければならないということである。このことから，登記の実行の方法が特殊なものとなる（☞後記*3.*）。

③について。民法の条文上は，売買契約と同時に登記することが要求されているが，これは，売買による所有権移転登記の申請と同時申請で登記をせよということである。また，不動産の売買契約がなされた場合，所有権保存登記が申請されることがあるから，所有権保存登記と同時に先取特権保存登記を申請することも認められている（昭33・3・14民甲565号）。

2　登記の目的

「先取特権」という権利を「保存」するための登記であり，登記の目的は，次のようになる。

- 一般の先取特権：「一般の先取特権保存」
- 不動産保存の先取特権：「不動産保存先取特権保存」

• 不動産工事の先取特権：「不動産工事先取特権保存」
• 不動産売買の先取特権：「不動産売買先取特権保存」

3 登記原因

先取特権保存登記の登記原因は，次のように記載する。
• 一般の先取特権：「年月日から年月日までの給料債権の先取特権発生」
• 不動産保存の先取特権：「年月日修繕費の先取特権発生」
• 不動産工事の先取特権：「年月日増築請負の先取特権発生」
• 不動産売買の先取特権：「年月日売買の先取特権発生」

先取特権は，特定の債権を担保するためのものであるから，前半に被担保債権の発生原因を記載する。そして，登記原因の後半には，その債権を担保する先取特権である旨を「先取特権発生」のように記載する。設定契約が締結されるわけではないので，「年月日設定」とはならないことに注意すること。

4 登記事項

(1) 総　説

先取特権の登記事項は，次のとおりである（83条，85条）。

◉先取特権の登記事項

	絶対的登記事項		任意的登記事項
一般の先取特権	債権額	債務者の氏名・住所	
不動産保存の先取特権	債権額	債務者の氏名・住所	
不動産工事の先取特権	工事費用の予算額	債務者の氏名・住所	
不動産売買の先取特権	債権額	債務者の氏名・住所	利息

(2) 絶対的登記事項

【原　則】

先取特権の登記の絶対的登記事項は，原則として，債権額と債務者の氏名・住所である。

これは，抵当権・質権とも共通である。被担保債権の公示として絶対的に必要となる事項であることから，特定の債権を担保するための担保権に共通の絶対的登記事項とされているのである。

なお，先取特権は，債務者の財産の上に成立し，物上保証のようなことはないので，債務者と登記義務者は一致することになる。

【例　外】

ただし，不動産工事の先取特権においては，債権額に代えて，工事費用の予算額が登記事項となっている。これは，工事着手前に登記の申請をしなければならず，実際の債権額が確定しないからである。

(3)　任意的登記事項

【原　則】

先取特権の登記においては，原則として，任意的登記事項はない。任意的登記事項というものは，契約において任意に定めることができる事項である。先取特権においては，契約がないので，任意に定めるべき事項はないのである。

【例　外】

例外として，不動産売買の先取特権の場合には，利息が任意的登記事項となっている。不動産売買の先取特権は，売買代金と利息を被担保債権とする先取特権であるため，売買契約において利息の定めがある場合に登記事項となるのである。

5　登記申請人

先取特権者を登記権利者，債務者である所有権登記名義人を登記義務者として，共同申請で行う。

6　添付情報

(1)　総　　説

先取特権保存登記の申請では，原則として，共同申請の場合に要求される基本的な添付情報を提供すればよい。

登記原因証明情報，登記義務者の登記識別情報，登記義務者が所有権登記名義人である場合の印鑑証明書，代理申請の場合の代理権限証明情報である。

ただし，登記識別情報・印鑑証明書の提供が不要となる場合がある。また，特殊な添付情報として，設計書の提供が必要な場合がある。以下，この点について説明していこう。

(2) 登記識別情報・印鑑証明書

先取特権保存登記の申請において，登記識別情報の提供が不要となるのは，次の場合である。

①建物新築による不動産工事の先取特権の保存登記（86 条 1 項後段）

②不動産売買の先取特権の保存登記

①は，建物についての登記記録が設けられる前に登記をしなければならず，その時点ではまだ登記義務者が登記名義人となっていないからである。建物の登記もできておらず，登記義務者にはまだ登記識別情報の通知がされていないのである。

なお，不動産工事の先取特権保存登記の申請においても，増築による不動産工事の先取特権，宅地造成工事による不動産工事の先取特権の場合には，すでに不動産が存在し，登記義務者には登記識別情報が通知されているので，原則どおり，登記識別情報を提供しなければならない。

②は，登記義務者に登記識別情報が通知されるのが，同時に申請する売買による所有権移転登記であり，先取特権保存登記の申請時点において，登記義務者には登記識別情報の通知がなされていないからである。

また，①・②において登記識別情報の提供が不要な場合には，所有権登記名義人が登記義務者になっているケースには該当しないので，印鑑証明書の提供も不要となる（登研 433 号 133）。

(3) 設　計　書

次に掲げる先取特権についての保存登記の申請をする場合，基本的な添付情報に加えて，当該不動産の設計書（図面を含む）の内容を証する情報を提供しなければならない。

①建物新築による不動産工事の先取特権の保存登記（令別表 43 添付情報欄ロ）

②建物増築による不動産工事の先取特権の保存登記（昭 42・8・23 民三 666 号）

①の登記は，建物登記記録が設けられる前に申請しなければならない登記である。そこで，先取特権の登記をするために，登記官が職権で「仮の表題部」を作成することになるので，その資料として設計書（図面を含む）の内容を証する情報の提供が要求されることになる。

②の登記をすると，表題部に変更が生じる。たとえば，増築によって 2 階建ての建物を 3 階建てにした場合には，「階数，床面積」などに変更を生じる。

そこで，登記官が表題部にそのような増築の登記をする資料とするために，設計書（図面を含む）の内容を証する情報の提供が要求されることになる。

なお，宅地造成の場合は，設計書（図面を含む）の内容を証する情報の提供は不要である（昭56・1・26民三656号）。宅地造成の場合，工事によってその形状が変わらないため，表題部に変更は生じない（土地を工事しても地積が変わることなどはない）からである。

◉添付情報の注意点の整理

先取特権の種類		登記識別情報	印鑑証明書	設計書（図面を含む）の内容を証する情報
一般の先取特権		○	○	×
不動産保存の先取特権		○	○	×
不動産工事の先取特権	建物増築（附属建物の新築）	○	○	○
	建物新築	×	×	○
	宅地造成	○	○	×
不動産売買の先取特権		×	×	×

○＝必要　×＝不要

7　登録免許税

先取特権保存登記の登録免許税は，債権額・工事費用の予算額の1000分の4である（登免税別表1.1.(5)）。

3. 登記の実行

1　原　　則

所有権を目的とする先取特権の保存登記は，主登記で実行され，地上権など所有権以外の権利を目的とする先取特権の保存登記は，付記登記で実行される（規則3条4号）。

2　建物新築による不動産工事の先取特権の場合

(1)　実行方法

建物新築による不動産工事の先取特権の保存登記の申請は，建物登記記録の存在しない状態で行われる。建物登記記録がない状態では，先取特権の保存登記の実行をすることはできない。また，先取特権の保存登記は乙区に実行されるので，その前提として甲区も必要となる。

そこで，当該登記申請がなされると，登記官は，職権で，建物の登記記録を開設し，表題部に建物に関する情報を記録する（規則161条）。いわば，「仮の表題部」を作成するのである。登記官が仮の表題部を作成することができるように，建物新築による不動産工事の先取特権の保存登記の登記申請情報には，設計書（図面を含む）の内容を証する情報の提供が必要となるのである。

また，職権で甲区に登記義務者の氏名・住所が記録される。これは，甲区を作成するために便宜上なされる登記であり，所有権保存登記としての効力はない。いわば「仮の甲区」である。

表題部・甲区ができていなければ，乙区に先取特権の保存登記が実行できないから，張りぼての一夜城のような「仮の表題部」「仮の甲区」を登記官が作成し，乙区に先取特権の保存登記を実行できるようにするのである。かなり特殊な登記ではあるが，民法が工事着手前に登記を要求していることから，その要請を実現するために考えられた方法である。

登記実行後の登記記録は，次のようになる。

(2)　登記実行後の登記記録

表題部（主である建物の表示）	調整	余白		不動産番号	0104445298888
所在図番号	余白				
所在	豊島区南池袋一丁目1番地			余白	
①種類	②構造	③床面積　㎡		原因及びその日付［登記の日付］	
居宅	鉄筋コンクリート造 陸屋根2階建	1階　50 2階　50	20 20	種類，構造及び床面積は設計書による ［令和6年7月5日］	

権利部（甲区）（所有権に関する事項）			
順位番号	登記の目的	受付年月日・受付番号	権利者その他の事項
1	登記義務者表示	余白	A 不動産工事の先取特権保存の登記により登記

権利部（乙区）（所有権以外の権利に関する事項）			
順位番号	登記の目的	受付年月日・受付番号	権利者その他の事項
1	不動産工事先取特権保存	令和６年７月５日 第 72351 号	原因　令和６年７月１日新築請負の先取特権発生 工事費用予算額　金 1,000 万円 債務者　A 先取特権者　株式会社Ｂ工務店

(3)　建物完成後

建物新築による不動産工事の先取特権の保存登記がなされた後，建物が完成したときは，建物所有者は，1 か月以内に表題登記を申請しなければならず（47 条 1 項），遅滞なく所有権保存登記を申請しなければならない（87 条 1 項）。

張りぼての一夜城のような仮の表題部・仮の甲区のままでよいわけはないので，表題登記・所有権保存登記を申請し，正式な表題部・甲区を作成する必要があるのである。

これらの申請がなされると，登記官は，不要となった従前の建物の表示・甲区の登記義務者の表示を抹消する（規則 162 条 1 項・2 項）。

第3編

用益権の登記

V

Magic

第1章 用益権の登記総論

●この章で学ぶこと●

第３編の学習内容は，用益権の登記です。この章では，用益権の登記に共通する考え方を学びます。また，用益権の登記は，登記事項が独特で，試験でも頻出なので，ここで登記事項を横断整理していきます。

1. 重複登記の可否

1 地 上 権

(1) 原 則

すでに地上権の設定登記がなされている土地に，重ねて地上権の設定登記を申請することはできない。地上権は排他性のある物権であるため，１つの不動産に２つ以上の地上権は両立しないからである。

(2) 存続期間が満了している地上権

すでに登記されている地上権について，登記記録上存続期間が満了していることが明らかであっても，その地上権の抹消登記を申請することなく，新たな地上権の設定登記を申請することはできない（昭37・5・4民甲1262号）。

たしかに，存続期間が満了すれば，地上権は消滅する。しかし，満了前に存続期間が延長され，その登記を懈怠《けたい》していることもありうる。この場合，地上権は消滅していないので，現在の地上権の登記を抹消せずに新たな地上権の設定登記を認めると，同一土地に二重の地上権の登記を認めることになってしまう。

よって，仮に存続期間が満了していたとしても，１つの土地に複数の地上権の設定登記は認められないのである。

2　区分地上権

(1)　地上権⇨区分地上権

すでに地上権の設定登記がなされている土地に，重ねて区分地上権の設定登記を申請することはできる（民269条の2第2項）。ただし，当該地上権者及びこれを目的とする権利を有する者の承諾を得ることが必要となる。

(2)　区分地上権⇨地上権

すでに区分地上権の設定登記がなされている土地に，重ねて地上権の設定登記を申請することはできない。すでに区分地上権が存在し，ある範囲の使用・収益をしている以上，その後に設定する地上権は，上下の範囲を限定した区分地上権にならざるを得ないからである。

3　地　役　権

すでに地役権の設定登記がされている土地に，同一の土地を承役地として異なる地役権者のために地役権の設定登記を重ねて申請することはできる（昭38・2・12民甲390号，昭43・12・27民甲3671号）。地役権は，地上権と異なり，排他性のある物権ではないからである。

たとえば，Aの所有する甲土地を承役地として乙土地の所有者Bのために通行地役権の設定登記がなされていても，同じ甲土地を承役地として丙土地の所有者Cのために通行地役権の設定登記を申請することができる。Cが通行しても，Bの通行ができなくなるわけではないのである。

4　賃　借　権

すでに賃借権の設定登記がなされている不動産に，重ねて賃借権の設定登記を申請することはできる（昭30・5・21民甲972号）。

同一不動産の登記記録に，複数の賃借権の設定登記がされていることがあるということである。賃借権は債権であり，排他性がないからである。

2. 設定の対象

1 土地の一部

(1) 原　　則

実体法上，1筆の土地の一部に対して，用益権の設定契約をすることはできる。しかし，1筆の土地の一部に対する用益権の設定登記を申請することはできない（昭35・3・31民甲712号，昭30・5・21民甲972号）。

登記記録は，ある1つの不動産の権利関係を公示するものであり，その不動産の特定の部分に関する権利を公示することはできないからである。1筆の土地の一部に対して設定された用益権の設定登記をするには，設定登記の前提として分筆登記をなし，設定する部分を独立した土地にしたうえで，その土地に対する設定登記を申請する必要がある。

(2) 例　　外

【承役地の一部】

承役地である1筆の土地の一部を目的として，地役権の設定登記を申請することができる（令20条4号括弧書）。1筆の土地の一部を目的とする地役権の設定登記を申請する前提としての分筆登記は，必要ない。

地役権は排他性のない物権であるため，その前提としてわざわざ分筆登記をしなければならないとするのは，当事者に酷だとして配慮したものである。隣の人に土地の端っこを通行させてあげるだけなのに，分筆登記をしなければならないというのは，大きな負担となってしまうということである。

【要役地の一部】

1筆の土地の一部を要役地とする地役権の設定の登記を申請することはできない。民法上，要役地の一部のための地役権設定契約をすることができないからである。

【まとめ】

用益権に限らず，不動産の一部に対する権利の設定をすることはできないのが原則である。登記記録上，その範囲の特定ができないからである。

そして，その例外が地役権である。分筆登記をしないで1筆の土地の一部に対する設定登記をすることができるのは，地役権だけであることをしっかり押さえておくこと。

2　権利の一部

所有権の一部・共有持分・共有持分の一部を目的とする用益権を設定することはできない（昭37・3・26民甲844号）。用益権は，不動産を現実的に使用・収益するための権利であり，所有権の一部や持分に設定することは，その性質と抵触するからである。

3. 登記事項

1　登記事項の整理

用益権は，登記事項が多い。また，用益権によって性質が異なることから，それぞれの用益権の登記事項も異なる。ここで比較表を掲げておく。

◉用益権の登記事項

	地上権※1	区分地上権	永小作権	地役権※2	賃借権※1	配偶者居住権	採石権
設定の目的	○	○	×	○	×※3	×	×
範囲	×	○※4	×	○※4	×	×	×
存続期間	△	△	△	×	△	○	○
地代等	△ 地代	△ 地代	○ 小作料	×	○ 賃料	×	△ 採石料
支払時期	△	△	△	×	△	×	△
譲渡・賃貸に関する特約	×	×	△ 譲渡・賃貸禁止の定め	×	△ 譲渡・転貸を許す特約	×	×
その他の任意的登記事項		土地の使用に制限を加える特約	永小作人の権利義務に関する定め	民法281条1項但書・民法285条1項但書・民法286条の各定め	敷金 賃貸人が処分の権限を有しない者である旨	第三者に居住建物の使用・収益をさせることを許す旨の定め	採石権の内容

○＝絶対的登記事項　△＝任意的登記事項　×＝登記できない事項

※1　地上権・賃借権について，借地借家法の適用がある場合には，借地借家法関係の登記事項がある。本編第6章参照。
※2　地役権については，上記図表で示したもののほか，要役地の表示が絶対的登記事項になる。
※3　建物所有を目的とする土地の賃借権においては，「建物所有」と記録する。
※4　区分地上権は上下の範囲が登記事項となり，地役権は東西南北の範囲が登記事項となる。

2　登記事項の注意点

(1)　考　え　方

用益権の登記事項の学習では，絶対的登記事項なのか任意的登記事項なのか，あるいは登記できない事項なのかをしっかり覚えなければならない。ここでは，その基本的な考え方を説明しておく。

それは，民法と関連しているということである。民法で契約の要素（必ず契約内容としなければならないもの）は，不動産登記においても絶対的登記事項となる。また，民法で任意的契約事項であるものは，不動産登記においても任意的登記事項となるのである。さらに，民法上，契約で物権の内容とすることができないものは，不動産登記においては登記できない事項となる。

たとえば，永小作権における小作料は，民法においては，契約の要素とされている。そこで，不動産登記においても絶対的登記事項となっているのである。これに対して，地上権における地代は，民法上の要素ではない。定めても定めなくてもよい事項である。そこで，不動産登記においても，その内容を定めたときだけ登記する任意的登記事項となるのである。また，地役権においては，民法上，対価・存続期間を地役権の内容とすることはできないので，不動産登記上，これらを登記することができない。

用益権の登記事項は，民法の考え方と関連させて覚えていくようにしてほしい。

(2)　設定の目的

設定の目的が登記事項となる用益権が，いくつかある。設定の目的と聞くと，「所有権移転」とか「地上権設定」とかいうものを思い浮かべる人もいるかもしれない。しかし，それは，「目的」という言葉は同じでも，「登記の目的」である。登記の目的は，当然すべての登記申請で必要的なものである。

ここで言っているのは，登記の目的ではなく，設定の目的である。何のためにその権利を設定したかということである。たとえば，地上権は，「工作物または竹木所有」のために設定することができるので，具体的に「建物所有」「杉所有」のように登記することになる。また，地役権の場合は，「通行」などと登記する。通行地役権と眺望地役権では，同じ地役権でも，まったく別物である。そこで，目的によってその内容が別物となるような用益権の場合，設定の目的を登記事項としたのである。

(3)　譲渡・賃貸に関する特約

地上権・永小作権・賃借権について，譲渡・賃貸に関する特約が登記事項となるか否か，なるとすればどのような内容が登記できるかをしっかり区別して覚えておこう。

次のように整理することができる。

地上権	譲渡・賃貸に関する特約は登記できない
永小作権	譲渡・賃貸を禁止する定めを登記できる
賃借権	譲渡・転貸を許す特約が登記できる

地上権においては，譲渡・賃貸禁止特約をしても，当事者間の債権的効力を有するにすぎず，地上権の内容となるわけではないので，この特約を登記することができない。

永小作権においては，設定行為により，譲渡・賃貸を禁止する特約をすることができ，永小作権の内容となるので（民272条但書），この特約がなされた場合には，登記事項となる。

賃借権の場合は，そもそも賃借権の譲渡・転貸をする際には，特約がなくても，賃貸人の承諾が必要となる（民612条1項）。そして，賃借権を設定する場合，賃貸人の承諾がなくても譲渡・転貸できるとする旨の特約をすることができる。このことから，賃借権の場合，永小作権とは逆に「譲渡・転貸できる」旨の特約が登記事項となるのである。

第2章 地上権の登記

●この章で学ぶこと●

この章では，地上権の登記について学びます。前章でも説明しましたが，登記事項についてしっかり覚えていきましょう。区分地上権は，普通の地上権との共通点・相違点に注意して学習しましょう。

1. 意　義

地上権とは，工作物または竹木を所有するために，他人の土地を利用する権利である（民265条）。

建物所有を目的とする地上権は，「借地権」とされ，借地借家法の適用を受ける。借地権の登記に特有のポイントについては，本編第6章で説明する。

2. 地上権設定登記

1　共同申請

地上権設定登記は，地上権者を登記権利者，設定者を登記義務者とする共同申請で行う。

法定地上権の設定登記も，登記権利者と登記義務者の共同申請で行う。不動産の競売が行われた場合に，買受人への所有権移転登記やそれに付随する抵当権等の抹消登記，差押えの抹消登記は，裁判所書記官からの嘱託登記で行うが，法定地上権の設定登記は，裁判所書記官からの嘱託登記でなされないのである。

2　登記申請のポイント

(1)　記　載　例

事例　令和6年6月30日，A及びBは，Aが所有権登記名義人である甲土地について，目的を建物所有，存続期間を60年，地代を1平方メートルにつき1年金2万円，支払時期を毎年3月31日とする地上権設定契約を締結した。

◉記載例　地上権設定

登記の目的	地上権設定
原　　因	令和6年6月30日設定
目　　的	建物所有
存続期間	60年
地　　代	1平方メートルにつき1年金2万円
支払時期	毎年3月31日
権 利 者	B
義 務 者	A
添付情報	登記原因証明情報　登記識別情報　印鑑証明書 代理権限証明情報
課税価格	金1,000万円
登録免許税	金10万円

(2)　登記の目的

登記の目的は，「地上権設定」である。法定地上権の設定登記の場合も，「法定地上権設定」ではなく，「地上権設定」となる。法定地上権の成立要件を満たした場合に成立するのは，地上権であることに違いはないからである。

(3)　登記原因

登記原因は，「年月日設定」である。登記原因日付は，地上権の設定契約の日である。

法定地上権の設定登記の場合は，「年月日法定地上権設定」となる。法定地上権は，法律の定める要件を満たした場合に成立するのであり，設定契約をするわけではないが，民法388条に「地上権が設定されたものとみなす」と規定されているので，「設定」となるのである。登記原因日付は，買受人が競売代金を納付した日である。競売によって不動産の所有権が買受人に移転するのは，代金納付の日であるため（民執79条），法定地上権もその日に設定されたものとみなされることになるのである。

(4)　登記事項

【設定の目的】

地上権設定登記においては，設定の目的が絶対的登記事項となる。地上権は，工作物または竹木の所有を目的として設定されるが，その目的を「目的　建物所有」「目的　杉所有」「目的　ゴルフ場所有」「目的　スキー場所有」のように，工作物・竹木を具体的に記載する必要がある。

竹木の種類に制限はないが，植林目的でなければならず，茶・桑・稲のように耕作目的のものは，地上権の目的とすることができない。これらは，永小作権の目的となる。

【存続期間】

地上権設定登記において，存続期間は任意的登記事項であり，存続期間を定めた場合には登記する。

存続期間には民法上特に制限はないので，「永久」と定めることもできる（大判明36・11・16）。ただし，借地借家法の適用を受ける地上権については，最短期間の制限がある（☞本編第6章）。

【地　代】

地上権設定登記において，地代は任意的登記事項である。地代は地上権の要素ではないので，絶対的登記事項ではない点に注意が必要である。

地代の定めがあるときには，「地代　1平方メートルにつき1年金2万円」のように記載する。

地代は，土地利用の対価なので，地上権が共有の場合であっても，共有者ごとに定めることはできない。また，地代を増減しない旨の特約がある場合も，地代の定めとして登記することができる（大判明40・3・12）。

【地代の支払時期】

地代の支払時期も，地代と同様，任意的登記事項であり，支払時期の定めがある場合には，「支払時期　毎年3月31日」のように記載する。

【借地借家法関連の登記事項】

借地権の場合に特有の登記事項については，本編第6章で説明する。

(5) 登記申請人

地上権者を登記権利者，設定者を登記義務者とする共同申請で行う。

(6) 添付情報

共同申請の場合に要求される基本的な添付情報を提供すればよい。

(7) 登録免許税

地上権設定登記の登録免許税は，不動産価額の1000分の10である（登免税別表1.1.(3)イ）。

3 登記の実行

地上権設定登記は，主登記で実行される。地上権設定登記がなされると，地上権者に対して，登記識別情報が通知される。

3. 区分地上権設定登記

1 意　　義

(1) 区分地上権とは

区分地上権とは，地下または空間の上下の範囲を定めて設定された地上権のことである（民269条の2第1項前段）。

(2) 区分地上権の設定目的

通常の地上権の場合と異なり，竹木を所有するための区分地上権を設定することはできない。地上権の設定の目的が「工作物または竹木の所有」であるのに対し，区分地上権の設定の目的は，「工作物の所有」だからである。

また，階層的区分建物の特定階層の所有を目的とする区分地上権の設定をすることはできない（昭48・12・24民三9230号）。たとえば，10階建てのマンションの5階部分を所有するための区分地上権を設定することはできないということである。マンションは全体として１個の工作物であり，特定階層だけで独立した工作物ではないからである。

2　登記申請のポイント

⑴　登記の目的

区分地上権の設定登記の登記の目的は，「地上権設定」である。区分地上権である旨を記載する必要はない。区分地上権である旨は，範囲が登記事項となっていることから明らかだからである（☞後記⑶）。

⑵　登記原因

登記原因は，「年月日設定」となる。

登記原因日付は，原則として設定契約の日となる。ただし，契約締結後に利害関係人の承諾が得られた場合は，その承諾が得られた日となる。利害関係人の承諾を得ることが区分地上権設定の効力要件だからである（民269条の２第２項前段）。

⑶　登記事項

【総　説】

通常の地上権設定登記の登記事項に加えて，絶対的登記事項として区分地上権の目的となる範囲，任意的登記事項として土地の使用に制限を加える特約が登記事項となる。

【範　囲】

区分地上権の設定登記においては，区分地上権の目的となる範囲が絶対的登記事項となる。これは，地下または空間の上下の範囲である。

「東京湾平均海面の上７メートルから10メートルの間」「土地の東南隅の地点を含む水平面を基準として下25メートルから30メートルの間」などと記載する。

【土地の使用に制限を加える特約】

区分地上権を設定する場合には，地上権行使のため，土地の使用に制限を加える特約をすることができ（民269条の２第１項後段），この特約がなされたときは，その内容が登記事項となる。

「特約　土地の所有者は５トン以上の建物を建ててはならない」「特約　土地

の所有者は高架鉄道の運行の障害となる工作物を設置しない」などと記載する。

(4)　添付情報

【承諾証明情報】

通常の地上権設定登記で必要な添付情報に加えて，利害関係人がいる場合には，その者の承諾証明情報の提供が必要となる（令7条1項5号ハ，昭41・11・14民甲1907号）。

利害関係人がいる場合には，利害関係人の承諾を得ることが民法上の効力要件とされていることから（民269条の2第2項），その承諾を証する情報を添付情報としたものである。

誰が利害関係人となるのかについては，後記(5)で解説する。

【図面の要否】

区分地上権の目的である範囲を明らかにするための図面の提供は，不要である（明41・11・14民甲1907号）。区分地上権の範囲は，上下の範囲であり，図面を提供しなくても，「土地の東南隅の地点を含む水平面を基準として下25メートルから30メートルの間」などと登記することによって，明確に公示することができるからである。

なお，承役地の一部に地役権を設定する登記を申請する場合には，図面の提供が必要となるので，比較すること（☞P181）。

(5)　利害関係人

前記(4)における承諾証明情報が必要となる利害関係人とは，どのような者なのだろうか。

【利害関係人となる者】

利害関係人となるのは，(i)区分地上権の目的となる土地に対してすでに使用収益権を有する者，及び(ii)これらの権利を目的とする権利を有する者で，登記を備えている者である。具体的には，次の者である。

①用益権者

②用益権の仮登記名義人

③使用・収益しない旨の定めのない不動産質権者

④用益権を目的とする担保権者・差押債権者・仮差押債権者

①～③が(i)に該当する者であり，④が(ii)に該当する者である。

【利害関係人とならない者】

逆に，次の者は，利害関係人とはならない。

①所有権の仮登記名義人

②使用・収益をしない旨の定めのある不動産質権者

③所有権を目的とする担保権者

これらの者は，上記(i)・(ii)に該当しないので，利害関係人とはならない。

(6) そ の 他

登録免許税・登記の実行方法などは，通常の地上権の設定登記の場合と同様となる。

4. 地上権移転登記

1 意　　義

地上権者が地上権を譲渡したり，地上権者に相続が生じたりした場合には，地上権が移転する。地上権が移転し，地上権の主体に変更が生じた場合には，地上権移転登記を申請する。

相続や合併による地上権移転登記は，権利承継者からの単独申請で行い，売買や贈与による地上権移転登記は，共同申請で行う。

2 存続期間の満了した地上権の移転

存続期間が満了している地上権について，存続期間の変更登記をすることなく，地上権移転登記を申請することができるだろうか。

例題1　Aが所有権登記名義人である甲土地の登記記録には，Bの地上権の設定登記がなされている。この地上権の存続期間は，令和6年10月15日に満了する。次のような時系列の場合に，地上権の存続期間の変更登記を申請することなく，令和6年10月30日に地上権移転登記を申請することができるか〈図3-1〉。

令和6年10月1日　AとBで存続期間を令和5年10月15日までと延長

令和6年10月20日　BがCに地上権を譲渡

登記記録上，地上権の存続期間が満了していることが明らかな場合，存続期間満了後の日付を登記原因日付とする地上権移転登記を申請することはできな

図 3-1　例題 1 の図解

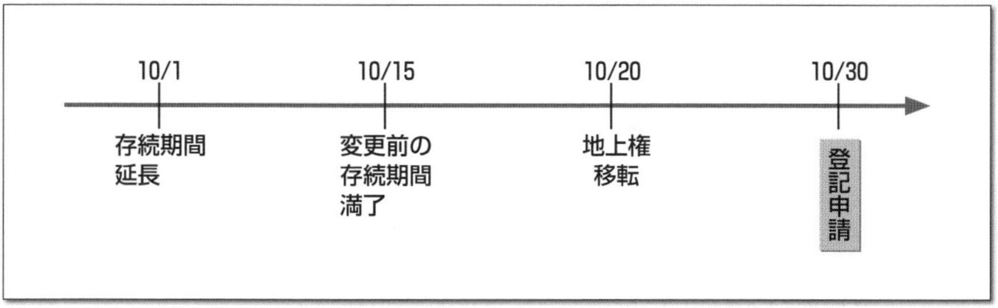

い（昭 35・5・18 民甲 1132 号）。存続期間満了により，地上権は消滅しているはずであり，消滅した地上権が移転するということはありえないからである。もし，存続期間が延長されていて地上権移転の日に地上権が消滅していなかったというのであれば，地上権移転登記を申請する前提として，存続期間を変更する地上権変更登記を申請しなければならない。

よって，本例題 1 においては，前提として存続期間を変更する地上権変更登記を申請しなければ，地上権移転登記を申請することはできない。

例題 2　A が所有権登記名義人である甲土地の登記記録には，B の地上権の設定登記がなされている。この地上権の存続期間は，令和 6 年 10 月 15 日に満了する。次のような時系列の場合に，地上権の存続期間の変更登記を申請することなく，令和 6 年 10 月 30 日に地上権の移転登記を申請することができるか〈図 3-2〉。
令和 6 年 10 月 1 日　B が C に地上権を譲渡
令和 6 年 10 月 10 日　A と C で存続期間を令和 5 年 10 月 15 日までと延長

図 3-2　例題 2 の図解

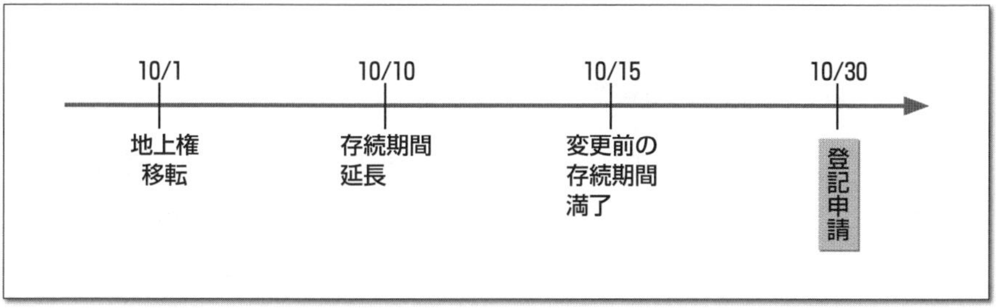

本例題 2 では，地上権移転登記の登記原因日付が，登記記録上の存続期間の満了前であり，存続期間の変更登記を申請することなく，地上権移転登記を申

請することができる。地上権が譲渡されたときには，地上権が消滅していなかったため，問題なく地上権の移転の効力が発生しているといえるからである。登記申請の時点では存続期間が満了しており，地上権が消滅していないとは言い切れないが，少なくとも地上権が譲渡された時点においては，地上権は消滅していなかったということである。

3 登録免許税

地上権移転登記の登録免許税は，登記原因が相続・合併の場合は不動産価額の 1000 分の 2（登免税別表 1.1.(3)ロ），それ以外の登記原因の場合は不動産価額の 1000 分の 10 となる（登免税別表 1.1.(3)ニ）。

5. 地上権変更登記

1 意　　義

地上権設定登記がなされた後に，登記された事項に変更が生じた場合は，地上権変更登記を申請することができる。

2 登記申請のポイント

(1) 登記申請人

地上権の変更登記は，地上権者と設定者の共同申請で行う。登記権利者と登記義務者の割り振りは，次のとおりである。

		登記権利者	登記義務者
①	地上権者に利益となる変更	地上権者	設定者
②	地上権者に不利益となる変更	設定者	地上権者

たとえば，①に該当するのは，地代の減額変更登記，存続期間の延長変更登記であり，②に該当するのは，地代の増額変更登記，存続期間の短縮変更登記である。

(2) 登録免許税

地上権の変更登記の登録免許税は，不動産１個につき 1,000 円である（登免税別表1.1.⒁)。

3　普通地上権・区分地上権間の変更

(1)　普通地上権から区分地上権へ

普通地上権を区分地上権とする変更登記を申請することはできる（昭41・11・14民甲1907号)。区分地上権の目的となる範囲を登記事項として追加する変更登記を申請する。

(2)　区分地上権から普通地上権へ

【原　則】

区分地上権を普通地上権とする変更登記を申請することはできる。この場合，区分地上権の目的となる範囲を廃止する変更登記を申請する。

【例　外】

先順位で地上権の設定登記がなされており，後順位で区分地上権の設定登記がなされている場合においては，後順位の区分地上権を普通地上権とする変更登記を申請することはできない。これが可能とすると，同一の不動産に普通地上権が重複して登記されることを認めることになってしまうからである。

6. 地上権抹消登記

1　意　　義

地上権の設定契約が解除されたり，地上権の存続期間が満了したりすると，地上権は消滅する。地上権が消滅した場合には，地上権の抹消登記を申請することができる。

2　登記申請のポイント

地上権抹消登記は，設定者を登記権利者，地上権者を登記義務者とする共同申請で行う。地上権設定登記後，所有権が移転している場合は，現在の所有権登記名義人が登記権利者となる。

第3章 永小作権の登記

●この章で学ぶこと●

永小作権についての出題可能性は低いといえます。出題されるとすれば，他の用益権との比較ということになるでしょう。登記事項を中心に基本的な事項を押さえておけば十分です。

1. 意　義

永小作権とは，耕作または牧畜をなすことを目的として，他人の土地を利用する権利である（民270条）。簡単にいえば，他人の土地で農業をする権利である。永小作権は，江戸時代の「永代小作」に由来し，小作農を搾取する権利の名残である。そのため，「永小作権は，永小作権者に不利益な権利である」という方向性で理解すると理解しやすい。

永小作権の対抗要件は登記であり，永小作権が設定された場合には，永小作権設定登記の申請をすることができる。

2. 登記申請のポイント

1 登記申請人

永小作権の設定登記の申請は，永小作権者を登記権利者，設定者である所有権登記名義人を登記義務者とする共同申請で行う。

2　登記事項

(1)　絶対的登記事項

小作料が絶対的登記事項となる（79条1号）。永小作権の設定契約において，小作料が要素となっているからである。小作農を搾取する制度の名残であり，小作料を定めることが必須とされているのである。

(2)　任意的登記事項

【存続期間】

永小作権の設定契約において，存続期間の定めがあるときは，存続期間の定めが登記事項となる（79条2号）。

存続期間は，20年以上50年以下の間で定めなければならない（民278条1項）。50年より長い期間を定めたときは，50年に短縮されるので，登記申請情報に50年に引き直して登記することが可能である。これに対して，20年より短い期間を定めたときは，永小作権として成立しないので，登記申請情報に20年に引き直して登記することはできない。

【小作料の支払時期】

小作料の支払時期についての定めがある場合，その定めを登記する（79条2号）。

【譲渡賃貸禁止特約】

永小作権の設定契約において，永小作権の譲渡・賃貸を禁止することができる（民272条但書）。そして，この定めがある場合には，この定めが登記事項となる（79条3号）。

地上権の場合には，地上権の譲渡・賃貸を禁止する特約があっても，それは債権的な効力しかなく，登記することができないことと比較すること（☞ P161）。

【永小作人の権利義務についての特約】

永小作人の権利または義務についての定めがある場合には，その定めを登記する（79条4号）。たとえば，永小作権の内容について，耕作または牧畜のうちどちらか一方に限定する定めがあれば，その定めを登記することになる。

3　登録免許税

永小作権の設定登記の登録免許税は，不動産価額の1000分の10である（登免税別表1.1.(3)イ）。

第4章 地役権の登記

●この章で学ぶこと●

この章では，地役権の登記について学びます。地役権の登記は，要役地・承役地という２つの土地が登場するため，登記の方法が特殊です。その特殊性をしっかり押さえていきましょう。

1. 意　義

地役権は，一定の目的に従って，特定の土地の便益（利用価値）を増すために，他人の土地を利用することができる権利である（民280条）。

地役権によって便益を受ける土地を**要役地**，要役地の便益のために使われる土地を**承役地**という。

地役権は要役地の便益を増すために承役地に設定されるものであり，土地の利用関係の調整のために規定された権利といえる。まさに，要役地という「土地」のための権利なのである。『民法Ｉ』においてもこの点を強調したが，地役権の登記を学習する際においても，この点をしっかり意識しておくこと。

2. 地役権の登記のイメージ

地役権の登記は特殊なので，まずは，イメージを作っていこう。

事例　B所有の甲土地（東京都品川区勝島一丁目１番地１）を要役地とし，A所有の乙土地（東京都品川区勝島一丁目１番地２）を承役地として，通行地役権が設定された。

この事例では，承役地である乙土地に対して，**地役権の設定登記**を申請する。地役権が設定されたのは，承役地である乙土地だからである。

地役権の設定登記が申請されると，乙土地の登記記録は，次のように登記される。

◉承役地（乙土地）の登記記録

権利部（甲区）（所有権に関する事項）			
順位番号	登記の目的	受付年月日・受付番号	権利者その他の事項
1	所有権保存	令和6年2月22日 第22222号	所有者　A

権利部（乙区）（所有権以外の権利に関する事項）			
順位番号	登記の目的	受付年月日・受付番号	権利者その他の事項
1	地役権設定	令和6年7月5日 第72356号	原因　令和6年6月30日設定 目的　通行 範囲　南側4平方メートル 要役地　東京都品川区勝島一丁目1番地1 地役権図面第51号

地役権設定登記は，乙区1番に主登記で実行されていることがわかる。

まず，地役権者としてBの氏名・住所が登記されていないことに注意が必要である。その代わり，要役地の表示が登記され，どの土地のために設定された地役権であるかがわかるようになっている。地役権は土地のために設定される権利であることの現れである。

また，承役地の一部に設定された場合も，分筆することなく地役権の設定登記をすることができる。その場合，「範囲　南側4平方メートル」などと，その地役権の目的である範囲が登記事項となる。しかし，この範囲を見ても，具体的な範囲が明確とはならないので，地役権図面が備え付けられ，その図面の番号が登記記録に記録される。

しかし，これで終わりではない。要役地の登記記録にも「要役地地役権」という登記が職権でなされる（80条4項，規則159条1項）。これは，当該土地が要役地となっており，地役権の恩恵を受けていることを公示するためである。要役地を管轄する登記所と承役地を管轄する登記所が異なる管轄の場合は，承役地に地役権の設定登記がなされると，承役地を管轄する登記所の登記官が要役地を管轄する登記所へ通知をして，要役地を管轄する登記所の登記官に要役地地役権の登記を実行してもらうことになる。

要役地地役権の登記がなされた要役地の登記記録は，次のようになる。

◉要役地（甲土地）の登記記録

権利部（甲区）（所有権に関する事項）			
順位番号	登記の目的	受付年月日・受付番号	権利者その他の事項
1	所有権保存	平成 30 年 5 月 19 日 第 52525 号	所有者　B

権利部（乙区）（所有権以外の権利に関する事項）			
順位番号	登記の目的	受付年月日・受付番号	権利者その他の事項
1	要役地地役権	余白	承役地　東京都品川区勝島一丁目 1 番地 2 目的　通行 範囲　南側 4 平方メートル 令和 6 年 7 月 5 日登記

乙区 1 番になされている登記が「要役地地役権」の登記であり，この土地の所有者は，承役地である乙土地を通行することができることを公示するためのものである。

以上述べてきたように，承役地に地役権の設定登記がなされると，要役地にも，登記官の職権で要役地地役権の登記がなされる。そして，この要役地地役権の登記は乙区に実行されるため，その前提として，要役地には所有権の登記がなされていることが必要である。したがって，地役権の設定登記を申請する前提として，要役地についても所有権の登記がなされていなければならないということになる（80 条 3 項）。

3. 地役権設定登記

1　設定登記の可否

(1)　一括申請の可否

1 筆の土地を要役地とする場合であっても，所有者の異なる数筆の承役地についての地役権設定登記の申請を一括申請で行うことはできない。（昭 33・2・22 民甲 421 号）。承役地ごとに所有者が異なり，一括申請の要件である「当事者が同一」の要件を満たさないからである。

この場合，承役地の所有者ごとに各別に申請しなければならない。

(2)　地上権者等が設定当事者になることの可否

【原　則】

地役権設定契約は，要役地所有者と承役地所有者で行い，要役地の所有権のために，承役地の所有権に地役権が設定されることが原則である。

【要役地の利用権者】

要役地の地上権者・永小作権者・登記された賃借権者は，その存続期間の範囲内で，自己を地役権者とする地役権設定契約をすることができる（昭36・9・15民甲2324号，昭39・7・31民甲2700号）。これらの者も要役地を実際に利用しており，地役権者となる実益があるからである。

この場合，地役権設定登記は，承役地の登記記録の乙区に主登記で実行され，要役地の表示として「東京都品川区勝島一丁目1番地1順位1番の地上権」などと記録される。また，要役地地役権の登記は，要役地の登記記録に登記された当該地上権等の登記に付記して実行される。

【承役地の利用権者】

承役地の地上権者・永小作権者・登記された賃借権者は，自己を設定者とする地役権設定契約をすることができる（平21・2・20民二500号）。これらの者は，実際に承役地を利用しているからである。

この場合，地役権設定登記は，承役地の登記記録の乙区に登記されている当該地上権等の登記に付記して実行される。また，要役地地役権の登記は，要役地の登記記録の乙区に主登記で実行され，承役地の表示として「東京都品川区勝島一丁目1番地2順位1番の地上権」などと記録される。

2　登記申請のポイント

(1)　登記申請情報

事例　令和6年6月30日，A及びBは，B所有の甲土地を要役地，A所有の乙土地を承役地として，目的を通行，範囲を南側4平方メートルとする地役権の設定契約を締結した。甲土地と乙土地の管轄は異なっている。

◉記載例　地役権設定

登記の目的　地役権設定
原　　　因　令和6年6月30日設定

目　　的　通行
範　　囲　南側４平方メートル
権 利 者　B
義 務 者　A
添付情報　登記原因証明情報　登記識別情報　印鑑証明書
　　　　　代理権限証明情報　地役権図面　登記事項証明書
登録免許税　金1,500円
不動産の表示
　承役地（乙土地の表示）
　要役地（甲土地の表示）

⑵　設定の目的

地役権の登記において，設定の目的は絶対的登記事項である（80条1項2号）。地役権は，どのような目的のために設定するかによって，承役地を利用する態様が異なる。そのため，その目的を公示する必要性があるのである。

「通行」「眺望」「日照」「引水使用」など，その設定契約で定められた便益の内容を具体的に記載する。

また，地役権設定者が負う消極的義務を定めた場合には，その義務の内容を設定の目的として記載する。たとえば，「日照確保のため高さ25メートル以上の工作物を設置しない」とする定めを目的として記載する（昭54・5・9・民三2863号）。消極的義務は，設定の目的の具体的内容としての性質があるからである。

⑶　範　　囲

地役権の登記において，範囲は，絶対的登記事項である（80条1項2号）。

範囲が土地の一部のときは,「範囲　南側４平方メートル」のように記載する。「地役権図面のとおり」と記載することはできない（登研453号124）。これでは，登記記録において範囲が公示されたことにはならないからである。

また，範囲が土地の全部のときは，「範囲　全部」と記載する。範囲は，地役権の登記における絶対的登記事項なので，範囲が土地の全部に及ぶ場合でも記載が必要になる点に注意すること。地上権の場合，範囲が上下の一部に限る区分地上権においてのみ範囲が登記事項となり，範囲が上下の全部に及ぶ通常の地上権では範囲が登記事項とならないことと比較すること。

⑷　特　　約

【総　説】

地役権設定契約において，民法281条1項但書の特約，民法285条1項但書の特約，民法286条の定めがある場合には，これらが登記事項となるので，登記申請情報に「特約」として記載する必要がある（80条1項3号）。

【民法281条1項但書の特約】

地役権には随伴性があり，要役地の所有権等が移転すれば，地役権も当然に移転する。しかし，地役権の設定契約においてこれと異なる定めをすることができ（民281条1項但書），その定めが登記事項となる。登記申請情報には，「特約　地役権は要役地と共に移転せず要役地の上の他の権利の目的とならない」などと記載する。

【民法285条1項但書の特約】

地役権設定契約において，用水地役権の水利用に関する別段の定めをすることができ（民285条1項但書），その定めが登記事項となる。登記申請情報に「特約　用水は要役地のためにまず使用する」などと記載する。

【民法286条の定め】

地役権の設定者（承役地の所有者等）は，地役権の行使を受忍する消極的義務を負うのが原則である。しかし，設定者に自己の費用で地役権の行使のために工作物を設け，またはその修繕をするという積極的な義務を負わせることができ（民286条），その定めが登記事項となる。登記申請情報に「特約　承役地の所有者は，通路の修繕義務を負う」などと記載する。

この特約として登記できるのは，上記の積極的義務だけであり，これ以外の消極的な義務は，設定の目的として登記することになる点に注意すること。

⑸　その他の登記事項について

地役権の設定契約において，地代（通行料などの対価）や存続期間に関する定めがなされた場合であっても，これらの定めを登記することはできない。地代や存続期間は，地役権の登記事項とはされていないからである。

⑹　登記申請人

地役権者（要役地の所有権登記名義人等）を登記権利者，設定者（承役地の所

有権登記名義人等）を登記義務者とする共同申請で行う。

登記申請情報には，登記申請人の氏名・住所を記載する必要があるので（令3条1号），権利者として地役権者，義務者として設定者を記載する。地役権者が登記事項とならないからといって，登記申請情報に記載しないわけではないので注意すること。

ただし，登記権利者である地役権者が2人以上である場合でも，その持分の記載は不要である。地役権者は登記されず，その持分も登記されないことから，登記申請情報の内容とはならないのである。

⑺　不動産の表示

【承役地】

地役権設定登記は，承役地において実行される登記なので，不動産の表示においては，承役地の表示を記載しなければならない（令3条7号）。

【要役地】

地役権の設定登記においては，要役地の表示も記録されるので，不動産の表示において，要役地の表示も記載しなければならない（80条1項1号）。

⑻　添付情報

【総　説】

地役権設定登記の申請においても，登記原因証明情報，登記義務者の登記識別情報，登記義務者が所有権登記名義人である場合の印鑑証明書，代理申請の場合の代理権限証明情報の提供が必要となる点は，原則どおりである。

以下，地役権設定登記特有の添付情報について説明する。

【農地法の許可書】

承役地が農地の場合には，農地法の許可書の提供が必要となる（農3条）。地役権は，承役地を実際に使用する権利であり，農地の状況に影響を与えるからである。

ただし，電線路の敷設を目的とする地役権設定登記においては，承役地が農地であったとしても，農地法の許可書の提供は不要である（昭31・8・4民甲1772号）。電線路は空中にあり，地上にある農地に影響を与えることはないからである。

【地役権図面】

地役権設定の範囲が承役地の一部である場合には，その範囲を明らかにした図面（地役権図面）の提供が必要となる（令別表35添付情報欄ロ）。承役地の一部に対する地役権設定登記においては，地役権の範囲として「範囲　南側4平方メートル」と記載するが，その記載だけでは，承役地のどの部分が地役権の設定の目的となっているのかが明確とはならないからである。区分地上権設定登記の場合は図面の提供が不要であることと比較しておくこと。区分地上権の範囲は上下の範囲であり，「範囲　東京湾平均海面の上7メートルから10メートルの間」と記載すれば，図面がなくてもその範囲が明確となるからである。

地役権設定の範囲が承役地の全部である場合には，その範囲を明らかにした図面（地役権図面）の提供は不要である。この場合，承役地の全部が地役権の目的となっており，図面がなくても，その範囲は明確だからである。地役権設定の範囲が承役地の全部である場合であってもその範囲が登記事項となることと比較しておくこと。範囲を登記事項として記載することは必要だが，地役権図面の提供は不要なのである。

【要役地の登記事項証明書】

要役地と承役地の管轄登記所が異なる場合には，要役地の登記事項証明書の提供が必要となる（令別表35添付情報欄ハ）。承役地を管轄する登記所の登記官が次の2点を確認できるようにするためである。

①地役権者が要役地の所有権登記名義人等であること。

②要役地の所有権の登記がなされていること。

①について。地役権者として登記権利者となる者は，要役地の所有権者・地上権者等として登記された者でなければならないので，そのことを証明するために提供するということである。

②について。地役権の登記が実行されると，要役地にも要役地所有権の登記が実行される。そのため，その前提として要役地に所有権の登記がなされていなければならないことについては前述した（☞ P176）。そのことを証明するために，要役地の登記事項証明書の提供が要求されるのである。

⑼　登録免許税

地役権設定登記の登録免許税は，承役地の数1個につき1,500円である（登免税別表1.1.⑷）。定額課税であることに注意が必要である。地役権は，通行するだけなど排他性のない物権であり，不動産の価額とは直接の関係がないから，定率課税としなかったものである。

3 登記の実行

(1) 要役地地役権

地役権の登記は，承役地の登記記録に実行される。さらに，登記官の職権で，要役地の登記記録に要役地である旨の登記（要役地地役権）がなされる（80条4項，規則159条1項）。要役地と承役地の管轄が異なる場合には，承役地を管轄する登記所の登記官から要役地を管轄する登記所に対して通知がなされ，要役地を管轄する登記所の登記官により要役地地役権の登記がなされる（規則159条2項・5項）。

(2) 登記識別情報の通知

地役権設定登記が実行されても，地役権者に対して登記識別情報の通知はなされない。地役権の設定登記においては，地役権者が登記事項となっていないので，申請人が登記名義人となる登記とはいえないからである。

4. 地役権移転登記

1 意　義

地役権には随伴性があるため，要役地の所有権等が移転した場合には，別段の定めがない限り，地役権もそれに伴って移転する（民281条1項本文）。

2 登記申請のポイント

地役権が移転した場合であっても，地役権移転登記を申請することはできない。地役権の登記においては地役権者が登記事項とされていないので，そもそも地役権には移転登記という概念がないのである。

そのため，地役権が移転した場合，要役地所有権等の移転登記があれば，地役権の移転登記がなくても，地役権の移転を第三者に対抗することができるとされている（大判大13・3・17）。

5. 地役権抹消登記

1 意　　義

地役権が消滅した場合には，地役権抹消登記の申請をする。

地役権抹消登記は，承役地の所有権等の登記名義人を登記権利者，地役権者を登記義務者として共同申請で行う。

2 要役地の所有権移転

地役権が要役地とともに移転しない旨の特約がある場合，要役地の所有権が移転したときは，地役権は移転せず，消滅することになる。

その場合の地役権抹消登記は，登記官が職権で行う旨の規定がないので，当事者の申請により行う。地役権抹消登記申請の登記原因は，「年月日要役地の所有権移転」であり，登記原因日付は，要役地所有権が第三者に移転した日である。

3 添付情報

(1) 総　　説

地役権抹消登記は，共同申請であり，共同申請の場合に要求される基本的な添付情報を提供すればよい。抹消登記なので，登記上の利害関係を有する第三者の承諾証明情報の提供も必要となる。

以下，地役権の抹消登記に特有な添付情報について説明を加える。

(2) 登記識別情報

地役権抹消登記には，登記義務者である地役権者の登記識別情報を提供しなければならない。共同申請なのだから，当然に，登記義務者である地役権者の本人確認証明として必要となる。では，この登記識別情報は，いつ通知されたものが必要となるのだろうか。

「それはもちろん，地役権取得登記時のものでしょ」と考える人もいるだろう。通常の発想であればそうなる。しかし，よく考えてもらいたい。地役権設定時には，登記識別情報は通知されないのである（☞ P182）。

実は，地役権者が要役地の所有権等の登記をした際に通知された登記識別情報の提供が必要となるのである。地役権の登記には地役権者が登記されておらず，要役地の所有権等の登記名義人が地役権者なのだから，要役地の所有権等の登記を受けた際のものが必要となるわけである。

(3) 登記事項証明書

要役地と承役地の管轄登記所が異なる場合に，地役権抹消登記を申請するには，要役地の登記事項証明書の提供が必要となる（令別表37添付情報欄ロ）。

登記義務者が地役権者である要役地の所有権者等の登記名義人であることを確認するためである。

4 登録免許税

地役権抹消登記の登録免許税は，承役地の個数1個につき1,000円である（登免税別表1.1.(15)）。

要役地の個数を加えないことに注意が必要である。地役権抹消登記において，要役地が1個，承役地が2個であれば，登録免許税は2,000円となる。

5 登記の実行

地役権の抹消登記は，主登記で実行される。

また，要役地の登記記録に登記されている要役地地役権の登記についても，登記官が職権で抹消する（規則159条3項）。要役地と承役地の管轄登記所が異なる場合には，承役地を管轄する登記所の登記官から要役地を管轄する登記所に通知がなされ，その通知を受けた登記所の登記官により職権で抹消される（規則159条2項・4項・5項）。

第5章 賃借権の登記

●この章で学ぶこと●

この章では，賃借権の登記について学習します。賃借権の先順位抵当権に優先する同意の登記は頻出です。しっかり押さえていきましょう。

1. 意　義

1 賃　借　権

賃借権とは，賃借人が賃貸人に対して賃料を支払い，ある物を使用・収益することを請求する権利である（民 601 条）。

2 賃借権の登記

【登記が可能】

賃借権は債権である。しかし，不動産賃借権は，多くの人の生活の基盤となっているため，物権と同様の保護を与える必要がある。そのため，不動産賃借権は登記をすることができ，賃借権の登記をした場合には，物権取得者などの第三者に対して，不動産賃借権を対抗することができる（民 605 条）。

【登記請求権はない】

賃借人は，特約がある場合を除いて，賃貸人に対する登記請求権を有していない（大判大 10・7・11）。特約がない限り，賃貸人には，登記義務者として賃借権設定登記を申請する義務はないということである。

2. 賃借権設定登記

1 登記申請情報

事例　令和6年6月30日，A及びBは，Aが所有権登記名義人である甲土地について，賃料1年金100万円，支払時期毎年末日，敷金金10万円として，譲渡・転貸を認める旨の特約を定めた賃借権設定契約を締結した。

◉記載例　賃借権設定登記

登記の目的	賃借権設定
原　　因	令和6年6月30日設定
賃　　料	年金100万円
支払時期	毎年末日
敷　　金	金10万円
特　　約	譲渡・転貸できる
権利者	B
義務者	A
添付情報	登記原因証明情報　登記識別情報　印鑑証明書 代理権限証明情報
課税価格	金1,000万円
登録免許税	金10万円

2 登記事項

(1) 設定の目的

【原　則】

賃借権の設定登記においては，設定の目的が登記事項とはなっていない。地上権の設定登記においては，設定の目的が絶対的登記事項であることと比較すること。

【例　外】

しかし，建物所有を目的とする土地の賃借権の場合には，設定の目的が登記事項となる（81条6号）。この場合には，借地借家法の適用のある借地権となるので，そのことを明らかにするためである。

借地借家法の適用がある場合の賃借権の登記については，次章で詳述する。

⑵　賃　　料

【絶対的登記事項】

賃借権の設定登記において，賃料は，絶対的登記事項となっている（81条1号）。

【明確性】

賃料の定めは明確なものでなければならない。登記記録を見ても具体的な賃料が読み取れないような定め方では，賃料が公示されているとはいえないからである。

「契約時から3年間は年100万円，4年目からは年60万円とする」という定めは，時期に応じた賃料が明確であり，登記することができる（昭41・9・29民三1010号）。

「毎月の賃料は，固定資産税評価額に20分の1を乗じた額とする」という定め方は，登記することができる（昭31・7・13民甲1597号）。固定資産税評価額は，登記記録から読み取れず，不明確な定めのようであるが，公的な額であり，登録免許税を計算する場合の基準となる金額であることから，例外的に登記できることとしたものである。

「契約時から3年間は年100万円，4年目以降は双方協議のうえ定める」という定めは，4年目以降の賃料が登記記録から読み取れず，不明確なものであるため，登記することはできない（昭41・9・29民三1010号）。

【金銭で定めることの要否】

賃料は，金銭で定めなければならないわけではない。たとえば，賃料として，「甲土地を使用・収益する」とする定めを登記することができる（昭41・4・15民三193号）。

ただし，農地については，賃料は金銭で定めなければならない（農21条）。

【不動産ごとに定める必要性】

賃料は，不動産ごとに分けて定めなければならず，数筆をまとめて定めることはできない。よって，数個の不動産を目的として賃借権の設定登記を一括申請する場合であっても，賃料は不動産ごとに分けて記載しなければならない。

共同抵当権のような概念はなく，賃借権は不動産ごとに別個の権利として成立し，登記も不動産ごとに別々に実行されるからである。

⑶ 賃料の支払時期

賃料の支払時期の定めは，任意的登記事項となっている（81条2号）。

一定の時期に賃料の前払いをする旨の定めがある場合には，その旨を賃料の支払時期の定めとして登記することができる（大判昭7・4・28）。

⑷ 存続期間

存続期間の定めは，任意的登記事項である（81条2号）。賃借権設定契約において存続期間を定めた場合には，登記申請情報にその記載が必要となる。

民法上，存続期間は50年を超えることができず，これを超える期間を定めた場合には50年に短縮されるので（民604条1項），登記申請情報に50年に引き直して記載することができる。

なお，借地借家法における制限については，次章で説明する。

⑸ 処分能力・処分権限を有しない旨の定め

賃貸人が財産の処分につき行為能力の制限を受けた者または財産の処分の権限を有しない者であるときは，その旨が登記事項となる（81条5号）。

このような者が締結した賃貸借契約は，短期賃貸借となるので（民602条），そのことを公示するためである。

⑹ 敷　　金

敷金は，任意的登記事項である。賃借権設定契約において敷金が定められている場合は，「敷金　金10万円」のように登記申請情報に記載する。

⑺ 譲渡・転貸を許す旨の定め

賃借権の譲渡または賃借物の転貸を許す旨の定めがあるときは，その定めが登記事項となる（81条3号）。その場合，登記申請情報に「特約　譲渡・転貸ができる」などと記載することになる。

地上権・永小作権との比較については，前記P161を参照すること。

3 登記申請人

賃借権の設定登記の申請は，賃借人を登記権利者，賃貸人を登記義務者として共同申請で行う。

4　添付情報

共同申請の場合に要求される基本的な添付情報を提供すればよい。

賃借権を設定する目的となる土地が農地である場合には，農地法の許可書の提供が必要となる。

5　登録免許税

賃借権設定登記の登録免許税は，不動産価額の1000分の10である（登免税別表1.1.(3)イ）。

3. 賃借権の譲渡，賃借物の転貸の登記

1　意　　義

賃借人は，賃貸人の承諾を得ることで，賃借権の譲渡または賃借物の転貸をすることができる（民612条1項）。この場合，賃借権の移転登記，転貸の登記を申請することができる。

2　登記申請のポイント

(1)　登記の目的

登記の目的は，賃借権の譲渡の場合には「1番賃借権移転」などとなり，賃借物の転貸の場合には「1番賃借権転貸」などとなる。

(2)　登記原因

登記原因は，賃借権の譲渡の場合には「年月日売買」などとなり，賃借物の転貸の場合には「年月日転貸」などとなる。

登記原因日付は，原則として，譲渡・転貸契約のなされた日である。当該契約後に賃貸人の承諾が得られた場合であっても，その承諾が得られた日が登記原因日付となることはなく，契約の日が登記原因日付となる。賃貸人の承諾は，譲渡・転貸の効力発生要件ではないからである。

(3) 登記申請人

賃借権の譲渡の登記の申請は，賃借権の譲受人を登記権利者，賃借権の譲渡人である賃借権登記名義人を登記義務者とする共同申請で行う。

賃借物の転貸の登記の申請は，転借人を登記権利者，転貸人である賃借権登記名義人を登記義務者とする共同申請で行う。

(4) 添付情報

共同申請の場合に要求される基本的な添付情報を提供する。

さらに，賃貸人の承諾を証する情報を提供しなければならない（令別表39添付情報欄ロ，令別表40添付情報欄ロ）。賃借権の譲渡や賃借物の転貸をするには，民法上賃貸人の承諾を得ることが要求されているからである（民612条）。

ただし，「譲渡・転貸ができる」とする特約が登記されている場合には，賃貸人の承諾を証する情報の提供は不要となる。この場合，賃貸人があらかじめ譲渡・転貸を許諾していることが登記記録上明確だからである。

(5) 登録免許税

賃借権の譲渡による賃借権移転登記，賃借物の転貸の登記の登録免許税は，不動産価額の1000分の10である（登免税別表1.1.(3)イ・ニ）。

4. 賃貸人の地位の留保

1 意　義

(1) 地位留保の合意

賃貸不動産の譲渡人とその譲受人が，賃貸人の地位を譲渡人に留保する旨の合意をし，その不動産を譲受人が譲渡人に賃貸する旨の合意をしたときは，賃貸人の地位は，譲受人に移転しない（民605条の2第2項前段）。

たとえば，AがBに甲土地を賃貸していた場合において，Aが甲土地をCに譲渡し，Cに対する所有権移転登記がなされたとしよう。この事例において，A・C間で，Bに対する賃貸人の地位をAに残すとする合意をし，CがAに賃貸した場合には，Bに対する賃貸人の地位は，Cに承継されない。BのA

に対する賃借権に加えて，AのCに対する賃借権が成立することになる。

この事例を前提に説明を加えていく。便宜上，BのAに対する賃借権を第1賃借権，今回の合意で成立したAのCに対する賃借権を第2賃借権と呼ぶことにしよう。

図 3-3　賃貸人の地位の留保

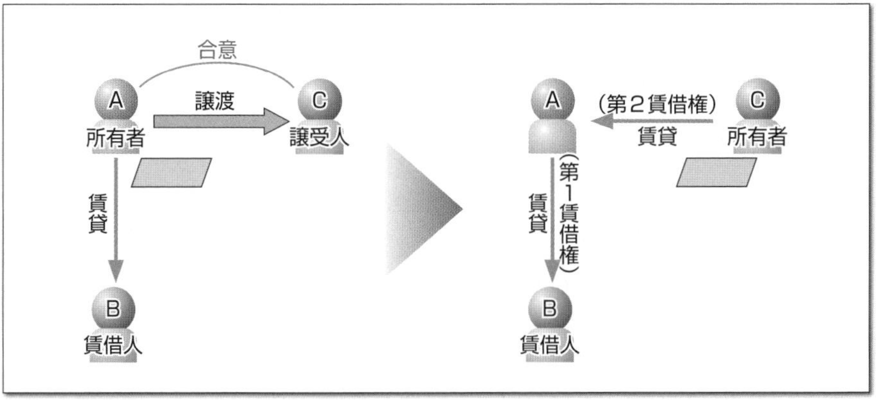

⑵　登記申請の方法

【可　否】

賃貸人たる地位が留保された場合，第1賃借権と第2賃借権については，そのいずれか一方の賃借権が登記されていなくても，もう一方の賃借権の登記をすることができる（令2・3・31民二328号）。

上記事例において，Bの賃借権の設定登記がなされていなくても，Aの賃借権の設定登記の申請をすることができるし，逆に，Aの賃借権の設定登記がなされていなくても，Bの賃借権の設定登記の申請ができるということである。

【登記の実行】

第1賃借権及び第2賃借権の設定の登記は，いずれも主登記で実行される（令2・3・31民二328号）。いずれか一方のみが登記されることもあり，付記登記で実行することはできないからである。賃貸人の地位の留保は，一種の転貸のような関係であるが，転貸が付記登記で実行されることと比較しておくこと。

2 登記申請のポイント

(1) 登記申請情報

事例 甲土地の登記記録には，所有権登記名義人としてＡが記録され，乙区１番にはＢの１番賃借権が登記されている。令和６年６月25日，Ａ及びＣは，甲土地をＣに売却する契約を締結し，Ｂに対する賃貸人の地位をＡに残すとする合意をし，ＣがＡに対して賃貸する賃貸借契約（賃料１年金100万円，支払時期毎年末日）を締結した。

◉記載例 １件目

登記の目的　所有権移転
原　　　因　令和６年６月25日売買
権　利　者　C
義　務　者　A
添 付 情 報　登記原因証明情報　登記識別情報　印鑑証明書
　　　　　　住所証明情報　代理権限証明情報
課 税 価 格　金1,000万円
登録免許税　金20万円

◉記載例 ２件目

登記の目的　賃借権設定
原　　　因　令和６年６月25日１番賃借権の賃貸人たる地位の留保のため設定
賃　　　料　年金100万円
支 払 時 期　毎年末日
権　利　者　A
義　務　者　C
添 付 情 報　登記原因証明情報　登記識別情報　印鑑証明書
　　　　　　代理権限証明情報
課 税 価 格　金1,000万円
登録免許税　金10万円

これは，賃貸不動産の所有権移転登記の登記申請情報と，第１賃借権の設定登記がなされている場合における第２賃借権の設定登記の登記申請情報である。１件目は通常の所有権移転登記なので，ここでは２件目の登記申請情報について説明していく。

⑵　登記原因

第１賃借権の設定登記がなされている場合において，第２賃借権の設定登記の申請をする場合の登記原因は，「年月日１番賃借権の賃貸人たる地位の留保のため設定」となる。すでに登記されている賃借権との関係を明確にする必要がある。また，第１賃借権の設定登記がなされていない場合に，第２賃借権の設定登記の申請をする場合の登記原因は，「年月日設定」となる。第１賃借権の設定登記がなされていないので，通常の賃借権の設定登記と同様に記載する。

⑶　登記申請人

賃借権の設定登記の申請なので，賃借権者（第１賃借権の賃貸人）を登記権利者，所有権登記名義人（賃貸不動産の譲受人）を登記義務者として申請する。

⑷　登記記録

前記⑴の登記申請後の登記記録の乙区は，以下のようになる。第１賃借権・第２賃借権の設定登記ともに主登記で実行されていることを確認してほしい。

◉登記実行後の登記記録

権利部（乙区）（所有権以外の権利に関する事項）			
順位番号	登記の目的	受付年月日・受付番号	権利者その他の事項
1	賃借権設定	令和２年３月12日 第32223号	原因　令和２年３月12日設定 賃料　年金100万円 支払時期　毎年末日 賃借権者　B
2	賃借権設定	令和６年６月25日 第66374号	原因　令和６年６月25日１番賃借権の賃貸人たる地位の留保のため設定 賃料　年金100万円 支払時期　毎年末日 賃借権者　A

3 第2賃借権設定登記後の第1賃借権の設定登記

⑴ 意　義

第1賃借権の設定の登記がないまま第2賃借権の設定の登記がなされることがあることは前述した。その場合，第2賃借権の設定登記がなされた後に，第1賃借権の設定登記を申請することができる。

たとえば，AがBに甲土地を賃貸していたが，この賃借権は未登記であった。Aが甲土地をCに譲渡し，Cに対する所有権移転登記がなされた。この事例において，A・C間で，Bに対する賃貸人の地位をAに残すとする合意をし，CがAに賃貸し，そのAの賃借権の設定登記がなされたとしよう。第1賃借権の登記がなされていなくても，第2賃借権の設定登記の申請はできるのである。そして，その後に，Bの賃借権の設定登記を申請することができるというわけである。

⑵ 登記原因

第1賃借権の設定の登記がないまま第2賃借権の設定の登記がなされ，その後，第1賃借権の設定登記を申請する場合の登記原因は，「年月日1番賃借権の賃借人による設定」となる。すでに登記されている第2賃借権との関連を記載する必要があるというわけである。

⑶ 登記申請人

登記申請人は，所有権登記名義人を登記義務者，第1賃借権の賃借権者を登記権利者として申請する。第1賃借権の契約当事者が権利者・義務者となるわけではない。登記申請時点において，所有権登記名義人に移転が生じているからである。

上記の事例においては，登記権利者はB，登記義務者はCとなる。賃貸借契約はAとBとの契約であるが，Aが登記申請人となるわけではないのである。

⑷ 添付情報

登記原因証明情報は，第1賃借権の賃貸人が第2賃借権の賃借人であることをも証するものでなければならない。

また，登記権利者は第1賃借権の賃借人，登記義務者は所有権の登記名義人であるが，その登記原因証明情報については，登記義務者に加えて，第1賃借権の賃貸人（第2賃借権の賃借人）も，その内容を確認して，署名･記名押印（電子署名）を行う必要がある。この者も契約当事者だからである。

上記事例においては，Aの署名等も必要だというわけである。

5. 賃借権の先順位抵当権に優先する同意の登記

1　意　　義

登記した賃借権は，その登記前に登記をしたすべての抵当権者が同意し，かつ，その同意の登記があるときは，その同意をしたすべての抵当権者に対抗することができる（民387条1項）。本来であれば抵当権に劣後する賃借権が，抵当権に対抗することができるようになるのである。

2　要　　件

賃借権に対抗力が付与されるためには，次の要件を満たす必要がある（民387条1項）。

①登記された賃借権であること。

②当該賃借権の登記前に登記されたすべての抵当権者の同意を得ること。

③同意の登記があること。

①について。賃借権の登記は仮登記でもよい（登研686号403）。賃借権の内容を明確に公示する意味があるので，借地借家法上の対抗要件では足りない。

②について。ここでいう抵当権者には，根抵当権者も含まれている。また，抵当権者（根抵当権者）が同意をするには，その抵当権を目的とする権利を有する者その他抵当権者の同意によって不利益を受けるべき者の承諾を受ける必要がある（民387条2項）。

③について。登記が効力要件であるということである。

3　登記申請のポイント

(1)　登記申請情報

事例　令和6年6月29日，B及びDは，Eに対して，甲建物のEの賃借権が，B及びDの抵当権に優先する旨の同意をした。令和6年6月30日，Cは，これを承諾した。甲建物の登記記録は次のとおりである。

（甲建物の登記記録）

甲区　2番　所有者　A

乙区　1番　抵当権設定　抵当権者　B

　　　1番付記1号　1番抵当権転抵当　転抵当権者　C

　　　2番　抵当権設定　抵当権者　D

　　　3番　賃借権設定　賃借権者　E

◉記載例　賃借権の先順位抵当権に優先する同意の登記

登記の目的　3番賃借権の1番抵当権，2番抵当権に優先する同意

原　　　因　令和6年6月30日同意

権　利　者　E

義　務　者　B　D

添 付 情 報　登記原因証明情報　登記識別情報　代理権限証明情報
　　　　　　承諾証明情報

登録免許税　金3,000円

賃借権の先順位抵当権に優先する同意の登記は，賃借権の効力を先順位抵当権より優先させる登記であることから，順位変更の登記に似ている。どの部分が順位変更の登記と同じで，どの部分が異なるのかを意識しながら，登記申請情報を学んでほしい。

⑵　登記の目的

登記の目的は，「3番賃借権の1番抵当権，2番抵当権に優先する同意」と記載する。順位変更登記の場合と異なり，権利名も記載する。どの順位の権利が賃借権でどの順位の権利が抵当権・根抵当権かを認識することが重要だからである。

⑶　登記原因

登記原因は，「年月日同意」となる。登記原因日付は，先順位抵当権者のすべてが同意した日が原則である。ただし，その後に，同意によって不利益を受けるべき者の承諾があった場合には，その承諾の日となる（平15・12・25民二3817号）。不利益を受けるべき者の承諾を得ることも効力要件だからである。

つまり，抵当権者の同意・不利益を受けるべき者の承諾のすべてが揃った日が登記原因日付となるというわけである。

⑷　登記申請人

賃借権の先順位抵当権に優先する同意の登記の申請は，賃借権登記名義人を登記権利者，先順位抵当権者の全員を登記義務者とする共同申請で行う。

順位変更登記の場合は，利益を受ける者・不利益を被る者を明確に分けることができないので合同申請となるが，賃借権の先順位抵当権に優先する同意の登記の場合は，先順位抵当権に優先することになる賃借権者に利益となり，先順位抵当権者に不利益となるというように明確に立場を分けることができる以上，通常の共同申請となるのである。

⑸　添付情報

【総　説】

登記原因証明情報，登記義務者の登記識別情報，代理申請の場合の代理権限証明情報を提供すればよい。通常の共同申請の場合の基本的な添付情報を提供すればよいというわけである。以下，注意すべき点について説明する。

【登記識別情報】

共同申請であり，登記義務者の登記識別情報の提供が必要となる。登記義務者となるのは，先順位抵当権者の全員である。そこで，先順位抵当権者の全員がそれぞれ抵当権の取得の登記を受けたときに通知された登記識別情報を提供しなければならない。

【承諾証明情報】

同意によって不利益を受けるべき者の承諾を証する情報を提供しなければならない（令7条1項5号ハ）。この者の承諾を得ることが効力発生要件だからである。

たとえば，先順位抵当権を目的とする転抵当権者の承諾が必要となる。前記⑴の記載例においては，先順位抵当権である1番抵当権を目的とする転抵当権者であるCの承諾証明情報の提供が必要となるのである。

⑹　登録免許税

賃借権の先順位抵当権に優先する同意の登記の登録免許税は，賃借権及び抵当権の個数1個につき1,000円である（登免税別表1.1.⑼）。権利の個数を基準にする点で順位変更登記と同様に考えることができる。

前記(1)の記載例の場合，抵当権の個数が２個，賃借権の個数が１個，合計３個なので，3,000円となる。

(7) 登記の実行

賃借権の先順位抵当権に優先する同意の登記は，主登記で実行される。各権利に付記して登記すると登記記録が煩雑となってしまうからである。順位変更登記の場合と同様に考えることができる。

第6章　借地権の登記

●この章で学ぶこと●

この章では，借地借家法が適用される地上権・土地の賃借権の登記を学びます。民法上の地上権・賃借権の登記とどこが異なるのかに注意して学習を進めましょう。

1. 意　　義

借地権とは，建物所有を目的とする地上権・土地の賃借権のことである（借2条1号）。つまり，建物所有を目的とする地上権・土地の賃借権は，借地権として借地借家法の適用を受けることになる。そこでは，借地権者（地上権者・賃借権者）の保護のため，民法の規定が修正されている。

たとえば，民法とは異なる次のような規定が適用される。

①借地権の存続期間は，原則として30年であり，契約でこれより長い期間を定めた場合にはその期間となり（借3条），30年より短い期間を定めた場合には30年となる（借9条）。

②借地権の存続期間が満了する際に建物がある場合において，一定の要件を満たすときは，契約を更新したものとみなされ（借5条），土地所有者は，正当事由がなければ異議を述べることができない（借6条）。

③借地人には建物買取請求権の行使が認められ，借地権が消滅した場合，借地人は土地所有者に対して，建物を時価で買い取るように請求することができる（借13条1項）。

2. 借地権（普通借地権）の登記

1 意　義

借地権は，建物所有を目的とする地上権・土地の賃借権であり，借地権が設定された場合になすべき登記は，地上権設定登記・賃借権設定登記である。

ただ，借地借家法の適用がある借地権であることを公示するため，以下のような点に注意する必要がある。

2 登記申請のポイント

(1) 登記申請情報

借地権設定登記を申請する場合の登記申請情報は，次のとおりである。本記載例は，賃借権に基づく借地権の場合の記載例である。

事例　A 所有の甲土地に建物所有を目的として B の賃借権が設定された。

◉記載例　普通借地権設定登記

登記の目的	賃借権設定
原　　　因	令和 6 年 6 月 30 日設定
目　　　的	建物所有
賃　　　料	1 月金 30 万円
支 払 時 期	毎月末日
存 続 期 間	30 年
権　利　者	B
義　務　者	A
添 付 情 報	登記原因証明情報　登記識別情報　印鑑証明書 代理権限証明情報
課 税 価 格	金 1,000 万円
登録免許税	金 10 万円

原則として，通常の賃借権設定登記の登記申請情報（☞ p186）と異なるところはない。以下，注意すべき点について，解説していく。

⑵　設定の目的

設定の目的として，「建物所有」と記載する。

賃借権設定登記においては，原則として，設定の目的は登記事項となっていないが，借地権となる場合は，設定の目的が登記事項となり，「建物所有」と記載することになる。

⑶　存続期間

民法上，地上権の存続期間については制限がない。また，民法上，賃借権の存続期間は，50年を超えることができないとする制限がある（民604条1項）。

借地権の場合，これらの民法上の処理に修正が加えられ，最短期間が30年となる（借3条）。

3. 一般定期借地権の登記

1　意　　義

一般定期借地権とは，存続期間を50年以上とし，契約の更新や建物築造による存続期間の延長がなく，契約終了時における借地権者の建物買取請求権を認めない借地権である（借22条）。

普通借地権の設定契約に加えて，更新や存続期間の延長，建物買取請求権を排除する特約を付したものである。この特約は，公正証書等の書面または電磁的記録でしなければならない。

2　登記申請のポイント

⑴　登記申請情報

事例　A所有の甲土地に建物所有を目的としてBの賃借権が設定された。当該契約は，一般定期借地権として契約されたものである。

◉記載例　一般定期借地権設定登記

登記の目的　賃借権設定
原　　　因　令和6年6月30日設定

目　　　的　建物所有
賃　　　料　1月金30万円
支払時期　毎月末日
存続期間　50年
特　　　約　借地借家法第22条の特約
権 利 者　B
義 務 者　A
添付情報　登記原因証明情報　登記識別情報　印鑑証明書
　　　　　代理権限証明情報
課税価格　金1,000万円
登録免許税　金10万円

この登記申請情報は，一般定期借地権として賃借権を設定した場合のものである。基本的には，通常の賃借権設定登記の登記申請情報と同様である。

以下，注意すべき点について説明していくことにする。

⑵　設定の目的

設定の目的は,「建物所有」である。一般定期借地権も，通常の借地権と同様，建物を所有するために設定されるものだからである。

⑶　存続期間

一般定期借地権の設定登記においては，存続期間は，50年以上でなければならない。

⑷　特　　約

特約として,「特約　借地借家法第22条の特約」と記載する。

一般定期借地権は，普通借地権の設定契約をしたうえで，更新や存続期間の延長，建物買取請求権を排除する特約を付したものである。そこで，当該特約が付されている旨を記載することで，この借地権が一般定期借地権であることを公示することができるのである。

⑸　添付情報

共同申請の場合に要求される基本的な添付情報を提供すればよい。

ひとつ注意が必要なのは，登記原因証明情報である。登記原因証明情報として，借地権の設定契約書に加えて，特約を証する公正証書等の書面または電磁的記録を提供する必要がある。一般定期借地権は，借地権の契約に加えて，借地借家法 22 条の特約を付したものなので，それを証明する必要があるからである。

「公正証書」に限定されていないことに注意すること。「公正証書等の書面」である。公正証書は，あくまで例示にすぎない。

4. 事業用定期借地権の登記

1　意　　義

(1)　事業用定期借地権とは

事業用定期借地権とは，もっぱら事業の用に供する建物の所有を目的とする借地権で，存続期間は 10 年以上 50 年未満，契約の更新や建物築造による存続期間の延長がなく，契約終了時における借地権者の建物買取請求権を認めない借地権である（借 23 条）。

(2)　2 つの分類

事業用定期借地権は，存続期間を 30 年以上 50 年未満とする長期のもの（借 23 条 1 項）と，存続期間を 10 年以上 30 年未満とする短期のもの（借 23 条 2 項）に分かれる。

長期のものは，事業用建物の所有を目的として借地権の設定を行い，更新や存続期間の延長，建物買取請求権を排除する特約を付したものである。

これに対して，短期のものは，存続期間を 30 年未満として設定できる借地権が事業用定期借地権だけであることから，特約を付さなくても，設定契約をするだけで，事業用定期借地権となる。

事業用定期借地権を設定する契約は，公正証書でしなければならない（借 23 条 3 項）。

2 登記申請のポイント

(1) 登記申請情報

事例 A所有の甲土地にBの賃借権が設定された。当該契約は，存続期間を40年とする事業用定期借地権として契約されたものである。

◉記載例 事業用定期借地権設定登記

目　　的	賃借権設定
原　　因	令和6年6月30日設定
目　　的	借地借家法第23条第1項の建物所有
賃　　料	1月金30万円
支払時期	毎月末日
存続期間	40年
特　　約	借地借家法第23条第1項の特約
権 利 者	B
義 務 者	A
添付情報	登記原因証明情報　登記識別情報　印鑑証明書 代理権限証明情報
課税価格	金1,000万円
登録免許税	金10万円

賃借権設定登記の登記申請情報（☞ p186）を基本としている。以下，事業用定期借地権の設定登記の登記申請情報に特有の注意点について説明を加えていく。

(2) 設定の目的

設定の目的は，長期の場合は「借地借家法第23条第1項の建物所有」と記載し，短期の場合は「借地借家法第23条第2項の建物所有」と記載する。

事業用定期借地権は，単に建物を所有するために設定されるのではなく，もっぱら事業の用に供する建物の所有を目的とするからである。単に「建物所有」と記載しても，事業用定期借地権とはならないのである。

(3)　存続期間

【長期の場合】

借地借家法23条1項の長期の事業用定期借地権の場合，存続期間は30年以上50年未満でなければならない。

【短期の場合】

借地借家法23条2項の短期の事業用定期借地権の場合，存続期間は10年以上30年未満でなければならない。

(4)　特　　約

【長期の場合】

借地借家法23条1項の長期の事業用定期借地権の場合，特約として，「借地借家法第23条第1項の特約」と記載する。長期の事業用定期借地権は，事業用の建物所有を目的として借地権の設定を行ったうえで，特約を付したものだからである。

【短期の場合】

借地借家法23条2項の短期の事業用定期借地権の場合，特約の記載は不要である。短期の事業用定期借地権は，設定契約をしただけで事業用定期借地権となるのであり，特約は付さないからである。

(5)　添付情報

共同申請の場合に要求される基本的な添付情報を提供すればよい。

ひとつ注意が必要なのは，登記原因証明情報である。登記原因証明情報としては，借地権の設定契約をしたことを証する公正証書の謄本を提供しなければならない。事業用定期借地権の設定は，公正証書によって行わなければならず，そのことを証明する必要があるからである。公正証書「等」ではない点に注意せよ。事業用定期借地権の場合は，一般定期借地権の場合と異なり，公正証書は例示ではなく，公正証書そのものでしなければならないのである。

第7章 配偶者居住権の登記

●この章で学ぶこと●

この章では，配偶者居住権の登記を学びます。令和２（2020）年４月施行の新しい権利です。配偶者の居住の権利には，「配偶者居住権」のほかに「配偶者短期居住権」がありますが，登記をすることができるのは配偶者居住権だけなので，注意してください。

1. 意　義

1　配偶者居住権とは

配偶者居住権は，夫婦の一方が死亡した場合に，生存配偶者が希望するときは，終身または一定期間，配偶者の死亡時に居住していた居住建物に継続して無償で住み続けることができる権利である（民1028条）。

夫婦の一方が死亡した場合，生前配偶者が長年住み慣れた家について，所有権を取得しなくても，その家を「終《つい》の棲家《すみか》」とすることができるように認められた権利である。

配偶者居住権は，配偶者が居住建物に住むことができるようにするための権利であり，帰属上の一身専属権である。そのため，配偶者は，この権利を譲渡することはできず（民1032条2項），配偶者が死亡すれば，この権利は相続の対象とはならずに消滅する（民1036条，民597条3項）。

2　取得原因

(1)　遺産分割または遺贈による取得

生存配偶者は，相続開始時において被相続人の所有であった建物に居住していたときは，次のいずれかの要件を満たせば，その居住建物についての配偶者居住権を取得する（民1028条）。

①遺産分割により配偶者居住権を取得するとされたとき。

②配偶者居住権が遺贈・死因贈与の目的とされたとき。

⑵　審判による取得

次のいずれかの要件を満たす場合には，遺産分割の請求を受けた家庭裁判所の審判によって，配偶者居住権を取得することができる（民1029条）。

①共同相続人間で，配偶者が配偶者居住権を取得することについての合意が成立しているとき。

②前記①の合意がなくても，生存配偶者が家庭裁判所に配偶者居住権の取得を希望する旨を申し出た場合において，居住建物の所有者が受ける不利益の程度を考慮してもなお，生存配偶者の生活を維持するために特に必要があると認めるとき。

3　対抗要件

配偶者居住権は，登記をすることができる権利であり（３条９号），生存配偶者が第三者に配偶者居住権を対抗するためには，配偶者居住権の設定登記をしなければならない（民1031条２項，民605条）。

賃借権の規定を準用して登記を対抗要件としているが，賃借権（借家権）の場合と異なり，建物の引渡しでは対抗要件とはならず，第三者に対抗するためには登記をしなければならない。配偶者居住権が成立する場合に建物の引き渡しを対抗要件としても，そもそも当該配偶者は相続開始前からその建物に居住しているわけだから，建物の外観上は何ら変化が認められない。そのため，建物の引渡しでは公示機能として不十分なのである。

また，賃借権の場合と異なり，居住建物の所有者は，配偶者居住権の設定登記を申請する義務を負う（民1031条１項）。

なお，配偶者短期居住権は登記することができないので注意すること。配偶者短期居住権は，生存配偶者が，被相続人である配偶者に関する遺産分割について決着がつく程度のごく短い間のみ居住できる権利にすぎないので，第三者に対して公示する必要性は低いと考えられたからである。

2. 配偶者居住権設定登記

1 なすべき登記

配偶者居住権設定登記を申請する場合には，その前提として，居住建物を取得する者に対する相続や贈与による所有権の移転登記がなされていなければならない。配偶者居住権は，配偶者以外の者が居住建物を取得した場合に成立する権利だからである。

また，配偶者が居住建物に共有持分を有する場合でも，配偶者居住権は成立する。この場合は，配偶者居住権設定登記の前提として，被相続人の持分全部移転の登記が必要となる。

2 登記申請のポイント

(1) 登記申請情報

事例 令和6年5月11日，甲建物の所有権登記名義人Xが死亡し，その相続人は配偶者Aと子Bである。令和6年6月22日，AとBは遺産分割を行い，甲建物はBが取得し，Aの配偶者居住権が設定された。

◉記載例 配偶者居住権設定登記

1件目 相続による所有権移転

登記の目的 所有権移転
原　　　因 令和6年5月11日相続
相　続　人 （被相続人 X）
　　　　　 B
添 付 情 報 登記原因証明情報 住所証明情報 代理権限証明情報
課 税 価 格 金1,000万円
登録免許税 金4万円

2件目 配偶者居住権設定登記

登記の目的 配偶者居住権設定
原　　　因 令和6年6月22日遺産分割

存続期間　配偶者居住権者の死亡時まで
権　利　者　A
義　務　者　B
添付情報　登記原因証明情報　登記識別情報　印鑑証明書
　　　　　代理権限証明情報
課税価格　金1,000万円
登録免許税　金2万円

配偶者居住権設定登記を申請する前提として，1件目で相続による所有権移転登記を申請していることに注意すること。

1件目の登記申請情報は通常の相続による所有権移転登記なので，以下，2件目の配偶者居住権設定登記の登記申請情報について説明を加えていく。

⑵　登記の目的

登記の目的は，「配偶者居住権設定」と記載する。

⑶　登記原因

【遺産分割】

遺産分割によって配偶者居住権を取得するものとされた場合，その登記原因は「年月日遺産分割」となり，登記原因日付は遺産分割の協議もしくは調停の成立した日またはその審判が確定した日となる。

【遺　贈】

遺贈によって配偶者居住権を取得するものとされた場合，登記原因は「年月日遺贈」となり，登記原因日付は遺贈の効力が生じた日となる。

【死因贈与】

死因贈与によって配偶者居住権を取得するものとされた場合，登記原因は「年月日死因贈与」となり，登記原因日付は贈与者の死亡の日となる。

所有権移転登記においては，死因贈与契約がなされた場合であっても，登記原因は「年月日贈与」と記載することと比較しておくこと。配偶者居住権は，「贈与契約」では取得できず，「死因贈与契約」でなければ取得できない点を考慮したものである。ただし，登記申請情報に「年月日死因贈与」と記載した場合でも，登記記録に記録されるときは，「年月日贈与」と記録される。

【相続させる遺言の場合】

配偶者居住権を特定財産承継遺言の対象とすることはできない（民1028条）。ただし，配偶者に配偶者居住権を相続させる旨の遺言がなされた場合において，遺言書全体の記載からこれを遺贈の趣旨と解することに特段の疑義が生じない限り，配偶者居住権に関する部分については遺贈の趣旨であると解して，その遺言に基づき配偶者居住権の設定登記を申請することができる。初めから無効となるような遺言をしようとすることはないはずであり，この部分を有効なものと解釈することが遺言者の意思に合致するからである。この場合，登記原因は，「年月日遺贈」となる（令3・3・30民二324号）。

例題　甲建物の所有権登記名義人Ａが次のような遺言をして死亡した場合，どのような登記申請が必要となるか。登記の目的と登記原因を考えよ。

遺言書

甲建物は，子Ｂに相続させる。

甲建物についての配偶者居住権は，配偶者Ｃに相続させる。

本例題においてなすべき登記は，次の２件の登記である（令3・4・19民二744号）。

１件目

目　　　的　所有権移転

原　　　因　年月日相続

２件目

目　　　的　配偶者居住権設定

原　　　因　年月日遺贈

遺言の記載としては，所有権・配偶者居住権双方について「相続させる」という共通の記載をしているにもかかわらず，所有権移転登記と配偶者居住権設定登記の申請における登記原因が異なることに注意が必要である。

所有権については特定財産承継遺言がなされていることから「年月日相続」を登記原因とする所有権移転登記を申請する。これに対して，配偶者居住権については，「相続させる」という記載を遺贈がなされたものと解して「年月日遺贈」を原因とする配偶者居住権設定登記を申請することになるのである。

⑷　登記事項

【存続期間】

配偶者居住権の設定登記においては，存続期間が絶対的登記事項となっている（81 条の 2 第 1 号）。

絶対的登記事項であるから，遺産分割や遺贈において別段の定めがなされなかった場合でも，登記申請情報には，存続期間を記載しなければならない。存続期間について別段の定めがなされなかった場合は，生存配偶者の死亡時まで配偶者居住権は存続することになるので，「存続期間　配偶者居住権者の死亡時まで」と記載する。

【第三者の使用・収益を許す定め】

第三者に居住建物の使用・収益をさせることを許す旨の定めがあるときは，その定めが登記事項となる（81 条の 2 第 2 項）。つまり，この定めは任意的登記事項ということである。

配偶者居住権を取得した配偶者は，居住建物の所有者の承諾を得なければ，居住建物を第三者に使用・収益をさせることができないので（民 1032 条 3 項），それと異なる定めがある場合には公示をするべきであることから，登記事項とされたものである。

⑸　登記申請人

【遺産分割・遺贈・死因贈与で取得した場合】

配偶者居住権の設定登記は，配偶者居住権を取得した配偶者を登記権利者，居住建物の所有者を登記義務者とする共同申請で行う。

配偶者が遺贈によって配偶者居住権を取得した場合において，遺言執行者があるときは，遺言執行者が，登記義務者の立場から，その資格において申請することができる。

【家庭裁判所の審判で取得した場合】

家庭裁判所の審判書に，配偶者居住権を取得した配偶者が単独で登記申請できる旨の記載がある場合には，その審判書に基づき，配偶者居住権を取得した配偶者の単独申請で行うことができる（63 条 1 項）。

(6) 添付情報

【総　説】

共同申請で必要となる一般的な添付情報の提供が必要となる。以下，注意すべき添付情報について説明する。

【登記原因証明情報】

配偶者居住権が成立するためには，配偶者が被相続人所有の建物に相続開始の時に居住していたことが要件となっている。しかし，登記原因証明情報としては，必ずしも当該配偶者の住民票の写し等を提供する必要はない。提供された登記原因証明情報中にその旨が明らかになっていればよいのである。

また，配偶者居住権を取得することができる配偶者は，相続開始の時に法律上被相続人と婚姻をしていた者に限られる。しかし，登記原因証明情報としては，必ずしも被相続人の住民票の除票の写し等を提供する必要はない。提供された登記原因証明情報中にその旨が明らかになっていればよいのである。

【代理権限証明情報】

遺言執行者が，登記義務者の立場から，その資格において申請した場合，遺言執行者の資格を証する情報が代理権限証明情報として必要となる。具体的には，遺言執行者として指定されたことを証する適法な遺言書または家庭裁判所で選任されたことを証する書面の提供が必要となる。

(7) 登録免許税

配偶者居住権の設定登記の登録免許税は，不動産価額の1000分の2となる（登免税別表1.1.（3の2））。

(8) 登記の実行

配偶者居住権設定登記は，乙区に主登記で実行される。

3. 配偶者居住権移転登記

配偶者居住権の移転登記を申請することはできない。配偶者居住権は，帰属上の一身専属権であり，譲渡することができないうえに，相続の対象ともならないため，配偶者居住権が移転するということがありえないからである。

登記できる権利の中で，移転登記ができないのは，地役権と配偶者居住権の

２つということになる。

4. 配偶者居住権変更登記

配偶者居住権が設定された後に，その登記事項に変更が生じたときは，配偶者居住権変更登記を申請する。

たとえば，配偶者居住権を取得した配偶者が配偶者居住権の存続期間の一部を放棄した場合は，配偶者居住権の存続期間の短縮を内容（例「10 年または配偶者居住権者の死亡時までのうち，いずれか短い期間」）とする配偶者居住権の変更の登記を申請することができる。

しかし，配偶者居住権の存続期間が定められた場合に，その延長や更新を内容とする配偶者居住権の変更の登記を申請することはできない。配偶者居住権の存続期間が定められた場合には，その延長や更新をすることができないからである。

5. 配偶者居住権抹消登記

1　意　　義

配偶者居住権は，存続期間の満了，配偶者居住権を取得した配偶者の死亡，配偶者居住権消滅の意思表示などにより消滅する。

配偶者居住権が消滅した場合には，配偶者居住権抹消登記の申請をする。

2　登記申請人

【共同申請】

配偶者居住権抹消登記は，居住建物の所有者を登記権利者，配偶者居住権を有する配偶者を登記義務者とする共同申請で行う。

【単独申請】

配偶者が死亡したことにより配偶者居住権が消滅した場合においては，配偶者居住権の抹消登記は，登記権利者である居住建物の所有者が単独で申請することができる。

配偶者居住権の登記においては，存続期間が登記されており，配偶者の死亡によって消滅することが登記記録上明確である。そのため，人の死亡または法人の解散によって権利が消滅する旨の登記がなされている場合に該当するため，登記権利者が単独で申請することができるとされたのである（69条）。

配偶者居住権抹消登記を単独申請ですることができるその他のケースについては，P415で学習する。

第4編

特殊な登記

V

Magic

第1章　仮　登　記

●この章で学ぶこと●

この章では，仮登記について学習します。仮登記は難しく，受験生の苦手とするところです。しかし，択一式を中心に試験に頻出し，避けては通れない分野です。丁寧に説明していきますので，ゆっくり時間をかけて学習を進めてください。

1. 仮登記の意義

1　仮登記とは

これまで学習してきた「所有権移転登記」「抵当権設定登記」などは，すべて本登記である。通常「登記をする」という場合には，本登記を意味する。そのため，このような場合をあえて「本登記」とはいわないが，仮登記と区別する必要があるときには，「本登記」と呼ばれる。「わさび」も「わさび」で通用するので，通常はそのように呼ばれるが，西洋わさびと区別するときには「本わさび」と呼ばれるのと同じことである。本登記をすると，登記名義人は対抗力を取得し，第三者に自分が権利者であることを主張できるようになる。

本登記をすることができない都合があるときに，仮に申請しておく登記が，仮登記である。仮登記は，レストランの予約や，書店に書籍の予約をする行為と似ている。都合が悪く書店に今は行くことができない場合には，お目当ての書籍の在庫が切れてしまうと困るので，書店に電話をしてその書籍を取り置いておいてもらうことがある。仮登記も，このようなものである。

仮登記とは，本登記をするための手続上または実体上の一定の要件が満たされない場合に，将来なされるべき本登記の順位をあらかじめ確保しておくためにする登記なのである。

2　仮登記の趣旨

(1)　仮登記の効力

仮登記は，あくまで仮の登記であり，第三者への対抗力がない。仮登記をしておいても，自己が権利者であることを第三者に対抗することはできないのである。そのため，所有権移転の仮登記を二重に登記することができる（登研394号254）。仮登記をしても自己が所有者だと主張することができないので，他の所有権の仮登記を阻止できないのである。

「それなら仮登記をしても役に立たないではないか」と思われるかもしれない。しかし，そうではない。仮登記には，順位を保全する効力があるのである。レストランに予約して席を確保するように，書籍を予約して在庫を確保するように，仮登記で順位を確保することができるのである。仮登記をしておけば，後に本登記をする際に，仮登記で保全した順位での本登記をすることができるというわけである。

(2)　具　体　例

では，具体的に見ていこう。ポイントを明確にするために，簡略化された登記記録を示していく。まず，次の登記記録（甲土地の登記記録）を見てほしい。

◉甲土地の登記記録（甲区）

2	所有権移転	所有者　A

Aが甲土地の所有権登記名義人である。このAがBに甲土地を売却した。通常であれば，本登記であるAからBへの所有権移転登記を申請することになる。しかし，Aの登記識別情報が見当たらず，提供することができない。このような場合には，仮登記を申請することができる。そこで，AとBはBへの所有権移転仮登記を申請した。この仮登記が実行され，登記記録は次のようになった。

◉甲土地の登記記録（甲区）

2	所有権移転	所有者　A
3	所有権移転仮登記	権利者　B
	余白	余白

甲区３番でＢへの所有権移転仮登記が実行された。これで，レストランの予約で席を確保できるように，Ｂは順位３番という順位を保全したのである。つまり，後日，本登記ができるようになったときに，Ｂは，その本登記を甲区３番の順位で実行してもらうことができるようになったということである。

仮登記をすると，余白が設けられる。上記の登記記録を見ても，甲区３番に「余白」が作られていることがわかる。これは，後日，仮登記がなされた順位で本登記をすることができるように，スペースを空けておいたということである。本登記を申請すると，この余白に実行されることになるのである。

◉甲土地の登記記録（甲区）

2	所有権移転	所有者　A
3	所有権移転仮登記	権利者　B
	余白	余白
4	所有権移転	所有者　C

この登記記録には，甲区４番に所有権移転登記が入っていることに気付いてほしい。これは，ＡからＣに対して所有権移転登記がなされたものである。つまり，Ａは甲土地をＢに売却し，Ｃにも売却するという二重譲渡をしたのである。

Ｂの登記が本登記であれば，対抗力があるので，このような登記が登場することはなかった。しかし，Ｂの登記は仮登記であるため，Ｃの登記を防ぐことはできなかったのである。これが，仮登記に対抗力がないということである。ただ，仮登記には，順位保全効があるので，甲区３番の順位は死守した。Ｃに対する所有権移転登記は，甲区３番の順位が予約されているので，甲区４番に実行されるしか方法がなかったのである。

甲土地の所有権は，ＡからＣに移転したが，Ｂが負けたわけではない。Ｂが甲区３番で登記されている仮登記を本登記にした場合の流れを考えていこう。

ＡからＢへの所有権移転登記ができるようになったら，Ｂは本登記をすることになる。その所有権移転の本登記は，甲区３番の余白に実行される。そして，その登記は，順位３番で登記したという効力が与えられる。つまり，ＢとＣの所有権移転登記は，Ｂへの登記のほうが優先することになる。所有権は，１つの不動産に２つは成立しないので，Ｂの仮登記が本登記にされる際に，Ｃの所有権は職権で抹消されることになる。

これが仮登記のパワーである。甲区３番を保全することで，本登記をその保全した順位で実行することができ，仮登記後に登記した人に対抗することができるのである。仮登記があっても，その後に登記がなされることを防止することはできないが，所有権の仮登記については，その仮登記に後れる登記を蹴散らすことができるというわけである。

Ｂの仮登記を本登記にした後の登記記録は，次のとおりとなる。

◉甲土地の登記記録（甲区）

2	所有権移転	所有者　A
3	所有権移転仮登記	権利者　B
	所有権移転	所有者　B
4	所有権移転	所有者　C
5	4番所有権抹消	

Ｂの所有権移転登記が，甲区３番の仮登記を本登記にする形で甲区３番の余白で実行され，甲区４番で登記されていたＣへの所有権移転登記が職権で抹消されたのである。

3　仮登記の種類

仮登記には，１号仮登記と２号仮登記がある。ここでは，その区別を大まかに説明し，後記4・5でそれぞれの仮登記の詳細を説明することにしよう。

「所有権移転」などの本登記をするためには，物権変動が生じており，添付情報を収集するなど登記申請をするための手続的要件も具備していることが必要である。

１号仮登記は，本登記をするための手続的要件が満たされないときに申請する仮登記である。つまり，１号仮登記をすることができるのは，物権変動は生じているが，登記識別情報が提供できないなど手続的要件が具備されていない場合である。物権変動が生じていることが必要であることに注意すること。

２号仮登記は，物権変動が生じておらず，その基礎だけがある状態の時にすることができる仮登記である。売買予約契約を締結したが，まだ予約完結権を行使していない場合や，停止条件付売買をしたが，まだ停止条件が成就していない場合などである。物権変動が生じている場合には１号仮登記をするので，２号仮登記をするためには，物権変動が生じていないことが必要である。ただ，登記は権利を保全するためになされるものだから，何も権利が生じていない場合は，２号仮登記を申請することができない。売買予約契約をした場合の所有権移転請求権などの債権や，条件付売買をした場合の条件付物権というような，物権変動の基礎は生じている必要があるのである。

以下，本登記，１号仮登記，２号仮登記の関係を図示する〈図 4-1〉。

図 4-1　１号仮登記と２号仮登記の関係（どの要件まで具備すればよいか）

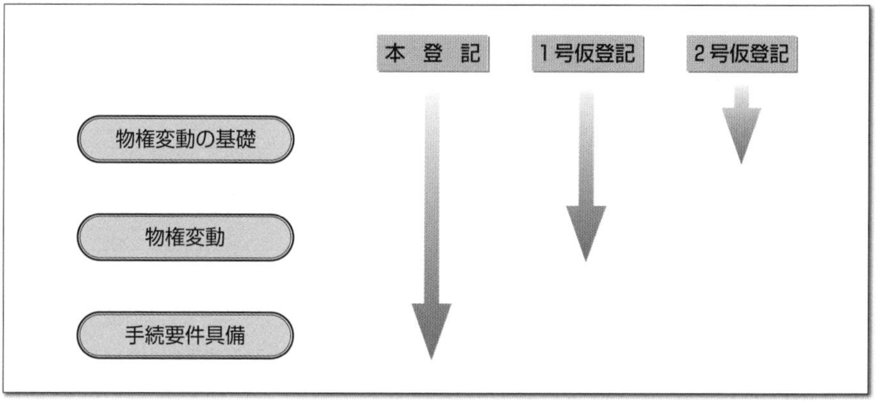

4　１号仮登記

(1)　意　　義

１号仮登記とは，登記すべき物権変動は実体上生じているが，本登記の申請に必要な手続上の要件を具備しない場合にすることのできる仮登記である。

「手続上の要件を具備しない場合」とは，具体的には，本登記の申請に必要な一定の添付情報の提供ができない場合のことである。

(2)　１号仮登記の要件

【要　件】

登記することができる権利について，物権変動が生じた場合において，本登記申請において提供すべき添付情報のうち次のものの提供ができないときに，１号仮登記の申請をすることができる（105 条 1 号，規則 178 条）。

①登記識別情報

②第三者の許可・同意・承諾を証する情報

①について。登記識別情報が提供できない場合には，１号仮登記をすること

ができる。前記2(2)の具体例において，登記識別情報が提供できない場合の事例を出しておいたので，もう一度見直しておくこと。ただ，実際には，登記識別情報の提供ができない場合においては，事前通知（23条1項）などの方法（☞P458）により本登記をすることができるので，仮登記をする実益がそれほどあるわけではない。

②について。たとえば，農地法の許可書を提供できない場合には，1号仮登記をすることができる。ただし，1号仮登記は物権変動が生じていなければすることができないので，農地法の許可が得られていることが前提である。農地法の許可は得られているが，農地法の許可書を紛失してしまったような場合に，1号仮登記をすることができるというわけである。

以上が，1号仮登記をするための要件である。以下，具体的事案ごとに1号仮登記の要件を満たすか否かを考えていく。

【印鑑証明書】

印鑑証明書が提供できないことを理由に仮登記をすることはできない（昭29・10・5民甲2022号）。印鑑証明書は，市役所等に行って申請すればすぐに発行してもらえる書面であり，仮登記を認める実益はないからである。また，後述するように，印鑑証明書は，仮登記の段階でも提供を要する書面であり，印鑑証明書の提供ができなければ仮登記すらできないことになる。

【住所証明情報】

印鑑証明書と同様，住所証明情報が提供できないことを理由に仮登記をすることはできない（登研149号160）。住所証明情報もすぐに入手することができる書面であり，仮登記を認める実益がないからである。

【必要的承諾型の承諾証明情報】

権利の抹消登記をする場合などでは，利害関係を有する第三者の承諾証明情報を提供することが必要的となる（必要的承諾型：68条）。

このような必要的承諾型の利害関係を有する第三者の承諾証明情報が提供できないときには，1号仮登記の申請をすることができる。当該承諾証明情報は，1号仮登記の理由となる「第三者の許可・同意・承諾を証する情報」に含まれるということである。

当該承諾証明情報の提供がなければ本登記を申請することができないので，順位保全のため，仮登記を認める実益があるからである。

【任意的承諾型の承諾証明情報】

権利の変更登記・更正登記をする場合には，利害関係を有する第三者の承諾証明情報の提供があれば付記登記，なければ主登記で実行される（任意的承諾型：66条）。

この任意的承諾型の利害関係を有する第三者の承諾証明情報の提供ができないことを理由に，仮登記の申請をすることはできない。当該承諾証明情報は，1号仮登記の理由となる「第三者の許可・同意・承諾を証する情報」に含まれないということである。

当該証明情報の提供がなくても，本登記をすることはできるので（主登記にはなるが），仮登記を認める実益がないからである。

【登録免許税】

登録免許税が調達できないことを理由として，仮登記を申請することはできない（昭4・10・7民事8689号）。1号仮登記の理由は，上記要件で説明した添付情報の提供ができないことに限定されているからである。

5　2号仮登記

(1)　意　　義

2号仮登記とは，登記できる権利について，まだ当事者間で物権変動は生じていないが，将来において物権変動を生じさせる請求権等が発生している場合に，その物権変動が将来生じた際になすべき登記の順位を保全するために行う仮登記である。

(2)　2号仮登記の要件

2号仮登記をすることができるのは，物権変動は生じていないが，物権変動の基礎が成立している場合である。具体的には，次のいずれかの要件を満たした場合に，2号仮登記を申請することができる。

①将来その物権変動を生じさせる請求権が発生しているとき。

②物権変動に始期・停止条件が付いているとき。

①について。物権変動は生じていないが，請求権（つまり債権）が生じている場合に仮登記を認めようというものである。たとえば，Aの所有する甲土地について，Bとの間で売買予約契約が成立した場合には，2号仮登記を申請することができる。この場合，物権変動は生じておらず，「所有権移転請求権」という債権が成立しているにすぎない。しかし，将来Bが予約完結権を行使し，実際に所有権が移転したときになすべき登記の順位を保全しておくために，仮

登記を認めたのである。これにより，仮登記をした後に，AがCに売却したとしても，Bが予約完結権を行使した場合，Cより優先する順位で本登記をすることができることになる。また，①の請求権に始期・停止条件が付いているときも，2号仮登記を申請することができる。

②について。これは，物権変動が実際に生じているわけではないが，「条件付物権変動」「始期付物権変動」は生じているということである。たとえば，Aの所有する甲土地について，Bとの間で死因贈与契約が成立した場合には，2号仮登記を申請することができる。当該契約の効力が発生するまでに，Aが甲土地をCに売却しても，仮登記を入れておけば，Cに優先する順位で本登記をすることができるというわけである。

1号仮登記の説明（☞前記4）の中で，農地法の許可書を提供することができない場合には，1号仮登記を申請することができる旨を説明した。これは，農地法の許可が得られていることが前提であった。農地法の許可自体が得られていない場合には，農地法の許可が得られることを停止条件にした売買契約がなされたということで，2号仮登記をすることができる。

6　仮登記の可否

(1)　総　　説

以上，仮登記の要件について，1号仮登記・2号仮登記に分けて学習した。しかし，その要件を満たすように見えても，権利や登記原因等によっては，仮登記をすることができないケースもある。

仮登記をすることができない理由は，個別具体的に考えていかなければならないが，大まかにいえば，次のようなものである。

①**単独申請**の登記である場合
②登記が**効力要件**となっている場合
③**物権変動の基礎**すら成立していない場合

①について。単独申請の場合，登記識別情報の提供ができないケースなどが考えにくく，仮登記を認める実益がないことが多い。

②について。本登記が効力要件となっているので，仮登記をすることができないということである。

③について。2号仮登記は，物権変動が生じていなくてもすることができるが，少なくとも，債権や条件付物権など物権変動の基礎は成立している必要がある。

また，試験対策としては，仮登記できないわけではないが，1号仮登記をすべき場面なのに「2号仮登記をすることができる」という記述が誤りになったり，2号仮登記をすべき場面なのに「1号仮登記をすることができる」という記述が誤りとなったりする問題もあるので注意すること。

ここでは，以上のような仮登記の可否をまとめて説明していくことにする。結論がそのまま試験に出題されるので，しっかり押さえること。

⑵　所有権保存

【原　則】

所有権保存登記の仮登記は，1号仮登記・2号仮登記を問わず，原則として，申請することができない。表題部所有者からの単独申請で簡単に所有権保存の本登記を申請することができる以上，仮登記を認める実益がないからである。

【例　外】

例外的に，表題部所有者と異なる者の名義でする場合に，仮登記を命じる処分の決定書の正本を提供してする所有権保存の1号仮登記を申請することができる。この場合は，所有権に争いがあり，裁判所から仮登記を命じる処分が出ているので，仮登記を認めたのである。

⑶　相続による所有権移転

相続による所有権移転については，1号仮登記・2号仮登記ともに申請することができない（昭57・2・12民三1295号，昭32・3・27民甲596号）。

1号仮登記ができないのは，相続による所有権移転登記は単独申請であり，登記識別情報や第三者の許可・同意・承諾を証する情報を提供することはないため，仮登記を認める実益がないからである。

2号仮登記ができないのは，被相続人の生前において，相続人に相続に関する請求権が発生することはないからである。

⑷　遺贈による所有権移転

遺贈による所有権移転については，1号仮登記を申請することはできるが，2号仮登記を申請することはできない（登研352号104）。

1号仮登記ができるのは，遺贈による所有権移転登記が共同申請の登記であり，登記義務者の登記識別情報や農地法の許可書などの第三者の許可・同意・承諾を証する情報の提供を要するため，そのような手続上の要件を具備しない場合に仮登記を認める実益があるからである。

2号仮登記ができないのは，遺贈は遺贈者が死亡しなければ効力を生じず，遺贈者の死亡前に受遺者が遺贈に関する請求権を有することはないからである。

◉相続と遺贈についての仮登記の可否

	相　続	遺　贈
1号	×	○
2号	×	×

⑸　会社分割による所有権移転

会社分割による所有権移転については，1号仮登記を申請することはできるが，2号仮登記を申請することはできない（登研647号137）。

1号仮登記をすることができるのは，会社分割による所有権移転登記が共同申請であることから，登記義務者の登記識別情報の提供ができないことなども考えられ，仮登記をする実益があるからである。

2号仮登記をすることができないのは，会社分割の効力発生前は何らの請求権も発生しないからである。

⑹　財産分与による所有権移転

財産分与による所有権移転については，1号仮登記を申請することはできるが，2号仮登記を申請することはできない（昭57・1・16民三251号）。

1号仮登記をすることができるのは，財産分与による所有権移転登記が共同申請であることから，登記義務者の登記識別情報や第三者の許可・同意・承諾を証する情報（農地法の許可書等）の提供ができないことも考えられ，仮登記をする実益があるからである。

2号仮登記をすることができないのは，離婚前に財産分与の協議がなされても，何の効力も生じず，請求権は発生しないからである。

⑺　譲渡担保による所有権移転

譲渡担保による所有権移転については，1号仮登記を申請することはできるが，2号仮登記を申請することはできない（昭32・1・14民甲76号）。

1号仮登記をすることができるのは，譲渡担保による所有権移転登記が共同申請であることから，登記義務者の登記識別情報や第三者の許可・同意・承諾を証する情報（農地法の許可書等）の提供ができないことも考えられ，仮登記をする実益があるからである。

２号仮登記をすることができないのは，譲渡担保契約により所有権移転という物権変動が生じるので，物権変動前にその基礎である請求権のみが存在するということがありえないからである。

(8) 真正な登記名義の回復による所有権移転

真正な登記名義の回復による所有権移転については，１号仮登記を申請することはできるが，２号仮登記を申請することはできない（登研 574 号 109）。

１号仮登記をすることができるのは，真正な登記名義の回復による所有権移転登記が共同申請であることから，登記義務者の登記識別情報や第三者の許可・同意・承諾を証する情報（農地法の許可書等）の提供ができないことも考えられ，仮登記をする実益があるからである。

２号仮登記をすることができないのは，真正な登記名義の回復は所有権抹消登記や更正登記の代替手段（ショートカット）であり，物権変動がない以上，そのための請求権が生じるということがありえないからである。

(9) 順位変更

抵当権・根抵当権の順位変更については，１号仮登記・２号仮登記ともに申請することができない（登研 313 号 63）。順位変更は，登記が効力要件だからである。

(10) 共同根抵当権の設定

共同根抵当権の設定については，１号仮登記・２号仮登記ともに申請することができない（昭 47・11・25 民甲 4945 号）。共同根抵当権の設定は，登記が効力要件だからである（☞ P17）。

この場合，累積式の根抵当権設定仮登記をしておき，その仮登記を本登記にする際に，共同根抵当権とすることができる（登研 424 号 222）。

注意が必要なのは，共同抵当権設定の仮登記をすることはできる点である。普通抵当権の場合，被担保債権が共通であれば当然に共同抵当権となるのであり，登記が効力要件ではないからである。

(11) 根抵当権の極度額の変更

根抵当権の極度額の変更については，１号仮登記・２号仮登記ともに申請することができる（昭41・3・29民三158号）。

1号仮登記をすることができるのは，根抵当権の極度額変更登記が共同申請であることから，登記義務者の登記識別情報の提供ができないことも考えられ，仮登記をする実益があるからである。

2号仮登記をすることができるのは，極度額の変更予約契約をすることができ，その場合には極度額の変更についての請求権が成立するからである。

なお，根抵当権の極度額変更の仮登記をする場合の添付情報について注意すべき点については，後述する（☞ P234）。

⑿　配偶者居住権の設定

配偶者居住権の設定については，1号仮登記・2号仮登記ともに申請することができる（令2・3・30民二324号）。

1号仮登記ができるのは，配偶者居住権の設定登記が共同申請の登記だからである。この点は問題ないだろう。

2号仮登記ができる点に注意してほしい。配偶者居住権の設定は，死因贈与契約で行うこともできるため，始期付物権変動が生じているというケースがありうるからである。

2. 仮登記の登記申請手続

1　登記申請情報

事例　令和6年7月5日，甲土地の所有権登記名義人であるAは，甲土地をBに売却した。登記申請にあたり，Aの登記識別情報の提供ができないので，仮登記を申請することにした。

◉記載例　所有権移転仮登記

登記の目的	所有権移転仮登記
原　　　因	令和6年7月5日売買
権　利　者	B
義　務　者	A
添 付 情 報	登記原因証明情報　印鑑証明書　代理権限証明情報
課 税 価 格	金1,000万円

登録免許税　金10万円

2　登記の目的

(1)　1号仮登記

1号仮登記を申請する場合の登記の目的は，通常の登記の目的を記載し，仮登記である旨を加える。1号仮登記の場合，物権変動が生じており，その旨を記載すればよいので，通常の登記の目的と同じ文言を記載する。ただ，それを仮登記で申請することになるので，仮登記である旨を加えるのである。つまり，「物権変動（通常の登記の目的）＋仮登記」となる。

たとえば，所有権移転の仮登記の場合は「所有権移転仮登記」，抵当権設定仮登記の場合は「抵当権設定仮登記」という具合である。

(2)　2号仮登記

【総　説】

2号仮登記を申請する場合の登記の目的は，通常の登記の目的を記載し，仮登記である旨を記載することに加え，物権が変動していない基礎段階である旨を記載しなければならない。「物権変動（通常の登記の目的）＋基礎段階である旨の記載＋仮登記」となる。

【請求権の場合】

将来の物権変動を生じさせる請求権が発生している場合は，「物権変動は生じていませんよ。あくまで請求権しか発生していませんよ」ということを公示するために，「請求権」という文言を加える。

たとえば，「所有権移転請求権仮登記」「抵当権設定請求権仮登記」という具合である。

【条件付・始期付の場合】

物権変動が条件付・始期付である場合は，「条件付」「始期付」という文言を付け加えることによって，物権変動が生じていない基礎段階であることを公示することになる。

たとえば，条件付の所有権移転がなされた場合は「条件付所有権移転仮登記」，始期付の抵当権設定がなされた場合は「始期付抵当権設定仮登記」となる。

なお，たとえば，条件付売買予約契約がなされた場合のように，請求権が条件付・始期付のときは,「条件付所有権移転請求権仮登記」「始期付抵当権設定請求権仮登記」などとなる。

1号仮登記と2号仮登記の目的をイメージ図にしてみよう〈図 4-2〉。

図 4-2　仮登記の目的

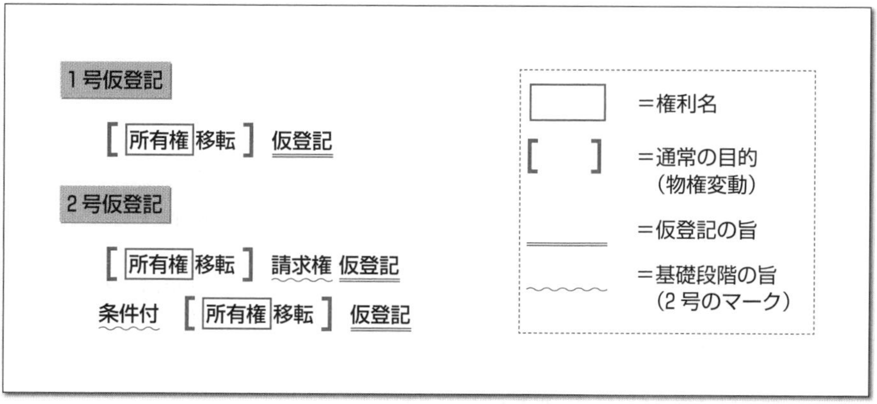

3　登記原因

(1)　1号仮登記

1号仮登記は，物権変動がすでに生じている場合にする仮登記である。そこで，登記原因もその物権変動の原因を記載すればよく，通常の登記の登記原因と同様の記載となる。登記原因日付は物権変動が生じた日であり，これも通常の登記の登記原因と同様である。

たとえば，所有権移転仮登記の場合は「年月日売買」などとなり，抵当権設定の仮登記の場合は「年月日金銭消費貸借年月日設定」などとなる。

(2)　2号仮登記

2号仮登記は，物権変動が生じておらず，物権変動の基礎が発生している場合にする仮登記である。そのため，登記原因についても，その物権変動の基礎が発生した原因を記載する。具体的には，通常の物権変動の登記原因を記載したうえで，物権が変動していない基礎段階である旨を記載しなければならない。つまり，登記原因は，「物権変動の原因（通常の登記の原因）＋基礎段階である旨の記載」というものになる。登記原因日付は，物権変動の日ではなく，物権変動の基礎が発生した日である。

たとえば，請求権の場合は「年月日売買予約」，条件付物権変動が生じた場合は「年月日売買（条件　農地法第３条の許可）」，始期付契約（死因贈与）がなされた場合は「年月日贈与（始期　田中太郎死亡）」などとなる。

仮登記の原因をイメージ図にしてみよう〈図 4-3〉。

図 4-3　仮登記の原因

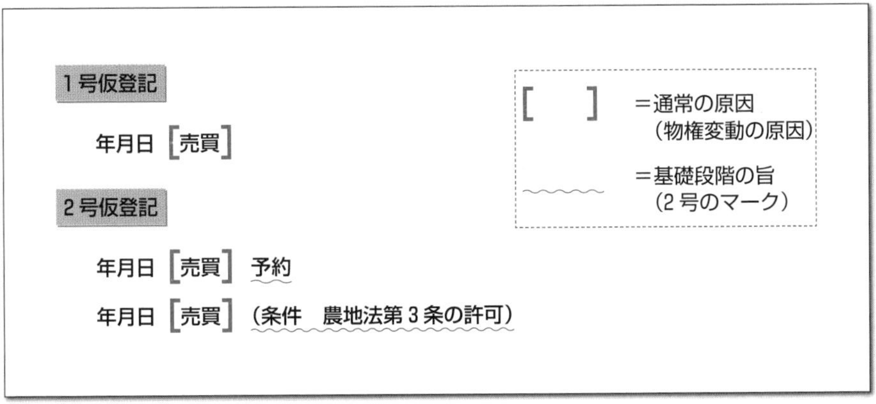

4　登記申請人

(1)　原則としての共同申請

仮登記の申請も，通常の本登記と同様，共同申請で行うのが原則である。仮登記名義人となる者を登記権利者，仮登記の負担を負うことになる者を登記義務者とする共同申請で行うのである。仮登記の申請時における登記権利者を仮登記権利者，登記義務者を仮登記義務者と呼ぶ。

抵当権設定の仮登記の申請における登記申請情報には,「抵当権者」「設定者」ではなく，「権利者」「義務者」と記載する。仮登記の時点で，「抵当権登記名義人」となるわけではないからである。

(2)　例外としての単独申請

【総　説】

仮登記は，レストランの予約のような登記であると説明した。仮登記をしても，順位を保全するのみで，対抗力を取得することはできないのである。

そこで，通常の登記より要件を緩和し，一定の場合には仮登記権利者の単独申請で行うことを認めている。具体的には，①仮登記義務者の承諾証明情報を提供した場合，または②仮登記を命じる処分の決定書正本を提供した場合，仮登記権利者は，単独で仮登記を申請をすることができる（107条1項）。

【①仮登記義務者の承諾証明情報の提供がある場合】

仮登記は効力の弱い登記なので，共同申請でなくても，登記義務者が，「共同申請はしないけど仮登記を単独で申請していいよ」と承諾をしてくれたなら，仮登記権利者が単独で仮登記の申請をすることができるものとされたのである。

【②仮登記を命じる処分の決定書正本を提供した場合】

仮登記を命じる処分は，仮登記義務者が仮登記の申請に協力しない場合に，仮登記権利者が裁判所に申し立てることによって発令される「単独で仮登記を申請してよい」とする旨の処分である（108条1項）。裁判所が「仮登記権利者が単独で仮登記申請してよい」旨を認めている以上，その処分がなされたことの証明である決定書の正本を提供して，単独申請をすることができるのである。

仮登記を命じる処分は，仮登記の原因となる事実を疎明《そめい》することで得ることができる（108条2項）。疎明とは，裁判官に「普通に考えればその事実はあっただろう」という心証を与えることである。たとえば，売買契約書を示すことで，裁判官が「契約書もあることだし，普通に考えれば売買契約はあったのだろう」と考えれば，仮登記を命じる処分の決定を発令してくれるのである。判決を取得するためにする通常の民事訴訟の証拠調べの場合は，裁判官に「まず間違いない」と確信させるだけの証明をしなければならないが，仮登記を命じる処分の場合は，効力の弱い仮登記を求めているにすぎないので，疎明でよいことになっている。そのため，仮登記を命じる処分は，比較的簡単に得ることができるわけである。なお，仮登記を命じる処分の申立ては，不動産の所在地を管轄する地方裁判所である（108条3項）。当該裁判所の専属管轄であり，他の裁判所に申し立てることはできない。

仮登記を命じる処分は，所有権の登記がなされていない未登記の不動産に対しても発令される。これに関して，次の例題を考えてほしい。

例題　表題部所有者はＡであるが，所有権保存登記がなされていない甲土地について，抵当権設定仮登記をＢが単独申請してよい旨の仮登記を命じる処分が発令された。抵当権設定仮登記の前提としてのＡ名義の所有権保存登記は職権でなされるか。

所有権保存登記のなされていない不動産に対して，処分制限の登記が嘱託された場合には，登記官の職権で所有権保存登記がなされる（76条2項）。ここでいう「処分制限の登記」とは，差押え・仮差押え・仮処分のことであり，これらの登記が嘱託された場合に，その前提としての所有権保存登記が職権でなされるということである。

仮登記の申請は，たとえそれが仮登記を命じる処分に基づくものであっても，処分制限の登記には含まれない。よって，所有権保存登記のなされていない不動産に対して仮登記を命じる処分が発令されて，仮登記を申請する場合には，所有権保存登記は，登記官の職権ではなされない（昭35・3・31民甲712号）。例題においては，Bが仮登記を単独申請する前提として，A名義の所有権保存登記がなされていなければならないが，職権ではしてくれないので，Aが自ら申請しないなら，Bが代位により申請する必要がある。

5 添付情報

(1) 考え方

仮登記を申請する場合，次の添付情報は不要である。

①登記義務者の登記識別情報

②登記原因についての許可・同意・承諾を証する情報

③必要的承諾型（抹消登記を申請する場合）の利害関係を有する第三者の承諾証明情報

④登記権利者の住所証明情報

本登記申請時にこれらの添付情報の提供が必要だったとしても，仮登記申請時には，共同申請・単独申請を問わず，これらの添付情報の提供は不要である。

①～③は，それが提供不能であることを理由に仮登記の申請を認めているのだから，仮登記の申請では提供を要求しないものである。

④については，所有権移転の仮登記を申請する場合であっても，仮登記権利者は，「所有権登記名義人」となるわけではないからである。仮登記が実行されただけでは，仮登記名義人として登記されるだけであり，まだ，実在性や住所の真正を確認する必要がないからである。たとえば，仮登記名義人として登記されただけでは固定資産税の支払義務が発生しないので，その請求書のあて先がわからなくも困ることはない。住所証明情報は，所有権の仮登記を本登記にする登記申請において提供することになる。仮登記を本登記にすることで，

所有権仮登記名義人は所有権登記名義人となるからである。

⑵　登記原因証明情報

【提供は必要】

仮登記を申請する場合であっても，登記原因証明情報の提供は必要である。仮登記にも登記原因は存在し，その原因を証明する必要があるからである。

２号仮登記の場合の登記原因証明情報は，物権変動の基礎が発生したことを証する情報である。たとえば，売買予約による所有権移転請求権仮登記を申請する場合は，売買予約契約書などを登記原因証明情報として提供する。

【仮登記を命じる処分に基づく単独申請の場合】

仮登記を命じる処分に基づいて仮登記権利者が単独申請する場合は，登記原因証明情報として，仮登記を命じる処分の決定書の正本を提供しなければならない（令７条１項５号ロ⑵）。

⑶　印鑑証明書

【原　則】

所有権の登記名義人が登記義務者となり，共同申請で仮登記の申請を行う場合には，仮登記義務者の印鑑証明書の提供が必要となる（令16条２項，令18条２項）。

登記識別情報の提供は不要だが，印鑑証明書の提供は必要である点に注意すること。印鑑証明書の提供不能は，仮登記ができることの理由とはなっていないうえに，登記識別情報を提供しない以上，本人確認のための添付情報として印鑑証明書を軽視することはできないからである。

【単独申請の場合】

単独申請により仮登記を申請する場合，印鑑証明書の提供は不要である。登記義務者が申請人とならない以上，印鑑証明書によりその本人確認をする必要がないからである。登記義務者は登記申請に関与せず，押印することがない以上，印鑑証明書を提供する意味がないのである。

⑷　第三者の承諾証明情報

【任意的承諾型】

前記⑴で説明したように，必要的承諾型の利害関係を有する第三者の承諾証明情報は，仮登記の際には，その提供を要求されない。

これに対して，任意的承諾型の利害関係を有する第三者の承諾証明情報については，その提供がある場合の変更の仮登記は付記登記で実行され，その提供がない場合の変更の仮登記は主登記で実行される（66条）。つまり，任意的承諾型の利害関係を有する第三者の承諾証明情報については，仮登記を付記登記で実行してほしいときは，仮登記の申請にその提供が必要となるということである。

仮登記が順位を保全するためになされる登記である以上，その保全する登記が主登記なのか付記登記なのかを明確にしなければならないからである。レストランの予約をする際に，テーブルがいいのか座敷がいいのか，予約時点で決めておかなければならないことと同じである。

◉仮登記の申請に承諾証明情報の提供が必要か

必要的承諾型（抹消登記）	不要
任意的承諾型（変更登記）	提供すれば付記登記，提供しなければ主登記

【極度額変更】

利害関係を有する第三者の承諾証明情報において，ひとつ問題となるのが，極度額変更の仮登記である。

極度額の変更においては，利害関係を有する第三者の承諾は，実体法上の効力要件である。つまり，当該承諾を証する情報は，農地法の許可書と同様，登記原因に関する第三者の許可・同意・承諾を証する情報に当たり，仮登記の際には提供が不要となるはずである。

しかし，極度額の変更の仮登記の申請においては，利害関係を有する第三者の承諾証明情報の提供が必要とされている。これは，当該承諾があることにより，極度額の変更登記は付記登記でなされることになるため，当該承諾を証する情報は，登記上の利害関係を有する第三者の承諾証明情報の意味もあるからである。極度額の変更登記は，常に付記登記でなされる以上，仮登記の場合も付記登記で行う必要があるが，そのためには，仮登記の申請の際に，利害関係を有する第三者の承諾証明情報の提供が必要となるというわけである。

なお，当該承諾証明情報の本来の性質は，登記原因に関する第三者の許可・同意・承諾を証する情報なので，本登記を申請する際にも要求される。

極度額の変更登記についての利害関係を有する第三者の承諾証明情報は，仮登記を申請する際には登記上の利害関係を有する第三者の承諾証明情報として提供し，本登記の際には登記原因に関する第三者の許可・同意・承諾を証する情報として提供することになるというわけである。

(5)　単独申請特有の添付情報

【仮登記義務者の承諾がある場合】

仮登記義務者の承諾がある場合，仮登記権利者は，単独で仮登記の申請をすることができる。この場合には，その承諾があることを証明するために，仮登記義務者の承諾証明情報の提供が必要となる。

仮登記義務者の承諾証明情報には，作成者が記名・押印したうえで，承諾証明情報の一部として印鑑証明書を提供しなければならない（令19条1項・2項）。仮登記義務者本人が作成したものであることを証明するためである。仮登記権利者が単独申請する場合には，独立した添付情報としての印鑑証明書の提供は必要ないが（☞前記(3)），承諾証明情報の一部として印鑑証明書を提供しなければならないというわけである。つまり，仮登記義務者は，「承諾証明情報」とその一部としての「印鑑証明書」を用意しなければならない。共同申請の場

◉仮登記の添付情報のまとめ

		共同申請	仮登記権利者の単独申請	
			仮登記義務者の承諾がある場合	仮登記を命じる処分を得た場合
登記原因証明情報		○	○	○ （仮登記を命じる処分の決定書の正本）
登記識別情報		×	×	×
印鑑証明書（所有権登記名義人が義務者の場合）		○	×※1	×
住所証明情報		×	×	×
登記原因についての許可・同意・承諾証明情報		×	×	×
登記上の利害関係を有する第三者の承諾証明情報	必要的承諾型	×	×	×
	任意的承諾型	△※2	△※2	△※2
仮登記義務者の承諾証明情報		×	○	×

○＝提供が必要　×＝提供が不要

※1　ただし，仮登記義務者の承諾証明情報の一部として印鑑証明書が必要となる（承諾書が公正証書の正本の場合は除く）。

※2　付記登記で実行する場合に必要となる。提供がない場合は主登記となる。

合に仮登記義務者の用意するものが「委任状（代理権限証明情報）」と「印鑑証明書」であることを考えると，単独申請だからといって，仮登記義務者に求められる協力の度合いがそれほど減少しているわけではないことがわかるだろう。

ただし，仮登記義務者の承諾証明情報として公正証書の正本が提供された場合，仮登記義務者の印鑑証明書の提供は必要ない（昭54・7・19民三4170号）。この場合には，書面の真正が確保されているからである。

【仮登記を命じる処分を得た場合】

仮登記を命じる処分を得て仮登記権利者が単独申請する場合，登記原因証明情報として仮登記を命じる処分の決定書の正本を提供しなければならない（☞前記(2)）。

6 登録免許税

(1) 原　　則

【考え方】

本登記の際に不動産価額を課税標準として登録免許税が課税される登記に関する仮登記を申請する場合には，通常の登記を申請する場合の税率の半分が，仮登記の際に求められる。「本登記の際に残り半分を払えばよいので，とりあえず仮登記では半分払っておいてね」という発想である。なお，仮登記の申請においては，1号仮登記か2号仮登記かによって，登録免許税に区別はない。

【所有権移転】

売買等を登記原因とする所有権移転（請求権）の仮登記の登録免許税は，不動産価額の1000分の10である（登免税別表1.1.(12)ロ(3)）。売買等による所有権移転登記の登録免許税は，通常1000分の20なので，その半分である1000分の10が仮登記時に求められるということである。残りの1000分の10は，その仮登記を本登記にする際に求められることになる。

【地上権等の設定】

地上権・永小作権・賃借権・採石権の設定（請求権）の仮登記の登録免許税は，不動産価額の1000分の5である（登免税別表1.1.(12)ハ(1)）。また，配偶者居住権の設定の仮登記の登録免許税は，不動産価額の1000分の1である（登免税別表1.1.(12)ニ）。それぞれ通常の登記を申請する場合の半分の税率となっている。

⑵ 例　　外

不動産価額を課税標準とする登記以外の登記についての仮登記は，不動産1個につき1,000円である（登免税別表1.1.⑿ト）。たとえば，抵当権設定や抵当権移転の仮登記についての登録免許税は，債権額を課税標準とする登記についての仮登記なので，不動産1個につき1,000円となる。

特に，担保権の設定仮登記の登録免許税が，債権額・極度額等の1000分の2ではなく，不動産1個につき1,000円となることに注意が必要である。

7 登記の実行

仮登記の実行においては，その下側に本登記をするための余白が設けられる（規則179条1項）。後日，本登記にする際には，その余白に実行される。

3. 仮登記の本登記

1 意　　義

⑴ 仮登記の本登記とは

仮登記の本登記とは，仮登記をその保全していた順位で本登記にすることである。レストランの予約であれば，予約していたレストランに実際に行くことである。

1号仮登記の場合は，登記識別情報が提供できないなどの手続的な要件が具備されていないことで仮登記となっていた。登記識別情報が見つかるなどして手続的要件が具備した場合に，仮登記の本登記の申請をすることができる。

2号仮登記の場合，売買予約しかなされていないなど物権変動が生じていないことで仮登記となっていた。予約完結権を行使して物権が変動した場合に，仮登記の本登記の申請をすることができる。

⑵ 効　　果

【順位保全効の効果】

仮登記の本登記の本質は，通常の登記である。つまり，所有権移転の仮登記がなされている場合に，その仮登記を本登記にする手続は，本質的には，通常の所有権移転登記だということである。

ただ，仮登記をすることで順位が保全されているので，その登記が仮登記の際に設けられた余白に記録されることが特徴である（規則179条2項）。そして，その本登記の順位は，仮登記の順位で登記したことになる（106条）。

【仮登記に後れる登記の職権抹消】

仮登記には対抗力がないので，他の登記がなされることを防止することはできない。しかし，順位保全効があるため，本登記をして対抗力を取得すれば，自らの仮登記後になされた登記に対抗することができる。

所有権の仮登記の場合，仮登記後になされた登記を蹴散らすことができる。仮登記後に抵当権設定登記がなされたとしても，仮登記名義人は，本登記をすることで当該抵当権者に対抗することができるので，抵当権の負担がない所有権を取得することができるというわけである。所有権の仮登記の本登記が実行されることで，仮登記に後れる登記は職権抹消されることになるのである。

2　所有権の仮登記の本登記

(1)　登記申請情報

事例　甲土地甲区4番の仮登記は，Aの登記識別情報が提供できないためになされたものであるが，Aの登記識別情報が提供できるようになったため，本登記の申請をすることとなった。

(甲土地の登記記録)

甲区　3番　所有者　A
　　　4番　所有権移転仮登記
　　　　　　令和6年5月25日受付第55252号
　　　　　　令和6年5月25日売買　B
　　　　　　[余白]
　　　5番　所有権移転　令和6年5月30日受付第65222号
　　　　　　　　　　　令和6年5月30日売買　所有者　C
乙区　1番　抵当権設定　令和6年5月30日受付第65223号　抵当権者　D

◉記載例　仮登記の本登記

登記の目的　所有権移転（4番仮登記の本登記）
原　　　因　令和6年5月25日売買
権　利　者　B

義務者	A
添付情報	登記原因証明情報　登記識別情報　印鑑証明書 住所証明情報　代理権限証明情報　承諾証明情報
課税価格	金 1,000 万円
登録免許税	金 10 万円（登録免許税法第 17 条第１項）

⑵　登記の目的

登記の目的は，「所有権移転（４番仮登記の本登記）」などと記載する。仮登記の本登記の本質は通常の登記だから，「所有権移転」という具合に，通常の登記を申請する場合と同様の記載をすればよい。ただ，その登記を「仮登記を本登記にする形で余白に実行してください」という旨を明らかにするため,「（4番仮登記の本登記)」などという記載を加える。

⑶　登記原因

登記原因は，物権変動が生じた原因とその日付を記載する。２号仮登記の場合，仮登記原因は,「売買予約」など物権変動の基礎が発生した原因であるが，それを本登記にする際の登記原因は「売買」など物権変動が生じた原因となるので，注意すること。

１号仮登記の場合は，登記されている仮登記原因と本登記原因が，登記原因日付も含めて一致していなければならない。仮登記原因と本登記原因は，同一の物権変動だからである。

２号仮登記の場合は，仮登記原因は物権変動の基礎の発生原因であり，本登記原因は物権変動の原因であるため，その原因や日付は一致しない。ただ，双方に関連性がなければならない。たとえば，登記原因が「売買予約」である所有権移転請求権仮登記を本登記にするときの登記原因は,「売買」でなければならない。この場合,「代物弁済」を登記原因として本登記することはできない。仮登記原因と本登記原因に関連性がない場合には，本登記をする前提として仮登記原因の更正登記を申請しなければならないのである（昭 55・9・19 民甲5618 号，昭 34・11・13 民甲 2438 号)。

仮登記原因と本登記原因の関係についてイメージ図にしてみよう〈図 4-4〉。

図 4-4　本登記原因

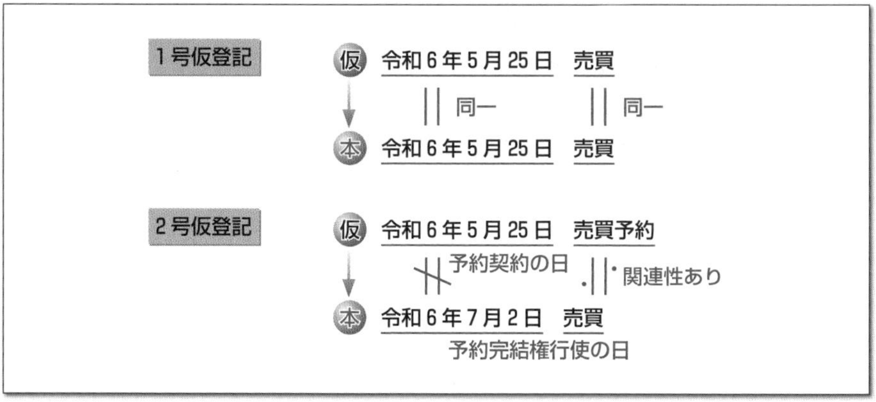

⑷　登記申請人

【原　則】

仮登記の本登記は，仮登記権利者を登記権利者，仮登記義務者を登記義務者とする共同申請で行う。

仮登記の本登記の本質は，通常の登記である。たとえば，売買を登記原因とする本登記の本質は，売買による所有権移転登記である。そうであれば，売買による物権変動の当事者である仮登記義務者（売主）と仮登記権利者（買主）の共同申請ですべきということである。

【所有権が移転している場合】

所有権に関する仮登記がなされた後，第三者に対して特定承継による所有権移転登記がなされている場合であっても，仮登記の本登記は，仮登記義務者を登記義務者，仮登記権利者を登記権利者とする共同申請で行う。

現在の所有権登記名義人が登記義務者となるわけではない。仮登記の本登記の本質が通常の登記である以上，通常の登記を申請する場合の申請人で行うべきと考えることができるからである。

前記⑴の記載例においては，Bの仮登記がなされた後に，AからCに所有権が移転している。この場合，Bの仮登記の本登記の申請は，現在の所有権登記名義人であるCを登記義務者として行うのではなく，仮登記義務者であるAを登記義務者として行う。その本質が売買による所有権移転移転登記である以上，売買当事者であるAとBで申請すべきだからである。この場合，Cは登記上の利害関係を有する第三者となる（☞後記3）。

【相続の場合】

所有権に関する仮登記がなされた後，相続などの一般承継による所有権移転登記がなされた場合，仮登記の本登記は，現在の所有権登記名義人である一般承継人を登記義務者として申請する（登研458号96）。一般承継人が仮登記義務者の地位を包括的に承継しているからである。

(5)　添付情報

【通常の添付情報】

仮登記の本登記の本質は，通常の登記であるため，通常の登記申請に必要な添付情報を提供することになる。

仮登記を申請する際には必要でなかった登記義務者の登記識別情報，所有権登記名義人となる者の住所証明情報，登記原因についての許可・同意・承諾証明情報についても，提供が必要となる。

仮登記義務者の相続人が登記義務者となる場合には，被相続人の登記識別情報ではなく，相続による所有権移転登記の際に通知された登記識別情報の提供が必要となる（登研432号128，登研458号95）。

【承諾証明情報】

所有権に関する仮登記の本登記を申請する場合，登記上の利害関係を有する第三者が存在するときは，その者の承諾証明情報の提供をしなければならない(109条1項)。所有権に関する仮登記を本登記にする場合には，仮登記に後れる登記は職権で抹消されるので，「そのことはわかっている」というその者の意思を確認するために承諾証明情報の提供を必要としたのである。当該承諾証明情報の提供がないと，本登記の申請は受理されない（必要的承諾型）。

なお，登記上の利害関係を有する第三者の承諾は，原則として変更・更正・抹消登記を申請する場合に提供するものであり，所有権移転登記の申請において，登記上の利害関係を有する第三者の承諾証明情報の提供を要求されるのは，次の2つの申請の場合だけであることを押さえておくと便利である。

①買戻しを登記原因とする所有権移転登記

②仮登記の本登記手続による所有権移転登記

また，誰が登記上の利害関係を有する第三者に当たるかについては，論点が多いので，後記**3**で詳述することにする。前記(1)の記載例においては，仮登記後に登記をした所有者Cと抵当権者Dがこれに当たり，その承諾証明情報の提供が必要となる。

(6) 登録免許税

売買等を登記原因として所有権移転に関する仮登記の本登記を申請する場合の登録免許税は，不動産価額の1000分の10となる（登免税17条1項）。仮登記の申請においてすでに1000分の10を納付しているので，通常の税率である1000分の20からその分を控除した額となるのである。

登録免許税が軽減される場合は，その根拠を登記申請情報に記載する必要があるため，登記申請情報には，「登録免許税　金10万円（登録免許税法第17条第1項）」などと，登録免許税額に加えて根拠条文も記載する。

3 利害関係を有する第三者

(1) 考え方

所有権に関する仮登記の本登記においては，登記上の利害関係を有する第三者の承諾証明情報の提供が必要となる。当該第三者の権利は，本登記が実行される際に職権で抹消されてしまうからである。

所有権に関する仮登記の本登記の申請において，登記上の利害関係を有する第三者となるのは，仮登記後に権利に関する登記をした者である。ただし，次の者は除かれる。

①現在の登記名義人でない者

②本登記をする仮登記を目的として権利を取得している者

③仮登記に対抗できる権利から付記登記で権利を取得している者

④登記申請人となる者

①について。現在の登記名義人でない者は，すでに権利を有しておらず，本登記がなされても不利益はないからである。たとえば，Aが甲区1番で所有権登記名義人となっている甲土地について，甲区2番でBの所有権移転仮登記がなされた後，甲区3番でCへの売買による所有権移転登記，さらに，甲区4番でDへの売買による所有権移転登記がなされている場合について考えよう。つまり，仮登記がなされた後に，A→C→Dと所有権が移転している。この場合，Dが利害関係を有する第三者となる。Cは，仮登記後に所有権を取得しているが，すでにDにその権利を移転しており，現在の登記名義人とはいえないので，利害関係を有する第三者とはならないのである（昭37・7・30民甲2117号）。

②について。仮登記を目的としている権利についての登記は，仮登記名義人が自ら申請した登記である以上，抹消すべきでない。そのため，当該権利取得者を，利害関係を有する第三者から除いたものである。たとえば，Bの所有権の仮登記を目的としてCの抵当権設定仮登記がなされている場合，Cの抵当権設定仮登記はBが自ら設定したものであり，本登記の際に抹消すべきではないのである。この場合，Cの抵当権が仮登記となっているのは，その目的であるBの権利が仮登記であるからであり，Bは，自己の仮登記を本登記にした後に，Cの抵当権設定仮登記の本登記をするための手続に協力すべき立場にあるといえる。

③について。仮登記に対抗できる権利に付記された登記は，その順位で登記したことになるため，やはり，仮登記に対抗することができるからである。

④について。たとえば，相続による所有権取得者である。仮登記の本登記の登記義務者になる以上，登記上の利害関係を有する第三者とはならない。

(2)　利害関係を有する第三者に関する論点

例題１　次の甲土地の登記記録において，甲区２番の仮登記の本登記の申請の際，差押権者Ｃは利害関係を有する第三者となるか。

(甲土地の登記記録)

権利部（甲区）（所有権に関する事項）			
順位番号	登記の目的	受付年月日・受付番号	権利者その他の事項
1	所有権保存	令和６年２月22日 第22222号	所有者　Ａ
2	所有権移転仮登記	令和６年５月15日 第56971号	原因　令和６年５月15日売買 権利者　Ｂ
	余白	余白	余白
3	差押	令和６年６月15日 第62970号	原因　令和６年６月13日東京地方裁判所担保不動産競売開始決定 債権者　Ｃ

権利部（乙区）（所有権以外の権利に関する事項）			
順位番号	登記の目的	受付年月日・受付番号	権利者その他の事項
1	抵当権設定	令和６年２月22日 第22223号	抵当権者　Ｃ

本例題1におけるCの差押えは，それ自体はBの仮登記後になされた登記である。問題となるのは，その差押登記が，仮登記に対抗できる抵当権に基づいてなされていることである。この場合に，差押権者としてのCは利害関係を有する第三者となるのだろうか。

この点，先例は，差押権者Cは利害関係を有する第三者となるとした（昭41・6・17民甲1763号)。たしかに仮登記に対抗できる抵当権に基づく差押登記だとしても，差押え自体は，形式的に仮登記に劣後するからである。当該差押登記は，本登記の際に職権抹消されることになるのである。

なお，Cの乙区1番抵当権は，仮登記に対抗できる登記であり（仮登記より先に登記されている)，抵当権は職権抹消されないので注意すること。差押登記を職権抹消されたCは，当該抵当権に基づいて再度競売の申立てを行い，差押えをすることができることになるのである。

例題2　次の甲土地の登記記録において，甲区2番の仮登記の本登記の申請の際，抵当権者Bは利害関係を有する第三者となるか。

(甲土地の登記記録)

権利部（甲区）（所有権に関する事項）			
順位番号	登記の目的	受付年月日・受付番号	権利者その他の事項
1	所有権保存	令和6年2月22日 第22222号	所有者　A
2	所有権移転仮登記	令和6年5月15日 第56971号	原因　令和6年5月15日売買 権利者　B
	余白	余白	余白

権利部（乙区）（所有権以外の権利に関する事項）			
順位番号	登記の目的	受付年月日・受付番号	権利者その他の事項
1	抵当権設定	令和6年5月15日 第56972号	抵当権者　B

所有権の仮登記がなされた後に抵当権の設定がなされたが，その抵当権者が仮登記名義人自身である場合，当該抵当権者は利害関係を有する第三者に当たるかという問題である。

甲土地の所有権はAからBに移っており，Bは自己の所有物に自己の抵当権を設定していることになり，実体的に不自然な状況ではある。しかし，登記記録的には，Bは仮登記を受けているだけであって，所有権登記名義人はA

のままであるため，Bの抵当権を設定することはできるのである。

さて，本例題を考えていこう。承諾証明情報が要求されるのは利害関係を有する第三者である以上，当事者である登記申請人は含まれない。Bは本登記申請をする際の登記申請人（登記権利者）であるため，抵当権者としても，利害関係を有する第三者とはならない（昭46・12・11民三532号）。

この場合，承諾証明情報の提供がないにもかかわらず，Bの抵当権は，仮登記の本登記によって，職権抹消される。Bは登記申請人であり，登記申請をしていることで，承諾していると解釈することができるからである。

例題３　次の甲土地の登記記録において，甲区２番の仮登記の本登記の申請の際，債権額増額変更登記を受けたＣは利害関係を有する第三者となるか。

（甲土地の登記記録）

権利部（甲区）（所有権に関する事項）			
順位番号	登記の目的	受付年月日・受付番号	権利者その他の事項
1	所有権保存	令和６年２月22日 第22222号	所有者　A
2	所有権移転仮登記	令和６年５月15日 第56971号	原因　令和６年５月15日売買 権利者　B
	余白	余白	余白

権利部（乙区）（所有権以外の権利に関する事項）			
順位番号	登記の目的	受付年月日・受付番号	権利者その他の事項
1	抵当権設定	令和６年２月22日 第22223号	債権額　金1,000万円 利息　年10% 債務者　A 抵当権者　C
付記１号	１番抵当権変更	令和６年７月１日 第75631号	原因　令和６年７月１日変更 債権額　金1,200万円

Bの仮登記がなされた後に，債権額の増額変更登記がなされている。この増額変更登記は，仮登記に対抗できる抵当権に付記してなされているので，その登記を受けたＣは，利害関係を有する第三者とはならない（☞前記⑴③）。Bが仮登記の本登記を申請しても，１番抵当権の債権額増額変更登記は，職権抹消されないのである。

これに対して，もし，債権額増額変更登記が主登記で実行されていれば，Bが仮登記の本登記を申請することで，その債権額増額変更登記は，職権抹消されることになる。

　これで，債権額増額変更の登記を受けた者が仮登記の本登記の申請の際に利害関係を有する第三者となるか否かについてはわかっただろう。

　しかし，実は，さらにもうひとつ考えてもらいたいことがある。Bが仮登記を本登記にする際，抵当権の増額変更登記が付記登記で実行されている場合には対抗できず職権抹消してもらえないが，主登記で実行されている場合には対抗できて職権抹消してもらえる。これは，債権額増額変更登記が付記登記で実行されるのか主登記で実行されるのかについて，その抵当権に後れる所有権の仮登記名義人は利害関係があることを意味する。債権額増額変更登記において，後順位の所有権仮登記名義人が利害関係を有する第三者となるのは，これが理由なのである。

　抵当権の債権額増額変更登記が付記登記で実行されると，それに後れる所有権の仮登記を本登記にする際に，職権抹消されなくなる。そこで，債権額増額変更登記を付記登記で実行するのであれば，「仮登記を本登記にしても抵当権の債権額増額変更登記を職権抹消できなくなるが，それでかまわない」という旨の承諾を，後れる所有権の仮登記名義人からもらっておけというわけである。

　『不動産登記法Ⅰ』で抵当権の債権額変更登記を学習する際に，「債権額増額変更登記で後れる所有権仮登記名義人が利害関係を有する第三者となる理由については，仮登記の理解が必要なので，『不動産登記法Ⅱ』で再度説明する」と約束しておいた。ここでようやく，その約束を果たしたことになる。

4　所有権以外の権利の仮登記の本登記

(1)　意　　義

　ここでは，「抵当権設定仮登記」「抵当権抹消仮登記」など，所有権以外の権利についての仮登記がなされている場合の本登記手続について学習していく。登記の目的が「抵当権設定（1番仮登記の本登記）」となる点や，登記原因の記載方法など，基本的には，所有権に関する仮登記の本登記の場合と同様に考えていけばよい。以下，注意すべき点について説明を加えていく。

(2)　登記申請人

【原　則】

　所有権以外の権利の仮登記の本登記の申請は，仮登記権者を登記権利者，仮登記義務者を登記義務者とする共同申請で行うのが原則である。

【仮登記後に所有権が移転している場合】

所有権以外の権利の仮登記がなされた後，所有権が第三者に移転された場合，仮登記の本登記の申請は，仮登記義務者である従前の所有権登記名義人，現在の所有権登記名義人のどちらを登記義務者として申請してもかまわない（昭37・2・13民三75号）。

例題１　Ａが所有権登記名義人である甲土地にＢの抵当権設定仮登記がなされた後，ＡからＣに対する所有権移転登記がなされた。Ｂの抵当権設定仮登記を本登記にする申請をする場合の登記義務者となる者は誰か。

本例題１において，Ｂの抵当権設定仮登記を本登記にする場合の登記義務者となるのは，仮登記義務者Ａでもよいし，現在の所有権登記名義人Ｃでもよい。仮登記の本登記は，仮登記の申請を行った当事者である仮登記権利者及び仮登記義務者の共同申請で行うのが原則である。しかし，本例題の抵当権設定仮登記を本登記にすることで，現在の所有権登記名義人が抵当権の設定をしたような状況になることから，現在の所有権登記名義人を登記義務者として申請してもよいとされたのである。

【抹消の仮登記後に抵当権が移転している場合】

例題２　Ａが所有権登記名義人である甲土地の登記記録の乙区は，次のとおりである。乙区２番の抵当権抹消の仮登記の本登記をする場合の登記義務者となるのは誰か。

（甲土地の登記記録）

権利部（乙区）（所有権以外の権利に関する事項）			
順位番号	登記の目的	受付年月日・受付番号	権利者その他の事項
1	抵当権設定	令和４年６月25日 第65223号	原因　令和４年６月25日金銭消費貸借同日設定 債権額　金1,000万円 利息　年10% 債務者　Ａ 抵当権者　Ｂ
付記１号	１番抵当権移転	令和６年６月15日 第60011号	原因　令和６年６月15日債権譲渡 抵当権者　Ｃ
2	１番抵当権抹消仮登記	令和６年５月22日 第59345号	原因　令和６年５月22日放棄
	余白	余白	余白

本例題2においては，抵当権の抹消の仮登記がなされた後に，その抵当権の移転登記がなされている。抵当権が消滅しているのに移転登記ができるのかという疑問を抱く人もいるだろう。

この点，登記記録上，抵当権の抹消は，仮登記でなされているだけである。そして，仮登記には対抗力がないため，抵当権が消滅していることを第三者に対抗することができず，抵当権の移転登記を申請することも可能なのである。

さて，本例題2では，抵当権の抹消の仮登記がなされた後に，その抵当権の移転登記がなされている場合において，抹消の仮登記を本登記にする場合の登記義務者となる者が誰なのかが問題となっている。

この場合，登記義務者となる者は，B・Cどちらでもよいとされている（昭37・10・11民甲2810号）。Bは仮登記義務者であるし，Cは自己の抵当権の登記が消されてしまう現在の抵当権者だからである。

Bを登記義務者として申請する場合には，Cの承諾証明情報の提供が必要となる。この抵当権抹消本登記がなされることで，Cの権利も消滅するからである。これは，不動産登記法68条に準じて要求されるものであり，抹消登記を申請する場合の登記上の利害関係を有する第三者の承諾証明情報として提供が必要となるものである。

(3) 登記上の利害関係を有する第三者の承諾証明情報の要否

所有権に関する仮登記を本登記にする場合には，登記上の利害関係を有する第三者の承諾証明情報の提供が必要である（109条1項）。

これに対して，所有権以外の権利に関する仮登記を本登記にする申請をする場合には，登記上の利害関係を有する第三者の承諾証明情報の提供は不要である。登記上の利害関係を有する第三者の承諾証明情報の提供の根拠条文である不動産登記法109条1項に「所有権に関する仮登記」と記載されていることに注意しておくこと。

たとえば，乙区1番にAの抵当権設定仮登記がなされており，2番にCの抵当権設定登記がなされている場合，1番抵当権設定仮登記を本登記にする申請をするにあたり，Cの承諾証明情報の提供は不要である。つまり，1番抵当権設定仮登記が本登記になっても，2番抵当権は職権抹消されないということである。

もし1番抵当権が本登記で存在していても，2番抵当権の出現を防ぐことはできない。また，2番抵当権が存在していても，1番抵当権の価値には影響がない。これらのことから，１番抵当権設定仮登記を本登記にするときに，２番抵当権を職権抹消してもらうことができず，２番抵当権者の承諾証明情報も不要となるということである。

(4)　登録免許税

地上権設定仮登記のように，不動産価額を課税標準として登録免許税を納付している仮登記について，本登記を申請する場合の登録免許税は，通常の登記をする場合の税率から仮登記申請時に納付した税率を控除した額となる（登免税 17 条１項）。

しかし，抵当権設定仮登記のように，仮登記申請時に不動産１個について 1,000 円を納付する仮登記については，本登記をする際に仮登記時に納付した 1,000 円は控除されない。登録免許税については，通常の登記を申請するのと同じ税額となる。たとえば，抵当権設定仮登記を本登記にする場合の登録免許税は，債権額の 1000 分の４となる。

4. 仮登記の処分の登記

1　総　　説

仮登記された権利も物権や債権であり，その権利について，移転をしたり，他の権利の目的としたりすることができる。これが仮登記の処分である。

仮登記の処分には，次の５つの形態がある。

①**パターンⅠ**：仮登記された所有権（1 号仮登記）を第三者に移転する処分

②**パターンⅡ**：仮登記された所有権（1 号仮登記）について，第三者に移転請求権を取得させる処分

③**パターンⅢ**：仮登記された所有権移転請求権（2 号仮登記）を第三者に移転する処分

④**パターンⅣ**：仮登記された所有権移転請求権（2 号仮登記）について，第三者に移転請求権を取得させる処分

⑤仮登記された権利を目的として，第三者のために権利を設定する処分

①〜④が，仮登記された権利を移転する系統の処分である。このように，４つのパターンに分けることができる。

パターンⅠ・Ⅱは，処分の対象となる権利が１号仮登記の場合であり，パタ

ーンⅢ・Ⅳは，処分の対象となる権利が2号仮登記の場合である。また，パターンⅠ・Ⅲが「売買」などの物権的な処分をする場合であり，パターンⅡ・Ⅳが「売買予約」などの債権的な処分をする場合である。この組み合わせで4通りの処分が存在するというわけである。

この4つの処分については，主登記・付記登記のいずれで実行されるのか，本登記・仮登記のいずれで実行されるのかという点に注意して学習を進めてほしい。

なお，⑤は，仮登記された権利に抵当権を設定するなど，移転以外の処分である。どのような処分が可能なのか，その可否に着目して学習を進めてほしい。

◉仮登記の移転系統の4つの処分

		処分の形態	
		物権的移転（売買）	債権的移転（売買予約）
処分の対象	1号仮登記（売買）	パターンⅠ	パターンⅡ
	2号仮登記（売買予約）	パターンⅢ	パターンⅣ

2 パターンⅠ：1号仮登記の移転

(1) 意　　義

たとえば，Aが所有している甲土地をBに売却し，所有権移転の仮登記（1号仮登記）がなされた後，さらに，BがCに対して甲土地を売却した場合が，パターンⅠである〈図4-5〉。

図4-5　パターンⅠのイメージ図

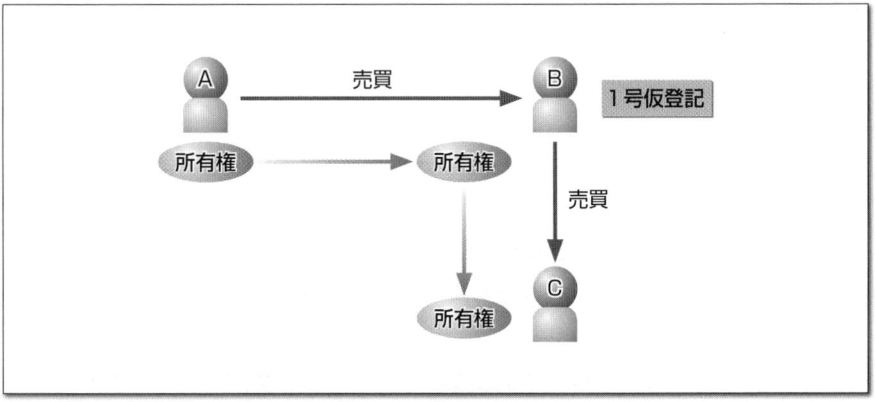

このパターンは，所有権（物権）がＡからＢに移転し，さらに，ＢからＣに移転している点に特徴がある。この場合，ＢからＣに対して，売買による仮登記所有権の移転の仮登記を申請することができる。実体上所有権がＢからＣへと移転するが，移転の対象となる登記が仮登記であるため，その移転も仮登記となってしまうのである。Ｂが仮登記を有するにすぎない以上，それ以上のものをＣに対して移転することができないというわけである。

パターンⅠの登記の本質は，所有権という物権の移転の登記であり，それを仮登記で実行するということである。

(2)　登記申請情報

事例　甲土地の登記記録には，甲区１番に「所有者　Ａ」と記録されており，甲区２番に「所有権移転仮登記　令和３年３月25日売買　権利者Ｂ（余白付）」と記録されている。令和６年７月１日，Ｂは所有する甲土地をＣに売却した。

◉記載例　仮登記の移転（パターンⅠ）

登記の目的　２番仮登記所有権移転の仮登記
原　　　因　令和６年７月１日売買
権　利　者　Ｃ
義　務　者　Ｂ
添 付 情 報　登記原因証明情報　印鑑証明書　代理権限証明情報
課 税 価 格　金1,000万円
登録免許税　金10万円

(3)　登記の目的

登記の目的は，「２番仮登記所有権移転の仮登記」などと記載する〈図4-6〉。仮登記の処分は，登記の目的が難解のようだが，きちんと仕組みを理解すれば決して難しくはない。

登記の目的は，「どの権利」を「どうするか」というように，登記をする対象となる権利を特定し，物権変動の種類を特定する記載をする。まず，「２番仮登記所有権」と記載し，登記の対象の権利が「仮登記された所有権」つまり「１号仮登記」である旨を記載する。そして，「移転」というように物権変動の

図 4-6　パターンⅠの登記の目的

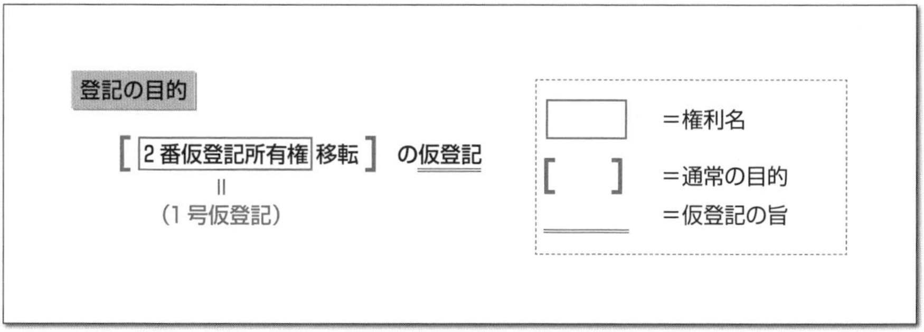

種類を特定する。さらに，この登記は仮登記で実行されるので，「仮登記」と記載すればできあがりである。

⑷　登記原因

登記原因は，「年月日売買」などとなる。パターンⅠは，物権変動が生じている場合に申請する登記なので，物権変動の原因を記載する。

⑸　添付情報

仮登記で申請することになるので，登記義務者の登記識別情報は不要である。

これに対して，登記義務者の印鑑証明書の提供は必要である点に注意すること。登記義務者が所有権登記名義人ではないが，将来本登記をすれば所有権登記名義人となる予定の者なので，所有権登記名義人に準じて印鑑証明書の提供が要求されるのである。

⑹　登録免許税

パターンⅠの登記は，所有権（物権）の移転の仮登記だから，その登録免許税は，不動産価額の 1000 分の 10 となる（登免税別表 1.1.⑿ロ(3)）。

⑺　登記の実行

【主登記】

物権としての所有権の移転登記なので，主登記で実行される。A から B への移転と B から C への移転が独立した所有権移転として存在するので，B の仮登記に付記するのではなく，独立した順位番号を付した主登記で実行するということである。

【仮登記】

移転の対象となる登記が仮登記なので，その移転の登記も仮登記となる。

【まとめ】

以上から，パターンＩの登記は，主登記の仮登記で実行されるということである。

仮登記実行後の登記記録は，次のようになる。

◉仮登記実行後の登記記録

（甲土地の登記記録）

権利部（甲区）（所有権に関する事項）			
順位番号	登記の目的	受付年月日・受付番号	権利者その他の事項
1	所有権保存	平成 31 年 1 月 12 日 第 12323 号	所有者　A
2	所有権移転仮登記	令和 3 年 3 月 25 日 第 32532 号	原因　令和 3 年 3 月 25 日売買 権利者　B
	余白	余白	余白
3	2 番仮登記所有権移転の仮登記	令和 6 年 7 月 1 日 第 71151 号	原因　令和 6 年 7 月 1 日売買 権利者　C
	余白	余白	余白

甲区３番で，Ｂの仮登記所有権（1 号仮登記）をＣに移転した登記が，仮登記で実行されている。甲区３番という独立の番号が付され，主登記で実行されていることがわかる。また，余白が設けられており，仮登記で実行されていることがわかる。

⑻　本登記の方法

パターンＩの登記がなされた後，本登記ができるようになった場合は，まず，A から B への所有権移転仮登記を本登記にする申請をして，次に，B から C への仮登記所有権移転の仮登記を本登記にする申請をする。ＢからＣへの移転が仮登記になっているのは，その前提の移転であるＡからＢへの移転が仮登記だからである。このことから，まず，ＡからＢへの仮登記を本登記にしなければならないというわけである。

前記⑺で示した登記記録には，仮登記が２つある。つまり，余白が２か所あるということである。これを本登記にするときには，上の余白から順番に埋めていけということである。上の余白にBが本登記を入れ，次に下の余白にCが本登記を入れろということである。

登記申請情報は，通常の仮登記を本登記にする場合の登記申請情報と同様である。主要部分を示すと，次のようになる。

◉記載例　1件目

登記の目的　所有権移転（2番仮登記の本登記）
原　　　因　令和3年3月25日売買
権　利　者　B
義　務　者　A

◉記載例　2件目

登記の目的　所有権移転（3番仮登記の本登記）
原　　　因　令和6年7月1日売買
権　利　者　C
義　務　者　B

この2件の本登記が実行された後の登記記録は，次のようになる。

◉登記実行後の登記記録

（甲土地の登記記録）

権利部（甲区）（所有権に関する事項）			
順位番号	登記の目的	受付年月日・受付番号	権利者その他の事項
1	所有権保存	平成31年1月12日 第12323号	所有者　A
2	所有権移転仮登記	令和3年3月25日 第32532号	原因　令和3年3月25日売買 権利者　B
	所有権移転	令和6年7月5日 第75333号	原因　令和3年3月25日売買 所有者　B
3	2番仮登記所有権移転の仮登記	令和6年7月1日 第71151号	原因　令和6年7月1日売買 権利者　C
	所有権移転	令和6年7月5日 第75334号	原因　令和6年7月1日売買 所有者　C

仮登記で実行されていたＡからＢ，ＢからＣへの移転が，それぞれ本登記となった。これで，Ａ→Ｂ→Ｃという所有権の移転が本登記で公示されることとなったのである。

3　パターンⅡ：１号仮登記の移転請求権

(1)　意　　義

たとえば，Ａが所有している甲土地をＢに売却し，所有権移転の仮登記（1号仮登記）がなされた後，ＢがＣに対して将来甲土地を売却する売買予約契約を締結した場合が，パターンⅡである〈図 4-7〉。

図 4-7　パターンⅡのイメージ図

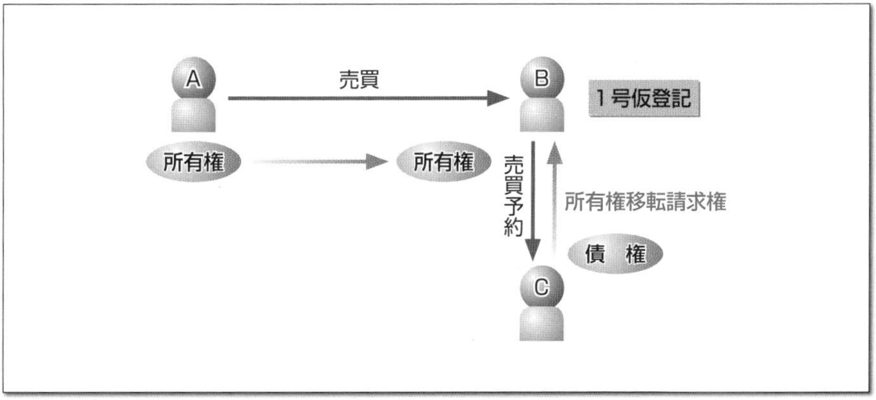

パターンⅡは，ＡからＢに対しては所有権（物権）が移転しているが，ＢからＣに対しては所有権（物権）が移転していない点に注意しなければならない。Ｃが取得したのは，所有権移転請求権というＢに対する債権なのである。この場合，ＢからＣに対して，売買予約による仮登記所有権の移転請求権の仮登記を申請することができる。Ｃが取得したのが債権であるため，その移転も仮登記となってしまうのである。

(2)　登記申請情報

事例　甲土地の登記記録には，甲区１番に「所有者　Ａ」と記録されており，甲区２番には「所有権移転仮登記　令和３年３月25日売買　権利者Ｂ（余白付）」と記録されている。令和６年７月１日，Ｂは，Ｃとの間で，その所有する甲土地の売買予約契約を締結した。

◉記載例　仮登記の移転（パターンⅡ）

登記の目的	2番仮登記所有権の移転請求権仮登記
原　　　因	令和6年7月1日売買予約
権　利　者	C
義　務　者	B
添 付 情 報	登記原因証明情報　印鑑証明書　代理権限証明情報
課 税 価 格	金1,000万円
登録免許税	金10万円

⑶　登記の目的

登記の目的は，「2番仮登記所有権の移転請求権仮登記」などと記載する〈図4-8〉。登記申請の対象となる権利を「2番仮登記所有権」と記載し，登記の対象が「1号仮登記」である旨を明確にする。そして，物権変動の種類を「移転」と特定する。しかし，物権の変動が生じたわけではなく，その物権変動の基礎が発生しただけなので，その旨を「請求権」と続ける。仮登記で実行されるので，最後に「仮登記」と記載して完成である。

図4-8　パターンⅡの登記の目的

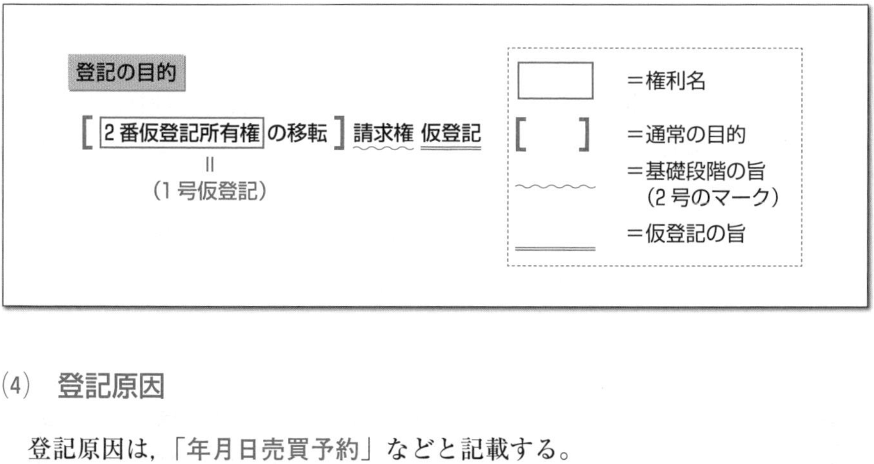

⑷　登記原因

登記原因は，「年月日売買予約」などと記載する。

パターンⅡでは，BからCへと物権変動が生じているわけではないから，物権変動が生じた原因ではなく，物権変動の基礎が発生した原因を記載する。

(5)　添付情報

添付情報は，パターンⅠと同様である。パターンⅡの登記は，所有権移転に関する仮登記という点でパターンⅠと同じだからである。登記識別情報の提供が不要であること，印鑑証明書の提供が必要であることを押さえておくこと。

(6)　登録免許税

これもパターンⅠと同じである。所有権（物権）の移転に関する仮登記という点で共通するからである。不動産価額の1000分の10となる（登免税別表1.1.(12)ロ(3)）。

(7)　登記の実行

【主登記】

物権としての所有権の移転に関する登記なので，主登記で実行される。パターンⅠと同じである。

【仮登記】

物権変動の基礎が発生したことによる登記なので，仮登記で実行される。

【まとめ】

パターンⅡの登記は，パターンⅠの登記と同様，主登記の仮登記で実行される。

◉仮登記実行後の登記記録

（甲土地の登記記録）

権利部（甲区）（所有権に関する事項）			
順位番号	登記の目的	受付年月日・受付番号	権利者その他の事項
1	所有権保存	平成31年1月12日 第12323号	所有者　A
2	所有権移転仮登記	令和3年3月25日 第32532号	原因　令和3年3月25日売買 権利者　B
	余白	余白	余白
3	２番仮登記所有権の移転請求権仮登記	令和6年7月1日 第71151号	原因　令和6年7月1日売買予約 権利者　C
	余白	余白	余白

甲区3番で，主登記の仮登記で実行されていることを確認すること。仮登記なので，余白も設けられている。Bの仮登記の余白とCの仮登記の余白が設けられるので，2つの余白が存在することになる。

(8) 本登記の方法

パターンⅡの登記がなされた後，CがBに対して売買予約契約における予約完結権を行使するなど，移転請求権を行使した場合には，所有権が実体上BからCに移転する。

しかし，このままBからCへの仮登記を本登記にすることはできない。Bが取得しているのが仮登記である以上，BからCへの移転をこの状態で本登記にすることはできないのである。つまり，まず，AからBへの移転登記を本登記にする申請をして，その後，BからCへの移転請求権仮登記を本登記にする申請をする必要がある。

前記(7)で示した登記記録には，余白が2か所ある。これを本登記にするときには，上の余白から順番に埋めていけということである。上の余白にBが本登記を入れ，次に下の余白にCが本登記を入れろということである。パターンⅠの場合と同様である。

登記申請情報は，通常の仮登記を本登記にする場合の登記申請情報と同様である。主要部分を示すと，次のようになる。

◉記載例　1件目

登記の目的　所有権移転（2番仮登記の本登記）
原　　　因　令和3年3月25日売買
権　利　者　B
義　務　者　A

◉記載例　2件目

登記の目的　所有権移転（3番仮登記の本登記）
原　　　因　令和6年7月5日売買
権　利　者　C
義　務　者　B

この２件の本登記が実行された後の登記記録は，次のようになる。

◉登記実行後の登記記録

（甲土地の登記記録）

権利部（甲区）（所有権に関する事項）			
順位番号	登記の目的	受付年月日・受付番号	権利者その他の事項
1	所有権保存	平成 31 年 1 月 12 日 第 12323 号	所有者　A
2	所有権移転仮登記	令和 3 年 3 月 25 日 第 32532 号	原因　令和 3 年 3 月 25 日売買 権利者　B
	所有権移転	令和 6 年 7 月 5 日 第 75333 号	原因　令和 3 年 3 月 25 日売買 所有者　B
3	2 番仮登記所有権の 移転請求権仮登記	令和 6 年 7 月 1 日 第 71151 号	原因　令和 6 年 7 月 1 日売買予約 権利者　C
	所有権移転	令和 6 年 7 月 5 日 第 75334 号	原因　令和 6 年 7 月 5 日売買 所有者　C

甲土地の所有権は，A→B→Cという流れで移転したことになるが，この登記記録では，その所有権の流れが本登記で公示されることとなったのである。

4　パターンⅢ：2号仮登記の移転

(1)　意　　義

たとえば，AからBに対して所有権移転請求権の仮登記がなされた後，Bがその所有権移転請求権をCに売却した場合が，パターンⅢである〈図 4-9〉。

図 4-9　パターンⅢのイメージ図

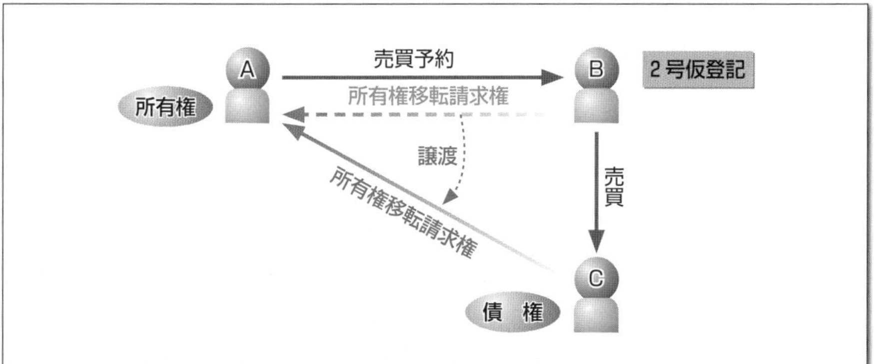

パターンⅢの場合，所有権がAにとどまっている点に注意が必要である。AからBに対して行われているのは売買予約であり，Bは所有権移転請求権という債権しか有していない。そして，その債権がBからCに譲渡されたということである。この譲渡により，BのAに対する所有権移転請求権は確定的にCに移転し，以後，BはAに対して当該請求権の行使ができなくなる。

この場合，BからCに対して，売買を登記原因として所有権移転請求権の移転の登記を申請することができる。BからCへの債権の移転は確定的に効力を生じているので，当該登記は本登記でなされる。

4つの仮登記の移転パターンの中で，本登記でなされるのは，このパターンⅢのみである。このことから，他のパターンとは異なる特徴が出てくる。注意して学習を進めてほしい。

⑵　登記申請情報

事例　甲土地の登記記録の甲区1番には「所有者　A」と記録され，甲区2番に，「所有権移転請求権仮登記　令和3年3月25日売買予約　権利者B（余白付）」と記録されている。令和6年7月1日，Bは，甲土地の所有権移転請求権をCに売却した。

◉記載例　仮登記の移転（パターンⅢ）

登記の目的	2番所有権移転請求権の移転
原　　　因	令和6年7月1日売買
権 利 者	C
義 務 者	B
添 付 情 報	登記原因証明情報　登記識別情報　印鑑証明書 代理権限証明情報
登録免許税	金1,000円

⑶　登記の目的

登記の目的は，「2番所有権移転請求権の移転」などと記載する〈図4-10〉。まず，登記の対象となる権利を「2番所有権移転請求権」と記載する。これは，「順位2番で登記された2号仮登記」という意味である。そして，その権利に生じた物権変動を「移転」と記載する。これで完成である。本登記で実行され

図 4-10　パターンⅢの登記の目的

登記の目的

[2番所有権移転請求権 の移転]

‖

（2号仮登記）

□ ＝権利名

[　] ＝通常の目的

るので，「仮登記」とは記載しない。

⑷　登記原因

登記原因は，「年月日売買」などと記載する。債権（所有権移転請求権）が確定的に移転しているので，「売買予約」とはならない。

⑸　添付情報

【考え方】

パターンⅢの登記は，本登記の申請である。よって，通常の登記で要求される添付情報を提供しなければならない。

【登記識別情報】

登記義務者（上記記載例のB）の登記識別情報の提供が必要である。当該登記が本登記の申請だからである。Bの仮登記が実行された際に通知された登記識別情報の提供が必要となる。

【住所証明情報】

登記権利者の住所証明情報の提供は不要である。

住所証明情報の提供が必要となるのは，所有権登記名義人として登記される場合である。つまり，登記権利者が所有権を取得する場合である。この点，今回の登記において登記権利者が取得するのは，所有権移転請求権という債権である。債権者として登記されるのであって，所有権者として登記されるわけではないのである。よって，登記権利者の住所証明情報の提供は必要ない。

⑹　登録免許税

パターンⅢの登記を申請する場合の登録免許税は，不動産１個につき 1,000円である（登免税別表 1.1.⒁）。

パターンⅢの登記は，所有権（物権）を取得する登記でなく，債権を取得する登記にすぎない。また，付記登記で実行される。これらのことから，不動産1個につき1,000円という定額課税としたものである。

⑺　登記の実行

【付記登記】

パターンⅢの登記は，債権の移転の登記である。所有権以外の権利の移転の登記として，付記登記で実行される（規則3条5号）。

【本登記】

パターンⅢの登記は，債権が確定的に移転しているので，本登記でなされる。

【まとめ】

パターンⅢの登記は，付記登記の本登記で実行される。地上権や賃借権の移転の登記がなされた場合と同じである。

この登記がなされた場合の登記記録は，次のようになる。

◉登記実行後の登記記録

権利部（甲区）（所有権に関する事項）			
順位番号	登記の目的	受付年月日・受付番号	権利者その他の事項
1	所有権保存	平成31年1月12日 第12323号	所有者　A
2	所有権移転請求権仮登記	令和3年3月25日 第32532号	原因　令和3年3月25日売買予約 権利者　B
	余白	余白	余白
付記1号	2番所有権移転請求権の移転	令和6年7月1日 第71151号	原因　令和6年7月1日売買 権利者　C

甲区2番付記1号で実行されている。本登記で実行されるので，余白が設けられない点に注意すること。

⑻　本登記の方法

【本登記の方法】

CがAに対して，売買予約契約についての予約完結権を行使した場合に，所有権がAからCに移転する。よって，この場合に，CはAから所有権を取得したことで，仮登記を本登記とする申請をすることができる。

パターンⅢの場合においては，余白が1個しかない。この余白にCが本登記をするのである。Bは債権をCに完全に譲渡しており，仮登記は，完全にCのものとなっているからである。

本登記をする場合の登記申請情報は，次のとおりとなる。

◉記載例

登記の目的　所有権移転（2番仮登記の本登記）
原　　　因　令和6年7月5日売買
権　利　者　C
義　務　者　A

この申請をすることで，登記記録は，次のようになる。

◉登記実行後の登記記録

権利部（甲区）（所有権に関する事項）			
順位番号	登記の目的	受付年月日・受付番号	権利者その他の事項
1	所有権保存	平成31年1月12日 第12323号	所有者　A
2	所有権移転請求権仮登記	令和3年3月25日 第32532号	原因　令和3年3月25日売買予約 権利者　B
	所有権移転	令和6年7月5日 第72368号	原因　令和6年7月5日売買 所有者　C
付記1号	2番所有権移転請求権の移転	令和6年7月1日 第71151号	原因　令和6年7月1日売買 権利者　C

余白だった部分に，AからCへの所有権移転登記が実行された。この登記記録は，AからCへ所有権が移転されたことを公示するものとなっている点に注意が必要である。

Bは，その有する債権（所有権移転請求権）を行使する前にCに譲渡している。そして，Cがその債権を行使することで，所有権はAからCに移転したのである。Bは，一瞬たりとも所有権を取得しなかったというわけである。

【一部移転の場合】

まず，次の登記記録を見てほしい。

◉登記記録

権利部（甲区）（所有権に関する事項）			
順位番号	登記の目的	受付年月日・受付番号	権利者その他の事項
1	所有権保存	平成31年1月12日 第12323号	所有者　A
2	所有権移転請求権仮登記	令和3年3月25日 第32532号	原因　令和3年3月25日売買予約 権利者　B
	余白	余白	余白
付記1号	2番所有権移転請求権の一部移転	令和6年7月1日 第71151号	原因　令和6年7月1日売買 権利者　持分2分の1　C

甲区2番にBの2号仮登記がなされた後，この2号仮登記がCに一部移転され，BとCの共有となったケースである。この場合の本登記手続をどのようにすべきかが問題となる。

この点，仮登記の本登記は，仮登記権利者の全員であるB・Cが登記権利者となって，同時に申請しなければならないとされている（昭35・5・10民三328号）。B・Cが有しているのは，2人が共同で行使すべき1つの債権であるうえに，本登記をする余白は1個しかないからである。

5　パターンⅣ：2号仮登記の移転請求権

(1)　意　　義

たとえば，AからBに対して所有権移転請求権の仮登記がなされた後，Bがその所有権移転請求権をCに売却する売買予約契約を締結した場合が，パターンⅣである〈図4-11〉。

パターンⅣの場合，所有権がAにとどまっている。Bは所有権移転請求権という債権しか有していないのである。そして，その債権について，Cが移転請求権を取得したのである。Cが取得したのは「所有権」についての移転請求権ではなく，「所有権移転請求権」についての移転請求権である点に注意すること。CはBの有する「債権」を取得できるという「債権」を取得したというわけである。

この場合，Cは，Bの債権を取得できるという債権（移転請求権）を取得したにすぎないので，その取得の登記は，仮登記で実行されることになる。

図 4-11　パターンⅣのイメージ図

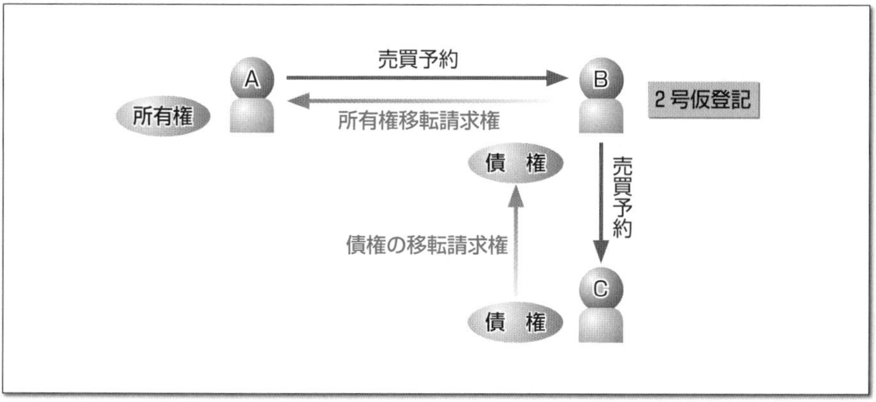

⑵　登記申請情報

事例　甲土地の登記記録の甲区１番には「所有者　A」，甲区２番には「所有権移転請求権仮登記　令和３年３月25日売買予約　権利者Ｂ（余白付）」と登記されている。令和６年７月１日，Ｂ及びＣは，Ｂが甲土地に有する所有権移転請求権を，Ｃに将来売買する旨の売買予約契約を締結した。

◉記載例　仮登記の移転（パターンⅣ）

登記の目的	２番所有権移転請求権の移転請求権仮登記
原　　　因	令和６年７月１日売買予約
権　利　者	C
義　務　者	B
添付情報	登記原因証明情報　印鑑証明書　代理権限証明情報
登録免許税	金1,000円

⑶　登記の目的

登記の目的は，「２番所有権移転請求権の移転請求権仮登記」などと記載する〈図4-12〉。まず，「２番所有権移転請求権」と登記の対象となる権利を特定する。これは，２号仮登記の意味である。そして，「移転」とその権利に生じる変動を記載する。ただ，その変動の基礎が発生したにすぎないので「請求権」と２号のマークを記載し，仮登記で実行されるので「仮登記」と加える。

図 4-12　パターンⅣの登記の目的

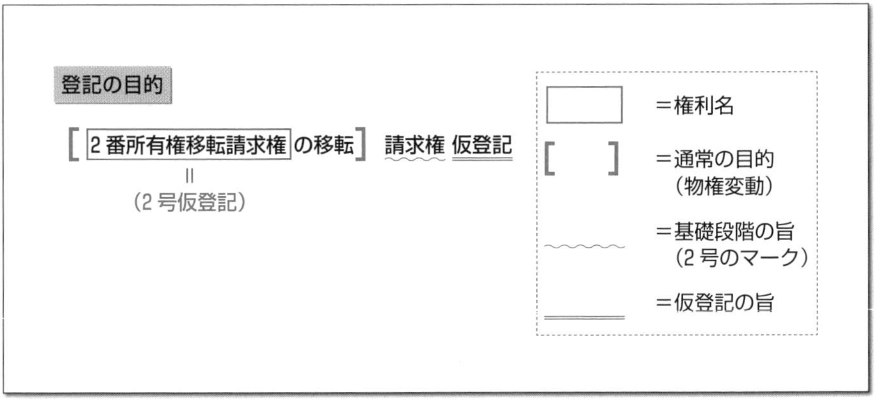

⑷　登記原因

登記原因は，「年月日売買予約」などとなる。「年月日売買」とはならない。BからCへ確定的に移転が生じたわけではないからである。

⑸　添付情報

仮登記の基本的な添付情報を提供すればよい。2号仮登記に関する登記である点はパターンⅢと同じだが，仮登記であるがゆえに登記識別情報の提供が不要である点に注意が必要である。

⑹　登録免許税

パターンⅣの登記を申請する場合の登録免許税は，不動産1個につき1,000円である（登免税別表1.1.⒁）。所有権（物権）の取得の登記ではなく，債権を取得する仮登記にすぎない。また，付記登記で実行される。これらのことから，不動産1個につき1,000円という定額課税としたものである。

⑺　登記の実行

【付記登記】

パターンⅣの登記は，債権の移転の登記である。所有権以外の権利の移転の登記として付記登記で実行される（規則3条5号）。

【本登記】

パターンⅣの登記は，移転請求権についての移転請求権という債権を取得したにすぎないので，仮登記でなされる。

【まとめ】

パターンⅣの登記は，付記登記の仮登記で実行される。この登記がなされた場合の登記記録は，次のようになる。

◉登記実行後の登記記録

権利部（甲区）（所有権に関する事項）			
順位番号	登記の目的	受付年月日・受付番号	権利者その他の事項
1	所有権保存	平成 31 年 1 月 12 日 第 12323 号	所有者　A
2	所有権移転請求権仮登記	令和 3 年 3 月 25 日 第 32532 号	原因　令和 3 年 3 月 25 日売買予約 権利者　B
	余白	余白	余白
付記 1 号	2 番所有権移転請求権の移転請求権仮登記	令和 6 年 7 月 1 日 第 71151 号	原因　令和 6 年 7 月 1 日売買予約 権利者　C
	余白	余白	余白

甲区２番付記１号で実行されている。仮登記で実行されるので，余白も設けられる。もともとＢの権利が仮登記であり，さらに，Ｃへの移転請求権が仮登記で実行されるので，余白が合計２つ設けられる。

(8)　本登記の方法

【2 つの方法】

パターンⅣを本登記にする方法には，２つの方法がある。それは，最終的にＢが所有権を取得する方法と，最終的にＣが所有権を取得する方法である。

以下，この２つの方法について説明を加えていく。

【C が所有権を取得する流れ】

まず，ＣがＢに対して，所有権移転請求権の移転請求権を行使する。つまり，「ＢのＡに対する債権」についての売買予約契約について，予約完結権を行使するわけである。これで，ＢのＡに対する所有権移転請求権（債権）は，確定的にＣに帰属する。これで，パターンⅢと合流することになる。

そして，ＣがＡに対して所有権移転請求権を行使すると，所有権がＡからＣに移転することになる。

登記的には，まず，甲区２番付記１号で登記されているＣの所有権移転請求権の移転請求権仮登記を本登記にする。これで，パターンⅢと合流する。次に，甲区２番の所有権移転請求権の仮登記を本登記にする。余白が2つあるが，まず，Ｃが下の余白を埋め，次に同じくＣが上の余白を埋めていくということである。上の余白から埋めていくわけではないので，注意が必要である。

本登記にするための登記申請情報は，次のとおりである。

◉記載例　1件目

登記の目的　２番所有権移転請求権の移転（2番付記１号仮登記の本登記）
原　　　因　令和６年７月４日売買
権　利　者　Ｃ
義　務　者　Ｂ

◉記載例　2件目

登記の目的　所有権移転（２番仮登記の本登記）
原　　　因　令和６年７月５日売買
権　利　者　Ｃ
義　務　者　Ａ

登記実行後の登記記録は，次のようになる。

◉登記実行後の登記記録

権利部（甲区）（所有権に関する事項）			
順位番号	登記の目的	受付年月日・受付番号	権利者その他の事項
1	所有権保存	平成 31 年 1 月 12 日 第 12323 号	所有者　A
2	所有権移転請求権仮登記	令和 3 年 3 月 25 日 第 32532 号	原因　令和 3 年 3 月 25 日売買予約 権利者　B
	所有権移転	令和 6 年 7 月 5 日 第 75365 号	原因　令和 6 年 7 月 5 日売買 所有者　C
付記 1 号	2 番所有権移転請求権の移転請求権仮登記	令和 6 年 7 月 1 日 第 71151 号	原因　令和 6 年 7 月 1 日売買予約 権利者　C
	2 番所有権移転請求権の移転	令和 6 年 7 月 5 日 第 75364 号	原因　令和 6 年 7 月 4 日売買 権利者　C

この登記記録では，令和６年７月５日売買を原因として，ＡからＣに所有権が移転されていることが公示されていることを読み取ってほしい。

【Ｂが所有権を取得する流れ】

パターンⅣでは，ＢのＡに対する所有権移転請求権が完全にＣに移転しているわけではないので，ＢはＡに対して所有権移転請求権を行使できる。

この場合，ＡからＢに所有権が移転することになるので，甲区２番の所有権移転請求権仮登記の本登記をＢが申請する。つまり，上の余白にＢが本登記を実行することになる。この登記をすることで，甲区２番付記１号の所有権移転請求権の移転請求権仮登記は職権抹消されることになる。よって，当該本登記の申請では，Ｃは登記上の利害関係を有する第三者となるので，当該本登記申請の際にＣの承諾証明情報の提供が必要となる（昭44・10・2民甲1956号）。

◉ ４つのパターンの整理

	主登記か付記登記か	仮登記か本登記か	登記識別情報の要否	登録免許税
パターンⅠ	主登記	仮登記	不要	売買の場合， 不動産価額の1000分の10
パターンⅡ	主登記	仮登記	不要	売買の場合， 不動産価額の1000分の10
パターンⅢ	付記登記	本登記	必要	不動産１個につき1,000円
パターンⅣ	付記登記	仮登記	不要	不動産１個につき1,000円

6　仮登記された権利の移転以外の処分

(1)　１号仮登記の処分

【可　否】

仮登記所有権などの１号仮登記によって保全された権利に対して，制限物権の設定をすることができる。１号仮登記によって保全されている権利は，実体法上物権として成立しているからである。

ただし，１号仮登記で保全された権利に制限物権を設定した場合，対象となる権利が仮登記であるため，当該制限物権の登記も仮登記となる。

【登記の目的】

仮登記に対する制限物権の設定仮登記を申請する場合，登記の目的に注意が必要である。

例題　甲土地の登記記録は以下のようになっている。甲土地の所有権仮登記名義人Ｂが自己の有する仮登記所有権に対して，抵当権を設定した場合の抵当権設定仮登記の登記の目的を答えよ。

権利部（甲区）（所有権に関する事項）			
順位番号	登記の目的	受付年月日・受付番号	権利者その他の事項
1	所有権保存	令和6年2月22日 第22222号	所有者　A
2	所有権移転仮登記	令和6年5月15日 第56971号	原因　令和6年5月15日売買 権利者　B
	余白	余白	余白

甲区２番の仮登記に対する抵当権設定仮登記の登記の目的は，「甲区２番仮登記所有権の抵当権設定仮登記」となる。

所有権（本登記）の全部以外の権利を対象として抵当権を設定した場合，その登記の目的の「抵当権設定」の前の部分に，その権利を対象として設定されたという「対象権利の特定」のための記載が必要となる。今回，甲区２番の仮登記所有権を対象として設定されたので，設定の対象権利を「甲区２番仮登記所有権」と記載し，「抵当権設定」と続けることになる。そして，仮登記で実行されるので「仮登記」と加えるというわけである。

抵当権設定を仮登記で申請するからといって，「抵当権設定仮登記」とだけ記載するのは誤りである。これでは，登記の目的中に対象権利の特定の記載がない以上，所有権（本登記）を対象として設定された抵当権の仮登記と解さざるを得ない。甲土地の登記記録では，Ａの所有権を対象として設定されたものとなってしまうのである。

⑵　２号仮登記の処分

【請求権の場合】

２号仮登記で保全された権利が所有権移転請求権のような請求権である場合，これを目的として制限物権を設定することはできない。当該２号仮登記で保全された権利は物権ではなく，債権にすぎないからである。

【条件付権利の場合】

２号仮登記で保全された権利が条件付所有権移転のような条件付物権である場合，これを目的として制限物権を設定することができる。条件付権利は，条件成就未定の間でも一般の権利と同様の処分をすることができるので，通常の物権と同様，制限物権の対象となるからである。

5. 仮登記の変更・更正登記

1　意　　義

仮登記された権利について，登記された内容が変更されたり，その内容の一部に原始的な誤りがあったりする場合には，仮登記の変更・更正登記を申請することができる。

これは，変更の仮登記，更正の仮登記ではないので，注意が必要である。変更・更正の対象となる権利が仮登記であるということであり，変更・更正自体は，本登記で実行される。

2　登記申請手続

(1)　登記申請人の原則

仮登記の変更登記・更正登記は，仮登記名義人と仮登記義務者の共同申請で行うのが原則である。

(2)　共同申請主義の緩和

仮登記の変更登記・更正登記は，仮登記義務者の承諾証明情報を提供した場合には，仮登記名義人が単独で申請することができる（昭42･8･23民甲2437号）。変更・更正登記の対象が仮登記であることから，不動産登記法107条に基づき，仮登記を申請する場合と同様に，共同申請主義を緩和したものである。

3　可　　否

(1)　１号仮登記を２号仮登記とする更正登記等

１号仮登記を２号仮登記にする更正登記，２号仮登記を１号仮登記にする更正登記は，いずれも申請することができる（登研130号42）。１号仮登記も２号仮登記も，順位を保全するための仮の登記であり，是正前後の同一性が認められるからである。

1号仮登記を2号仮登記にする更正登記は，仮登記義務者を登記権利者，仮登記名義人を登記義務者として申請する。これは，物権を取得していることを前提とする権利から物権発生の基礎段階としての権利となるため，仮登記名義人に不利益な登記と考えることができるからである。

これに対して，2号仮登記を1号仮登記にする更正登記は，仮登記名義人を登記権利者，仮登記義務者を登記義務者として申請する。これは，物権発生の基礎段階としての権利から物権を取得したことを前提とした権利となるため，仮登記名義人に有利な登記と考えることができるからである。

(2) 仮登記の本登記とする更正

所有権の移転の仮登記の本登記を申請すべきところ，登記の目的に「所有権移転」とのみ記載し，「仮登記の本登記」と記載しなかったため，余白に実行されず，別個の順位番号をもって所有権移転登記が実行されてしまった場合，これを仮登記に基づく本登記とする更正登記を申請することはできない（昭36・3・31民甲773号）。

更正登記は，誤った登記がなされた場合にする登記であるが，余白に実行されなかっただけであり，所有権移転の登記事項に誤りがあるわけではないからである。

6. 仮登記の抹消登記

1 意　義

仮登記が申請された後，仮登記原因について取消し・解除，無効の事由があった場合は，仮登記の抹消登記を申請することができる。

2 登記申請のポイント

(1) 登記申請情報

事例　甲土地の登記記録の甲区1番には，A名義の所有権保存登記がなされており，甲区2番にBの所有権移転仮登記がなされている。令和6年6月30日，BはAとの間で締結された甲土地の売買契約を解除した。登記申請の依頼は，Bのみからなされた。

◉記載例

登記の目的　2番所有権仮登記抹消
原　　　因　令和6年6月30日解除
権　利　者　A
義　務　者（仮登記名義人）B
添 付 情 報　登記原因証明情報　登記識別情報　印鑑証明書
　　　　　　代理権限証明情報
登録免許税　金1,000円

⑵　登記申請人

【意　義】

仮登記の抹消は，原則として，仮登記義務者を登記権利者，仮登記名義人を登記義務者とする共同申請で行う。

しかし，仮登記は，対抗力のない効力の弱い登記であるため，共同申請主義が緩和されている。次の２つの単独申請が認められている。

①仮登記名義人からの単独申請

②登記上の利害関係人からの単独申請

以下，例外としての単独申請について，説明を加える。

【仮登記名義人からの単独申請】

仮登記名義人は，単独で仮登記の抹消登記の申請をすることができる（110条前段）。

抹消登記により不利益を受ける仮登記名義人が自ら申請している。また，仮登記は対抗力のない登記であり，抹消されても大きな影響を与えない（たとえば，仮登記義務者である所有権登記名義人は仮登記の抹消登記前から所有権登記名義人であり，仮登記の抹消で所有権登記名義人となるわけではない）。このようなことから，仮登記名義人による単独申請を認めたものである。

前記⑴の記載例は，仮登記名義人から単独申請する場合の記載例である。

【登記上の利害関係人の単独申請】

抹消にかかる仮登記に関する登記上の利害関係人は，仮登記名義人の承諾証明情報を提供して，単独で仮登記の抹消登記の申請をすることができる（110条後段）。

単独申請のできる登記上の利害関係人とは，当該仮登記の本登記をする際に，自己の権利が否定されるか，不利益を受ける者のことである。所有権に関する仮登記を本登記にする際に自己の権利が職権抹消される登記上の利害関係を有する第三者より範囲が広いことに注意を要する。たとえば，１番抵当権設定仮登記の抹消登記を２番抵当権者が単独で申請することができる。

また，仮登記義務者も，ここでいう登記上の利害関係人に該当し，仮登記の単独での抹消登記の申請をすることができる。仮登記義務者も，仮登記の本登記により不利益を受ける者だからである。

(3)　添付情報

【登記識別情報】

仮登記の抹消登記を共同申請で行う場合，登記義務者である仮登記名義人の登記識別情報の提供が必要である（22条）。

また，仮登記名義人が単独申請で行う場合においても，仮登記名義人の登記識別情報の提供が必要となる（22条括弧書，令８条１項９号）。登記申請人が仮登記名義人であることを確認するためである。

これに対して，登記上の利害関係人が単独申請で行う場合は，仮登記名義人の登記識別情報の提供は不要である。

【印鑑証明書】

仮登記の抹消登記を共同申請で行う場合，仮登記名義人からの単独申請で行う場合において，抹消する仮登記が所有権に関するものであるときは，登記義務者である仮登記名義人の印鑑証明書の提供が必要となる。潜在的な所有権登記名義人が登記義務者として登記申請する場合だからである。

これに対して，登記上の利害関係人が単独で行う場合は，登記義務者の印鑑証明書の提供は不要である。

【仮登記名義人の承諾証明情報】

仮登記の抹消登記の申請を登記上の利害関係人から単独で行う場合は，仮登記名義人の承諾証明情報の提供が必要となる。登記上の利害関係人からの単独申請の場合には印鑑証明書の提供が不要であることは上述したが，この承諾証明情報が公正証書でない場合には，承諾証明情報の一部としての印鑑証明書の提供が必要となる。

【登記上の利害関係を有する第三者の承諾証明情報】

仮登記所有権を目的として抵当権の設定を受けた者など，仮登記の抹消について登記上の利害関係を有する第三者が存在する場合には，その者の承諾証明情報の提供が必要となる（68条）。仮登記の抹消登記も，抹消登記であることに変わりはなく，必要的承諾型の登記だからである。

(4)　登録免許税

仮登記の抹消も，抹消登記であるため，登録免許税は，不動産1個につき1,000円となる（登免税別表1.1.(15)）。20個を超える不動産について一括申請をする場合，登録免許税は2万円となる。

3　本登記がなされている場合の抹消登記

所有権移転の仮登記がなされた後，当該仮登記の本登記がなされている場合には，本登記だけを抹消することもできるし，1つの登記申請情報で仮登記と本登記の双方を抹消することもできる（昭36・5・8民甲1053号）。

本登記だけを抹消する場合の登記の目的は，「2番所有権本登記抹消」などとなり，仮登記と本登記の双方を抹消する場合の登記の目的は，「2番所有権本登記及び仮登記抹消」などとなる。

仮登記と本登記の双方を抹消する場合においても，本登記を受けた際に通知された登記識別情報を提供すればよく，仮登記を受けた際に通知された登記識別情報の提供は不要となる（登研391号109）。

7. 担保仮登記

1　意　　義

(1)　担保仮登記とは

担保仮登記とは，金銭債権を担保するため，その不履行があるときは，債務者または第三者に属する所有権その他の権利を移転することを目的としてなされた代物弁済の予約・停止条件付代物弁済契約その他の契約であって，その契約による権利について仮登記されているもののことである（仮登記担保法1条）。

つまり，BがAに1,000万円を貸し付ける際に，あらかじめAの所有する甲土地について代物弁済の予約をしておき，2号仮登記でその権利を保全しておこうというものである。

担保仮登記がなされると，次の登記記録のように登記される。

◉登記記録

権利部（甲区）（所有権に関する事項）			
順位番号	登記の目的	受付年月日・受付番号	権利者その他の事項
1	所有権保存	令和２年２月22日第22222号	所有者　A
2	条件付所有権移転仮登記	令和６年７月１日第76971号	原因　令和６年７月１日代物弁済（条件　令和６年７月１日金銭消費貸借の債務不履行） 権利者　B
	余白	余白	余白

登記記録を見てわかるとおり，通常の２号仮登記であるが，担保仮登記の場合，登記原因が「年月日代物弁済予約」「年月日代物弁済（条件　年月日金銭消費貸借の債務不履行）」などとなる。

実質的には担保権であるが，所有権移転に関する仮登記の形態をとっている以上，債権額・債務者・被担保債権の内容等は，登記されない。

このように，担保仮登記は，通常の所有権移転に関する仮登記の形態をとっている。しかし，実質的には金銭債務を担保する非典型担保である。そのため，仮登記担保法（仮登記担保契約に関する法律）により，債権者の暴利を防ぎ，債務者を保護するため，通常の仮登記とは異なる一定の制約が課されている。

⑵　被担保債権

担保仮登記と扱われ，仮登記担保法が適用されるためには，被担保債権が金銭債権でなければならない（仮登記担保法１条）。

たとえば，A所有の甲土地にBの「代物弁済予約」を登記原因とする所有権移転請求権仮登記がなされていても，被担保債権が乙動産の引渡債権である場合には，当該仮登記には仮登記担保法が適用されない。

なお，被担保債権の内容は登記されておらず，登記上は「代物弁済予約」「条件付代物弁済」による所有権移転に関する仮登記がなされていても，担保仮登記か否かは判断できない。

2　所有権の移転

(1)　清算義務

担保仮登記を受けた債権者には，清算義務が課されている（仮登記担保法３条１項）。少額の債権が不履行である場合に，それより高価な不動産を取得するという暴利行為を防ぐためである。

たとえば，Ａ所有の甲土地（１億円相当）にＢのＡに対する3,000万円の債権を担保するための担保仮登記が登記されている場合において，Ｂが担保権の実行をしたときは，Ａに対して7,000万円の金銭を清算金として支払う義務が生じる。そうでなければ，Ｂは，3,000万円の債権の弁済を受ける代わりに１億円の不動産を取得することができてしまうからである。

(2)　所有権移転時期

債権者は，契約において所有権が移転するものとされている日以降に，清算金の見積額または清算金がない旨を，契約の相手方である債務者または第三者（不動産の所有者）に対して通知しなければならない（仮登記担保法２条１項）。

そして，その通知が相手方に到達した日から２か月を経過した日（清算期間満了日の翌日）に，所有権が移転する（仮登記担保法２条１項）。

(3)　本登記可能時期

以上から，担保仮登記に基づく本登記を申請する場合，所有権移転の日である本登記の登記原因日付は，登記されている仮登記原因日付から少なくとも２か月を経過した日でなければならない（昭54・4・21民三2592号）〈図4-13〉。さらにこのことから，担保仮登記に基づく本登記の申請自体も，登記されている仮登記原因日付から少なくとも２か月を経過した日でなければならないことになる。登記記録から通知が到達した日はわからないが，仮登記原因の日から２か月経過していなければ，通知が到達してから２か月経過していないことが明らかであることから，本登記を受理しないというわけである。

図 4-13　本登記が可能となる時期

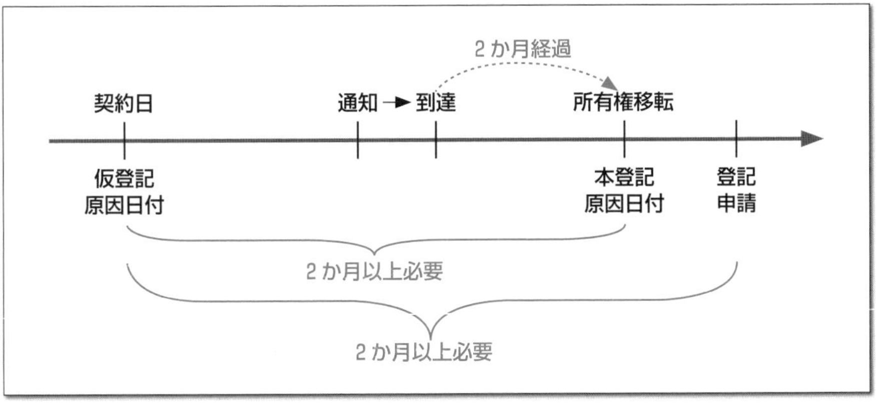

3　仮登記に後れる担保権者の地位

(1)　物上代位

担保仮登記がなされた後に，当該不動産に抵当権・先取特権・質権などの担保権の設定を受けた担保権者は，清算金が債務者または第三者に支払われる前に，当該清算金に対して物上代位することができる（仮登記担保法 4 条 1 項）。

担保仮登記は実質的に担保権であることから，担保仮登記に後れる担保権者は後順位担保権者であるといえる。そのため，担保仮登記権利者が支払うべき清算金は，担保権者が配当を受けた残額と考えることができ，後順位担保権者が受け取ることができてしかるべきである。そこで，仮登記に後れる担保権者が清算金見積額を相当と判断した場合には，その清算金に物上代位をすることを認めたのである。

(2)　清算金の供託

仮登記担保権者の清算金支払債務が物上代位によって差し押さえられた場合，仮登記担保権者は，清算期間が満了した後に，清算金を供託することができる（仮登記担保法 7 条 1 項）。

4　担保仮登記の本登記

(1)　登記申請情報

事例　令和６年３月23日，Ｂは，甲土地の仮登記担保権の実行通知をし，同日Ａに到達した。令和６年５月25日，Ｃは，清算金を差し押さえた。令和６年５月29日，Ｂは清算金を供託した。甲土地の登記記録は，以下のとおりである。
（甲土地の登記記録）
甲区　３番　所有者　Ａ
　　　４番　所有権移転請求権仮登記
　　　令和３年３月25日受付第483号
　　　令和３年３月25日代物弁済予約　Ｂ
　　　［余白］
乙区　１番　抵当権設定　令和４年４月18日受付第583号
　　　抵当権者　Ｃ

◉記載例　担保仮登記の本登記

登記の目的	所有権移転（4番仮登記の本登記）
原　　　因	令和6年5月24日代物弁済
権　利　者	B
義　務　者	A
添付情報	登記原因証明情報　登記識別情報　印鑑証明書 住所証明情報　代理権限証明情報　債権差押命令謄本 供託書正本
課税価格	金1,000万円
登録免許税	金10万円（登録免許税法第17条第1項）

(2)　登記原因日付

登記原因は，「年月日代物弁済」となる。

登記原因日付は，所有権が移転した日である。具体的には，通知が債務者または第三者に到達してから２か月を経過した日である。そのため，この登記原因日付は，仮登記原因日付の日から少なくとも２か月を経過した日でなければならない。

なお，被担保債権が金銭債権でない場合には，担保仮登記ではなく，このような期間制限はない。この場合，非金銭債務を担保することを証する情報を提供すれば，仮登記原因の日から2か月を経過していないときでも，本登記の申請をすることができる。

(3) 添付情報

【意　義】

基本的には，所有権に関する仮登記を本登記にする申請をする場合と同様の添付情報を提供すればよい。

ただし，担保仮登記においては，添付情報の特則があるので，以下に説明を加える。

【承諾証明情報に代わるもの】

所有権に関する仮登記を本登記にする場合，一般的には利害関係を有する第三者の承諾証明情報の提供が必要となる（109条1項）。しかし，担保仮登記に基づく本登記の場合，仮登記に遅れる担保権者の承諾証明情報の提供に代えて，当該担保権者が物上代位に基づき清算金支払債務を差し押さえたことを証明する差押命令謄本及び仮登記担保権者が清算金を供託したことを証する情報を提供して，本登記の申請をすることができる（仮登記担保法18条本文）。

後順位担保権者が清算金を差し押さえたうえで，清算金が供託されたということは，後順位担保権者が清算金の見積額を相当と認めたということであり，担保仮登記の本登記に承諾をしていると考えることができるからである。

【期間制限】

ただし，これらの添付情報を提供して本登記の申請をする場合には，清算金の供託後1か月を経過していることが必要である。後順位担保権者の競売を申し立てる権利を保障するためである。供託後1か月以内に，後順位担保権者が「やはり納得がいかない。競売を申し立てよう」と考え，競売を申し立てた場合には，競売手続が優先し，担保仮登記の本登記はできなくなる（仮登記担保法18条但書）。

なお，原則どおり，利害関係を有する第三者の承諾証明情報を提供して本登記の申請する場合には，このような期間制限はない。明確な承諾をしており，競売を申し立てる権利を保障する必要はないからである。

5 受　戻　し

(1) 意　　義

担保仮登記の設定者は，債権者から清算金の支払いを受けるまでは，債権等の額に相当する金銭を債権者に提供して，所有権の受戻しを請求することができる（仮登記担保法11条本文）。要件を満たした受戻権が行使されると，不動産所有権が債権者から設定者に復帰する。

(2) 要　　件

受戻しは，次の要件を満たした場合にのみすることができる（仮登記担保法11条但書）。

①清算期間が経過した時から5年以内であること。

②担保仮登記のなされた不動産について第三者が所有権移転登記を受けていないこと。

①は，あまりに長い間受戻権の行使を認めると，債権者に酷となるからである。また，②は，所有権を取得した第三者を害することとなってしまうからである。

(3) 登記申請のポイント

【本登記前】

受戻権が行使された場合において，担保仮登記の本登記がなされていないときは，「受戻しによる失効」を登記原因として，仮登記の抹消登記を申請する（昭54・4・21民三2592号）。

受戻しがなされた場合，担保仮登記の実行により設定者から債権者に移転した所有権が受戻しにより債権者から設定者に戻る。これを登記記録に忠実に反映させるためには，本登記をすることが必要となるが，まだ仮登記しかなされていないため，仮登記の抹消という簡易な方法を便宜上認めたのである。

【本登記後】

受戻しがなされた場合において，すでに仮登記の本登記がなされているときは，「受戻し」を登記原因として，所有権移転登記を申請する（昭54・4・21民三2592号）。担保仮登記の実行により，一度債権者に所有権が移転しているため，実体に合致した本登記を抹消するのは適切でないからである。

第2章 信託の登記

●この章で学ぶこと●

この章では，信託の登記について学習します。不動産が信託された場合，登記申請をするため，信託の登記は試験に出題されるのです。信託法それ自体は，試験範囲ではありませんが，信託の登記を理解するために基本的なことを理解しておく必要があります。

1. 信託の意義

1 信託とは

信託とは，特定の者が一定の目的に従って，財産の管理または処分等の行為をすべきものとすることである（信託2条1項）。

簡単にいえば，自分の財産を第三者に預けて，その財産の管理・運用を任せて，収益を上げてもらうことである。第三者を信用して託すので，信託というのである。「投資信託」などという場合の，あの信託である。

たとえば，Aは金銭を有しているが，素人なので自分で運用することができない。そこで，金銭運用のプロである信託会社にその金銭を預けることにした。信託会社にその金銭を運用してもらい，収益を上げてもらうことにしたのである。これが信託である。

2 信託の仕組み

(1) 信託の登場人物

【委託者】

委託者とは，財産権の移転等の処分を行い，財産の管理・処分などの依頼をする者のことである（信託２条４項）。つまり，財産を預けるほうの人が委託者だということである。

【受託者】

受託者とは，委託者から依頼され，財産の管理・処分をする者のことである（信託２条５項）。

【受益者】

受益者とは，信託によって得た利益を享受する者のことである（信託２条６項）。受益者は，委託者と同一の者でもよいし，別の者でもよい。

委託者・受託者・受益者の関係をイメージ図にしてみた〈図 4-14〉。

図 4-14　信託の仕組み

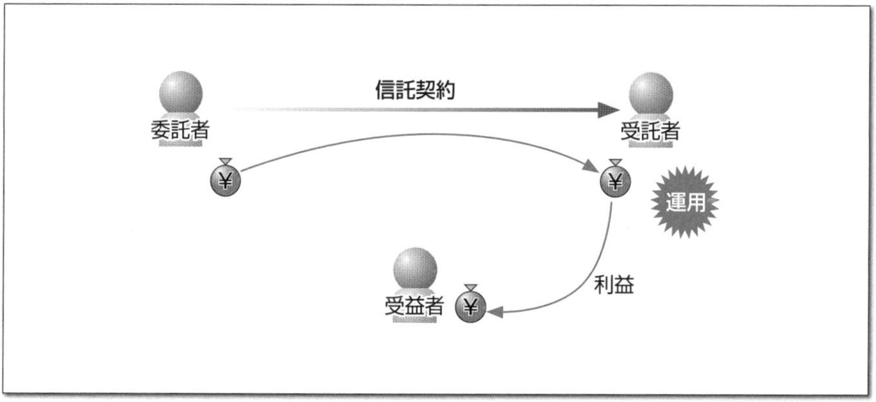

⑵　信託財産

信託財産とは，受託者が委託者から預かり，信託の目的に従って，受託者が管理・処分をする財産のことである。

信託によって，信託財産の所有権は委託者から受託者に移転する。受託者が所有者であるほうが運用しやすいことから，信託によって所有権が移転することにしたものである。

しかし，委託者から受託者への所有権移転は形式的なものであり，実際には，財産を預けただけという関係である。そこで，信託財産は，受託者の固有財産とは区別された独立のものとして扱われる。

信託財産の管理・運用は，信託目的に拘束され，受託者が自由に処分することはできない。また，受託者の債権者は，信託財産に対して強制執行等をすることができない（信託23条1項）。

3　信託と登記

不動産が信託された場合，委託者から受託者へと当該不動産の所有権が移転するので，委託者から受託者への所有権移転登記を申請する。

また，単に所有権移転登記をするだけでは，公示上受託者の固有財産と区別することができなくなってしまうので，「この不動産は信託財産に含まれている財産ですよ」ということを公示するために，信託の登記を申請する必要がある（信託14条）。

たとえば，委託者Aから受託者Bに対して甲土地が信託された場合の登記記録は，次のようになる。

◉信託の登記が実行された登記記録

権利部（甲区）（所有権に関する事項）			
順位番号	登記の目的	受付年月日・受付番号	権利者その他の事項
1	所有権保存	令和6年2月22日 第22222号	所有者　A
2	所有権移転	令和6年7月5日 第76971号	原因　令和6年7月5日信託 受託者　B
	信託	余白	信託目録第185号

甲区2番にAからBへの所有権移転登記が実行され，同じ甲区2番に信託の登記が実行されていることがわかる。

2. 信託行為による信託と登記

1　信託行為

信託は，①委託者と受託者との信託契約（信託3条1号），②委託者の遺言（信託3条2号），③自己信託（3条3号）のいずれかにより成立する。信託を成立させるこれらの法律行為を，信託行為という（信託2条2項）。

以下，これらの信託行為とその登記について説明していく。

2 信託契約・遺言による信託

(1) 意　　義

信託は，信託契約によって成立する（信託3条1号）。また，遺言により信託をすることもできる（信託3条2号）。これらの信託において不動産が信託財産とされた場合，当該不動産の所有権が委託者から受託者に移転する。

(2) 登記申請情報

事例　令和6年6月30日，AとBは，Aを委託者，Bを受託者，Cを受益者として，Aが所有権登記名義人である甲土地を信託財産とする信託契約を締結した。

◉記載例　信託契約による信託

登記の目的	所有権移転及び信託
原　　因	令和6年6月30日信託
権利者	B
義務者	A
添付情報	登記原因証明情報　登記識別情報　印鑑証明書 住所証明情報　代理権限証明情報 信託目録に記録すべき情報
課税価格	金1,000万円
登録免許税	信託分　金4万円 移転分　登録免許税法第7条第1項第1号

まず，登記の目的に着目してほしい。この登記申請は，信託による所有権移転登記の登記申請情報であるとともに，信託の登記の登記申請情報でもある。

実は，信託の登記と，信託に基づく所有権移転登記は，１つの登記申請情報で，同時に申請しなければならないのである（98条1項，令5条2項）。所有権移転登記だけが先行して申請されると，その時点でいったん，受託者の固有財産であるかのような公示がなされてしまうからである。

同時申請することにより，信託の登記と信託に基づく所有権移転登記は，同じ順位番号で登記されることになる。先ほど登記記録で確認したとおりである。

また，信託の登記を所有権保存登記と同一の登記申請情報で申請することもできる（登研469号142）。所有権移転という物権変動が生じた場合に所有権保存登記がなされることもあるし，受託者が信託目的に従って建物を新築し所有権保存登記をすることもあるからである。

⑶　登記の目的

登記の目的は，「所有権移転及び信託」などと記載する。上述したとおり，所有権移転登記と信託の登記の申請を１つの登記申請情報で行うという趣旨である。

⑷　登記原因

登記原因は，「年月日信託」である。

登記原因日付は，信託の効力発生日である。具体的には，信託契約による場合は信託契約成立日であり（信託４条１項），遺言による場合は遺言の効力発生日である（信託４条２項）。

⑸　登記申請人

【所有権移転登記】

信託による所有権移転登記は，受託者を登記権利者，委託者を登記義務者とする共同申請で行う。

受託者が複数存在する場合でも，持分の記載は不要である（令３条９号括弧書）。受託者複数の場合は，合有関係となるからである。

【信託登記】

所有権移転登記と同時に申請する信託登記は，受託者の単独申請で行う（98条２項）。

受託者の任務は信託財産の管理・運用である。信託の登記を申請することも信託財産の管理行為であって，受託者の任務と考えることができるからである。

なお，信託に関する登記は，信託の変更・信託の抹消についても，上記の趣旨から受託者の単独申請となる。

⑹　添付情報

【原　則】

共同申請をする場合に必要となる基本的な添付情報を提供すればよい。登記

原因証明情報・登記識別情報・印鑑証明書・住所証明情報・代理権限証明情報である。

受託者は，信託財産という制限付とはいえ，所有権登記名義人として登記される以上，受託者の住所証明情報の提供も必要となる点に注意せよ。

【特殊な添付情報】

信託の登記を申請する場合には，信託目録に記録すべき情報を提供しなければならない（令別表65添付情報欄ハ）。

信託の登記がなされると，「どのような信託がなされたのか」という信託の内容を記録した信託目録が作成される（☞後記(9)）。そのため，その内容を明らかにした情報を提供しなければならないのである。

(7)　登録免許税

【所有権移転分】

信託による所有権移転登記は，非課税である（登免税７条１項１号）。信託の場合，①単に財産を預けただけであり実質的な所有者が変わることはないこと，②信託を始めて利益を上げようとする際に高額な登録免許税がかかるのは大きな負担になってしまうことから，非課税としたものである。

登録免許税が非課税の場合は，その根拠条文を登記申請情報に記載しなければならない。よって，登記申請情報には，「移転分」と明記したうえで，「登録免許税法第７条第１項第１号」と記載する。

【信託分】

所有権に関する信託の登記は，不動産価額の1000分の４である（登免税別表1.1.(10)イ）。

(8)　登記の実行

上述したとおり，信託による所有権移転登記と信託の登記が同じ順位で記録される（規則175条１項）。

また，信託の登記がなされたときは，信託の内容（例受託者はどのような管理をすることができるか，受益者は誰か）を記録した信託目録が，登記官の職権で作成される（97条３項）。このような信託の内容は，登記記録で公示すべきとも思えるが，信託の内容は膨大であり，登記記録に記録すると煩雑になってしまうことから，別途目録を作成することとしたのである。

信託の登記を見た人が信託目録の内容をチェックできるように，登記記録には，信託目録番号が記録される（規則176条1項）。

信託目録については，後記(9)で説明する。

(9) 信託目録

【信託目録の内容】

信託目録には，次のような内容が記録される（97条1項）。

①委託者・受託者・受益者の氏名及び住所

②受益者の定めのない信託

③信託の目的

④信託財産の管理方法

⑤信託の終了事由

⑥その他の信託の条項

これら以外にも記録される内容は多々あるが，受験対策としては，ここに列挙したものを押さえておけばよいだろう。

【受益者】

受益者は，信託目録の内容として記録される。登記記録自体には公示されない。受益者は，登記名義人としてではなく，信託の内容として記録されるというわけである。

登記名義人でないという点では，抵当権の登記における債務者のような位置づけではある。しかし，抵当権の債務者の場合とは異なり，受益者が権利能力なき社団であることは認められていない（昭59・3・2民三1131号）。

たしかに，受益者は登記名義人ではない。しかし，残余財産が受益者に帰属するという定めがあれば，信託財産である不動産は，信託終了後，受益者に帰属することになる。将来において登記名義人となる可能性が高いというわけである。このことから，受益者は権利能力者でなければならないとされたのである。

信託においては，受益者が必ず定められるわけではない。信託契約による場合・遺言による場合には，受益者の定めのない信託をすることができる（信託258条1項）。この場合には，財産の管理・処分についての一定の目的を定めて，受託者は，その目的に従ってとりあえず信託財産を運用することになる。受益者の定めのない信託がなされた場合，受益者の氏名・住所は，信託目録の内容とはならず，受益者の定めのない信託である旨が信託目録の内容となる（97条1項6号・2項）。

3　自己信託

(1)　意　　義

委託者が自ら受託者となる信託をすることができる。これが自己信託である（信託3条3号）。

自分が自分に財産を預けて運用を任せるというのは，一見奇異なようである。しかし，この信託には実益がある。たとえば，祖母Aが幼稚園児であるかわいい孫Bに財産を贈与したいと考えたとしよう。Bはまだ幼稚園児であり，自分で財産を運用することはできない。そこで，Bが成長して自分で運用できるようになるまでは，Aが自分で管理・運用をしてあげようと考えた。この場合に使うのが，自己信託なのである。委託者A，受託者A，受益者Bとする信託をすることで，「実質的にはBの所有物にするが，Aが運用する」という方法を実現することができるというわけである。

(2)　要　　件

【書面または電磁的記録】

自己信託は，委託者の単独の意思表示で行うことができる。受託者も自分自身だからである。この意思表示は，公正証書その他の書面または電磁的記録で行わなければならない（信託3条3号）。

自己信託に書面等を要求するのは，委託者が事後的に信託の日を遡らせることができないようにするためである。遡って信託財産であることにされてしまうと，委託者の債権者は，その財産を強制執行することができなくなる。このように，債権者を害することを防ぐため，自己信託は書面により行い，信託の日付を遡らせることを防止しているというわけである。

【受益者を定めること】

自己信託においては，受益者の定めのない信託をすることはできない（信託258条）。自己信託の場合は，受益者を定めなければならないということである。自己信託は，自分が自分に信託するものである以上，受益者を定めなければ意味がないからである。

(3)　効力発生時期

自己信託の効力発生時期は，次のとおりである（信託4条3項）。

①	公正証書または公証人の認証を受けた書面・電磁的記録（以下「公正証書等」）によってなされる場合	公正証書等の作成時
②	公正証書等以外の書面・電磁的記録によってなされる場合	受益者となるべき者として指定された第三者に対して確定日付のある証書によって信託がされた旨とその内容が通知された時

委託者が嘘をついて信託の日を遡らせることがないようにするためである。

(4) 登記申請情報

事例　令和6年6月30日，Aは，自己が所有権登記名義人である甲土地を信託財産として，受益者Bとする自己信託を公正証書で行った。

◉記載例　自己信託

登記の目的　信託財産となった旨の登記及び信託
原　　　因　令和6年6月30日信託
受　託　者　A
添 付 情 報　登記原因証明情報　登記識別情報　印鑑証明書
　　　　　　代理権限証明情報　信託目録に記録すべき情報
課 税 価 格　金1,000万円
登録免許税　金4万1,000円
　　　　　　変更分　金1,000円
　　　　　　信託分　金4万円

自己信託がなされた場合，所有者は変わらないので，所有権移転登記を申請するわけではない。委託者（＝受託者）の固有財産から信託財産にその性質が変わるので，所有権の変更登記を申請することになる。また，この変更登記と信託の登記を，同一の登記申請情報で，同時に申請することが必要となる。

(5) 登記の目的

登記の目的は，「信託財産となった旨の登記及び信託」となる。所有権の変更登記と信託の登記を1つの登記申請情報で申請するので，その2つの登記についての目的を併記することになる。

⑹　登記原因

登記原因は，「年月日信託」となる。

登記原因日付は，自己信託の効力発生日である。自己信託の効力発生日については，前記⑶を参照すること。

⑺　登記申請人

信託財産となった旨の所有権変更登記は，受託者の単独申請で行う（98条3項）。登記義務者となるはずの委託者が，受託者と同一だからである。

また，当該所有権変更登記と同時に申請する信託の登記も，受託者の単独申請である（98条2項）。信託の登記の申請人は，常に受託者となるからである。

結局，所有権変更登記も信託の登記も，どちらも受託者の単独申請で行うことになる。

⑻　添付情報

【登記原因証明情報】

登記原因証明情報として，公正証書等によって自己信託がなされた場合には，当該公正証書等を提供しなければならない。

また，公正証書等以外の書面・電磁的記録によって自己信託がなされた場合には，当該書面等に加えて，受益者となる者に対して通知したことを証する情報を提供しなければならない（平19・9・28民二2048号）。この場合，受益者に通知をして初めて自己信託の効力が発生するからである（☞前記⑶）。

【登記識別情報・印鑑証明書が必要】

登記識別情報・印鑑証明書の提供が必要であることに注意しなければならない。受託者が所有権登記名義人であることを証明するためである。

【住所証明書は不要】

住所証明情報の提供は不要である。受託者は初めから所有権登記名義人であり，今回の登記申請で所有権登記名義人となるわけではないからである。

【信託目録に記録すべき情報】

信託の登記が実行されることにより信託目録が作成されるので，信託目録に記録すべき情報を提供しなければならない（令別表65添付情報欄ハ）。

⑼　登録免許税

【所有権変更分】

信託財産となった旨の所有権変更登記の登録免許税は，変更登記なので，不動産１個につき 1,000 円である（登免税別表 1.1.⒁）。

【信託分】

信託の登記の登録免許税は，不動産価額の 1000 分の 4 である（登免税別表 1.1.⑽イ）。信託契約・遺言による信託の場合と同様である。

⑽　登記の実行

自己信託による所有権変更登記は，変更登記であるにもかかわらず，主登記で実行される。そして，同順位で信託の登記が実行され，信託目録が作成される。

登記実行後の登記記録は，次のようになる。

◉自己信託の登記が実行された登記記録

権利部（甲区）（所有権に関する事項）			
順位番号	登記の目的	受付年月日・受付番号	権利者その他の事項
1	所有権保存	令和 6 年 2 月 22 日 第 22222 号	所有者　A
2	信託財産となった旨の登記	令和 6 年 6 月 30 日 第 76971 号	原因　令和 6 年 6 月 30 日自己信託 受託者　A
	信託	余白	信託目録第 285 号

4　所有権移転以外の信託

⑴　意　　義

所有権移転以外の信託として，セキュリティトラストと呼ばれるものがある。これは，抵当権を，被担保債権と切り離して信託財産とするものである。複数の銀行が協力して融資をするシンジケートローンによく利用される。

甲土地の所有権登記名義人であるＡが，Ｃ銀行・Ｄ銀行・Ｅ銀行から共同融資を受ける場合を考えよう。この場合，甲土地に対して債権者を抵当権者とする抵当権の設定をすることも考えられるが，Ｃ銀行・Ｄ銀行・Ｅ銀行を抵当権者とする1つの抵当権を設定することはできない。債権者の異なる複数の債権を担保するための1つの抵当権を設定することはできないからである。

このような場合に，セキュリティトラストが活用される。まず，Aを委託者，信託会社などのBを受託者，債権者であるC銀行・D銀行・E銀行を受益者とする信託契約を行い，抵当権を信託財産とするため，受託者Bを抵当権者，委託者Aを設定者とする抵当権設定をするのである。これにより，受託者Bが抵当権の管理･運用をすることになり，その運用で得た利益を債権者C銀行･D銀行・E銀行に給付し，債権の回収を実現することになる。このような方法であれば，複数の債権者の債権のために1つの抵当権を設定するという目的が達成できるうえに，債権者の1人が独断で競売を申し立てるというリスクも防ぐことができるのである〈図4-15〉。

図 4-15　セキュリティトラスト

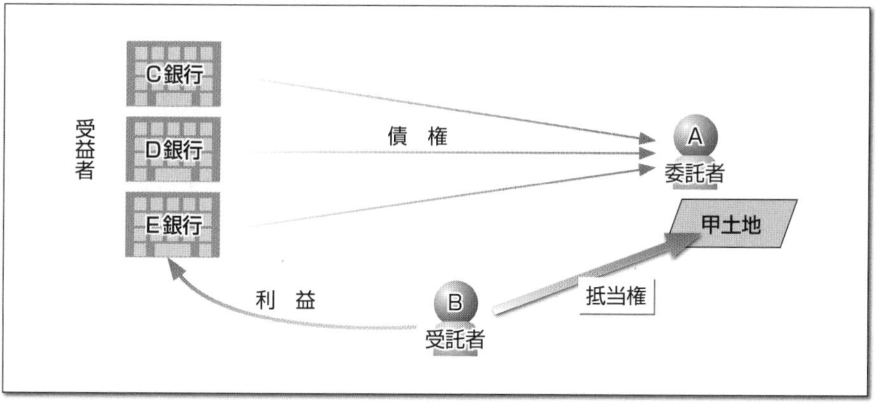

⑵　なすべき登記

抵当権設定による信託がなされた場合には，抵当権設定登記と信託の登記を1つの登記申請情報により同時に申請する。

抵当権設定登記は，受託者を抵当権者，委託者を設定者とする共同申請により行う。同時に申請する信託の登記は，受託者の単独申請により行う。

⑶　受益者複数のケース

前述したとおり，抵当権設定よる信託の場合には，複数の債権者が有する別個独立の複数の債権を1つの抵当権で担保することもできる。債務者が異なる場合であっても1つの抵当権で担保することができる。

この場合，各債権者の債権額を個別に登記しなければならない（平19・9・28民二2048号）。各債権者が有する債権は別個独立のものであり，1つの債権を準共有するものではないからである。債権ごとに利息・損害金の定めが異なる場合には，それらも債権ごとに登記しなければならない。

(4) 登録免許税

【抵当権設定分】

信託の場合であっても，抵当権設定の登録免許税は，通常の抵当権設定登記の場合と同様，債権額の1000分の4である（登免税別表1.1.(5)，登研717号183）。信託の場合であっても，通常の抵当権の設定と同じように，債権を担保する効力が生じているからである。

信託により所有権が移転した場合は，実質的な移転が生じていないという理由で非課税であることと比較すること。

【信託分】

抵当権設定による信託の登記の登録免許税は，債権額の1000分の2である（登免税別表1.1.(10)ロ）。

所有権移転による信託の場合は，不動産価額の1000分の4であることと比較すること。

3. 受託者の変更

1 意　　義

(1) 受託者の任務終了

信託契約の終了原因が生じれば，信託が終了し，受託者の任務は当然に終了する。しかし，信託が終了しなくても，受託者の任務が終了することがある。この場合は，信託自体は終了しないので，新たな受託者または残存受託者が任務を続けていくことになる。そのため，受託者の変更の登記を申請する。

(2) 任務終了原因

信託が終了しないにもかかわらず受託者の任務が終了するのは，次の事由が生じた場合である（信託56条)。
①受託者である個人が死亡したこと
②受託者である個人が後見開始・保佐開始の審判を受けたこと
③受託者が破産手続開始の決定を受けたこと
④受託者である法人が合併以外の理由により解散したこと
⑤受託者が辞任したこと
⑥受託者が解任されたこと
⑦信託行為において定めた事由が発生したこと

①について。受託者の地位は相続されないということである。受託者個人を信頼して信託を依頼しているからである。②・③に該当する者は，他人の財産の管理・運用をする者として不適切だからである。④は，清算会社等になり，他人の財産の管理･運用ができなくなるからである。合併の場合は，存続会社･設立会社が受託者の地位を承継する。

2　なすべき登記

(1)　総　　説

受託者変更の際になすべき登記は，もともと受託者が１人であった場合と，受託者が複数いて合有となっていた場合とで異なる。それぞれ，どのような登記を申請すべきか確認していこう。

(2)　受託者が１人の場合

受託者が１人であり，その受託者の任務が終了し，新受託者が就任した場合には，前受託者から新受託者に対する受託者変更による**所有権移転登記**を申請する。受託者は，形式的とはいえ所有権登記名義人として登記されているので，その名義人に変更があれば，移転登記をすべきだからである。

(3)　受託者が複数の場合

受託者が複数存在し，そのうちの１人の任務が終了し，他の受託者がその任務を承継したときは，他の受託者のために**合有登記名義人変更（権利の変更）の登記**を申請する。

たとえば，A・Bの２人が受託者として登記されている場合，Aが辞任したときは，受託者がBのみとなった旨の変更登記をする。本来の共有であれば，

Bに対する「A持分全部移転登記」をなすべき局面である。しかし，受託者が複数いる場合は合有とされており，受託者には持分がないため，持分移転の登記ができない。そのため，変更登記をすべきとされているのである。

3 登記申請人

(1) 原則：共同申請

受託者変更による所有権移転登記・合有登記名義人変更登記は，原則として，新受託者・合有の場合の残存受託者を登記権利者，前受託者を登記義務者とする**共同申請**で行う（60条）。

(2) 例外：単独申請

次に掲げる事由に基づいて，受託者変更による所有権移転登記・合有登記名義人変更登記をする際は，新受託者・合有の場合の残存受託者の**単独申請**で行う（100条）。

①受託者である個人が死亡したこと
②受託者である個人が後見開始・保佐開始の審判を受けたこと
③受託者が破産手続開始の決定を受けたこと
④受託者である法人が合併以外の理由により解散したこと
⑤裁判所・主務官庁による解任命令が出されたこと

登記申請は，共同申請で行うのが原則であるが，これらの場合は，前受託者を登記申請に関与させることが不可能・不適当だからである。

4 登録免許税

受託者の変更による所有権移転登記・合有登記名義人変更登記については，登録免許税が課されない（登免税7条1項3号）。受託者が所有権登記名義人とされているのは，あくまで形式上であり，受託者に変更があったとしても，実質的な所有権の移転はないからである。

4. 信託の変更

1 意　　義

信託の登記後に信託登記の登記事項に変更が生じた場合，受託者は，遅滞なく，信託の変更登記を申請しなければならない（103 条 1 項）。

信託目録に記録されている事項が，信託登記の登記事項である（97 条 1 項）。したがって，信託の変更は，信託目録の記録事項の変更であり，変更登記により信託目録の記録が変更される。

たとえば，受益者の氏名・住所は信託目録の記録事項であり，信託登記の登記事項に当たるので，受益権の譲渡などにより受益者に変更が生じた場合は，信託の変更登記を申請する必要が生じることになる。

2 登記申請人

信託の変更登記は，受託者の単独申請で行う。信託の登記を申請するのは，受託者の任務だからである。

ただし，受託者が申請しないときは，委託者または受益者が受託者に代位して申請することもできる（103 条 2 項，99 条）。

5. 信託財産の処分・信託財産の原状回復

1 意　　義

(1) 信託財産の処分

信託財産の管理・処分等によって受託者が得た財産は，信託財産に属する（信託 16 条 1 号）。

たとえば，委託者 A から受託者 B に対して信託がなされ，A から B に対し，信託財産として 3,000 万円が預けられたとしよう。この場合は金銭の信託であり，不動産の信託ではないので，この時点で登記申請が不要なのはもちろんである。

B は，この 3,000 万円を信託契約の範囲内で運用して利益を上げることになる。その一環として，将来値上がりしそうな物を買うということもある。今回，B はこの金銭を使って C から甲土地を買うこととし，B と C は甲土地の売買契約を締結した。この場合，甲土地は，信託財産となるのである〈図4-16〉。

図4-16　信託財産の処分による登記

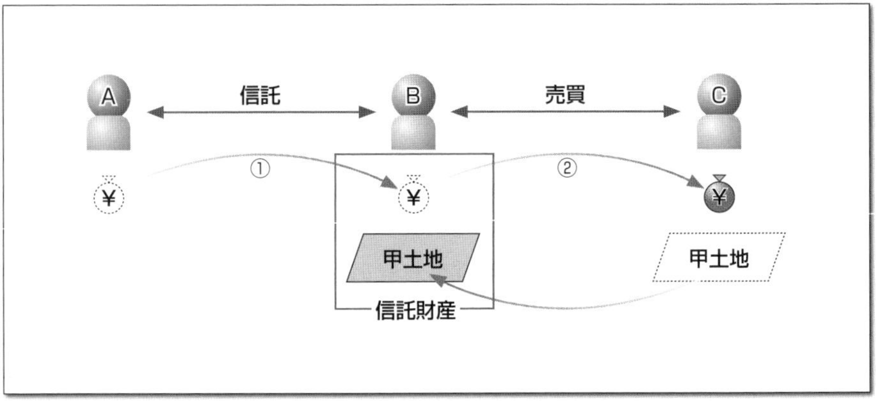

そのため，CからBに対する所有権移転登記を申請するだけではなく，信託財産に属したことを公示するための信託の登記の申請が必要となるのである。

(2)　信託財産の原状回復

受託者が任務を怠ったことにより信託財産に損失・変更が生じた場合，受益者は受託者に対して，原状の回復を請求することができる（信託40条1項）。

たとえば，委託者兼受益者Aから受託者Bに対して甲土地が信託されたが，Bが契約に違反して甲土地をCに売ってしまった場合，AはBに対して，甲土地を取り戻すように請求することができる。

この場合，甲土地について，CからBに対する所有権移転登記を申請するだけではなく，信託の登記の申請をする。取り戻された甲土地は，Bの固有財産になるわけではなく，信託財産になるので，そのことを公示する必要があるからである。

2　登記申請のポイント

(1)　なすべき登記

【信託財産の処分】

受託者が信託財産を処分して第三者から不動産を購入した場合，第三者から受託者に対する所有権移転登記と信託登記を申請する。

所有権移転登記の登記原因は,「年月日売買」であることに注意が必要である。第三者から受託者に所有権が移転した原因は，あくまで売買契約を締結したことにあるからである。その売買において，買主が信託財産である金銭を処分したにすぎないのである。

【信託財産の原状回復】

信託財産である不動産が第三者から取り戻された場合，第三者から受託者に対する所有権移転登記と信託登記を申請する。信託行為による信託の場合と異なり，所有権移転登記と同一の登記申請情報で同時に申請する必要はない。第三者は信託と無関係であり，同一の登記申請情報での申請を強制することは適切でないからである。

⑵　登記申請人

【所有権移転登記】

第三者から受託者への所有権移転登記は，買主である受託者を登記権利者，売主である所有権登記名義人を登記義務者とする共同申請で行う。

【信　託】

信託の登記は，受託者の単独申請で行う（98条2項）。信託の登記を申請することは受託者の任務である一方，第三者は不動産の売却等をしただけであって信託には無関係だからである。

⑶　登録免許税

【所有権移転登記】

所有権移転登記の登録免許税は，通常の所有権移転登記と同じ扱いとなる。たとえば，売買による所有権移転登記の場合は，不動産価額の1000分の20となる（登免税別表1.1.⑵ハ）。

第三者から受託者への所有権移転は，形式的なものではなく，実質的なものだからである。たしかに，受託者の所有は信託財産としてのものではあるが，不動産の所有者である第三者が完全に所有権者でなくなるのは事実である。第三者から委託者へと所有権が完全に移転し，受託者が信託を受けている状態と考えることができるというわけである。

信託行為による信託の場合と異なり，非課税とはならない点に注意が必要である。実質的な移転があれば課税され，実質的な移転がない場合は非課税となるということである。

【信　託】

所有権に関する信託の登記の登録免許税は，不動産価額の1000分の4である（登免税別表1.1.⑽イ）。

3　代位申請

(1)　意　　義

前述のとおり（☞前記2），信託財産の処分・原状回復により，第三者から受託者に不動産の所有権が移転した場合，受託者が単独で信託登記を申請することになる。

この登記は，受託者にとって利益になる登記ではない。自己の固有財産ではなく，信託財産にすぎないとする登記だからである。そのため，受託者が信託の登記を自ら申請しないこともありうる。もちろん，まともな信託会社がそのようなことをするとは想定しにくいが，まったくありえない話ではない。その場合，委託者・受益者は，当該不動産が信託財産であることを第三者に対抗することができず，不利益を受けることになる。

そこで，受託者が信託の登記を申請しない場合には，委託者または受益者は，受託者に代位して，単独で信託の登記の申請をすることができるとされている（99条）。

(2)　登記申請のポイント

代位による登記なので，登記申請情報に代位原因を記載する。「代位原因　不動産登記法第99条」と記載すればよい。

また，代位による登記であるため，代位原因を証する情報の提供が必要である。具体的には，信託契約書等を提供することになる。

(3)　登記の実行

代位による信託の登記は，所有権移転登記と同時になされないため，すでになされている所有権移転の登記と同順位で実行することができない。そのため，所有権移転登記とは別個の新たな順位番号を取って主登記で実行される。

6. 信託の抹消登記

1 意　　義

次の事由が生じた場合には，信託の抹消登記を申請しなければならない。

①信託財産が処分された場合

②信託が終了した場合

③信託財産が受託者の固有財産となった場合

①は，信託財産である不動産を第三者に売却したような場合である。当該不動産の所有権は，第三者に移転し，信託財産に属しなくなるので，信託の抹消登記を申請しなければならない。

②は，信託の目的の達成等により，信託が終了した場合である。信託財産である不動産の所有権は，受益者等に移転し，信託が終了する。

③は，受託者が信託財産を自己の固有財産とした場合である。信託財産でなくなるので，信託登記の抹消をしなければならない。受託者が自己の固有財産とすることを許容する旨の定めが信託契約の中にある場合や，受託者がこのような行為についての重要な事実を開示して，受益者の承認を得た場合，受託者は，信託財産を自己の固有財産とすることができる。

①・②の場合になすべき登記申請を後記2で，③の場合になすべき登記申請を後記3で説明する。

2 信託財産の処分と信託終了の場合の登記

(1) なすべき登記

第三者や受益者等に対する所有権移転登記と，信託の抹消登記を，同一の登記申請情報で，同時に申請しなければならない（104条1項，令5条3項）。

信託財産である不動産の処分を受けた第三者や，信託終了により信託財産を取得した受益者等は，固有財産として所有権を取得することになる。その場合に信託登記を残しておくと，信託財産として公示されることになってしまい，第三者を害するので，抹消登記の同時申請が要求されているのである。

⑵　登記申請人

【所有権移転】

所有権移転登記は，不動産の所有権を取得した第三者・受益者等を登記権利者，所有権登記名義人である受託者を登記義務者をする共同申請で行う。

【信託抹消】

信託登記の抹消は，受託者の単独申請で行う（104条2項）。抹消登記についても，受託者の任務というわけである。

⑶　登録免許税

【移転分①：処分の場合】

信託財産が処分されたことによる第三者への所有権移転登記の登録免許税は，不動産価額の1000分の20である（登免税別表1.1.⑵ハ）。第三者に対する実質的な所有権移転が生じたといえるからである。

【移転分②：委託者への移転】

委託者のみが受益者である場合には，信託終了により委託者に対する所有権移転登記を申請することになるが，その所有権移転登記については，登録免許税が課されない（登免税7条1項2号）。信託財産の実質的な所有者はもともと委託者であったところ，形式的にも委託者の名義にするだけであり，実質的な所有権移転の効力が生じていないからである。

委託者から受託者に預け，それを元に戻すだけなので，預ける場合（信託による所有権移転）も，それを戻す場合（信託終了による所有権移転）も，実質的な移転はなく，非課税となるというわけである。

【移転分③：委託者の相続人への移転】

委託者のみが受益者である場合において，信託終了時に委託者が死亡しているときは，委託者の相続人に対する所有権移転登記を申請することになる。その場合の所有権移転登記の登録免許税は，不動産価額の1000分の4である（登免税7条2項，登免税別表1.1.⑵イ）。

この場合には，実質的な所有者が委託者であったところ，その相続人を所有権登記名義人とするのだから，実質的には相続による所有権移転があり，その登記を実現したといえるので，相続による所有権移転と同様の登録免許税を課すこととしたものである。

【移転分④：受益者への移転】

委託者と異なる受益者に残余財産が帰属する旨の定めがある場合には，信託終了により，受託者から委託者以外の受益者に対する所有権移転登記を申請することになる。その場合の登録免許税は，不動産価額の1000分の20である（登免税別表1.1.⑵ハ）。

委託者から受益者への実質的な移転があったと考えることができるからである。委託者の実質的所有物であったものが，信託終了により受益者の固有財産となったのである。

【抹消分】

所有権移転登記と同時に申請する信託抹消登記の登録免許税は，不動産１個につき1,000円である（登免税別表1.1.⒂）。ただし，同一の登記申請情報で20個を超える不動産について同時に抹消登記を申請する場合は，２万円となる。

3　受託者の固有財産に属した場合の登記

⑴　なすべき登記

信託財産が受託者の固有財産に属した場合は，受託者の固有財産となった旨の所有権変更登記を申請する。実質的には，委託者から受託者への所有権移転であるが，もともと受託者が所有権登記名義人となっているので，所有権移転登記をするわけではない。信託財産から固有財産へと所有権の性質が変わったため，その旨の所有権変更登記を申請するのである。

また，信託の抹消登記を申請しなければならない。その信託の抹消登記は，所有権変更登記と同一の登記申請情報で，同時に申請することを要する（104条１項，令５条３項）。

この登記申請における登記原因は，「年月日委付《いふ》」となる。

⑵　登記申請人

【所有権変更登記】

受託者の固有財産となった旨の所有権変更登記は，受託者を登記権利者，受益者を登記義務者とする共同申請で行う（104条の２第２項２号）。

登記義務者が受益者となる点に注意が必要である。通常，登記義務者となるのは登記名義人である。受益者は登記名義人ではないにもかかわらず登記義務者となる点に注意しなければならないのである。

受益者は，信託が終了した場合には，所有権登記名義人となる予定の者であり，受託者の固有財産となった旨の登記において最も不利益を受ける者であるため，登記義務者としたのである。いわば，「将来の登記名義人」として登記義務者となるわけである。

【信託抹消登記】

信託の抹消登記は，受託者が単独で申請する（104条2項）。

(3) 添付情報

受託者の固有財産となった旨の登記の申請においては，共同申請であるにもかかわらず，登記義務者である受益者の登記識別情報の提供は不要である（104条の2第2項後段）。

受益者は「将来の登記名義人」とはいえ，現実に登記を受けた登記名義人ではなく，登記識別情報の通知を受けていない。実際に通知を受けていない登記識別情報を提供せよというのは，不可能を強いることであるため，登記識別情報の提供を不要としたのである。

(4) 登録免許税

【所有権変更登記】

受託者の固有財産となった旨の登記の登録免許税は，不動産価額の1000分の20である（登免税別表1.1.(2)ハ）。所有権の変更登記ではあるが，実質的には，委託者から受託者への所有権移転登記と異ならないからである。

【信託抹消登記】

所有権変更登記と同時に申請する信託抹消登記の登録免許税は，不動産1個につき1,000円である（登免税別表1.1.(15)）。ただし，同一の登記申請情報で20個を超える不動産について同時に抹消登記を申請する場合は，2万円となる。

第3章　工場抵当に関する登記

●この章で学ぶこと●

仮登記，信託登記に続き，特殊な登記についての学習を進めていきましょう。この章では，工場に対して抵当権を設定する工場抵当について学習します。択一試験で出題される可能性があります。狭義の工場抵当と工場財団抵当の２つがあるので，よく区別して学習を進めてください。

1. 工場についての２つの抵当権

工場について設定する特殊な抵当権が，工場抵当法において規定されている。そこでは，次の２つの特殊な抵当権が定められている。

①（狭義の）工場抵当

②工場財団抵当

①の（狭義の）工場抵当は，工場に属する土地または建物に設定された抵当権の効力が当該土地または建物に備え付けられた機械器具にまで及ぶ抵当権のことである。

②の工場財団抵当は，複数の不動産などから成り立つ工場を１つの不動産とみなし，その工場財団に対して抵当権を設定することである。

以下，これらの工場抵当をひとつひとつ説明していこう。

2. 狭義の工場抵当

1　意　　義

原則として，抵当権の効力は，その抵当権が設定された不動産に付加してこれと一体となった物（付加一体物）に及ぶ。

この点，工場に属する土地または建物に対して抵当権を設定したときは，その抵当権の効力は，付加一体物だけでなく，この不動産に備え付けられた機械器具その他工場の用に供する物に対しても及ぶ(工場抵当２条)。これが(狭義の)工場抵当である。

テレビなどで，小規模ではあるがすばらしい技術を持った町工場が特集されることがある。そうした番組を見ていると，建物は，お世辞にも立派なものとはいえないが，たいへん高価な機械が設置されていることがある。このように，小さな工場の場合，土地・建物の価値は大きくないが，そこに備え付けられた高価な機械器具に担保価値があることが多いので，土地・建物に設定された抵当権の効力をそれらの機械器具にまで及ぼすこととしたのである。

2　登記申請

工場抵当の設定登記は，工場に属する土地または建物を目的として行う通常の抵当権設定登記であるため，通常どおりの抵当権設定登記の申請を行えばよい。

通常の抵当権設定登記の申請と異なるのは，機械器具目録に記録すべき情報を提供しなければならないことである（工場抵当３条３項)。

工場抵当の設定登記がなされた場合，抵当権の効力が及ぶ機械などを明らかにした機械器具目録が作成される。そのため，登記申請の際に，その機械器具目録に記録すべき内容を明らかにして行う必要があるのである。

機械器具目録に記録すべき情報として申請人が情報提供しなかった機械等については，抵当権の効力が及んでいることを第三者に対抗することができない(最判平６・７・14)。

3　登記の実行

工場抵当の設定登記がなされた場合，登記記録の乙区に通常どおりの抵当権設定登記が記録される。さらに，登記官により，機械器具目録が作成される（工場抵当３条２項)。

4　機械器具目録の変更

工場抵当の登記後，機械器具目録の内容に変更があった場合には，工場所有者は，遅滞なく，機械器具目録の変更登記を申請しなければならない（工場抵当３条４項，工場抵当38条１項)。機械器具も工場所有者の財産であるため，その変更登記も工場所有者の単独申請で行うこととされたのである。

ただし，機械器具目録の変更登記の申請をするには，抵当権者の同意を証する情報の提供が必要となる（工場抵当3条4項，工場抵当38条2項）。抵当権の効力が及んでいる機械・器具の範囲を抵当権者の同意なく変更すると，抵当権者に不測の損害を及ぼすおそれがあるからである。

3. 工場財団抵当

1 意　　義

(1) 工場財団抵当とは

工場財団抵当とは，複数の不動産・機械器具などから成り立つ工場を1つの不動産として，その工場財団に対して抵当権を設定することである（8条1項）。

工場を構成するある1つの不動産に対して抵当権を設定しても意味がないため（広い工場の奥の一区画の土地を競売しても売れるわけがない），工場全体に対して抵当権を設定することを認めたものである。

(2) 工場財団の組成物件

工場財団の組成物件となるためには，次のすべての要件を満たさなければならない。

①他人の権利の目的となっていないこと（工場抵当13条1項）
②差押え・仮差押え・仮処分の目的となっていないこと（工場抵当13条1項）
③他の財団に属していないこと（工場抵当8条2項）
④土地・建物については，所有権保存登記がなされていること（工場抵当12条）

①～③は，他の権利との優劣関係が不明確となり，権利関係が複雑にならないようにするためである。

④については，当該組成物件の登記記録に工場財団に属した旨の登記が実行されるからである（☞後記2(3)）。

2　保存登記

(1)　意　　義

工場財団は，工場財団登記簿に所有権保存登記をすることによって成立する（工場抵当9条）。

(2)　登記申請のポイント

【申請人】

工場所有者の単独申請で行う。抵当権者が工場所有者に代位して申請することもできる（大11・11・30民事4264号）。

【添付情報】

特殊な添付情報として，工場財団目録に記録すべき情報の提供が必要となる（工場抵当22条1項）。登記官が工場財団目録を作成することができるようにするためである。

【登録免許税】

登録免許税は，工場財団1個につき3万円である（登免税別表1.5.(1)）。

(3)　登記の実行

【工場財団目録】

工場財団の所有権保存登記が実行されたときは，登記官の職権で工場財団目録が作成される（工場抵当21条2項）。工場財団目録には，工場財団を組成する物件が記録される。

【工場財団に属した旨の登記】

工場財団の所有権保存登記が実行されたときは，その組成物件である個々の土地・建物の登記記録に，工場財団に属した旨の登記がなされる（工場抵当34条1項）。

工場財団に属した旨の登記は，所有権の場合は主登記で，地上権・賃借権の場合は付記登記で実行される。

(4)　保存登記の失効・消滅

【抵当権設定登記がなされない】

工場財団の所有権保存登記がなされた後6か月以内に，抵当権の設定登記がなされないときは，当該所有権保存登記は効力を失う（工場抵当10条）。工場財団は抵当権を設定するために成立させたものであり，抵当権設定登記がなされなければ存在意義がないからである。

なお，当該抵当権設定登記には，1号仮登記も含むので，所有権保存登記後6か月以内に抵当権設定の1号仮登記がなされた場合，所有権保存登記は効力を失わない（昭40・4・28民三419号）。

【抵当権抹消登記がなされた】

工場財団に対して設定されていた抵当権がすべて抹消された後6か月以内に，当該工場財団に対する新たな抵当権設定登記がなされない場合も，工場財団の所有権保存登記は効力を失う。この場合，工場財団の存在意義がなくなるからである。

3　工場財団に関する処分

(1)　組成物件の処分

【原　則】

工場財団の組成物件である個々の不動産を譲渡したり，所有権以外の権利・差押え・仮差押え・仮処分の目的としたりすることはできない（工場抵当13条2項）。個々の組成物件の処分を許してしまうと，工場財団の組成物件ごとに権利関係がバラバラとなり，権利関係が複雑になってしまうからである。

【例　外】

工場財団を目的とする抵当権者の同意を得れば，実体上個々の組成物件を賃貸することができる（工場抵当13条2項但書）。また，この場合，個々の組成物件の登記記録に賃借権の設定登記をすることができる（昭41・12・20民三851号）。

(2)　工場財団の処分

【総　説】

工場財団は，原則として，所有権及び抵当権（根抵当権を含む）以外の権利の目的とすることができない（工場抵当14条2項但書）。このことから，工場財団登記簿には，所有権・抵当権（根抵当権）以外の権利を登記することができない（工場抵当20条3項）。工場財団は，抵当権を設定する目的で成立させるものだからである。

【所有権移転】

工場財団を一体のものとして，譲渡することができる。この場合，工場財団登記簿に所有権移転登記をした後に，個々の組成物件の登記記録に所有権移転登記をする。

【抵当権設定】

工場財団に対して抵当権を設定した場合は，工場財団登記簿に登記される。工場財団に対する（根）抵当権設定登記の登録免許税は，債権額（極度額）の1000分の2.5である（登免税別表1.5.(2)）。

通常の不動産及び工場財団に対する共同（根）抵当権の設定登記を申請する場合の登録免許税は，債権額（極度額）の1000分の2.5となる。共同抵当権設定登記において，抵当権の設定の対象ごとに登録免許税の税率が異なるときは，そのうち最も低い税率で計算した額を納付すれば足りるからである（登免税13条1項）。

【賃　貸】

工場財団を目的とする抵当権者の同意を得れば，工場財団を賃貸することができる（工場抵当14条2項但書）。

しかし，この場合でも，工場財団登記簿に，賃借権の設定登記をすることはできない（昭28・3・31民三535号）。工場財団登記簿には，所有権及び（根）抵当権以外の権利を登記することができないからである。

◉賃貸の可否のまとめ

	実体上の賃貸の可否	登　記
個々の組成物件	工場財団の抵当権者の同意を得れば可能	可　能
工場財団		不可能

4　工場財団目録の変更

工場財団目録の内容に変更があった場合，工場所有者は，遅滞なく，工場財団目録の変更登記を申請しなければならない（工場抵当38条1項）。その変更登記は，工場所有者の単独申請で行う。

ただし，工場財団目録の変更登記の申請をするには，抵当権者の同意を証する情報の提供が必要となる（工場抵当38条2項）。抵当権の効力が及ぶ範囲を抵当権者の同意なく変更すると，抵当権者に不測の損害を及ぼすおそれがあるからである。

第4章　区分建物に関する登記

●この章で学ぶこと●

この章では，区分建物の登記について学習します。区分建物の代表例は，マンションです。マンションは，１部屋ごとに区分されて所有権の対象となることから，登記においても特別な規定が置かれています。記述式問題でも出題されるので，しっかり学習してください。

1. 意　義

1　区分建物とは

分譲マンションのように，全体としては1個の建物であっても，その内部が構造上区分され，独立性がある場合には，その各部分を所有権の対象とすることができる（区分所有法1条）。たとえば，あるマンションの1棟全部ではなく，802号室のみを購入することができるということである。

このような所有形態を区分所有といい，その各建物の部分に成立する所有権を区分所有権という。また，このような区分所有権の対象となる各部屋（専有部分）のことを区分建物という。マンション全体を１棟の建物という。

2　区分建物の構造

(1)　専有部分と共用部分

区分所有建物は，専有部分と共用部分から成り立っている。

【専有部分】

専有部分とは，区分されて独立に所有権の対象とされる建物部分である（区分所有法2条3項）。マンションの各部屋のことである。

【共用部分】

共用部分とは，専有部分以外の建物の部分や，附属物・附属建物などである（区分所有法 2 条 4 項）。廊下・階段・エレベーター・水道管・電気配線などがこれに当たる。

共用部分は，区分所有者全員の共有である（区分所有法 11 条 1 項本文）。区分所有者が有するその共有持分は，その者の専有部分の処分に従い，専有部分と分離して処分することはできない（区分所有法 15 条）。

共用部分についての独立の物権変動がないことから，専有部分に物権変動の登記がなされた場合，共用部分の権利変動については，登記をしなくても第三者に対抗することができるとされている（区分所有法 11 条 3 項）。つまり，共用部分について権利変動を登記することはできないことになる。

(2) 敷地関係

【敷　地】

区分所有建物が所在する土地を敷地という（区分所有法 2 条 5 項）。

【敷地利用権】

建物は空中に浮いているわけではないので，建物を所有するために，土地を利用する権利が必要である。この理屈は，区分建物の場合でも同じである。区分建物の場合において，専有部分を所有するための敷地に関する権利が敷地利用権である。

【敷地利用権の種類】

敷地利用権には，所有権・地上権・賃借権・使用借権がある。

【敷地利用権の帰属】

敷地利用権は，区分建物の専有部分の所有者の全員の共有となる。区分所有者は，その専有部分とその専有部分にかかる敷地利用権を分離して処分することができない（分離処分禁止：区分所有法 22 条 1 項）。たとえば，専有部分である 802 号室の所有権のみを売却したり，その専有部分に対応する敷地利用権である敷地の所有権の 100 分の 1 の持分のみを売却したりすることはできない。802 号室の所有者がその専有部分を売却すれば，100 分の 1 の敷地の持分も，専有部分に従って移転することになるのである。

ただし，規約に別段の定めがある場合は，この限りでない。

2. 区分建物の登記

1 区分建物の登記記録

区分建物においては，区分建物（専有部分）ごとに登記記録が作成される。1棟の建物全体で1個の登記記録が作成されるわけではない。専有部分が独立して所有権の目的となるので，それを公示するためである。101号室はAの所有，802号室はCの所有という状況を公示する必要があるのである。

ただ，その区分建物の表題部には，区分建物（たとえば802号室）についての表示に関する事項だけでなく，1棟の建物全体（××マンション）についての表示に関する事項も記録される（44条）。つまり，区分建物の登記記録の表題部では，どこにあるどんな建物（1棟の建物）の中にある何号室（専有部分）の登記記録であるかがわかるようになっているということである。

2 敷　地　権

(1) 意　　義

敷地権とは，土地の登記記録に登記された敷地利用権であって，専有部分と分離して処分することができないもののことである（44条1項9号）。

実体法上，敷地権という権利があるわけではない。敷地利用権の中で，専有部分と分離して処分できないように登記されたものが敷地権なのである。敷地権は，実体法上の権利ではなく，登記法上の概念である。

(2) 趣　　旨

以上のようにひととおり説明しても，なかなか理解できるものではない。そこで，敷地権の概念がどのように登場してきたのかを具体的に考えていくことにしよう。

まず，敷地権という登記法上の概念がないと，どうなるか。この場合，専有部分の権利は建物の登記記録に，敷地利用権は土地の登記記録に登記されることになる。

たとえば，100部屋ある大型マンションがあるとしよう。マンション名は「ハートキャッチマンション」であり，各階10部屋の10階建てのマンションである。このマンションの住人は，それぞれ専有部分を所有し，敷地利用権として，土地の所有権の100分の1を有している。建物登記記録は部屋ごとに設けられ，101号室の登記記録には所有者B，102号室の登記記録には所有者C…と登記されている。これについては問題がない。

問題になるのは，土地の登記記録である。土地はマンションの住人全員の共有なので，甲区に100人もの名前が登記されることになる。「甲区100番」などが存在することになる。また，専有部分の処分があるたびに，土地に対しても，「A持分全部移転　持分100分の1　X」などという登記を申請する必要があり，土地の登記記録は非常に煩雑になってしまう。このような登記記録などは，見るだけで心が折れてしまう。全く“ハートキャッチ”でない。

ただ，このような敷地権の登記をしていない区分建物の登記も存在する。小さなマンションで，住人が多くなければ，このような登記でも十分だろう。その場合には，分離処分を認める規約があれば，区分建物または敷地のみを処分することもできる。

しかし，上述したような大型マンションの場合，このように土地の権利を土地の登記記録に登記するのは現実的でない。そこで，土地の登記記録を複雑化しないために役立つのが，敷地権の登記なのである。

(3)　敷地権の登記の仕組み

区分建物の敷地となっている土地の登記記録が複雑なものとなってしまうのは，マンションの住人が数多くいるのに土地の登記記録を使い続けるからである。そこで，土地の登記記録を原則として使用しなくても済むように，敷地利用権を敷地権として，各専有部分の登記記録で公示することにした。

学校の給食の時間を考えてみよう。40人学級。今日のメニューは，みんなが大好きなカレーである。ご飯はすでに配られている。あとはカレーだ。カレーは大きな鍋に入っている。

この状態が，敷地権化されていない状態である。ご飯が専有部分で，カレーが敷地利用権である。専有部分に対する所有権は，はっきりしている。しかし，カレーはまだ配られていないので，鍋の中のカレーの40分の1が私の分だと主張するしかない。非常に煩雑だし，分離処分がなされてしまうおそれもある。

そこで，カレーをみんなに配り，カレーとご飯を一体化させ，カレーかけご飯とする。そうすれば，自分の分のカレーが明確となるし，カレーがご飯と混ざり，分離処分ができなくなる。これが敷地権である。

敷地権とは，学校給食のカレーのように，敷地利用権を各部屋の登記記録に配ったものだと思えばよい。敷地権化された区分建物の場合，区分建物の登記記録に登記をすれば，その専有部分に対応する敷地利用権についても登記をしたことになるのである。

上述の「ハートキャッチマンション」で考えよう〈図 4-17〉。802 号室を購入した A は，建物の登記記録に所有権の登記をすれば，それだけで土地の所有権の 100 分の 1 の持分についても登記をしたことになるのである。その分，土地には持分移転の登記などをする必要がない。土地の登記記録が複雑化することが防止できるというわけである。

図 4-17　敷地権の登記の仕組み

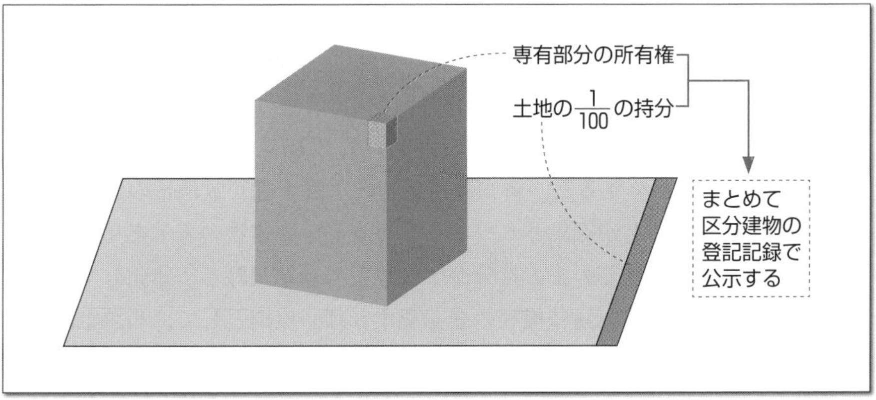

⑷　敷地権の種類

敷地権となることができるのは，区分建物の敷地となっている土地に登記されている所有権・地上権・賃借権である。敷地権は，登記法上の概念であるため，登記されていない権利を敷地権とすることはできない。

使用借権は，敷地利用権となりうる権利ではあるが，登記できる権利ではないため，敷地権とすることができない。

⑸　分離処分ができない

区分建物の敷地が敷地権の目的となり，敷地権付区分建物となった場合には，敷地利用権と専有部分の所有権の分離処分をすることができなくなる（44 条 1 項 9 号）。

⑹ 敷地権の表示の登記

区分建物の敷地が敷地権の目的となった場合には，敷地権が専有部分と一体化したことを公示するため，区分建物の登記記録の表題部に，敷地権の表示を登記することが必要となる（44条1項9号）。

敷地権の登記がなされた区分建物の登記記録は，次ページのようになる。Aが購入したハートキャッチマンション802号室の登記記録である。

区分建物の登記記録は，1棟の建物の表示と専有部分の建物の表示の2つから成り立っている。次ページの登記記録であれば，1棟の建物の表示で10階建てのマンション自体の現況が示され，専有部分の建物の表示で802号室の部屋の現況が示されている。802号室は8階部分に存在するが，専有部分の建物の表示に「1階建て」と記録されている。これは，802号室自体の構造であり，部屋の中に階段がなく，802号室自体は1階建てということである。部屋の中に階段があるメゾネットタイプの部屋の場合は，2階建てと記録される。

1棟の建物の表示を見ると，新宿区西新宿一丁目1番が敷地権の目的となっている土地であることが記録されており，専有部分の建物の表示を見ると，その土地の所有権の100分の1の持分が802号室の登記記録と一体化していることがわかる。この登記記録に権利の登記をすれば，原則として，当該土地の所有権の100分の1についても登記をしたことになるのである。Aは，所有権の登記をしているが，この登記は土地の所有権100分の1の持分にも及んでおり，その持分の取得についても対抗要件を備えたことになる。また，この登記記録に抵当権の設定登記をすれば，その抵当権は，802号室の建物所有権だけでなく，土地の100分の1の持分にも及ぶということである。

⑺ 敷地権となった旨の登記

区分建物の登記記録の表題部に敷地権の表示の登記がなされたとき，その敷地の登記記録はどのようになるのだろうか。

この場合，登記官が職権で，敷地権の目的となった土地の登記記録に対して，その土地の権利が敷地権の目的となった旨の「敷地権である旨の登記」をする（46条）。

この登記は，所有権が敷地権となった場合は甲区に，地上権・賃借権が敷地権となった場合には乙区になされる。いずれも，主登記で実行される。

たとえば，ハートキャッチマンションの敷地である西新宿一丁目1番の土地

◉敷地権の登記がなされた区分建物の登記記録

専有部分の家屋番号	1－101～1－1010				
表題部（一棟の建物の表示）		調整	余白	所在図番号	余白
所在	新宿区西新宿一丁目１番地			余白	
建物の名称	ハートキャッチマンション			余白	
①構造	②床面積　　㎡			原因及びその日付［登記の日付］	
鉄筋コンクリート造陸屋根10階建	１階 ２階 ３階 ４階 ５階 ６階 ７階 ８階 ９階 10階	800 680 680 680 680 680 680 680 560 486	20 75 75 75 75 75 75 75 25 00	［令和５年12月16日］	

表題部（敷地権の目的である土地の表示）					
①土地の符号	②所在及び地番	③地目	地積　　㎡		登記の日付
1	新宿区西新宿一丁目１番	宅地	1200	00	令和５年12月16日

表題部（専有部分の建物の表示）			不動産番号	132365987456	
家屋番号	西新宿一丁目１番の802			余白	
建物の名称	802号			余白	
①種類	②構造	③床面積　　㎡		原因及び日付［登記の日付］	
居宅	鉄筋コンクリート造１階建て	８階部分　　60	00	令和５年12月10日新築 ［令和５年12月16日］	

表題部（敷地権の表示）			
①土地の符号	②敷地権の種類	③敷地権の割合	原因及びその日付［登記の日付］
1	所有権	100分の１	令和５年12月10日敷地権 ［令和５年12月16日］
所有者	新宿区新宿三丁目３番３号　株式会社花咲住建		

権利部（甲区）（所有権に関する事項）			
順位番号	登記の目的	受付年月日・受付番号	権利者その他の事項
1	所有権保存	令和６年１月15日 第11155号	原因　令和５年12月24日売買 所有者　渋谷区代々木一丁目１番１号 A

の登記記録は，次のようになる。

権利部（甲区）（所有権に関する事項）			
順位番号	登記の目的	受付年月日・受付番号	権利者その他の事項
1	所有権保存	平成22年2月22日 第22222号	所有者　X
2	所有権移転	令和2年5月15日 第56971号	原因　令和2年5月15日売買 所有者　株式会社花咲住建
3	所有権敷地権	余白	建物の表示　新宿区西新宿一丁目1番地 一棟の建物の名称　ハートキャッチマンション 令和5年12月16日登記

株式会社花咲住建は，ハートキャッチマンションを建築するため，令和2年に西新宿の土地をXから購入していた。そして，令和5年の年末にマンションが完成し，先ほど確認した区分建物の表示登記がなされたのである。そして，敷地権の目的となったこの土地には，敷地権である旨の登記が職権でなされた。これにより，この土地の所有権は，ハートキャッチマンションの各部屋の登記記録で公示することとなり，この土地の登記記録は原則として使用しないことになる。

たとえば，ハートキャッチマンションの802号室を購入したAは，土地の所有権の100分の1を取得しているが，これは，建物登記記録で公示するのであり，土地の登記記録には，何らの登記も実行されないのである。

3. 土地のみまたは建物のみの登記の可否

1 総　　説

(1) 考 え 方

敷地権付区分建物について，土地のみまたは建物のみの登記を申請することはできないのが原則である。登記上，敷地権と専有部分が一体として公示されることになるからである。

しかし，一定の場合には，例外として，土地のみまたは建物のみの登記をすることができる。

(2) 例　　外

例外として，土地のみまたは建物のみに対する登記をすることができるのは，次のすべての要件を満たした場合である。

①分離処分とはならない場合

②土地のみまたは建物のみの登記が許されている場合

①について。敷地が敷地権の目的となった後は，専有部分のみまたは敷地権のみの分離処分をすることができない。よって，土地のみまたは建物のみの処分が分離処分とはならないことが必要である。

②について。その処分が分離処分とはならない場合には，次に敷地権付区分建物の土地のみまたは建物のみについて登記が許されているものかを検討する必要があるということである。土地のみまたは建物のみに対して登記ができるか否かは，次のように判断する。

【所有権の場合】

区分建物の敷地が敷地権の目的となったときは，建物のみまたは土地のみについての所有権移転登記を申請することはできない。ただし，所有権移転に関する仮登記の申請をすることはできる。

【担保権・用益権の場合】

区分建物の敷地が敷地権の目的となったときでも，建物のみまたは土地のみについて，担保権・用益権の登記を申請することはできる。

これらの観点から，以下，個別具体的に検討することにする。各事案について，①分離処分とならないか，②その登記は許されているかという順番で検討することが重要である。

2　所有権移転の登記

(1) 登記の可否

土地の所有権が敷地権となっている敷地権付区分建物であっても，敷地権発生前の日が登記原因日付となる所有権移転仮登記を，土地のみまたは建物のみに対して申請することができる（73 条 2 項但書・3 項但書）。

まず，所有権移転の原因日付が敷地権発生前でなければならない。敷地権発生以後の日付である場合には，分離処分となってしまうため，その処分をすることができず，登記もできない。

また，敷地権付区分建物において，所有権移転登記（本登記）をすることはできないので，敷地権発生前の日が登記原因日付となるものであっても，申請できるのは仮登記だけである。

なお，「敷地権発生前の日」の基準は，実体上敷地権となった日であって，敷地権の登記をした日ではない。ハートキャッチマンションにおいては，「令和5年12月10日敷地権」と記録されているので，この日が敷地権が生じた日となる。登記の日として記録されている令和5年12月16日ではない。よって，ハートキャッチマンションにおいては，「令和5年12月13日売買」を登記原因とする所有権移転仮登記を土地のみまたは建物のみに対して申請することができないことになる。

(2)　仮登記を本登記にすることはできるか

上記(1)で説明したように，土地のみまたは建物のみの所有権移転の仮登記がなされることがあるが，この仮登記を直ちに本登記にすることはできない。敷地権付区分建物においては，土地のみまたは建物のみの所有権移転登記をすることはできないからである。仮登記の本登記も，所有権移転登記であることには変わりがない。この場合の仮登記の本登記は，敷地権の抹消登記をしたうえでなければ，することができない。

なお，敷地権の登記の抹消は，マンションの住人全員の登記識別情報の提供がなければ，することができない。大型マンションであれば，当然，抹消登記には時間がかかるだろう。この抹消登記をするまでに他の登記が登場し，対抗されてしまう可能性があるため，仮登記をして順位を保全しておく必要性が高い。直ちに本登記をすることができないにもかかわらず仮登記だけが認められた背景には，このような事情があるのである。

(3)　所有権以外の権利が敷地権となっている場合

敷地権が地上権・賃借権である場合には，土地のみについての所有権移転登記を申請することができる。登記原因日付が敷地権の生じた日以後の日付でもかまわない。また，本登記をすることもできる。

なぜなら，この場合に分離処分が禁止されているのは，敷地権となっている地上権または賃借権であって，敷地となっている土地の所有権については自由に処分できるからである。この場合，マンション住人全員が地上権や賃借権を有しており，その地上権・賃借権の負担のついている土地の地主の地位を譲渡することは，自由にできるということである。

3　担保権の登記

(1)　抵当権・質権

【原　則】

敷地権発生前の日が登記原因日付となる場合には，土地のみまたは建物のみに対する抵当権設定登記・質権設定登記をすることができる（73条3項但書・2項但書）。

敷地権発生前であれば，分離処分には該当しないし，その場合，敷地権付区分建物の土地のみまたは建物のみについての担保権の設定登記が許されているからである。所有権移転登記の場合と異なり，仮登記だけでなく，本登記も可能である点に注意すること。

【追加設定】

土地を目的として抵当権が設定された後，当該土地を敷地として区分建物が新築され，敷地権が生じた場合に，当該抵当権と同一の債権を担保するため，区分建物のみを目的として抵当権の追加設定登記を申請することができる（昭59・9・1民三4675号）。

敷地権が生じた後に分離処分を行うことはできない。この点，建物のみに対する抵当権の追加設定であり，一見分離処分のように思える。しかし，この追加設定により，敷地権に設定されていた抵当権が建物にも設定されることになり，結果として敷地権と区分建物がより一体化することになる。よって，この追加設定は，分離処分とはならないとして許されたのである。

【敷地権が賃借権】

敷地権が賃借権である敷地権付区分建物においては，建物のみを目的として抵当権設定登記を申請することができる。賃借権を目的として抵当権を設定することができない以上，建物のみを目的として設定するしかない。そのため，当該設定行為は分離処分とはならないのである。

(2)　先取特権保存

【特別の先取特権】

特別の先取特権保存の登記は，特別の先取特権が発生した原因が敷地権が生じる前であるか後であるかにかかわらず，敷地権付区分建物の土地のみまたは建物のみに対して，申請することができる（昭58・11・10民三6400号）。

特別の先取特権は，法定担保物権であり，保存や工事をした不動産にのみ成立するものである。そのため，土地・建物を対象として保存・工事をした場合には，当然，その保存・工事をした不動産のみに成立するものであり，分離処分をしたことにはならないのである。

【一般の先取特権】

敷地権付区分建物の土地のみまたは建物のみに対しては，一般の先取特権保存の登記を申請することができない。一般の先取特権は，債務者の総財産に及ぶものであるため，土地のみまたは建物のみに対する登記申請を認める必要性がないからである。

4　用益権の登記

(1)　建物のみを目的とする場合

敷地権付区分建物の建物のみを目的とする賃借権の設定登記は，賃借権を設定した日付が敷地権が生じる前であるか後であるかを問わず，申請することができる（昭58・11・10民三6400号）。

賃借権は，不動産ごとに設定する権利である。また，持分に設定することはできないため，敷地権に設定することはできない。これらのことから，建物のみに賃借権を設定する行為は，分離処分とはいえないということである。

(2)　土地のみを目的とする場合

敷地権付区分建物の土地のみを目的とする賃借権・区分地上権・地役権の設定登記は，これらの用益権を設定した日付が敷地権が生じる前であるか後であるかにかかわらず，申請することができる（昭58・11・10民三6400号）。

用益権は，不動産ごとに設定する権利だからである。マンションの敷地の地下に地下鉄を走らせたり，マンションの敷地に隣地所有者のための通路を設けたりするようなことをイメージすればよい。

5　処分制限の登記

(1)　差　押　え

敷地権が生じる前に，土地のみまたは建物のみについて競売開始決定がなされていた場合は，土地のみまたは建物のみに対して，差押えの登記をすることができる。

また，敷地権が生じる前に，土地のみまたは建物のみを目的とする抵当権の設定登記がなされていた場合は，敷地権が生じた後に当該抵当権の実行がなされたときであっても，当該担保権の実行による差押えの登記をすることができる（昭 58・11・10 民三 6400 号）。

これらの差押えは，分離処分に該当しないからである。これら以外の差押えの登記をすることはできない。

(2)　仮　処　分

処分禁止の仮処分の登記は，その原因日付が敷地権が生じる前の日付であるか後の日付であるかにかかわらず，することができる（昭 58・11・10 民三 6400 号）。処分禁止の仮処分は，分離処分に該当しないからである。

6　登記方法

(1)　建物のみに対する登記

【原　則】

敷地権付区分建物の建物のみに対する登記申請がなされた場合は，建物の登記記録に登記され，原則として建物のみに関する旨の付記登記がなされる。

敷地権付区分建物の登記記録になされた登記は，敷地権についてなされた登記としての効力も有するのが原則なので，建物にしか効力が及んでいないことをあえて示す必要があるからである。この建物のみに関する付記登記は，登記官の職権でなされる（規則 156 条）。

たとえば，建物のみに対する抵当権設定登記が申請された場合，区分建物の登記記録は，次のようになる。

権利部（乙区）（所有権以外の権利に関する事項）			
順位番号	登記の目的	受付年月日・受付番号	権利者その他の事項
1	抵当権設定	令和6年7月5日 第65223号	原因　令和6年7月5日金銭消費貸借同日設定 債権額　金1,000万円 利息　年10% 債務者　A 抵当権者　B
付記1号	1番登記は建物のみに関する	余白	令和6年7月5日付記

【例　外】

敷地権付区分建物の建物のみに対する登記申請がなされた場合であっても，敷地権には効力が及んでおらず，区分建物のみに効力が及んでいることが明らかであるときは，建物のみに関する旨の付記登記はなされない。

建物のみに対する登記であるにもかかわらず，その旨の付記登記がなされないケースは，具体的には次の登記がなされた場合である。

①敷地権が賃借権である場合の抵当権設定登記
②特別の先取特権保存登記
③賃借権設定登記
④敷地権発生前に建物のみに設定された抵当権の実行としての差押えの登記
⑤不動産登記法74条1項1号に基づく所有権保存登記

①は，賃借権に対して抵当権を設定することができないことから，建物のみに効力が及んでいることは明らかだからである。

②は，保存・工事をした不動産のみに及ぶ権利であることから，建物のみに効力が及んでいることは明らかだからである。

③は，持分に設定することができないことから，建物のみに効力が及んでいることは明らかだからである。

④は，抵当権が建物のみを目的とする権利であることから，その実行としての差押えも建物のみに効力が及んでいることは明らかだからである。

⑤は，74条2項保存と異なり，74条1項1号の所有権保存登記は，敷地の持分の移転を含まない登記であることが明らかだからである（☞後記*5.*）。

⑵　土地のみに対する登記

敷地権付区分建物の土地のみに対する登記申請がなされた場合は，土地の登記記録に登記される。建物のみに対する登記の場合と異なり，土地のみに関する付記登記はなされない。敷地権付区分建物においては，土地・建物双方に効力が及ぶ登記は，建物登記記録になされることから，土地の登記記録に実行されることで，その登記の効力が土地のみに及んでいることが明らかだからである。

4. 登記申請のポイント

1　登記申請情報の記載方法

(1)　原　　則

敷地権付区分建物について登記申請をする場合，その登記申請情報の不動産の表示における建物の表示は，１棟の建物の表示と区分建物の表示を記載する必要がある。ただし，1棟の建物の名称（ハートキャッチマンション）を提供したときは，1棟の建物の構造及び床面積の記載を省略することができる。1棟の建物の表示は，かなり煩雑となってしまうから（例最上階までの床面積をすべて記載しなければならない），省略的な記載を認めたものである。

また，建物の表示だけでなく，敷地権の表示も記載しなければならない（令3条11号へ）。登記申請の効力が，建物だけではなく敷地にも及ぶからである。

(2)　例　　外

敷地権付区分建物について登記申請をする場合であっても，その登記の効力が建物にしか及ばないときは，その登記申請情報の不動産の表示として，建物の表示を記載するだけでよく，敷地権の表示を記載する必要はない（令3条11号へ括弧書）。登記申請情報に効力が及ばない不動産を記載する必要はないからである。

同様に，土地のみについての登記申請をする場合は，登記申請情報の不動産の表示として，土地の表示のみを記載すれば足りる。

2　登録免許税

(1)　考 え 方

敷地権付区分建物について，その効力が区分建物及び敷地権の双方に及ぶ登記を申請する場合には，区分建物と敷地権の双方について登録免許税が課される。

(2)　不動産価額を課税標準とする場合

【建物と敷地権の税率が同じ場合】

不動産の価額を課税標準とする登記で，建物と敷地権の税率が同じである登記を申請する場合の課税標準額は，次の算式により算出される。

●課税標準額＝[区分建物の価額]＋[敷地権の目的たる土地の価額×敷地権割合]

たとえば，敷地権付区分建物であるハートキャッチマンションの802号室（敷地権割合100分の1）を売却する場合の所有権移転登記の登録免許税を考えよう。区分建物の価額（802号室）が1,000万円，敷地となっている土地の価額が20億円である場合，区分建物の価額である1,000万円に，土地の価額に敷地権の割合を乗じた額である2,000万円（20億円×1/100）を加えた3,000万円が，課税標準金額となる。よって，この場合の登録免許税は，60万円（3,000万円×20/1000）となる。

【建物と敷地権の税率が異なる場合】

不動産の価額を課税標準とする登記で，建物と敷地権とで税率の異なる登記を申請する場合には，区分建物についての登録免許税と敷地権についての登録免許税を別々に求めたうえで，その合算額が登録免許税額となる。

たとえば，先ほどと同様，敷地権付区分建物（敷地権の割合100分の1）の売却において，敷地権が地上権である場合を考えよう。建物については所有権移転登記なので，その税率は20/1000であり，敷地権については地上権移転なので，その税率は10/1000となる。区分建物の価額が1,000万円，敷地権となっている土地の価額が20億円であるとすると，建物についての登録免許税は20万円（1,000万円×20/1000），敷地権についての登録免許税は20万円（20億円×1/100×10/1000）となる。つまり，その合算額である40万円が今回の登記申請の登録免許税となる。

⑶　不動産の個数を課税標準とする場合

敷地権付区分建物に対して，不動産の個数を課税標準とする登記を申請する場合，登記の効力が及ぶ不動産の個数が課税標準となる。

たとえば，敷地権（その種類は所有権）を目的とする土地が１筆である敷地権付区分建物１個に設定された抵当権の抹消登記は，2,000円となる。抵当権は区分建物と敷地の持分に設定されており，抹消登記の効力が当該２つの不動産に対して効力を生じているからである。

では，次の問題を考えてほしい。

例題１　甲土地（敷地権の種類は所有権），乙土地（敷地権の種類は賃借権）を敷地権の目的とする敷地権付区分建物１個について，所有権の登記を受けているＡの所有権登記名義人住所変更登記を申請する場合の登録免許税はいくらとなるか。

１つの区分建物の敷地権の目的となっている土地が２つある。このような場合も存在する。２つの土地にまたがって建っているマンションか，どちらかの土地がマンションの庭や駐車場にでもなっているのだろう。

さて，例題１では，甲土地・乙土地・区分建物と不動産が３つあり，Ａの権利もその３つの不動産に及んでいる。つまり，Ａは甲土地の所有権の持分，乙土地の賃借権の持分，区分建物の所有権を有しているのである。よって，Ａの所有権登記名義人住所変更の登記は，当該３つの不動産に対する申請となるので，その登録免許税は3,000円となる。

例題２　甲土地（敷地権の種類は所有権），乙土地（敷地権の種類は賃借権）を敷地権の目的とする敷地権付区分建物１個について設定された抵当権の抹消登記の登録免許税はいくらとなるか。

例題２でも，「なんだ，例題１と同じで簡単じゃないか。甲土地・乙土地・区分建物と不動産が３つあるから，登録免許税は3,000円だ」と答えてしまわなかっただろうか。これは間違いである。

乙土地の敷地権の種類は賃借権であり，賃借権には抵当権の効力が及ばない。抵当権が設定されているのは甲土地と区分建物の２つの不動産なのである。よって，その抵当権の抹消登記も甲土地と区分建物についての登記となるので，登録免許税は2,000円となるのである。

例題3　甲土地（敷地権の種類は所有権）を敷地権の目的とする敷地権付区分建物1個について設定された1番抵当権と2番抵当権について順位変更の登記を申請する場合の登録免許税はいくらとなるか。

順位変更登記の登録免許税は，「不動産の個数×順位を変更する担保権の個数×1,000円」である。本例題3における不動産の個数は，甲土地と区分建物で2個，抵当権の個数は2個なので，登録免許税は4,000円となる。

5. 区分建物の所有権保存登記

1 意　義

(1) 所有権を取得した者による所有権保存登記

区分建物において，表題部所有者から直接所有権を取得した者は，自己名義の所有権保存登記を申請することができる（74条2項）。この登記は，区分建物であれば申請することができ，敷地権付区分建物の場合でも，敷地権の登記がない区分建物の場合でも申請することができる。

通常の一戸建てや土地の場合，表題部所有者から所有権を譲り受けた者は，直接自己名義の所有権保存登記を申請することはできない。つまり，これは区分建物だけの特則である。所有権保存登記は，不動産登記法74条に掲げられた申請適格者のみに申請が認められているが，区分建物の場合には特則が設けられているということである。その趣旨等については『不動産登記法Ⅰ』を参照すること。

(2) 1項1号保存

区分建物の場合でも，74条1項1号により，表題部所有者名義での所有権保存登記を申請することができる。

たとえば，区分建物の登記記録の表題部に所有者として記録されているAが，自己名義で所有権保存登記を申請することができる。表題部に所有者として記録されているAは，マンションを建築した業者である。Aが新築マンションの1室を売却せずに自己の店舗や事務所として使用するような場合に，このような登記を申請する。

74条1項1号の所有権保存登記は，区分建物のみの登記である。敷地権付区分建物であっても，敷地については登記の効力が及ばない。

建物のみの登記ではあるが，土地の所有権（敷地権の種類が所有権の場合）はもともとAにあり，所有権保存登記の結果，建物と敷地権の権利者が一致するので，登記申請が認められているのである。

敷地権付区分建物について74条1項1号の所有権保存登記がなされても，建物のみに関する付記登記はなされない。たしかに，74条1項1号の所有権保存登記は，建物のみに関する登記である。しかし，これは，表題部所有者を権利部に昇格させるだけの登記であり，敷地に効力が及んでいないことが明確だからである。

2　敷地権の登記がない区分建物の場合

⑴　意　　義

敷地権の登記がない区分建物について，表題部所有者から直接所有権を取得した者の名義でする所有権保存登記の性質は，通常の保存登記と同様である。敷地権がないので，当然，登記の効力が土地に及ぶわけではないからである。

ただ，この場合，土地については別途登記が必要となることを忘れてはならない。たとえば，敷地権のない区分建物を表題部所有者Aから購入したBは，区分建物だけでなく，敷地となっている土地の持分も取得している。この場合，区分建物に対してB名義の所有権保存登記をしたうえで，土地に対して，別途，AからBへの持分移転登記を申請しなければならないのである。

⑵　登記申請情報

事例　令和6年6月30日，A及びBは，甲区分建物の売買契約を締結した。登記申請日は，令和6年7月5日とする。甲区分建物の登記記録は次のとおりであり，表題部に敷地権の表示は登記されておらず，権利部はない。
（甲区分建物の登記記録）
表題部（1棟の建物の表示）　略
表題部（専有部分の建物の表示）所有者　A

◉記載例　74条2項の所有権保存登記（敷地権なし）

登記の目的　所有権保存
所 有 者　B

添付情報　所有権譲渡証明情報　住所証明情報　代理権限証明情報
令和6年7月5日法第74条第2項申請
課税価格　金1,000万円
登録免許税　金4万円
不動産の表示　（建物の表示だけでよく，土地の表示は不要）

⑶　登記の目的

登記の目的は，「所有権保存」である。

⑷　登記原因

登記原因の記載は不要である。申請する登記が所有権保存登記であるうえに，純粋に所有権保存登記としての効力しか有しないからである。

⑸　登記申請人

表題部所有者から所有権を取得した者による単独申請である。登記申請情報には，「所有者　B」などと記載する。

⑹　添付情報

◉添付情報チェックシート

~~登記原因証明情報~~ 登記原因がないので不要	~~登記識別情報~~ 登記義務者がいないので不要	~~印鑑証明書~~ 登記義務者がいないので不要
住所証明情報 所有権保存登記なので必要	代理権限証明情報 代理申請であれば必要	所有権譲渡証明情報 申請適格者であることを証明するために必要

所有権保存登記においては，登記申請人に申請適格があることを証明する情報を提供しなければならない。

敷地権の登記のない区分建物における74条2項の所有権保存登記の場合は，登記申請人が表題部所有者から当該区分建物を取得したことを証する情報として，所有権譲渡証明情報を提供しなければならない（令別表29添付情報欄イ）。

⑺　適用法令

所有権保存登記なので，申請の根拠となる法令を「令和６年７月５日法第74条第２項申請」などと記載する。

⑻　不動産の表示

敷地権の登記がない区分建物についての登記であり，土地に対しては登記の効力が及ばないので，不動産の表示は，建物の表示（1棟の建物の表示及び区分建物の表示）を記載すれば足りる。

⑼　登録免許税

敷地権の登記のない区分建物についてする74条2項の所有権保存登記の登録免許税は，区分建物の価額の1000分の4である（登免税別表1.1.⑴）。

敷地権の登記がなされておらず，土地に対しては登記の効力が及ばないので，土地の価額を合算する必要はない。

3　敷地権付区分建物の場合

⑴　意　　義

敷地権付区分建物において，表題部所有者から所有権を取得した者の名義でする所有権保存登記は，区分建物についての所有権保存登記の効力に加えて，敷地権についての移転登記の効力をも有する（73条1項柱書）。敷地権付区分建物は，建物登記記録で敷地の権利まで公示できるので，表題部所有者から新築マンションを購入した者が建物について権利の取得の登記をすれば，敷地権の取得についても公示したことになる。この場合，土地についてはすでに権利の登記がなされているので敷地権についての権利の移転登記となるが，建物については権利部がないので，所有権保存登記となるというわけである。

敷地権付区分建物についての74条2項の所有権保存登記は，敷地権の移転登記を含んだ，建物についての所有権保存登記と理解すべきことになる。

(2) 登記申請情報

事例　令和６年６月30日，Ａ及びＢは，甲区分建物及び敷地権の売買契約を締結した。課税標準金額となる甲区分建物の価額は1,000万円，敷地権の目的である土地の価額は１億円とする。登記申請日は令和６年７月５日とする。甲区分建物の登記記録は次のとおりであり，権利部は存在しない。

（甲区分建物の登記記録）

表題部（１棟の建物の表示）　略

敷地権の目的である土地の表示　略

表題部（専有部分の建物の表示）所有者　Ａ

敷地権の表示　所有権10分の１

◉記載例　74条２項の所有権保存登記（敷地権付区分建物）

登記の目的　所有権保存

原　　　因　令和６年６月30日売買

所　有　者　Ｂ

添 付 情 報　登記原因証明情報　承諾証明情報　住所証明情報
　　　　　　代理権限証明情報

令和６年７月５日法第74条第２項申請

課 税 価 格　建　物　金1,000万円
　　　　　　敷地権　金1,000万円

登録免許税　建　物　金４万円
　　　　　　敷地権　金20万円
　　　　　　合　計　金24万円

不動産の表示　（建物の表示に加え，敷地権の表示の記載も必要）

(3) 登記の目的

登記の目的は，「所有権保存」となる。

(4) 登記原因

通常の所有権保存登記においては，登記原因が存在しない。しかし，敷地権付区分建物における74条２項の所有権保存登記の場合は，登記原因が存在する。

敷地権付区分建物における74条2項の所有権保存登記は，敷地権の移転登記としての効力をも有するため，敷地権の移転についての登記原因を記載する必要があるのである（76条1項但書，令3条6号括弧書）。

たとえば，前記⑵の記載例においては，令和6年6月30日に敷地権付区分建物の売買が行われているので，登記原因は「令和6年6月30日売買」となる。

なお，74条2項による所有権保存登記であっても，敷地権の登記がない区分建物への申請である場合は，登記原因を記載しないことに注意が必要である。

⑸　登記申請人

表題部所有者から所有権を取得した者による単独申請である。敷地権の移転登記としての効力をも有する登記ではあるが，所有権保存登記である以上，単独申請となるのである。

⑹　添付情報

◉添付情報チェックシート

登記原因証明情報	~~登記識別情報~~	~~印鑑証明書~~
登記原因があるので必要	登記義務者がいないので不要	登記義務者がいないので不要
住所証明情報	代理権限証明情報	承諾証明情報
所有権保存登記なので必要	代理申請であれば必要	単独で敷地権移転の登記をするので必要

【基本的な添付情報】

単独申請なので，登記識別情報・印鑑証明書の提供は不要である。また，所有権登記名義人として記録される登記申請なので，住所証明情報の提供が必要となる。加えて，代理申請であれば代理権限証明情報の提供が必要となる。

以上のような基本的な添付情報については問題がないだろう。ここでは，特殊で間違いやすい添付情報について説明を加えていこう。

【登記原因証明情報】

まず，登記原因証明情報の提供が必要である点に注意しなければならない（61条，令7条3項1号括弧書）。

登記原因が存在するので，その原因が存在することを証明しなければならないのである。区分建物と敷地権が同一の原因によって取得されたことを証明できるものであることを要する（昭58・11・10民三6400号）。

【敷地権登記名義人の承諾証明情報】

敷地権の登記名義人の承諾証明情報の提供が必要となる。

敷地権付区分建物についての74条2項の所有権保存登記は，敷地権についての移転登記としての効力をも有するものである。本来であれば，権利の移転登記は共同申請で行う。しかし，所有権保存登記であるため，権利取得者の単独申請で行うことになる。つまり，権利取得者の単独申請で敷地権の移転登記を申請するのと同じこととなるのである。

そこで，本来であれば登記義務者となるはずの敷地権の登記名義人に，自己の関与なく権利の移転登記としての効力を有する登記が申請されることについての承諾を得る必要がある。そして，その承諾を得られたことを証明するため，敷地権の登記名義人の承諾証明情報の提供が必要となるのである。

この承諾証明情報は，登記名義人の意思を確認するものであり，登記識別情報に代わるものであるため，敷地権の登記名義人の登記識別情報の提供は不要となる。

【賃貸人の承諾証明情報】

賃貸人の承諾証明情報は，敷地権の種類が賃借権である場合に必要となる添付情報である。敷地権付区分建物についての74条2項の所有権保存登記は，敷地権の移転登記としての効力をも有するものであるため，敷地権の種類が賃借権であれば，賃借権の移転登記としての効力を有することになる。そのため，賃借権の譲渡を許す旨の特約が登記されていない場合には，賃貸人の承諾を証する情報の提供が必要となるのである（令別表40添付情報欄ロ）。

【所有権譲渡証明情報は不要】

敷地権の登記のない区分建物についてする74条2項の所有権保存登記の場合は，登記申請人が申請適格者であることを証明するための所有権譲渡証明情報の提供が必要である。しかし，敷地権付区分建物の場合は，当該添付情報の提供は不要である。

敷地権付区分建物についての申請において提供する登記原因証明情報により，登記申請人が所有権を取得した者としての申請適格者であることは証明できるからである。

(7) 適用法令

所有権保存登記であるため，申請の根拠となる法令を「令和6年7月5日法第74条第2項申請」などと記載する。

(8) 不動産の表示

敷地権付区分建物についての登記であり，土地に対しても登記の効力が及ぶので，不動産の表示として，建物の表示（1棟の建物の表示及び区分建物の表示）に加えて敷地権の表示を記載しなければならない。

(9) 登録免許税

敷地権付区分建物についての74条2項の所有権保存登記の登録免許税は，次の算式により算出される。

- **登録免許税＝［区分建物の価額× 1000分の4］＋［敷地権（所有権の場合）の目的たる土地の持分価額× 1000分の20］**

建物については所有権保存登記であるが，敷地については移転登記であるため，税率が異なるのである。建物と敷地権について税率が異なるので，登記申請情報の課税標準金額についても分けて記載する点に注意してほしい。

第5章 処分制限の登記

●この章で学ぶこと●

この章では，処分制限の登記について学びます。処分制限の登記とは，差押え・仮差押え・仮処分の登記のことです。仮処分に後れる登記の抹消登記が頻出です。

1. 処分制限の登記

1 処分制限の登記とは

処分制限の登記とは，裁判所がする処分に基づく登記であり，登記名義人の権利の処分を制限する登記である。

処分制限の登記がなされた後に，登記名義人がその権利を処分しても，その効果が否定される。処分ができなくなるわけではないが，その処分の効果が否定されるのである。

処分の制限の登記としては，次のものがある。

①差押えの登記

②仮差押えの登記

③処分禁止の仮処分の登記

後記 *2.* 以下で，これらをひとつひとつ説明していく。

2 登記の方法

(1) 嘱託登記

処分制限は，裁判所が決定する。そして，その処分に基づいて，裁判所書記官から処分制限の登記が嘱託される。債権者などから申請するわけではない。

(2) 前提としての職権登記

所有権保存登記がなされていない不動産について，所有権に関する処分制限の登記が嘱託された場合，登記官は，職権で所有権保存登記をする（76条2項）。その趣旨等については，『不動産登記法Ⅰ』で説明した。

2. 競売による差押え

1 差押えの登記

(1) 競売開始決定による差押え

債務者が弁済をしない場合，債権者は，債務者を訴え，勝訴すれば「金を返せ」という判決を取得することができる。そして，その判決が確定すれば，その確定判決を“強制執行のパスポート”として，債務者の不動産の強制競売を裁判所に申し立てることができる。

債権者から競売の申立てがあり，裁判所が競売開始決定をした場合，裁判所書記官は，直ちに当該不動産に対する差押えの登記を嘱託する（民執48条1項）。

差押えの効力が生じたときは，債務者が差し押えられた不動産を処分しても，その処分は，競売手続において効力を生じない。

差押えの登記がなされた登記記録は，次のようになる。

権利部（甲区）（所有権に関する事項）			
順位番号	登記の目的	受付年月日・受付番号	権利者その他の事項
1	所有権保存	令和6年2月22日 第22222号	所有者　A
2	差押	令和6年6月15日 第62970号	原因　令和6年6月13日東京地方裁判所強制競売開始決定 債権者　B

差押えの権利者が複数存在する場合でも，持分は登記されない（昭35・8・20民三842号）。

(2) 担保権実行による差押え

抵当権者等の不動産に対する担保権者は，債務者が債務を履行しないときは，担保権の目的である不動産について，裁判所に対し，担保権の実行としての競売開始の申立てをすることができる（民執181条）。

そして，競売開始決定がなされると，裁判所書記官は，「令和6年6月13日東京地方裁判所担保不動産競売開始決定」を登記原因とする差押えの登記を嘱託する（平16・3・18民二864号）。

差押えの登記原因によって，一般債権者による強制競売なのか，担保権者による担保権実行なのかをわかるようにしておくことが重要である。

2 売却された場合の登記

競売手続開始の決定による差押えの登記がなされた不動産について，競売手続が進行する。入札などの方法により買受人を探し，買受人に対する売却許可決定が確定すると，買受人が代金を納付することになる。そして，その代金が債権者に配当されることになる。

競売不動産の所有権は，代金の納付の日に，買受人に移転する（民執79条）。そして，当該不動産上に存在する担保権や差押えに対抗できない用益権等は，消滅することになる（民執59条1項・2項）。また，差押え・仮差押え等は，その効力を失う（民執59条3項）。

この場合，裁判所書記官は，次の登記を嘱託する（民執82条1項）。

①買受人が取得した権利の移転登記

②売却により消滅した権利等の抹消登記

③差押え・仮差押え等の抹消登記

これらの登記は，1つの嘱託情報で嘱託する。これにより，買受人が所有権登記名義人となり，担保権や差押え等の登記が抹消されることになる。

なお，競売により法定地上権が成立することがあるが，法定地上権の設定登記は，嘱託登記ではなされず，当事者から申請しなければならない（☞ p162）。

3. 仮差押え

1 仮差押えとは

金銭債務を負っている債務者が債務を履行しない場合，債権者は，債務者の有する不動産を競売することができる。しかし，競売の申立てをするには，“強制執行のパスポート”である債務名義が必要である。債務名義となるのは，原則として確定判決である。しかし，確定判決を得るために訴訟を提起しても，その取得には時間がかかることが多い。その訴訟をしている間に，債務者がその不動産を処分してしまったら，債権者はその不動産を競売することができなくなる。

このように，金銭の支払いを目的とする債権について，強制執行することができなくなるおそれがあるとき，または，強制執行するのに著しい困難を生じるおそれがあるときは，裁判所は，債権者の申立てにより，仮差押命令を発することができる（民保 20 条）。将来の金銭執行（金銭債権を回収するための強制執行）を保全するための処分である。仮差押えは，保全すべき権利について疎《そ》明《めい》があればよいので，比較的すみやかに発してもらうことができる。この仮差押えにより債務者による不動産の処分を制限して現状維持を図り，安心して債務名義を得ようということである。

2　仮差押えの登記

裁判所により仮差押命令が発せられると，債権者の申立てにより，仮差押えの執行がなされる（民保 47 条 1 項）。仮差押えの執行は，仮差押えの登記または強制管理の方法で行われる。仮差押えの登記は，裁判所書記官により「令和6年6月13日東京地方裁判所仮差押命令」を登記原因として嘱託される（民保 47 条 3 項）。

4. 処分禁止の仮処分

1　意　　義

登記義務者が登記に協力しない場合，登記権利者は，登記義務者を被告として，登記手続を求める訴訟を提起し，その訴訟に勝訴し，登記手続を命じる確定判決を得ることで，単独で登記申請をすることができる（63 条 1 項）。

たとえば，甲土地の所有権登記名義人 A が，甲土地を B に売却したにもかかわらず登記申請に協力しない場合には，B は A を被告として「A は B に対して甲土地の所有権移転登記をせよ」とする確定判決を得て，単独で甲土地の所有権移転登記を申請することができるようになる。

しかし，判決を得るには時間がかかる。その訴訟の間に，A が甲土地を C に売って所有権移転登記をしてしまったら，B はたとえ A に勝訴して登記手続を命じる確定判決を得ても，Cに対抗することができない。BとCは対抗関係にあるため，先に登記をしたCが勝つということである。

Bが安心して訴訟することができるためには，甲土地の処分が制限され，現状が維持されるようにしておく必要がある。そこで規定されたのが，仮処分である。

Bは，Aに対する提訴に先立って，裁判所に処分禁止の仮処分の申立てをすることができる。その申立てが認められれば，裁判所書記官から処分禁止の仮処分の登記が嘱託される。これにより，甲土地の処分が制限される。処分禁止の仮処分の登記がなされた甲土地も，売却などの処分をすること自体は可能だが，仮処分に後れる登記は，仮処分に対抗することができず，Bが勝訴し所有権移転登記をする際に蹴散らすことができるようになる。これで，Bは安心して訴訟をすることができるのである。

以上からわかるように，（係争物に関する）仮処分は，金銭債権以外の特定債権を保全するためなどの場合に，その物の現状を維持しておこうという処分である。裁判所は，債権者が権利を実行できなくなるおそれがあるとき，または権利を実行するのに著しい困難を生ずるおそれがあるときに，仮処分を発することができる（民保23条1項）。仮処分の詳細は，民事保全法で学習する。ここでは，不動産の登記請求権を保全するための処分禁止の仮処分の登記に限定して学習していくことにしよう。

2 処分禁止の仮処分の登記の実現方法

(1) 処分禁止の仮処分のみがされる場合

次に掲げる登記請求権を保全するための処分禁止の仮処分の執行は，処分禁止の仮処分の登記のみをする方法で行う（民保53条1項）。

①所有権についての登記請求権

②所有権以外の権利の移転・抹消の登記請求権

これらは，仮処分で保全される権利が仮処分後に登場する一定の権利と併存しえない場合になされる登記である。たとえば，AからBへの所有権移転登記請求権は，AからCへの所有権移転とは併存できない。同一の抵当権を目的とする抵当権移転も，1つしかありえない。

つまり，処分禁止の仮処分に後れる併存できない権利は，保全されている権利を実現するには邪魔な存在なのである。そのため，仮処分債権者が「登記せよ」という訴訟で勝訴し，その実現として登記をする際に，これらの邪魔な権利はすべて蹴散らすことができることになる（民保58条1項・2項）。

処分禁止の仮処分の登記がなされた登記記録は，次のようになる。

権利部（甲区）（所有権に関する事項）			
順位番号	登記の目的	受付年月日・受付番号	権利者その他の事項
1	所有権保存	令和6年2月22日 第22222号	所有者　A
2	処分禁止仮処分	令和6年5月15日 第56971号	原因　令和6年5月13日東京地方裁判所仮処分命令 債権者　B

AからBへの所有権移転があったにもかかわらず，Aがその登記に協力しなかった。そこで，Bが登記を求める訴えを提起することにした。さらに，その所有権移転登記請求権を保全するための処分禁止の仮処分を申し立てた。上記登記記録は，このようにして登記されたものである。

(2)　保全仮登記とともになされる場合

所有権以外の権利の保存・設定・変更についての登記請求権を保全するための処分禁止の仮処分の執行は，処分禁止の仮処分の登記とともに保全仮登記をする方法で行う（民保53条2項）。

これらの登記請求権は，原則として，仮処分に後れる登記と併存できる権利である。たとえば，1つの不動産に対して，抵当権はいくつでも設定することができる。そのため，後れる登記を禁止するというより，順位を保全しておく“場所取り”の要請が強く働く。よって，保全仮登記で順位の場所取りをしておくのである。

処分禁止の仮処分と保全仮登記が実行された登記記録は，次のようになる。

権利部（甲区）（所有権に関する事項）			
順位番号	登記の目的	受付年月日・受付番号	権利者その他の事項
1	所有権保存	令和6年2月22日 第22222号	所有者　A
2	処分禁止仮処分（乙区1番保全仮登記）	令和6年5月15日 第56971号	原因　令和6年5月13日東京地方裁判所仮処分命令 債権者　B

権利部（乙区）（所有権以外の権利に関する事項）			
順位番号	登記の目的	受付年月日・受付番号	権利者その他の事項
1	抵当権設定保全仮登記（甲区2番仮処分）	令和6年5月15日 第56971号	原因　令和6年5月10日金銭消費貸借同日設定 債権額　金1,000万円 債務者　A 権利者　B
	余白	余白	余白

これは，BのAに対する抵当権設定登記請求権を保全するための仮処分が執行された登記記録である。甲区2番に処分禁止の仮処分が登記されるだけでなく，乙区1番に保全仮登記がなされている。BがAに対して登記手続を命じる確定判決を得たときには，この保全仮登記を本登記にする形で抵当権設定登記を実現することができる。抵当権設定登記を乙区1番で実行できるようにするため，場所取りの意味の保全仮登記がなされるというわけである。

3　処分禁止の仮処分の登記手続

(1)　嘱託登記

処分禁止の仮処分の登記及び保全仮登記は，当事者からの申請ではなく，裁判所書記官からの嘱託登記でなされる（民保53条3項，民保47条3項）。

登記請求権を保全したい債権者は，裁判所に処分禁止の仮処分の申立てを行う。その申立てに基づき，仮処分命令が発せられた場合には，その登記を裁判所書記官が行うということである。

(2)　登記の可否

【所有権の一部】

不動産の所有権の一部に対して，処分禁止の仮処分の登記をすることができる（昭30・4・20民甲695号）。これは，そのような登記請求権が成立し，それを保全する必要性が生じうるからである。

たとえば，Aが所有権登記名義人として登記されている場合に，その所有権の3分の1についての処分禁止の仮処分を登記することができる。これは，BがAから所有権の3分の1を買い受けた場合に，その登記請求権を保全するためになされるものである。

所有権の一部について抵当権設定登記ができないことと比較しておくこと。

【不動産の一部】

1筆の土地の一部など，不動産の一部に対して，処分禁止の仮処分を登記することはできない（昭27・9・19民甲308号）。1筆の土地の一部に対する処分禁止の仮処分の登記をするには，その前提として，分筆登記が必要となる。

【所有権保存登記がなされていない不動産】

所有権保存登記がなされていない不動産についても，処分禁止の仮処分の登記が嘱託される。この場合，登記官の職権により所有権保存登記をしたうえで，処分禁止の仮処分の登記が実行される（76条2項）。

これと同様，表題登記がなされていない不動産についても，処分禁止の仮処分の登記が嘱託される。この場合，登記官の職権により表題登記及び所有権保存登記をしたうえで，処分禁止の仮処分の登記が実行される（76条3項）。

【本登記の禁止】

仮登記がなされている場合に，その仮登記に基づく本登記の手続を禁止する仮処分をすることはできない（昭30・8・25民甲1721号）。

(3)　前提登記の要否

仮処分の登記の前提として，相続登記をする必要があるか否かが問題となるケースがある。例題で考えてみよう。

例題１　甲土地の所有権登記名義人Ａが死亡し，子Ｂ・Ｃが相続した。ＤはＢからその持分の売却を受けたが，Ｂが持分移転の登記に協力をしないので，Ｂの持分に対して処分禁止の仮処分命令を得た。処分禁止の仮処分の登記の前提として，相続による所有権移転登記をする必要があるか。

本例題1の場合，処分禁止の仮処分の登記の前提として，相続による所有権移転登記をすることが必要である（昭39・5・14民甲1759号）。相続人であるＢに所有権が移転していることを前提に処分禁止の仮処分命令が発せられており，その変動を登記記録に反映する必要があるからである。

例題２　甲土地の所有権登記名義人Ａは，甲土地をＤに売却した。しかし，ＡからＤへの売買による所有権移転登記がなされないままＡが死亡し，子Ｂ・Ｃが相続した。Ｄは，Ｂ･Ｃに対して所有権移転の登記手続を求めるとともに，「債務者被相続人Ａの相続人Ｂ及びＣについての一切の処分を禁ずる」とする処分禁止の仮処分命令を得た。この場合，処分禁止の仮処分の登記をする前提として，相続による所有権移転登記をする必要があるか。

本例題2の場合，処分禁止の仮処分の登記の前提として，相続による所有権移転登記をする必要はない（昭62・6・30民三3412号）。所有権はAからDへと移転しており，相続による承継は生じていないからである。

4　仮処分に後れる登記の抹消

(1)　意　義

【同時申請】

処分禁止の仮処分の登記のみがなされた場合において，仮処分の債権者は，保全されていた登記請求権を実現するための登記と同時に申請する場合であれば，仮処分に後れる第三者の登記を単独で抹消することができる（111条1項・2項，民保58条2項）。保全仮登記とともになされている場合については，後述する（☞後記5）。

前述したとおり，処分禁止の仮処分の登記がなされていても，仮処分債務者は，当該不動産を売却するなどの処分をしてその登記をすること自体はできるが，その登記は，仮処分に対抗できず，蹴散らされてしまう。その蹴散らす具体的な方法が，この単独抹消登記なのである。

処分禁止の仮処分の登記の効力は強力で，後れる登記を抹消するにあたり，当該抹消される登記の登記名義人の承諾も不要である。仮登記を本登記にする場合と異なるところである。ただ，さすがに何の予告もなく抹消することはできないので，抹消する旨の通知をすることが要求されている（民保59条1項）。

【抵当権に基づく差押えの抹消】

仮処分の登記がなされる前から登記されていた抵当権に基づく差押えの登記が，仮処分の登記後になされた場合，仮処分債権者は，保全されている登記請求権についての実現登記と同時に，当該差押えの登記の抹消登記の申請を単独で行うことができない（昭58・6・22民三3672号）。

たしかに，差押えの登記自体は，仮処分登記後になされている。しかし，その差押えの登記は，仮処分債権者に対抗できる抵当権に基づくものなので，差押えの登記も仮処分債権者に対抗できるものとなるのである。

(2)　登記申請情報

事例　令和5年8月22日，Aは甲土地をBに売却したが，登記手続に協力しない。そこで，令和5年9月16日，Bは，処分禁止の仮処分命令の申立てをした（甲区２番の登記はその結果なされたものである）。また，ＢはＡに対して，登記手続を命じる判決を得るための訴えを提起した。令和６年６月12日，Ｂは当該訴訟に勝訴し，令和６年６月28日，同判決は確定した。Ａ及びＣは登記に協力しない。甲土地の登記記録は次のとおりである。

権利部（甲区）（所有権に関する事項）			
順位番号	登記の目的	受付年月日・受付番号	権利者その他の事項
1	所有権保存	令和１年12月１日 第12121号	所有者　Ａ
2	処分禁止仮処分	令和５年９月22日 第98971号	原因　令和５年９月20日東京地方裁判所仮処分命令 債権者　Ｂ
3	所有権移転	令和６年１月23日 第12963号	原因　令和６年１月23日売買 所有者　Ｃ

◉記載例　１件目　仮処分による失効

登記の目的　３番所有権抹消
原　　　因　仮処分による失効
義　務　者　Ｃ
申　請　人　Ｂ
添 付 情 報　通知証明情報　代理権限証明情報
登録免許税　金1,000円

◉記載例　２件目　売買による所有権移転登記（判決による登記）

登記の目的　所有権移転
原　　　因　令和５年８月22日売買
権　利　者　（申請人）Ｂ
義　務　者　Ａ
添 付 情 報　登記原因証明情報（判決正本確定証明書付）
　　　　　　住所証明情報　代理権限証明情報
課 税 価 格　金1,000万円
登録免許税　金20万円

この2件の登記申請を同時申請する。

Cの所有権の登記が，仮処分に後れる登記である。よって，仮処分によって保全している登記請求権を実現する登記であるAからBへの所有権移転登記と同時であれば，Cの所有権を単独で抹消することができる。このことから，この所有権の抹消登記と実現登記を同時申請する必要があるのである。

本事例においては，Aが登記に協力しないので，2件目の登記が判決による登記となっている。確定判決に基づき，Bが単独で所有権移転登記を申請しているのである。

登記申請にあたり，Aの協力が得られ，この所有権移転登記をAとBの共同申請で行った場合であったとしても，その登記申請と同時に申請することで，Bは単独で，仮処分に後れる登記を抹消することができる。後れる登記の抹消登記の申請と同時申請が要求される保全権利の実現登記の申請は，判決による単独申請の場合に限られず，共同申請による場合であってもよいということである（平2・11・8民三5000号）。

以下，記載例1件目の後れる登記の単独抹消登記の申請について説明していこう。なお，登記実行後の登記記録は，次のようになる。

◉登記実行後の登記記録

権利部（甲区）（所有権に関する事項）			
順位番号	登記の目的	受付年月日・受付番号	権利者その他の事項
1	所有権保存	令和1年12月1日 第12121号	所有者　A
2	処分禁止仮処分	令和5年9月22日 第98971号	原因　令和5年9月20日東京地方裁判所仮処分命令 債権者　B
3	所有権移転	令和6年1月23日 第12963号	原因　令和6年1月23日売買 所有者　C
4	3番所有権抹消	令和6年7月5日 第75946号	原因　仮処分による失効
5	所有権移転	令和6年7月5日 第75946号	原因　令和5年8月22日売買 所有者　B
6	2番仮処分登記抹消	余白	仮処分の目的達成により令和6年7月5日登記

Cの所有権抹消が甲区4番で，Bへの所有権移転登記が甲区5番で実行されている。この2つの登記は同時申請となるので，同一の受付番号が付されてい

ることを確認してほしい。

仮処分の抹消登記が甲区6番になされているが，これは，後れる登記の抹消登記を申請したことにより，仮処分はその目的を達成し，不要となったことが明白であることから，登記官が職権で抹消したものである。仮処分の抹消の詳細については，後記6で説明する。

(3)　登記原因

登記原因は，「仮処分による失効」である。

登記原因日付は記載しない。仮処分に後れるから抹消されるのであり，何か新たな変動があったわけではないからである。

(4)　登記申請人

仮処分に後れる第三者の登記の抹消登記の申請は，仮処分によって保全されている登記請求権を実現するための登記の申請と同時に申請した場合には，仮処分債権者が単独で行うことができる。

登記申請情報には，登記義務者として抹消する登記の登記名義人をも記載し，登記権利者である仮処分債権者に「(申請人)」と加える。

(5)　添付情報

【通知したことを証する情報】

仮処分に後れる第三者の登記の抹消登記においては，通知したことを証する情報を提供しなければならない（令別表71添付情報欄）。仮処分債権者が後れる登記を抹消する場合に，抹消される登記の登記名義人に対して，登記を抹消する旨の通知をしなければならないからである（民保59条1項）。

【不要なもの】

抹消される登記の登記名義人が承諾したことを証する情報の提供は不要である。また，仮処分債権者の単独申請であるため，登記義務者の登記識別情報の提供も不要である。

さらに，登記原因証明情報の提供も不要である。仮処分に対抗できないから抹消されるのであり，登記原因といえるような変動はないからである。

(6)　仮処分による一部失効

仮処分に後れる登記は，被保全権利の実現登記と同時申請であれば，単独で抹消できることを学んだ。では，次の登記記録の場合はどうだろうか。

権利部（甲区）（所有権に関する事項）			
順位番号	登記の目的	受付年月日・受付番号	権利者その他の事項
1	所有権保存	令和1年12月1日 第12121号	所有者　A
2	所有権の一部3分の1処分禁止仮処分	令和5年9月22日 第98971号	原因　令和5年9月20日東京地方裁判所仮処分命令 債権者　B
3	所有権移転	令和6年1月23日 第12963号	原因　令和6年1月23日売買 所有者　C

仮処分が所有権の3分の1にしか及んでおらず，仮処分に後れる登記の一部(3分の1) のみが仮処分に抵触しているという事例である。この場合，Bは，所有権移転登記と同時に申請するときであっても，後れる登記の抹消登記を単独ですることはできない。仮処分に抵触していない部分 (3分の2) については，蹴散らされる筋合いがないからである。

本事例では，Bは，所有権移転登記と同時に，「仮処分による一部失効」を登記原因として，3番所有権を3分の2の持分とする所有権更正登記を申請することができる (昭41・2・16民甲386号)。

5　保全仮登記の本登記

(1)　意　義

処分禁止の仮処分とともに保全仮登記がなされている場合，保全されている登記請求権を実現する登記は，当該保全仮登記を本登記にする申請をすることで行う。

(2)　後れる登記の抹消の考え方

【総　説】

保全仮登記の本登記をする際に，保全仮登記に後れる登記をすべて抹消することができるわけではない。ここでは，どのような場合に後れる登記を抹消することができるかについて，考えていこう。

【抹消できる場合とできない場合】

保全仮登記の本登記を申請するのと同時にする場合において，次のすべての要件を満たすときは，仮登記債権者が，後れる登記を単独で抹消することができる（113 条，民保 58 条 4 項）。

①保全仮登記により保全している登記請求権が所有権以外の不動産の使用・収益を目的とする権利に関するものである場合

②保全仮登記に後れる登記が所有権以外の不動産の使用・収益をする権利に関する登記，またはその権利を目的とする権利に関する登記である場合

①・②の権利は，双方とも使用・収益を目的とする権利であり，抵触する可能性がある。そのため，保全仮登記の本登記をする際に，後れる②の権利の単独抹消を認めたのである。

これ以外の場合，仮処分債権者は，保全仮登記に基づく本登記の申請と同時に，保全仮登記に後れる登記の抹消を単独で申請することはできない。このような場合は，保全されている登記請求権と後れる登記が抵触することがないからである。たとえば，抵当権設定登記請求権を保全する保全仮登記を本登記にすると同時に，当該抵当権者が後順位抵当権の登記を単独で抹消することはできない。

(3)　注意すべき事例

仮処分債権者が後れる登記を単独で抹消することができるか否かの基準について，前記(2)で説明したが，ここでは注意すべき事例を見ていこう。

【保全仮登記＝使用・収益権／後れる登記＝区分地上権の場合】

保全仮登記に後れる区分地上権の登記がある場合は，保全仮登記を本登記にすると同時に，仮処分債権者が，当該区分地上権を単独で抹消することはできない。区分地上権は，先順位で登記されている仮処分債権者の承諾を得て設定されているからである。区分地上権の存在を承諾している以上，蹴散らすことはできないのである。

【保全仮登記＝使用・収益権／後れる登記＝質権の場合】

保全仮登記に後れる質権の登記がある場合は，保全仮登記を本登記にすると同時に，仮処分債権者が，当該質権を単独で抹消することはできない。

不動産質権は，不動産を使用・収益することができる権利であるが，その本質は交換価値を把握する担保物権である。そのため，保全仮登記と抵触するのは，使用・収益権についてだけであり，質権を抹消しなくても，使用・収益権について仮処分債権者に対抗できないとすれば十分だということである。

【保全仮登記＝賃借権／後れる登記＝賃借権の場合】

賃借権設定の保全仮登記に後れる賃借権の登記がある場合は，保全仮登記を

本登記にすると同時に，仮処分債権者が，当該賃借権を単独で抹消することができる。

賃借権も，所有権以外の使用・収益をする権利だからである。1つの不動産に対して賃借権を二重に設定することができるので（☞P157），後れる賃借権を抹消する必要はなさそうだが，使用・収益をする権利である以上，抹消を認めたということである。

【①保全仮登記＝地役権／後れる登記＝使用・収益権，または，②保全仮登記＝使用・収益権／後れる登記＝地役権の場合】

①は保全仮登記が地役権の場合で，②は後れる登記が地役権の場合である。①・②とも，保全仮登記の本登記をする際に，後れる登記を抹消することはできない。地役権は排他性のない権利であることから，他の権利との抵触がないものとして考えるということである。

参考までに，どのような場合に保全仮登記に後れる登記を抹消することができるかについて，一覧表にして整理しておく。丸暗記する必要はないが，上記の説明を整理するために活用してほしい。

◉後れる登記を抹消できるかのまとめ

		①保全仮登記					
		地上権	区分地上権	永小作権	不動産質権	地役権	賃借権
②後れる登記	地上権	○	○	○	○	×	○
	区分地上権	×	×	×	×	×	×
	永小作権	○	○	○	○	×	○
	不動産質権	×	×	×	×	×	×
	地役権	×	×	×	×	×	×
	賃借権	○	○	○	○	×	○

○＝抹消できる　×＝抹消できない

6 仮処分の登記の抹消

(1) 意　義

処分禁止の仮処分の登記は，その目的が達成された場合には不要なものとなるので，抹消する必要がある。この抹消登記は，登記官の職権または裁判所書記官の嘱託でなされる。仮処分債権者の申請で行うのではない。

(2)　登記官の職権で抹消される場合

次の場合には，登記官が職権で処分禁止の仮処分の登記を抹消する。

①処分禁止の仮処分のみが登記されている場合において，実現登記と同時に仮処分債権者による後れる登記の単独抹消がなされたとき（111条3項）。

②処分禁止の仮処分とともに保全仮登記がされている場合において，保全仮登記に基づく本登記がなされたとき（114条）。

これらの場合には，仮処分がその目的を達成したことが登記官にも明らかなので，登記官が処分禁止の仮処分の登記を職権で抹消するのである。

(3)　裁判所書記官の嘱託で抹消される場合

次に掲げる場合，登記官により処分禁止の仮処分の登記が職権で抹消されないため，処分禁止の仮処分の登記は，裁判所書記官が嘱託で抹消する。

①処分禁止の仮処分のみが登記されている場合において，実現登記はなされたが，それと同時に仮処分債権者による後れる登記の単独抹消がなされなかったとき

②仮処分債権者に不利益となる処分がなされたとき

①のケースとしては，後れる第三者がそもそも存在しなかった場合や，後れる第三者が存在しても同時に単独申請での抹消登記を申請しなかった場合がこれに当たる。これらの場合は，仮処分がその目的を達成したことが登記官には明らかにならないことから，登記官の職権で処分禁止の仮処分の登記の抹消がなされないのである。この場合，仮処分債権者の申立てにより，裁判所書記官から抹消の登記が嘱託される（民保規則48条1項）。

②のケースは，仮処分債権者が登記手続を求める本案訴訟で敗訴した場合や，仮処分が取り消された場合などがこれに当たる。この場合は，実現登記がなされず，仮処分が不要となったことについて登記官が知るすべがないことから，登記官の職権で抹消されることはないということである。

《ホームルーム》

生徒：競売不動産が売却されると，①買受人が取得した権利の移転の登記，②売却により消滅した権利等の抹消登記，③差押え・仮差押え等の抹消登記が嘱託され，この３つの登記が１つの嘱託情報で嘱託されるということでした。これって，いわば１枚の申請書で３つの登記が申請されるということですか。

講師：そのとおり。当事者からの申請だと，登記の目的が異なれば一括申請はできないから，所有権移転と抵当権等の抹消を一括申請することはできない。でも，嘱託登記では，これらを１つの嘱託情報でできるということだね。

生徒：お役所のやることは，なんかずるいですね。

講師：実際に申請したことがあるんだけど，登記の目的が「所有権移転，１番抵当権抹消，５番差押抹消」と３行並んでいたよ。

生徒：嘱託登記を申請したことがあるんですか。先生，裁判所書記官だったんですか。

講師：違うよ。この嘱託情報は，司法書士に渡して，司法書士から申請することがあるんだ。民事執行法 82 条 2 項に規定されている。

生徒：どうして，渡してくれるんですか。

講師：それは，買受人が銀行から住宅ローンなどの融資を受けやすくするためだ。当然，競売物件を買う人だって融資を受けて買うことが多い。この場合，銀行は，１番抵当権の設定を受けられなければ融資をしてくれない。通常の決済であれば，売買による所有権移転登記と抵当権設定登記を連件で申請することによって，１番抵当権を確実に設定することができる。だけど，競売の場合には，所有権移転登記が裁判所書記官からいつのまにか嘱託されてしまうので，いつ抵当権設定登記を申請していいのかわからなくて，融資が躊躇されてしまうことが多かったんだ。これでは，競売物件を買える人が限定されてしまう。そこで，平成 10 年に民事執行法を改正して，買受人や抵当権の設定を受けようとする者から代金の納付までに申し出があったときは，司法書士に嘱託情報を渡してくれることになったんだ。このことにより，司法書士は，この嘱託情報と抵当権設定登記申請情報を連件で提出することができるようになった。銀行が１番抵当権の設定を確実に受けることができるようして，買受人が融資を受けやすくしたというわけだ。

生徒：よくわかりました。

第6章　破産手続に関する登記

●この章で学ぶこと●

この章では，破産手続に関する登記について学びます。それほど深入りする必要はありません。任意売却の登記について，通常の売買による所有権移転登記と何が異なるかに注意して学習してください。

1. 破産手続開始の登記

1 意　義

不動産の登記名義人である自然人について破産手続開始の決定があった場合，裁判所書記官から，破産手続開始の登記が嘱託される（破産258条1項）。

破産手続開始の決定があると，破産者の財産は破産財団となり（破産34条），原則として競売され，その代金は債権者に配当されることになる。それを実現するため，破産者の財産の管理権は破産管財人に移り，破産者は自己の財産についての管理権を失う。そこで，不動産が破産財団となり，破産者が勝手にその不動産を処分できなくなったことを公示するため，破産手続開始の登記がなされるのである。

不動産の登記名義人が法人である場合には，その登記名義人について破産手続開始の決定があっても，破産手続開始の登記は嘱託されない。この場合，法人の登記記録に破産手続開始の登記がなされるため（破産257条1項），破産者に財産管理権がなくなったことの公示としては，それで十分だからである。

2 登記の実行

所有権に関する登記についての破産手続開始の登記は，主登記で実行される。これに対して，所有権以外の権利に関する登記についての破産手続開始の登記は，付記登記で実行される。

2. 破産法による否認

1 意　　義

破産手続開始の決定がなされると，破産者は，その財産を処分できなくなる。逆にいえば，その前であれば，原則として財産を処分することができる。

しかし，破産債権者を害することをわかっていながら財産を友人に贈与するなど，破産手続開始の決定前の処分が破産債権者に損害を与えるようなものである場合には，破産管財人はこの処分を否認することができる。これが破産法による否認である。

破産管財人が裁判上で否認権を行使し，これが裁判所により認容されると，破産者の処分は否定され，処分された財産は，破産財団に復することになる。

2 破産法による否認の登記

破産法による否認がなされた場合，破産管財人は，否認の登記を申請しなければならない（破産 260 条 1 項）。

破産法による否認の登記は，常に主登記で実行される。処分を否定する登記であり，抹消登記に準じる登記と考えられるからである。

破産法による否認の登記が実行された登記記録は，次のようになる。

◉登記実行後の登記記録

権利部（甲区）（所有権に関する事項）			
順位番号	登記の目的	受付年月日・受付番号	権利者その他の事項
1	所有権保存	令和 6 年 2 月 22 日 第 22222 号	所有者　A
2	所有権移転	令和 6 年 5 月 15 日 第 56971 号	原因　令和 6 年 5 月 15 日売買 所有者　B
3	2 番所有権移転登記原因の破産法による否認	令和 6 年 7 月 5 日 第 75369 号	原因　令和 6 年 7 月 1 日判決

3　根抵当権との関係

根抵当権が設定されている不動産において，設定者について破産手続開始の登記がなされている場合は，元本が確定していることが明確であるため，元本確定登記を申請する必要はない（☞ P118）。

これに関連して，根抵当権が設定されている不動産について，前記2のように，破産法による否認の登記だけがなされており，破産手続開始の登記がなされていない場合は，元本確定登記の申請が必要かという問題がある。

この点，当該根抵当権について元本確定登記の申請は必要ないとされている。破産法による否認の登記は，設定者が破産していなければなされない登記であり，破産手続開始の登記がなされていなくても，設定者が破産していて根抵当権の元本が確定していることは明確だからである。

3. 任意売却の登記

1　任意売却の意義

破産手続開始の決定があった場合，原則として，破産財団に属する財産は競売される（破産184条1項）。

しかし，裁判所の許可を得て，任意売却をすることができる（破産78条2項1号・2号）。競売より高値での売却が見込める場合，破産管財人は，不動産を任意に売却することができるのである。ただ，不当な売却（例親族に安く売却する）が行われないようにするため，裁判所の許可を得なければならないというわけである。

2　登記申請のポイント

(1)　登記申請情報

事例　甲土地の所有権登記名義人Aについて破産手続開始の決定がなされ，甲土地に破産手続開始の登記がなされた。Aの破産管財人となったBは，甲土地をCに任意売却した。

◉記載例　任意売却による所有権移転

登記の目的	所有権移転
原　　　因	令和6年6月30日売買
権　利　者	C
義　務　者	A
破産者A破産管財人	B
添 付 情 報	登記原因証明情報　印鑑証明書　住所証明情報 代理権限証明情報　許可証明情報
課 税 価 格	金1,000万円
登録免許税	金20万円

⑵　登記申請人

任意売却による所有権移転登記は，買受人と破産管財人の共同申請で行う。上記記載例では，CとBが共同申請をしている。Aは財産管理権を失っているからである。

⑶　添付情報

【許可証明情報】

裁判所の許可証明情報の提供が必要となる。任意売却は，裁判所の許可を得て行う必要があるからである。

【登記識別情報は不要】

登記義務者である破産者の登記識別情報の提供は不要である（平16・12・16民二3554号）。裁判所の許可証明情報を提供する以上，登記の真正は確保されるからである。

また，任意売却は，破産者にとっては自らの不動産を意に反して売却されることであるから，登記識別情報の提供をしようとしないだろう。登記識別情報の提供がなければ申請できないとすると，任意売却による所有権移転登記がスムーズに進まなくなってしまうという事情もある。

【印鑑証明書】

所有権登記名義人が登記義務者となる登記申請であるため，印鑑証明書の提供が必要となる。

注意すべきは，印鑑証明書は，破産者のものではなく，破産管財人のものが必要であるという点である。実際に登記申請するのは破産管財人だからである。

司法書士が代理申請する場合であれば，司法書士への委任状に押印するのは，破産管財人である。そして，その印鑑を証明する印鑑証明書を提供する必要があるのだから，破産管財人の印鑑証明書が必要となるわけである。

この場合，破産管財人が個人である場合は破産管財人の住所地の市区町村長が発行した印鑑証明書，破産管財人が法人である場合はその法人を管轄する法務局の登記官が発行した印鑑証明書を提供する必要がある。しかし，破産管財人が裁判所に印鑑を提出している場合は，当該裁判所書記官が発行した印鑑証明書を提供することができる（規則48条1項3号，規則49条2項3号）。

【代理権限証明情報】

破産管財人であることを証する情報として，破産管財人の選任を証する書面の提供が必要となる。また，司法書士による代理申請の場合は，買受人と破産管財人から司法書士への委任状の提供が必要となる。

(4)　登記の実行

任意売却による所有権移転登記がなされた場合，破産手続開始の登記は，その効力を失うが，職権で抹消されるわけではない。破産管財人の申立てにより，裁判所書記官の嘱託によって，抹消登記がなされる（平16・12・16民二3554号）。

(5)　前提としての登記名義人表示変更登記

破産管財人が任意売却による所有権移転登記を申請するにあたり，登記義務者である破産者の氏名・住所が登記記録上のものと異なるときは，破産管財人は，登記名義人表示変更登記の申請をすることができる（登研454号133）。破産管財人には破産財団の管理権があるので，その一環として，登記名義人表示変更登記の申請もできるということである。

第7章 所有者不明土地管理命令等に関する登記

●この章で学ぶこと●

この章では，令和３年（2021）年の民法改正で新たに制定された所有者不明土地管理命令等に関する登記について学んでいきましょう。管理人の権限という実体上の知識と関連させて押さえましょう。

1. 所有者不明土地・建物管理命令に関する登記

1 意　義

裁判所は，①所有者を知ることができず，またはその所在を知ることができない土地，②土地が数人の共有に属する場合において共有者を知ることができず，またはその所在を知ることができない土地の共有持分について，必要があると認めるときは，利害関係人の請求により，その請求にかかる土地または共有持分を対象として，所有者不明土地管理人による管理を命ずる処分（所有者不明土地管理命令）をすることができる（民 264 条の 2 第 1 項）。

所有者不明建物管理命令についても同様の規定がある（民 264 条の 8 第 1 項）。

2 嘱託登記

(1) 命令があった場合

所有者不明土地管理命令・所有者不明建物管理命令があった場合には，対象不動産・共有持分について，所有者不明土地管理命令・所有者不明建物管理命令の登記が裁判所書記官の嘱託によりなされる。

所有者不明土地管理命令・所有者不明建物管理命令があった場合，土地・建物の管理・処分権限は，所有者不明土地管理人・所有者不明建物管理人に専属することになるので（民264条の3第1項，民264条の8第5項），その旨を公示する必要が生じるからである。

所有者不明土地管理命令・所有者不明建物管理命令の登記は，甲区に主登記で実行される。登記がなされた後の登記記録は，次のようになる。

◉登記実行後の登記記録

権利部（甲区）（所有権に関する事項）			
順位番号	登記の目的	受付年月日・受付番号	権利者その他の事項
2	所有権移転	令和２年５月15日 第56971号	原因　令和２年５月15日売買 所有者　A
3	所有者不明土地 管理命令	令和６年７月５日 第74744号	原因　令和６年７月５日東京地方 裁判所決定

⑵　命令が取り消されたとき

所有者不明土地管理命令・所有者不明建物管理命令を取り消す裁判があったときは，対象不動産・共有持分について，所有者不明土地管理命令・所有者不明建物管理命令の登記が，裁判所書記官の嘱託で抹消される。

3　前提登記

⑴　相続登記

【相続登記が未了の場合】

所有権の登記名義人が死亡し，相続登記が未了である場合において，その相続人が所有者となった不動産・共有持分について所有者不明土地管理命令・所有者不明建物管理命令がなされたときは，所有者不明土地管理命令・所有者不明建物管理命令の登記の前提として，相続を原因とする所有権移転登記をしなければならない（令5・3・28民二533号）。

この相続登記は，相続人が登記申請人となり，所有者不明土地管理人・所有者不明建物管理人がその代理人となって申請する。

【相続人が不明である場合】

所有者不明土地管理命令・所有者不明建物管理命令の対象である不動産・共有持分にかかる所有権の登記名義人が死亡していることは判明したが，その相続人のあることが明らかでない場合には，所有者不明土地管理命令・所有者不明建物管理命令の登記をする前提として，当該死亡した所有権の登記名義人について相続財産法人名義とする氏名変更の登記をしなければならない（令5・3・28第533号）。

この登記名義人の氏名変更の登記は，所有権の登記名義人の相続財産法人が登記申請人となり，所有者不明土地管理人・所有者不明建物管理人がその代理人となって申請する。

⑵　所有権保存登記

所有者不明土地管理命令・所有者不明建物管理命令の登記の嘱託がなされた不動産に表題登記がない場合または所有権の登記がない場合には，登記官は，職権で，表題登記及び所有権保存登記をしなければならない（76条2項・3項）。所有者不明土地管理命令・所有者不明建物管理命令の登記は，所有権の処分制限の登記だからである。

なお，所有者不明土地管理命令・所有者不明建物管理命令がなされた不動産について表題登記がなく，その所有者を知ることができないときは，裁判所の嘱託情報の内容に従い，表題部所有者や所有権の登記名義人の氏名・住所は「住所不明　氏名不詳」などと登記される。

4　所有者不明土地・建物管理人による登記

所有者不明土地管理人・所有者不明建物管理人は，裁判所の許可を得て，所有者不明土地管理命令・所有者不明建物管理命令の対象とされた不動産・共有持分を売却することができる（民264条の3第2項，民264条の5第5項）。

この場合，売買を登記原因とする所有権移転の登記は，当該不動産・共有持分にかかる所有権登記名義人が登記義務者となり，所有者不明土地管理人・所有者不明建物管理人がその代理人となって，買受人と共同して申請する（令5・3・28民二533号）。

代理人の権限を証する情報及び印鑑証明書として管理人の印鑑証明書の提供が必要となる。また，裁判所の許可に係る裁判書の謄本の提供が必要となる。登記識別情報の提供は不要である。

2. 管理不全土地・建物管理命令に関する登記

1 意　義

裁判所は，所有者による土地の管理が不適当であることによって他人の権利または法律上保護される利益を侵害され，または侵害されるおそれがある場合において，必要があると認めるときは，利害関係人の請求により，その土地を対象として，管理不全土地管理人による管理を命ずる処分（管理不全土地管理命令）をすることができる（民 264 条の 9 第 1 項）。

管理不全建物管理命令についても，同様の規定がある（民 264 条の 14 第 1 項）。

2 登記の要否

管理不全土地管理命令・管理不全建物管理命令があった場合，管理不全土地管理命令・管理不全建物管理命令の登記はなされない。土地・建物の管理・処分権限は，管理不全土地管理人・管理不全建物管理人に専属しないので，その旨を公示する必要がないからである。

所有者不明土地管理命令・所有者不明建物管理命令の場合と異なるので注意すること。

3 管理不全土地・建物管理人による登記

管理不全土地管理人・管理不全建物管理人は，裁判所の許可を得て，管理不全土地管理命令・管理不全建物管理命令の対象とされた不動産を売却することができる（民 264 条の 10 第 2 項，民 264 条の 14 第 4 項）。裁判所がこの許可をするには，その所有者の同意がなければならない（民 264 条の 10 第 3 項，民 264 条の 14 第 4 項）。

この場合，売買を登記原因とする所有権移転の登記は，当該不動産にかかる所有権登記名義人が登記義務者となり，管理不全土地管理人・管理不全建物管理人がその代理人となって，買受人と共同して申請する（令 5･3･28 民二 533 号）。

代理人の権限を証する情報及び印鑑証明書として管理人の印鑑証明書の提供が必要となる。また，裁判所の許可に係る裁判書の謄本の提供が必要となる。裁判書の謄本とは別に，所有者の同意があったことを証する情報の提供は不要である。登記識別情報の提供は不要である。

第5編

是正登記

V
Magic

第1章 登記名義人表示変更・更正

●この章で学ぶこと●

登記名義人の住所・氏名などの表示が変更したような場合にするのが，登記名義人表示変更登記です。物権変動が生じたことによる登記ではなく，地味な論点のようですが，実は重要です。択一式問題でも出題されますが，記述式問題として出題された場合には，合否を分ける論点ともなります。

1. 意　義

1 登記名義人表示変更・更正とは

登記名義人表示変更登記とは，登記名義人の氏名や住所に変更があった場合に行う登記である。登記名義人表示更正登記は，登記名義人の氏名や住所に誤りがあった場合に行う登記である。

これは，物権変動が生じたことによる登記ではない。あくまでその氏名や住所などの表示が変わっただけの登記である。

本書では，登記名義人表示変更更正登記と呼ぶが，一般には，「登記名義人の氏名，名称または住所の変更更正登記」「登記名義人の氏名等の変更更正登記」などとも呼ばれることを付記しておく。

2 登記名義人

(1) 総　説

登記名義人表示変更更正登記は，登記名義人の住所・氏名などに変更・更正がある場合に行う登記である。ここでいう登記名義人とは，権利に関する「現在の」「登記名義人」のことである。これ以外の者の住所や氏名に変更があっても，登記名義人表示変更更正登記の申請をすることはできない。

⑵ 「登記名義人」

登記名義人とは，登記記録の権利部に，権利者として記録されている者である（2条11号）。「所有者」「抵当権者」「根抵当権者」などとして記録されている者である。これらの者の住所・氏名に変更・更正がある場合に，登記名義人表示変更更正登記の申請をすることができるわけである。

仮登記名義人も登記名義人であり，登記名義人表示変更更正登記の対象となる。

これに対して，抵当権の債務者は，権利者として記録されているわけではなく，抵当権の一内容として記録されているにすぎない。よって，抵当権者の債務者の住所・氏名に変更・更正があっても，登記名義人変更更正登記を申請することはできない。この場合は，抵当権の内容に変更・更正があったとして抵当権変更登記（抵当権更正登記）を申請することになる。

⑶ 「現在の」

現在の登記名義人とは，現に効力を有する登記名義人のことである。すでに第三者に対して権利の移転登記をした前登記名義人や，抹消された権利についての登記名義人は，登記名義人表示変更更正登記の対象とはならない。

AからBに対して所有権移転登記がなされている場合，たとえAの住所に変更があったとしても，Aについての登記名義人住所変更登記を申請することはできないのである。

2. 登記名義人表示変更登記の要否

1 原　　則

⑴ 考 え 方

登記申請をするにあたり，登記申請人の登記記録上の表示と登記申請上の表示が不一致となる場合には，その登記を申請する前提として，登記名義人表示変更更正登記を申請しなければならない（25条7号）。

たとえば，令和6年2月2日，甲土地の所有権登記名義人AがBに甲土地を売却したことによる所有権移転登記を申請する場合を考えてみよう。Aの登記記録上の住所は埼玉県であるが，登記申請しようとしたら，令和6年3月3日に引越しをして群馬県の住所になっていたとしよう。

登記申請情報には，「登記義務者　群馬県…A」と記載する。Aの現在の住所は群馬県であり，添付情報として提供する印鑑証明書の住所も群馬県だからである。しかし，登記記録上の住所は埼玉県であるため，登記官は，登記記録上の埼玉県在住のAと登記申請をしている群馬県在住のAを同一人と認識することができない。このままでは登記申請が却下されてしまう。

そこで，所有権移転登記の前提として，登記名義人住所変更登記を申請し，登記記録上の住所を群馬県に変更する必要がある。そうすれば，登記記録上も「群馬県…A」となり，所有権移転登記が受理されるのである。この事例では，1件目に登記名義人表示変更登記，2件目に所有権移転登記という2件の登記申請が必要となるというわけである。なお，Aの住所移転は，売買契約より後で生じているが，登記名義人表示変更登記は所有権移転登記の前提としての登記であるため，1件目に申請する必要がある点に注意せよ。

⑵　具体的事案

【元の住所に戻った場合】

例題1　Aは，甲土地を購入し，甲土地の登記記録に「所有者　松戸市松戸15番地　A」と登記された。その後，Aは，「我孫子市我孫子一丁目1番1号」に住所を移転した。さらに，「印西市大森1番地」に住所移転し，最終的に「松戸市松戸15番地」に戻ってきた。この間，登記名義人住所変更の登記は一度もされていない。AからBへの所有権移転登記をする前提として，Aの登記名義人住所変更の登記の申請をする必要はあるか。

何回か住所移転を繰り返し，最終的には登記上の住所に戻っていたというケースである。この場合は，他の登記申請の前提として，登記名義人住所変更の登記を申請する必要はない（登研379号91）。

この場合，登記申請情報に記載する現在の住所と，登記記録上の住所が一致しているため，登記官は，これを同一人物と考えて登記を進めることができるからである。登記名義人の氏名・住所の表示は，結果として現在のものと一致していればよく，その過程を忠実に反映する要請はないのである。

物権変動の場合は，その過程を忠実に登記記録に反映しなければならないという要請がある。所有権がA→B→C→Aと移転し，結果的に元の所有者に戻ったとしても，それぞれの所有権移転登記をしなければならないのである。よく比較しておくこと。

同様の趣旨で，配偶者の氏を称する婚姻をしたが，呼称上の氏が同一である場合（例鈴木勝男が鈴木美恵子と婚姻し，妻・美恵子の氏を称して鈴木勝男となった）は，結局のところ，氏は変わらないので，登記名義人氏名変更の登記は不要となる（登研379号91）。

【共有物分割・持分放棄】

例題２　甲土地は，ＡとＢの共有であり，「共有者　新宿区新宿一丁目１番１号　持分２分の１　Ａ　渋谷区道玄坂一丁目１番１号　２分の１　Ｂ」と登記されている。Ａは新宿区高田馬場一丁目１番１号に，Ｂは渋谷区代々木一丁目１番１号に住所を移転した。Ａが持分放棄を行ったことによる，ＡからＢに対する持分放棄による持分移転の登記を申請する前提として，誰についての登記名義人住所変更の登記を申請する必要があるか。

所有権移転登記においては，登記義務者が登記名義人であることから，その前提として，登記義務者の登記名義人表示変更登記を申請する必要があるのが通常である。

しかし，「共有物分割」「持分放棄」による持分移転の登記をする前提としては，登記権利者の登記名義人表示変更登記の申請も必要となる（登研573号123，登研473号151）。これらの登記の場合，登記権利者は登記記録上の他の共有者でなければならないが，その登記記録上の表示と登記申請情報上の表示が一致しないときは，登記権利者が他の共有者であると登記官が判断できないからである。

本例題２においては，持分移転登記の前提として，登記義務者Ａだけでなく，登記権利者Ｂの登記名義人住所変更登記の申請が必要となる。

【判決正本がある場合】

判決による所有権移転登記を申請する場合において，登記義務者の住所に変更があるときは，判決正本に登記記録上の住所と現在の住所が併記されているとしても，登記名義人住所変更登記を省略することはできない（登研611号171）。

判決による登記の場合であっても，登記義務者が登記名義人と同一人であるかどうかは，登記記録と登記申請情報が一致しているか否かで判断されるからである。

2 例　外

(1) 総　説

次に掲げる場合には，登記名義人の氏名・住所に不一致があるときでも，登記名義人表示変更更正登記を申請することなく，所定の登記の申請をすることができる。

①所有権以外の抹消登記を申請する場合に，当該登記義務者の表示に不一致があるとき

②相続・合併による権利の移転登記を申請する場合に，被相続人・消滅会社の表示に不一致があるとき

以下，これらの場合について，ひとつひとつ確認していこう。

(2) 所有権以外の抹消登記を申請する場合

【考え方】

所有権以外の抹消登記を申請する場合，当該登記義務者の表示に不一致があるときは，抹消登記の前提として，登記名義人表示変更更正登記の申請をする必要はない（昭28・12・17民甲2407号）。「どうせ抹消してしまうのに，わざわざ登記名義人表示変更更正登記を申請するのも無駄だろう」という配慮である。

たとえば，所有権登記名義人がAである甲土地に，Bの抵当権設定登記がなされていて，この抵当権を抹消する場合，その抹消登記は，Aを登記権利者，Bを登記義務者として申請するが，その前提として，Bの登記名義人表示変更更正登記を申請する必要はないということである。なお，Aの表示に変更・更正がある場合には，その登記名義人表示変更更正登記の申請を省略することはできないので注意すること。A名義の権利を抹消するわけではなく，上記の趣旨が当てはまらないからである。

これに対して，所有権の抹消登記を申請する場合，当該所有権登記名義人の表示に不一致があるときは，その前提として，登記名義人表示変更更正登記の申請をしなければならない。所有権は重要な権利であるため，たとえその登記を抹消するとしても，その前提として登記名義人の表示を正しく公示することが要請されるのである。

【買戻権の場合】

買戻権の抹消登記をする場合においても，その前提として，買戻権者につい

ての登記名義人表示変更更正登記の申請をする必要はない（登研460号105）。買戻権も潜在的な所有権と考えることができるが，所有権それ自体ではないからである。

【所有権仮登記の場合】

所有権に関する仮登記の抹消登記を申請する場合においても，その前提として，当該仮登記名義人についての登記名義人表示変更更正登記の申請をする必要はない（昭32・6・28民甲1249号）。

前提としての登記名義人表示変更更正登記の申請が不要となる「所有権以外の抹消登記を申請する場合」というときの「所有権」とは，所有権の本登記のことであって，所有権に関する仮登記は，所有権以外の権利に該当するということである。仮登記である以上，抹消の前提として表示を正しく公示しなければならない要請はないというわけである。

なお，仮登記の本登記の申請をする場合において，仮登記名義人の表示に不一致が生じているときは，その申請の前提として，当該仮登記名義人についての登記名義人表示変更更正登記の申請をしなければならない。

(3)　相続・合併による権利移転登記を申請する場合

【考え方】

相続・合併による権利の移転登記の申請をする場合，被相続人・消滅会社の表示に不一致があるときでも，権利移転登記の前提として，登記名義人表示変更更正登記の申請をする必要はない。相続・合併による所有権移転登記は，相続人・存続会社（新設会社）からの単独申請であり，被相続人・消滅会社は登記申請人とならないため，当該登記名義人についての登記記録上の表示が登記申請情報の表示と一致しないということがありえないからである。

【遺贈・生前売買】

遺贈や生前売買がなされた場合においては，死亡した所有権登記名義人からの所有権移転登記を申請することになる。このとき，当該登記名義人の表示に不一致があれば，所有権移転登記の前提として，登記名義人表示変更更正登記の申請をしなければならない（昭43・5・7民甲1260号）。

相続の場合と同様，登記名義人が死亡しているが，その者についての登記名義人表示変更更正登記が省略できるわけではないことに注意すること。この場合は，共同申請であり，登記記録上の表示と登記申請情報上の表示の不一致が生じることになるからである。

⑷　変更を証する情報

【所有権以外の抹消の場合】

所有権以外の抹消登記を申請する場合において，登記名義人表示変更更正登記を省略するときは，当該抹消登記の登記申請情報に変更を証する情報を提供しなければならない。登記名義人と登記申請人が同一人であることを証明するためである。

【相続の場合】

相続による所有権移転登記を申請する場合には，被相続人についての登記名義人表示変更更正登記の申請をする必要はない。ただし，所有権登記名義人である被相続人の登記記録上の住所が戸籍上の本籍と異なる場合には，相続を証する情報の一部として，被相続人の同一性を証する情報の提供が必要となる。

被相続人の同一性を証する情報として，①住民票の写し（本籍及び登記記録上の住所が記載されているものに限る），②戸籍の附票の写し（登記記録上の住所が記載されているものに限る），③所有権に関する被相続人名義の登記済証を提供することができ，このいずれかを提供したときは，不在籍証明書及び不在住証明書など，他に被相続人の同一性を証する情報の提供をする必要はない（平29・3・23民二175号）。

⑸　それ以外の注意点

【DV 防止法等による例外】

権利の移転の登記において，登記義務者がDV 防止法に規定される被害者として支援措置を受けている者，ストーカー行為等の被害者，児童虐待の被害者である場合は，登記義務者の住所に変更があるときでも，前提としての住所変更の登記をする必要がない（平25・12・12民二809号，平27・3・31民二196号）。

登記記録から被害者の住所が判明し，被害者が加害者に見つからないようにするための配慮である。

【現に効力を有しない登記名義人】

AからB・Cへの所有権移転登記がなされている場合において，B・C共有からC単有への所有権更正登記をするとしよう。この更正登記は，Cを登記権利者，A・Bを登記義務者として申請する。この場合において，Aの登記記録上の住所と現在の住所（登記申請情報上の住所）が異なるときは，前提としての住所変更登記が必要なのだろうか。

たしかに，所有権更正登記の前提として，登記義務者の住所に不一致があるケースなので，住所変更登記が必要とも思える。しかし，Aはすでに B・C に所有権を移転しており，現在の登記名義人ではなく，登記名義人表示変更登記の主体となることはできない（☞前記 *1.* ❷(3)）。そのため，この場合は，変更を証する情報を所有権更正登記の登記申請情報に提供すれば，その前提としての登記名義人表示変更登記を省略して差し支えないとされている。

3. 一括申請の可否

❶　同一人の複数の変更・更正

同一人について，氏名・住所の変更・更正が複数回生じていた場合であっても，1つの登記申請情報によって申請することができる（令4条但書，規則35条8号）。

たとえば，所有権登記名義人が甲市から乙市，乙市から丙市と2回住所を移転した場合も，1つの登記申請情報で申請することができる。また，所有権登記名義人の氏名に原始的な誤りがあり，当該登記名義人が登記後に住所を移転した場合の氏名更正登記と住所変更登記も，1つの登記申請情報で申請することができる。

❷　同一人の複数の不動産の変更・更正

Aが単独所有者として登記されている甲土地と，A・B共有で所有権の登記がなされている乙土地がある場合（甲土地と乙土地の管轄は同一），Aの表示が変更されたときは，甲土地の所有権と乙土地のA持分についての登記名義人表示変更登記を一括申請することができる（登研360号92）。「目的・原因・当事者・管轄が同一」という一括申請の要件を満たすからである。

❸　同一の不動産の複数人の変更・更正

登記記録上の住所を同じくする共有者が，同時に，同一の住所に移転した場合には，共有者の登記名義人住所変更登記を1つの登記申請情報で申請することができる（登研409号85）。たとえば，同居している夫婦がそろって引越しした場合に，その夫婦が共有している不動産について登記申請する場合が，これに当たる。便宜上，一括申請を認めたものである。

また，登記記録上の住所が異なる共有者が，同一の日付で同一の住所に移転した場合には，共有者の登記名義人住所変更登記を１つの登記申請情報で申請することができる（登研 575 号 122）。共有者が異なる住所に移転した場合には，一括申請をすることができない。

4. 登記申請のポイント

1　登記申請情報

(1)　記　載　例

事例　甲土地の甲区３番には，「所有者　東京都渋谷区代々木一丁目１番１号　A」と記録されている。令和６年６月 25 日，A は，渋谷区代々木二丁目２番２号に住所を移転した。

◉記載例　登記名義人表示変更登記

登記の目的　3 番所有権登記名義人住所変更
原　　　因　令和 6 年 6 月 25 日住所移転
変更後の事項　住所　東京都渋谷区代々木二丁目 2 番 2 号
申　請　人　東京都渋谷区代々木二丁目 2 番 2 号　A
添 付 情 報　登記原因証明情報　代理権限証明情報
登録免許税　金 1,000 円

(2)　登記の目的

【原　則】

登記の目的は，「3 番所有権登記名義人住所変更」「1 番抵当権登記名義人氏名更正」「2 番根抵当権登記名義人名称変更」などと記載する。

まず，順位番号と権利名を記載する。所有権の場合は，「3 番所有権登記名義人」などとなる。次に，変更・更正の目的となる事項を記載する。住所に変更・更正がある場合は「住所」，自然人の氏名に変更・更正がある場合は「氏名」，法人の氏名に当たる商号に変更・更正がある場合は「名称」となる。最後に，なすべき登記を「変更」「更正」と記載して完成である〈図 5-1〉。

図 5-1　登記名義人表示変更更正登記の登記の目的

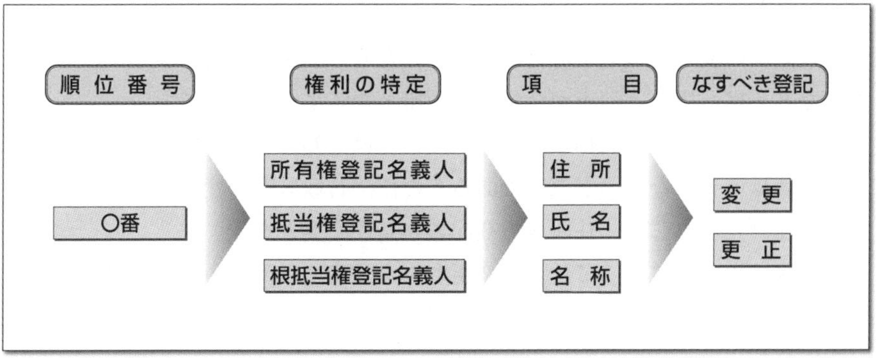

【一括申請の場合】

同一登記名義人について複数の変更を一括申請で行う場合の登記の目的は，それぞれの登記の目的を合わせて記載する。

たとえば，「3番所有権登記名義人住所変更」と「3番所有権登記名義人氏名変更」を1つの登記申請情報で申請する場合，登記の目的は，「3番所有権登記名義人住所，氏名変更」となる。また，「3番所有権登記名義人住所更正」と「3番所有権登記名義人氏名変更」を1つの登記申請情報で申請する場合，登記の目的は，「3番所有権登記名義人住所，氏名変更，更正」となる。

⑶　登記原因

【住所移転】

自然人が住所を移転した場合の住所変更登記の登記原因は，「年月日住所移転」である。登記原因日付は，住所を移転した日である。住所移転の届出日ではない。たとえば，住民票に，「令和6年6月15日住所移転　令和6年6月18日届出」と記録されている場合，登記原因日付は，令和6年6月15日となる。

【住居表示実施】

住居表示実施とは，「地番」による住所の表示方法がなされていて住所がわかりにくい場合に，その市町村が「住所番号」を作り，その番号による住所の表示にすることである。たとえば，「甲市乙町2563番地」から，「甲市乙町一丁目7番5号」のように表示することである。引越しをしたわけではないが，住所の表示が変わった（市町村によって勝手に変更させられた）ので，住所変更登記が必要となるのである。

住居表示が実施された場合の住所変更登記の登記原因は，「年月日住居表示実施」である。登記原因日付は，住居表示が実施された日である。

【行政区画の変更】

行政区画の変更とは，市町村が合併をしたり，名称を変えたりすることである。たとえば，甲市と乙市が合併して丙市となるような場合である。

この場合，市町村の名称が変更されたことは公知の事実であり，住所変更登記の申請は不要となるのが原則である。ただ，行政区画の変更に伴って地番まで変更された場合には，住所変更登記の申請が必要となる。

行政区画の変更に伴って地番が変更された場合の住所変更登記の登記原因は，「年月日地番変更」である。登記原因日付は，行政区画の変更が生じた日である。

【本店移転】

法人が本店を移転したことによる住所変更登記の登記原因は，「年月日本店移転」となる。登記原因日付は，現実に本店を移転した日である。

【氏名変更】

自然人の氏名が変更されたことによる氏名変更登記の登記原因は，「年月日氏名変更」である。登記原因日付は，氏名が変更された日である。

氏名が変更される原因は，婚姻・離婚・養子縁組など様々なものがあるが，プライバシーに配慮して，登記原因はすべて「年月日氏名変更」となる。

【商号の変更】

法人が商号を変更したことによる名称変更登記の登記原因は，「年月日商号変更」である。登記原因日付は，商号の変更の効力が生じた日として法人の登記記録に記録されている日である。

【組織変更】

会社が組織変更をしたことによる名称変更登記の登記原因は，「年月日組織変更」である。登記原因日付は，組織変更の効力が生じた日として会社の登記記録に記録されている日である。

組織変更とは，株式会社が持分会社に，持分会社が株式会社に変わることである。組織変更しても同一の会社なので，権利の移転登記ではなく，登記名義人名称変更の登記を申請することになる。会社が合併をした場合は，権利の移転登記の申請が必要となる点と比較すること。

【更正の場合】

登記名義人表示更正登記の登記原因は，「錯誤」または「遺漏《いろう》」となる。間違いがあった場合が「錯誤」で，記載漏れがあった場合が「遺漏」である。

原始的な誤りであるため，登記原因日付は記載しない。

【一括申請の場合】

同一登記名義人について複数の変更を一括申請で行う場合，複数の登記原因を併記する。ただし，同一原因が数個ある場合には，その最終の原因のみを記載すればよい。

例題1　3番所有権登記名義人は，原始的に氏名が誤って登記されており，また，令和6年6月15日に住所を移転した。登記名義人表示変更更正登記を申請する場合の登記の目的と原因を答えよ。

住所変更と氏名更正の2つの表示変更・更正を1つの登記申請情報で申請するので，この2つの登記原因を併記する必要がある。解答は，次のようになる。

登記の目的	3番所有権登記名義人住所，氏名変更更正
原　　　因	令和6年6月15日住所移転 錯誤

例題2　3番所有権登記名義人は，令和5年12月15日に住所を移転し，さらに，令和6年5月16日に住所を移転した。登記名義人表示変更登記を申請する場合の登記の目的と原因を答えよ。

本例題2の場合も，2つの登記名義人表示変更の一括申請の事例であるが，2つの登記原因が同一原因のものであるため，最終の原因のみを記載すれば足りることになる。解答は，次のようになる。

登記の目的	3番所有権登記名義人住所変更
原　　　因	令和6年5月16日住所移転

(4)　登記事項

【変更・更正後の事項】

「変更後の事項」「更正後の事項」を記載する必要がある。

変更後の事項，更正後の事項としては，「住所」「氏名」「本店」「商号」と記載したうえで，変更後の現在の表示を記載する。

【共有の場合】

登記名義人表示変更更正の対象となる権利が共有関係にある場合は，「共有者Aの住所」のように，変更更正の対象となる共有者を特定する必要がある。たとえば，甲区3番「2分の1　A　2分の1　B」と所有権の登記がなされている甲土地において，3番所有権登記名義人住所変更の登記をする場合，「変更後の事項　住所～」と共有者を特定せずに記載すると，登記申請情報上，A・Bどちらの住所が変更されたのかがわからなくなってしまうからである。

【数回にわたる変更】

甲市から乙市，乙市から丙市と，数回住所を移転している場合，変更後の事項としては，「変更後の事項　住所　丙市～」のように，最終のものを記載すればよい。

(5)　登記申請人

登記名義人表示変更更正登記は，表示に変更・更正があった登記名義人が単独申請で行う（64条1項）。物権変動を伴う登記申請ではなく，誰も不利益を受ける者がいないからである。

(6)　添付情報

【総　説】

登記名義人表示変更更正登記を申請するには，登記原因証明情報の提供が必要となる。また，代理申請で行うには，代理権限証明情報の提供が必要となる。

共同申請ではないので，登記識別情報・印鑑証明書の提供は不要である。また，所有権登記名義人として新しく登記される登記申請ではないので，住所証明情報の提供も不要である。

【登記原因証明情報】

単独申請であるため，登記原因証明情報としては，公文書の提供が必要となる。具体的には，次のとおりとなる。

自然人の住所変更・更正の登記の場合，住民票の写しまたは戸籍の附表を提供する必要がある。ただし，住民票コードを提供した場合には，住民票の写し等の提供は不要となる（令9条，規則36条4項）。

自然人の氏名変更・更正の登記の場合，戸籍抄本（戸籍一部事項証明書）及び住民票の写しの提供が必要である。氏名を公的に証明するのは戸籍だからである。また，戸籍には住所が記録されておらず，戸籍に記録されている人物と登記記録の人物が同一人であることがわからないため，住民票の写しの提供も併せて必要となる。

法人の名称・住所の変更更正登記の場合は，会社の登記事項証明書の提供が必要となる。ただし，会社法人等番号を提供した場合は，当該登記事項証明書の提供が不要となる（令9条，規則36条4項）。

また，甲市→乙市→丙市と住所移転した場合のように，数回にわたる変更があった場合は，すべての変更を証明する必要がある。

(7)　登録免許税

【原　則】

登記名義人表示変更更正登記の登録免許税は，定額課税であり，不動産1個につき1,000円である（登免税別表第1.1⑭）。

【一括申請の場合】

複数の登記名義人表示変更更正登記を一括申請する場合も，原則として不動産1個につき1,000円である。同一人の住所変更と氏名変更を1つの登記申請情報で申請する場合も，不動産1個につき1,000円となる。

ただし，「氏名変更と住所更正」「氏名更正と住所変更」の各組み合わせの場合には，不動産1個につき2,000円となる。これは，登記の目的が「住所，氏名変更，更正」となる場合に当たる。

【非課税の場合】

住居表示実施による住所変更登記の場合，住居表示の実施を証する情報を提供したときは，非課税となる（登免税5条4号）。市町村が勝手に住所を変えておきながら登録免許税を課すのは，不当だからである。

この場合，登記申請情報には，「登録免許税　登録免許税法第5条第4号」と非課税の根拠条文を記載する必要がある。

また，行政区画の変更による地番変更による住所変更登記の場合，地番変更の実施を証する情報を提供したときは，非課税となる（登免税5条5号）。住居表示実施の場合と同趣旨である。

この場合，登記申請情報には，「登録免許税　登録免許税法第5条第5号」と非課税の根拠条文を記載する必要がある。

2　登記の実行

登記名義人表示変更更正登記は，付記登記で実行される。また，変更前の表示には，下線が引かれる。

5. 改 登記義務について

1　登記名義人表示変更登記義務

(1) 意　義

所有権登記名義人の氏名・名称・住所について変更があったときは，その所有権登記名義人は，その変更があった日から２年以内に，所有権登記名義人表示変更登記を申請しなければならない（76条の5）。

所有者不明不動産を発生させないようにするためである。そのため，登記義務が課せられるのは，所有権の登記名義人に限定されている。所有権の登記名義人であれば，自然人・法人を問わず，登記義務が課せられている。

申請すべき時期は，２年以内とされている。同じく申請義務のある相続登記の場合は申請すべき時期が３年以内とされており，それに比べると登記名義人表示変更登記の場合はその期間が１年短くなっている。これは，相続登記に比べて簡易な登記であることを考慮したものである。

(2) 罰　則

正当な理由がないのに所有権登記名義人表示変更の登記の申請を怠ったときは，所有権登記名義人は５万円以下の過料に処せられる（164条２項）。

2　職権による氏名等の変更の登記

(1) 意　義

登記官は，所有権登記名義人の氏名・名称・住所について変更があったと認めるべき場合には，職権で，氏名・名称・住所についての変更の登記をすることができる（76条の6本文）。

所有権登記名義人表示変更登記は，対抗要件としての登記ではないため，登記義務を課したとしても迅速に登記がなされるとは考えにくい。そこで，登記官が職権で登記をすることができることにすることで，氏名等の変更の公示が迅速にできるようにしたものである。

また，この前提として，登記官は，職権登記等をするために必要な限度で，関係地方公共団体の長その他の者に対して，不動産の所有者等に関する情報の提供を求めることができる（151条）。

(2) 制　　限

所有権登記名義人が自然人である場合には，その者の申出があるときに限り，登記官は職権で氏名等の変更の登記をすることができる（76条の6但書）。

自然人の中には，DV被害者等であって最新の住所を公示することに支障がある者も存在することを考慮したものである。これに対して，法人の場合には，その住所は，商業・法人登記ですでに公示されており，改めてその意思を確認する必要性がないことから，このような制限は設けられていない。

《ホームルーム》

生徒：先生，登記名義人表示変更更正の登記は記述式問題で合否を分ける論点だと冒頭でおっしゃっていたので，気合を入れて臨みました。だけど，肩透かしを食ったような気がします。もちろん，大事だということはわかるのですが，しょせん，他の登記の前提登記にすぎず，ポイントになるのは，その後の重要な登記なのではありませんか。所有権移転登記とか。

講師：たしかに，登記名義人表示変更更正登記は，前提登記にすぎない。だから，択一式問題においても，他の論点より抜きん出て重要というわけではない。また，記述式問題でも，出題の意図は，その後の論点にあるのが普通だ。でもね，その前提登記であるという性質が，記述式問題では要注意なんだよ。

生徒：どういうことですか。

講師：たとえば，記述式問題で，1件目住所変更，2件目所有権移転，3件目抵当権設定，4件目順位変更という問題があったとしよう。解答欄も4件分の登記申請情報が記載できる欄があって，不要な欄には斜線を引けという指示がある。

生徒：この問題では，所有権移転や順位変更などのその後の登記に論点が詰まってますよね，きっと。

講師：そのとおりだ。でもね，もし，住民票を見落として住所変更を忘れてしまえば，その受験生の答案は，1件目所有権移転，2件目抵当権設定，3件目順位変更，4件目斜線となってしまう。この解答，1件目は住所変更が正解なのに所有権移転を書いているから不正解，2件目は所有権移転が正解なのに抵当権設定を買いているから不正解…と0点に近い答案となってしまうんだよ。

生徒：怖いですね。その後の重要な登記の申請について，解答欄がずれてしまうということが起こるのですね。だから，記述問題で合否を分けることがあるということなんですね。

講師：登記名義人表示変更更正登記が書けたからといって，とりたてて多くの得点が与えられるわけでもない。ただ，書けなかったときのダメージはたいへんなものとなってしまうんだ。

生徒：記述式問題で要注意というのは，そういうことだったんですね。

第2章　抹消回復登記

●この章で学ぶこと●

この章では，登記が不当に抹消されてしまった場合に，その登記を回復するための登記である抹消回復登記について学びましょう。それほど頻出というわけではないので，出題可能性の高いポイントに絞って説明していきます。

1. 意　義

1　抹消回復登記とは

抹消回復登記とは，すでになされた登記が不適法な原因によって抹消された場合に，その抹消された登記を回復し，抹消登記がなされなかったのと同様の効果を生じさせる登記である（72条）。

2　要　件

【不適法な原因】

抹消回復登記は，不適法な原因によって抹消された場合に申請することができる。よって，当事者が自発的に登記を抹消した場合のように，適法な原因によって抹消された場合は，抹消回復登記を申請することはできない。

【抹消された登記】

抹消回復登記の対象となる「抹消された登記」には，仮登記も含む。仮登記が不当に抹消された場合も，その登記を回復するための抹消回復登記を申請することができるのである（最判昭43・12・4）。

2. 登記申請のポイント

1 登記申請情報

(1) 記　載　例

事例　Aが所有権登記名義人である甲土地には，Bの1番抵当権とCの2番抵当権が設定されている。1番抵当権の被担保債権が弁済されていないにもかかわらず，1番抵当権が不当に抹消されてしまった。

◉記載例　抹消回復登記

登記の目的　1番抵当権回復
原　　　因　錯誤
回復すべき登記
　　令和1年11月24日受付第11235号抵当権設定
　　原　　　因　令和1年11月24日金銭消費貸借同日設定
　　債　権　額　金1,000万円
　　利　　　息　年2%（年365日日割計算）
　　損　害　金　年14%
　　債　務　者　A
　　抵当権者　B
権　利　者　B
義　務　者　A
添付情報　登記原因証明情報　登記識別情報　印鑑証明書
　　　　　代理権限証明情報　承諾証明情報
登録免許税　金1,000円

(2) 登記事項

登記申請情報には，「回復すべき登記」として，回復する登記の内容を記載する必要がある。登記官が抹消された登記について登記記録に回復することができるようにするためである。

前記(1)の記載例では，回復すべき登記として，「令和1年11月24日受付第

11235号抵当権設定」から「抵当権者　B」まで，もともと登記されていた内容がそのまま記載されている。

⑶　登記申請人

抹消回復登記は，回復する登記の名義人であった者を登記権利者，登記が回復されることによって登記上直接に不利益を受ける者を登記義務者として，共同申請する。

前記⑴の抵当権の回復登記の記載例においては，抵当権が回復することによって負担を受けることになる所有権登記名義人が登記義務者となっている。抵当権設定後に所有権が移転した場合には，抵当権の設定登記をした当時の所有権登記名義人ではなく，現在の所有権登記名義人が登記義務者となる。抵当権が回復することによって直接不利益を受けるのは，現在の所有権登記名義人だからである（昭57・5・7民三3291号）。

⑷　添付情報

【総　説】

共同申請の場合の基本的な添付情報を提供する必要がある。登記原因証明情報，登記義務者の登記識別情報，登記義務者が所有権登記名義人である場合の印鑑証明書などの提供が必要となる。

【承諾証明情報】

抹消回復登記の申請において，登記が回復されることによって登記上不利益を受ける者（登記上利害関係を有する第三者）がいる場合には，その者の承諾証明情報の提供が必要となる（必要的承諾型：72条，令別表27添付情報欄ロ）。

前記⑴の記載例においては，2番抵当権者Cの承諾証明情報の提供が必要となる。1番抵当権が抹消されたことで，Cの抵当権は順位上昇の利益を得ていたが，Bの1番抵当権が回復されることで，また2番の順位に戻ってしまうという不利益を受けるからである。

⑸　登録免許税

抹消回復登記の登録免許税は，定額課税であり，不動産1個につき1,000円である（登免税別表1.1⒁）。

2 登記の実行

1個の登記の全部を回復する抹消回復登記は，主登記で実行される。これに対し，登記事項の一部を回復する抹消回復登記は，付記登記で実行される。

また，登記官は，抹消された登記と同一の登記を回復する（規則155条）。

登記実行後の登記記録は，次のようになる。

◉登記実行後の登記記録

権利部（乙区）（所有権以外の権利に関する事項）			
順位番号	登記の目的	受付年月日・受付番号	権利者その他の事項
1	抵当権設定	令和1年11月24日第11235号	原因　令和1年11月24日金銭消費貸借同日設定 債権額　金1,000万円 利息　年2%（年365日日割計算） 損害金　年14% 債務者　A 抵当権者　B
1	抵当権設定	令和1年11月24日第11235号	原因　令和1年11月24日金銭消費貸借同日設定 債権額　金1,000万円 利息　年2%（年365日日割計算） 損害金　年14% 債務者　A 抵当権者　B
2	抵当権設定	令和2年2月5日 第25696号	原因　令和2年2月5日金銭消費貸借同日設定 債権額　金1,000万円 債務者　A 抵当権者　C
3	1番抵当権抹消	令和6年5月13日 第57932号	令和6年4月20日弁済
4	1番抵当権回復	令和6年7月5日 第75369号	原因　錯誤

乙区1番の登記の抹消回復登記が乙区4番で実行され，乙区1番の抹消された抵当権が同じ乙区1番で復元されていることがわかる。

3. 職権による回復

登記官の過誤により登記が抹消された場合には，抹消回復登記を申請しなくても，登記官が職権で抹消回復登記をする。

この場合，登記上の利害関係を有する第三者の承諾証明情報の提供は必要ない（昭 39・8・10 民甲 2737 号）。登記官が誤って抹消したにもかかわらず，利害関係を有する第三者の承諾証明情報の提供がなければ回復することができないのでは，登記を抹消された登記名義人にとってあまりに酷だからである。

第６編

登記申請の方法

第1章 判決による登記

●この章で学ぶこと●

この章では，判決による登記申請について学びます。択一式試験・記述式試験を問わず，頻出です。承継執行文の要否は，複雑ですが，しっかり場合分けを意識して学習してください。

1. 意　義

1 判決による登記とは

登記は，原則として，登記権利者と登記義務者が共同申請で行わなければならない（60条）。

つまり，登記義務者が登記に協力してくれなければ，登記権利者だけで登記を申請することはできない。この場合に，登記権利者は，登記手続をしない登記義務者を被告として登記手続を命じる確定判決を得て，単独で登記申請をすることができる（63条1項）。これが判決による登記である。

一般的には，登記に協力しないのは登記義務者であることが多いが，登記権利者が登記に協力しない場合もある。この場合は，登記義務者が登記権利者を被告として登記手続を命じる確定判決を得て，単独申請することができる。以下，一般的なケースである「登記義務者が協力しないケース」を前提として説明していく。

2 判決による登記の理論

登記申請において共同申請が原則とされているのは，登記権利者と登記義務者の意思を確認し，真正な登記を実現するためである。このことから，登記申請は，登記所に対する登記申請をする旨の意思表示と考えることができる。つまり，登記申請に協力しないということは，登記所に対する意思表示をしないということである。

意思表示をすべき者が意思表示をしない場合には，裁判所に意思表示をすべき旨の訴訟を提起することができる。そして，その訴訟に勝訴し，意思表示を命じる判決その他の裁判が確定した場合には，その確定の時に被告が意思表示をしたものとみなされる（民執177条1項）。

登記権利者が登記手続を命じる確定判決を得た場合には，登記義務者が登記申請の意思表示をしたものとみなされるということである。つまり，この確定判決があることで，登記義務者の登記申請意思が確認できることになる。

以上から，この確定判決を提供して登記権利者が申請をすることで，登記申請をしている登記権利者自らの登記申請意思と，判決により登記義務者の登記申請意思が確認できることから，法が要求している共同申請の趣旨を満たすことができる。そこで，確定判決を提供することで，登記権利者が単独申請をすることが許されているというわけである。

2. 判決による登記の要件

1　判決の種類

(1)　総　　説

判決による登記を申請する場合の判決は，「判決主文で登記手続を命じている確定した給付判決」でなければならない。つまり，次の3つの要件を満たした判決でなければならないということである。

①判決主文で登記手続を命じたものであること

②給付判決であること

③判決が確定していること

以下，これらの要件をひとつひとつ確認していこう。

(2)　要件①：判決主文で登記手続を命じたものであること

判決による登記を申請する場合の判決は，判決主文において「被告は，原告に対して所有権移転登記手続をせよ」というように，登記手続を命じたものでなければならない。そうでなければ，登記義務者の登記申請意思を擬制することができないからである。

「所有権移転登記手続に必要な書類を交付せよ」という判決や「売買契約を締結せよ」という判決は，登記手続を命じたものではないので，この判決をもって，登記権利者が単独申請することはできない（昭56・9・8民三5483号）。

⑶　要件②：給付判決であること

判決による登記を申請する場合の判決は，給付判決でなければならない。確認判決や形成判決には，執行力がなく，登記義務者の登記申請意思を擬制することができないからである。

Aが所有権登記名義人である甲土地について，「甲土地は，原告Bが所有することを確認する」という確認判決を得ても，Bが単独で所有権移転登記の申請をすることはできない。

⑷　要件③：判決が確定していること

判決による登記を申請する場合の判決は，確定した判決でなければならない。意思を命じる判決において債務者の意思が擬制されるのは，当該判決が確定した時だからである。

2　判決に準じるもの

判決による登記を申請する場合の判決は，本来の判決だけでなく，執行力について確定判決と同一の効力を有するもので，登記義務者に対して登記手続をなすことを命じているものも含む。

具体的に，判決に準じて登記権利者が単独申請できるものとそうでないものを整理すると，次の図表ようになる。

●判決による登記の判決に準じるか

判決に準じるもの	判決に準じないもの
①和解調書 ②調停調書 ③認諾調書 ④家事事件手続法による審判 ⑤仲裁判断（執行決定を受けたもの） ⑥外国判決（執行判決を受けたもの）	①公正証書 ②仮処分命令 ③転付命令 ④仮執行宣言付判決

詳しくは民事訴訟法・民事執行法で学習するが，公正証書は，一定の金銭の支払いまたはその他の代替物もしくは有価証券の一定数量の給付であるときに

限り，執行力を有するとされている（民執22条5号）。そのため，登記手続を命ずる公正証書は執行力を有せず，判決による登記の判決に準じることはないのである。

和解・調停・認諾については，確定の概念がないため，その成立時に意思表示をしたものとみなされる（民執177条）。そのため，登記申請にあたり，和解調書・調停調書・認諾調書に確定証明書を併せて提供する必要はない。

3. 執行文の要否

1 執行文とは

執行文とは，判決等に執行力があることを証明する文書のことである（民執26条）。つまり，「この判決に基づいて強制執行していいですよ」という判決に書かれたサインのことだと思えばよい。

通常，強制執行は，執行文の付された確定判決等によって行う。つまり，強制執行をするには，執行文をもらう必要がある。

たとえば，BがAに1,000万円を貸しているのに，Aがお金を返してくれないため，BはAを被告として訴訟を提起し，「被告Aは原告Bに1,000万円を支払え」という確定判決を勝ち取ったとしよう。Bがこの確定判決を使ってAの不動産を差し押さえるなどの強制執行をするには，当該判決に執行文を付ける必要があるということである。なぜなら，Aが敗訴した段階で自主的にBに対して1,000万円を支払っていることも考えられるため，執行裁判所としては，この判決に基づいて強制執行をしてよいかどうかが判断できないからである。この判決に執行文が付いていることで，執行裁判所は，「この判決で強制執行していいんだ」と判断することができ，不動産の競売手続を進めてくれるのである。執行文を付与してもらう手続などについては，民事執行法で学習する。

登記権利者が，登記手続を命じる判決に基づいて単独申請することも，一種の強制執行であるため，このような執行文の要否が問題となるのである。

2 原　則

確定判決によって登記権利者が単独申請するにあたり，判決に執行文の付与を受ける必要はない。

判決による登記によって登記権利者が単独申請できるのは，登記義務者が意思表示をしたと擬制されるからである。そして，その意思表示をしたものとみなされるのは，判決が確定した時であるため，確定判決があれば十分であり，執行文の付与は不要となるのである（民執177条1項本文）。

3 例　外

例外として，次の場合には，判決に執行文の付与を受けなければ，登記権利者は単独で登記申請をすることができない（民執177条1項但書）。

①債務者の意思表示が債権者の証明すべき事実の到来にかかるとき

②債務者の意思表示が反対給付との引換えにかかるとき

③債務者の意思表示が債務者の証明すべき事実のないことにかかるとき

上記のいずれも，債務者の意思表示が一定の条件にかかっている場合である。これらの場合には，その一定の条件が成就しなければ債務者が意思表示をしたとはみなされないため，「条件が成就したので登記申請できますよ」という執行文の付与を受けることが必要となるのである。

①は，「農地法の許可を得たときは，AはBに対して所有権移転登記手続をせよ」と，農地法の許可を得ることを条件として登記手続を命じる判決が出たような場合である。

②は，「BがAに1,000万円を支払ったときは，AはBに対して所有権移転登記手続をせよ」というような判決が出た場合である。

③は，「AがBに1,000万円を支払わなかったときは，AはBに対して所有権移転登記手続をせよ」というような判決が出た場合である。

4. 承継執行文の要否

1 意　義

(1) 承継執行文とは

承継執行文とは，判決等に表示された債権者または債務者に変動があった場合に，承継人に対して強制執行してよい旨を記載した執行文のことである（民執27条）。

たとえば，Bは，「AはBに1,000万円支払え」という判決を取得したので，Aの所有する甲土地を競売しようとしたが，Aが死亡し，その相続人Cが承継したとしよう。この場合において，Bが甲土地の競売を申し立てようとするときは，「A」と表示された判決を使って「C」が所有する甲土地についての強制執行を申し立てることになる。このままでは，競売の申立てが認められない。そこで，Bは，Aの相続人がCであることを示して，この判決に「この判決でCの財産に強制執行をしていいですよ」という承継執行文を付与してもらう。これで，Cの所有する甲土地を競売することができることになるのである。

判決による登記を申請する場合に，承継執行文が必要か否かを検討していくことにしよう。

(2)　口頭弁論終結後の承継

まず，口頭弁論終結時という耳慣れない用語について理解しておこう。詳しいことは民事訴訟法で説明するので，ここでは簡単に理解しておけばよい。

口頭弁論とは，法廷での論争と考えればよい。自己の主張を述べたり，証拠を提出したりする。そして，口頭弁論終結時とは，この論争が終わった時ということである。ここでいう口頭弁論終結時とは，正確には事実審の口頭弁論終結時のことである。そして，この時点の事実関係をもとにして判決内容が作られることになる。

承継執行文の要否の問題が生じるのは，口頭弁論終結後に当事者が承継した場合である。口頭弁論終結前に当事者が承継した場合には，承継執行文の付与が必要となる余地はないのである。

たとえば，買主Bが原告となって，売主Aに対して，所有権移転登記手続を求める訴訟をしているとしよう。この事例で，口頭弁論終結前にAが死亡しCが相続した場合，裁判手続がAからCに承継される。その後，口頭弁論が終結し，Bが勝訴すれば「CはBに対して所有権移転登記手続をせよ」という判決が出る。このように，口頭弁論終結前に当事者に承継が生じた場合は，承継人が被告となり，承継人に対する判決が出されるので，承継執行文が必要となることはないのである。

では，以下，口頭弁論終結後にどのような承継があれば承継執行文が必要となるのかについて検討していこう。

2　具体的検討

(1)　登記権利者の包括承継

例題　A が所有権登記名義人である甲土地について,「A は B に対して所有権移転登記手続をせよ」とする判決が確定した。しかし，事実審の口頭弁論終結後に B が死亡し，C が相続した。C は，当該判決に承継執行文の付与を受けて，直接 A から C への所有権移転登記を申請することができるか。

本例題において，承継執行文の付与を受けて，A から C への直接の所有権移転登記を申請することはできない（昭 32・5・6 民甲 738 号）。

所有権は，売買により A から B に移転し，相続により B から C に移転したのであり，A から C への直接の所有権移転登記は，中間省略登記として認められないのである。

この場合，判決による A から B への所有権移転登記を，C が B の相続人による登記として申請する。この登記を申請する際，承継執行文の付与を受ける必要はない。承継人 C ではなく判決の名宛人である B に対する所有権移転登記だからである。

(2)　登記権利者の特定承継

例題　A が所有権登記名義人である甲土地について,「A は B に対して所有権移転登記手続をせよ」とする判決が確定した。事実審の口頭弁論終結後, B は,甲土地を C に売却した。C は，当該判決に承継執行文の付与を受けて，直接 A から C への所有権移転登記を申請することができるか。

本例題において，承継執行文の付与を受けて，A から C への直接の所有権移転登記を申請することはできない（昭 44・5・1 民甲 895 号）。前記(1)の例題と同様，中間省略登記になってしまうからである。

この場合，判決による A から B への所有権移転登記を，C が B を代位して単独申請する。その際に承継執行文の付与を受ける必要がないことも，前記(1)の例題と同様である。

(3)　登記義務者の包括承継

例題　A が所有権登記名義人である甲土地について,「A は B に対して所有権移転登記手続をせよ」とする判決が確定した。しかし，事実審の口頭弁論終結後にAが死亡し，Cが相続したことにより，AからCへの相続による所有権移転登記がなされた。Bは，当該判決に承継執行文の付与を受けて，CからBへの所有権移転登記を申請することができるか。

本例題では，CはAの包括承継人であるため，Aに対して取得した判決をCにも主張することができ，承継執行文の付与を受けることができる。そして，当該承継執行文の付与を受けて，CからBへの所有権移転登記を申請することができる（昭37・3・8民甲638号）。

Aは生前，甲土地をBに売却しているため，AからCへの相続による所有権移転登記は無効である。また，CからBへ所有権が移転した事実はない。そのため，本来であれば，Cの相続登記を抹消して，AからBへの所有権移転登記を申請すべきである。しかし，登記記録の登記原因日付などから物権変動が読み取れることから，便宜上，直接CからBへの所有権移転登記を認めたのである。

なお，本例題の事例において，AからCへの相続登記がなされていない場合も，実体上，包括承継は生じているので，承継執行文の付与を受けたうえで判決による登記をすべきである。しかし，相続登記がなされていない場合，登記官にはAが死亡した事実が認識できないため，Bが承継執行文の付与を受けることなく「AからBへの所有権移転登記」を単独申請したときでも，これが受理されることになる。本来望ましいことではないが，登記官に形式的審査権しかない以上，受理されることになるのである。

⑷　登記義務者の特定承継

例題1　Aが所有権登記名義人である甲土地について，「AはBに対して所有権移転登記手続をせよ」とする判決が確定した。事実審の口頭弁論終結後，Aは，甲土地をCに売却し，AからCへの所有権移転登記がなされた。Bは，当該判決に承継執行文の付与を受けて，CからBへの所有権移転登記を申請することができるか。

本例題1において，承継執行文の付与を受けて，CからBへの所有権移転登記を申請することはできない。

この場合，AからB，AからCという二重譲渡となっており，BとCは対抗関係である。よって，先に所有権移転登記をしたCに対して，Bは所有権の取得を対抗することができないのである（民177条）。Bは，Aに対する訴訟では勝訴したが，Cに対しては負けてしまうということである。

このようなことにならないために，処分禁止の仮処分がある（☞P339）。訴訟を提起する際に，Bが処分禁止の仮処分の登記をしておけば，Cの登記を抹消して，自己名義にすることができる。

例題2　甲土地についてAからBへの所有権移転登記がなされた後，A・B間の売買はAが意思能力を欠くことにより無効とされ，「Bは所有権移転登記の抹消手続をせよ」とする判決が確定した。事実審の口頭弁論終結後，Bは甲土地をCに売却し，BからCへの所有権移転登記がなされた。Aは，当該判決に執行文の付与を受けて，BからCへの所有権移転登記，AからBへの所有権移転登記の抹消をすることができるか。

登記義務者に特定承継が生じた場合について，判決が抹消登記を命じるものであるときは，移転登記を命じる判決のときとは異なった考え方をしなければならない。

具体的には，抹消登記の原因によって場合分けをしなければならない。実体上，その登記の無効を第三者に対抗できるか否かで分けて考える必要があるのである。

所有権移転登記の抹消の原因が意思無能力・売買の不存在など，所有権移転が無効であることを第三者に対抗できる場合は，承継執行文の付与を受け，判決に基づく抹消登記の前提として，第三者の権利も抹消することができる。

これに対して，抹消の原因が，所有権移転の無効を第三者に対抗できないものである場合は，承継執行文の付与を受けることができない。権利を取得した第三者が保護されるので，判決により第三者の権利を抹消することはできないということである。たとえば，虚偽表示（第三者保護規定がある）・解除（解除後の第三者とは対抗関係になる）のように，一定の第三者が保護される場合は，承継執行文の付与を受けることができないのである。

例題2においては，意思無能力という原因による抹消であり，所有権移転の無効を第三者に対抗することができる。そのため，Aは，承継執行文の付与を受け，Cへの所有権移転登記と，Bへの所有権移転登記を単独で抹消することができることになる。

5. 登記申請のポイント

1　登記申請情報

事例　令和5年6月25日，甲土地の所有権登記名義人Aは，甲土地をBに売却したが，登記手続に協力をしなかった。Bは，Aを被告として訴訟を提起し，「Aは，令和5年6月25日売買を登記原因として，Bに対して所有権移転登記手続をせよ」との判決を得た。当該判決は，令和6年6月30日に確定した。令和6年7月5日，Bは，司法書士に登記申請を依頼した。

◉記載例　判決による登記

登記の目的	所有権移転
原　　　因	令和5年6月25日売買
権　利　者	（申請人）B
義　務　者	A
添 付 情 報	登記原因証明情報（判決正本確定証明書付） 住所証明情報　代理権限証明情報
課 税 価 格	金1,000万円
登録免許税	金20万円

本記載例は，売買による所有権移転登記を「判決による登記」として申請したものである。売買による所有権移転登記の記載例を基本として，アレンジを加えた記載例となっている。判決による登記は，あくまで他の記載例をもとにアレンジを加えていくものなのである。

上記記載例は，あくまで一例であり，判決による登記の登記申請情報は，所有権抹消登記・抵当権設定登記など，いろいろな登記申請情報を基本とすることができる。「基本の記載例をどのようにアレンジすれば判決による登記の記載例になるのか」という点に着目して学習してほしい。

2　登記原因

(1)　原　　則

判決の主文または理由中に，登記すべき権利の変動の原因及びその日付の記載がある場合，登記原因は，その記載による。

たとえば，判決が「AはBに対して，令和6年3月13日売買により甲土地の所有権移転登記手続をせよ」という内容の場合，登記原因は，判決の記載をそのまま使用し，「令和6年3月13日売買」となる。

⑵ 例　外

【登記原因がない】

判決において，「AはBに対して甲土地の所有権移転登記手続をせよ」とだけ記載されており，登記原因が明らかとなっていない場合がある。このような場合，登記原因は，原則として「年月日判決」となる（昭29・5・8民甲938号）。登記原因日付は，判決確定の日となる。

【登記原因日付がない】

判決において，「AはBに対して売買を原因として甲土地の所有権移転登記手続をせよ」と記載されており，登記原因は記載されているが，登記原因日付が明らかとなっていない場合がある。このような場合，登記原因は，原則として「年月日不詳売買」などとなる（昭34・12・18民甲2842号）。

3　登記申請人

⑴ 単独申請

判決による登記は，判決を得た者が単独で申請することができる（63条1項）。

通常は，登記権利者の単独申請である。しかし，登記義務者が登記権利者を被告として判決を得た場合は，登記義務者の単独申請となる。

⑵ 記載方法

前記1の記載例のように，登記権利者が単独申請する場合であっても，登記申請情報には，登記申請をしない登記義務者の記載が必要である。本来は共同申請ですべき登記を単独申請で行っているからである。ただし，実際に登記申請をしているのは登記権利者だけなので，登記権利者に「（申請人）」と記載する。

⑶ 共同申請

登記手続を命じる確定判決を提供して，共同申請をすることもできる。確定判決があることで，登記権利者が単独で申請することができるが，原則どおりの共同申請が禁止されるわけではないからである。敗訴した被告が気持ちを入れ替えて登記申請に応じてくれるようになったのであれば，判決を提供して共同申請をすればよいのである。

4　添付情報

(1)　登記原因証明情報

【判決書正本】

判決による登記を申請する場合，登記原因証明情報として，判決書正本を提供しなければならない（令7条1項5号ロ(1)）。提供するのは，判決の原本と同一の効力を有する判決書正本でなければならず，判決の謄本によることはできない。単に判決の内容が確認できればよいわけではなく，登記義務者の登記申請意思を擬制しなければならないからである。

執行文の付与が必要な場合には，執行文が付与された判決書正本の提供が必要となる。

【確定証明書】

判決が確定したことを証明するため，確定証明書の提供も必要となる（登研170号101）。和解調書・認諾調書・調停調書については，「確定」という概念がないため，確定証明書の提供は不要である。

【送達証明書は不要】

判決の送達証明書の提供は不要である。

(2)　登記識別情報・印鑑証明書

判決による登記を申請する場合，登記義務者の登記識別情報・印鑑証明書の提供は不要である。当該添付情報は，共同申請の場合に提供すべきものであるが，判決による登記は，登記権利者の単独申請の登記だからである。

登記義務者の登記申請意思は，確定判決があることによって擬制されているので，登記識別情報・印鑑証明書の提供を求める必要がないというわけである。

(3)　住所証明情報

判決による登記の場合であっても，所有権登記名義人として新しく登記名義人となる者が登場する登記を申請するときは，住所証明情報の提供が必要となる（昭37・7・28民甲2116号）。

判決によって擬制されるのは，登記義務者の登記申請意思であって，登記権利者の住所が判決によって確認されるわけではないからである。

⑷　登記原因についての許可証明情報

【総　説】

判決による登記の場合であっても，登記原因についての第三者の許可，同意または承諾を要するときに，当該第三者の許可・同意・承諾証明情報の提供が必要かという問題がある。

農地の売買による所有権移転登記を申請する場合には，農地法の許可書の提供が必要であるが，判決による登記の場合でも，農地法の許可書の提供が必要かという事例で検討することにしよう。

以下の3つに場合分けをして考えていく必要がある。

【許可が得られており判決に記載がある】

農地法の許可がすでに得られており，判決主文または理由中にその旨が記載されている場合，農地法の許可書の提供は不要である（平6・1・17民三373号）。

判決の内容として許可を得たことが書いてある以上，許可が得られていることは明らかだからである。

【許可が得られているが判決に記載がない】

農地法の許可がすでに得られているが，判決主文または理由中にその旨の記載がない場合，農地法の許可書の提供が必要となる（登研586号189）。

判決の内容から許可が得られていることが明らかにならないので，別途許可書の提供が必要となるのである。

【許可が得られていない場合】

農地法の許可が得られておらず，農地法の許可を受けることを条件として登記手続を命じる判決がなされた場合，農地法の許可書の提供は不要である。

この場合，条件付の判決であるから，判決による登記をするには，執行文の付与を受ける必要がある。農地法の許可が得られたら，当該許可書を提出し，執行文の付与を受けることになる。

そして，登記申請にあたり，その執行文の付与を受けた判決を提供すれば，条件が成就していること，つまり，農地法の許可を得たことについて明らかとなることから，農地法の許可書を登記申請の際に重ねて提供することは必要ないということである。

(5)　登記上の利害関係を有する第三者の承諾証明情報

登記上の利害関係を有する第三者の承諾証明情報が必要となる場合（例抹消登記，付記登記で行う変更登記），判決による登記として申請するときであっても，第三者の承諾証明情報を提供しなければならない。

判決によって，登記義務者の登記申請意思は擬制されるが，第三者の承諾意思が擬制されるわけではないからである。

(6)　代理権限証明情報

判決による登記の場合，代理権限証明情報は，実際に登記申請を行う当事者のもののみを提供すればよい。登記申請意思が擬制された登記義務者のものを提供する必要はない。

前記1の記載例においては，Bの司法書士への委任状の提供は必要となるが，Aの司法書士への委任状の提供は不要ということである。

5　登録免許税

判決による登記の場合であっても，登録免許税は，通常の登記の場合と同様である。

6　登記の実行

判決による登記の場合であっても，通常どおりの登記が実行される。判決による登記で申請されたという事実が登記記録に登記されるわけではない。

6. 判決と中間省略登記

1　意　　義

現在の不動産登記法において，中間省略登記は，原則として認められていない。物権変動の過程を登記記録に忠実に反映する要請があるからである。

しかし，判決による登記の場合は，一定の要件のもとに中間省略登記をすることが認められる。

2　登記原因の明示がある場合

判決主文において，登記原因を明示しつつ中間省略登記の手続を命じている場合には，中間省略登記を申請することができる（昭35・7・12民甲1580号）。裁判所が登記原因まで明示して中間省略登記をせよと命じている以上，その判決内容を尊重し，当該申請を認めているのである。

たとえば，「AはCに対して令和6年6月30日売買を原因として甲土地の所有権移転登記手続をせよ」という判決が出た場合においては，判決理由中の判断にAからB，BからCへと所有権が移転したことが記載されていて，中間省略登記であることが明らかであっても，AからCへの所有権移転登記を申請することができる。

3　登記原因の明示がない場合

判決主文において，中間省略登記の手続を命じてはいるが登記原因が明示されていないという場合，中間または最終の登記原因に相続・遺贈・死因贈与が含まれていなければ，中間省略登記の申請をすることができる（昭39・8・27民甲2885号）。この場合でもなるべく中間省略登記を認めるが，登記原因に相続・遺贈・死因贈与がある場合は，当事者が死亡しており，中間省略登記の合意をしていることはありえないので，中間省略登記の申請を認めないということである。

第2章 代位による登記

●この章で学ぶこと●

この章では，代位による登記を学びます。登記申請の可否，登記手続の方法をしっかり押さえるだけでなく，登記がどのように実行されるかにも注意してください。

1. 意　義

1 代位による登記とは

代位による登記とは，債権者が自己の債権を保全するため，債務者の有している登記請求権を代位行使して，自己の名をもって債務者のための登記申請をすることである。民法が規定する債権者代位権において，債務者に代わって行使する被代位権利が登記請求権である場合に，債権者が代位によりその登記請求権を行使したということである。

2 具体的理解

A所有の甲土地がBに売却され，その登記がなされないうちに，さらにBからCに売却されたという事例で考えよう〈図6-1〉。

この事例においては，AからBへの所有権移転登記を申請した後に，BからCへの所有権移転登記を申請しなければならない。A名義のままでは，BからCへの所有権移転登記を申請することができない。まずはB名義にすることが必要なのである。

しかし，Bが，AからBへの所有権移転登記を申請しようとしないこともありうる。Bはすでに甲土地をCに売っているし，Cから金銭も受け取ったので，登記申請をする気もなくなったのだろう。「自己名義の登記が実現できるまで金銭を渡さなければよかった」とCが考えても，後の祭りである。それを言っても始まらない。Cは今，どうにか自己名義にすることを考えなければならない。

もちろん，CがBを訴えて「登記手続をせよ」という判決を得ることは可能である。しかし，この確定判決があっても，甲土地がB名義になっていなければ，BからCへの所有権移転登記を申請することはできないのである。

この場合，Cは，Bに代位して，Aと共同申請することで，AからBへの所有権移転登記をすることができる。これが代位による登記である。BはAに対して登記請求権を有するにもかかわらず，これを行使していないので，Cがこれを代位行使するということである。CはBに対する登記請求権を有しているので，これを保全するために，Bの権利を行使することができるわけである。

Cが代位して行使するのは，Bの「自己名義にせよ」という登記請求権であるため，申請できるのは，AからBへの所有権移転登記である。直接AからCへの所有権移転登記を申請することはできないので注意すること。

なお，このケースは，CのBに対する債権が登記請求権であって金銭債権ではないため，債権者代位権の転用に当たる。よって，Bが無資力であることは要件となっていない点も押さえておくこと。

図 6-1　代位による登記

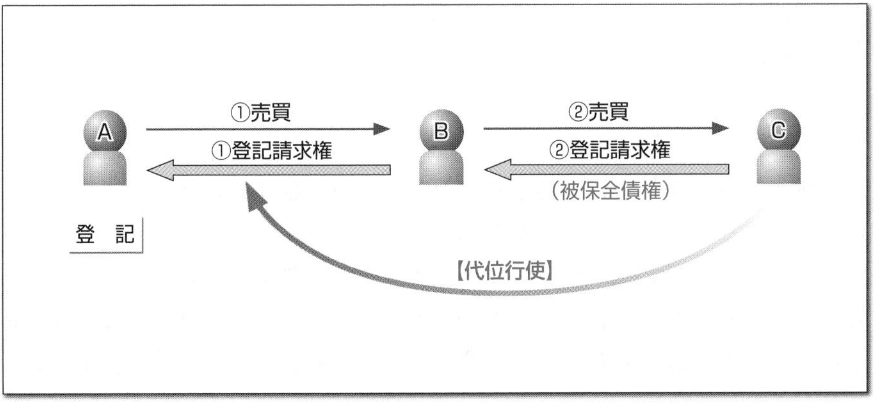

2. 要　件

1 被保全債権が存在すること

(1) 要　件

代位による登記の申請は，債権者代位権の行使であり，被保全債権の存在が必要である。

債権者代位権においては，被保全債権は金銭債権であるのが原則であるが(民423条)，上記 *1.* 2で示したような登記請求権であってもよい(民423条7項前段)。被保全債権が登記請求権である場合，債務者の無資力要件は不要である。

(2) 具体的検討

【金銭債権】

A所有の甲土地がBに売却されたが，所有権移転登記がなされていない。また，CはBに金銭を貸し付けている。この場合において，Cは，Bに対する貸金返還請求権に基づいて甲土地を強制執行するために，Bに代位し，Aと共同で，AからBへの所有権移転登記を申請することができる（昭35・9・30民甲694号)。B名義にしなければ，甲土地を差し押さえて競売することができないからである。

【登記請求権】

A所有の甲土地がBに売却されたが，所有権移転登記がなされていない。この事例において，Bに対して甲土地の登記請求権を有するCがいる場合，当該Cは，Bに代位し，Aと共同で，AからBへの所有権移転登記を申請することができる。

登記請求権は，所有権移転登記請求権に限られない。甲土地に抵当権を設定し，抵当権設定登記請求権を有する場合も，Bに代位することができる。

【賃借権の場合】

A所有の甲土地がBに売却されたが，所有権移転登記がなされていない。また，CはBから甲土地を賃借した。この場合において，Cは，賃借権の登記をする特約がなければ，Bに代位し，Aと共同で，AからBへの所有権移転登記を申請することができない。特約がない場合，賃借人には登記請求権がなく，被保全債権があるとはいえないからである。賃借権の登記をする特約がある場合には，Bに代位することができる。

2　登記請求権を代位すること

(1) 要　件

代位の対象となる被代位権利は，債務者が有する登記請求権である。よって，登記請求権を有する登記権利者に代位することができるのであって，原則として，登記義務者に代位することはできない。

債務者が単独で申請することができる登記（例所有権保存登記，相続による所有権移転登記）については，代位による登記によって債権者が単独で登記申請することができる。共同申請でなければできない登記の場合は，債務者に代位して，本来の登記義務者と共同で申請する必要がある。

(2) 代位の代位

債務者の有する代位権をさらに代位することもできる〈図6-2〉。

たとえば，A所有の甲土地がBに売却され，さらにBからC，CからDへと売却されたが，登記名義がAのままである場合を考えよう。まず，Cは，Bに代位してAからBへの所有権移転登記をAと共同で申請することができる。さらに，DがCの「代位する権利」に代位して，AからBへの所有権移転登記をAと共同で申請することができるのである。

図6-2　代位の代位

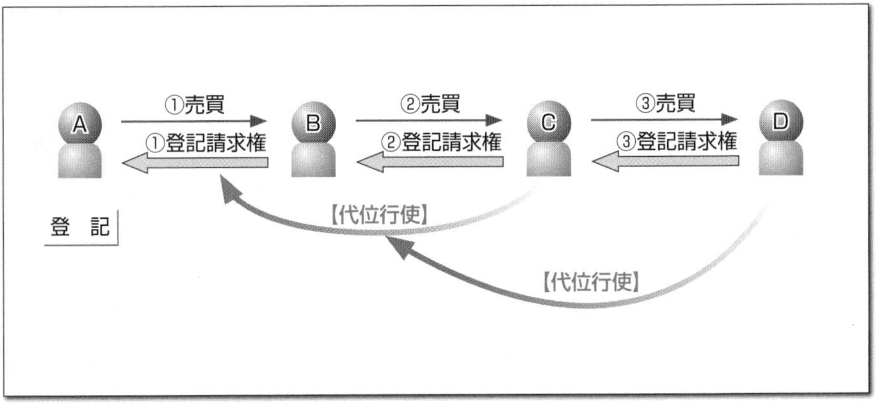

(3)　義務者への代位

【原　則】

前述したように，登記義務者に代位することは，原則としてできない。

たとえば，抵当権の債務者の住所が変更された場合，抵当権者は設定者に代位して，抵当権変更登記を申請することはできない（昭36・8・30民三717号）。これが認められてしまうと，共同申請の原則が崩れ，登記の真正を確保することができなくなってしまうからである。登記義務者である設定者が登記に協力しない場合は，抵当権者が当該設定者を被告として登記手続を命じる確定判決を取得し，判決による登記で申請すべきである。

【例　外】

ただし，例外として，次の事例においては，登記義務者に対して代位することが認められた。

Aが所有権登記名義人である甲土地に，Bの根抵当権が設定されている。この根抵当権の元本が確定した後に，根抵当権が代位弁済によりCに移転した。この事例において，A・Bともに元本確定登記に協力しない場合には，Cは，Bに代位して，Aに対する元本確定登記手続を命じる判決を得て，単独で元本確定登記を申請することができる（昭55・3・4民三1196号）。

代位弁済による根抵当権移転登記は，元本確定後にしかできない登記であるため，登記記録上元本が確定していることが明確な場合でなければ，その前提として元本確定登記が必要となる。そこで，Cは，確定判決でAの意思を擬制しつつ，Bに代位して元本確定登記をすることが認められたのである。元本確定登記は，根抵当権者が登記義務者となって申請する登記であるため，この事例は，登記義務者に代位していることになるのである。なお，Cは，Aに対して登記請求権を有していないので，Aに対して代位することはできない。

(4)　可否が問題となるケース

ここでは，代位による登記ができるかどうかについて，個別の事例を具体的に検討していこう。

例題1　甲土地の所有権登記名義人Xが死亡し，Xの子A･B･Cが各3分の1の相続分で相続した。Cの債権者Dは，Cの持分について強制執行するため，Cに代位して，XからA･B･Cへの相続による所有権移転登記を申請することができるか。

共同相続人の１人に対する債権者は，その相続人に代位して，共同相続人全員名義の相続による所有権移転登記を申請することができる（昭49・2・12民三1018号）。

相続人の１人は，保存行為として，共同相続人全員名義の相続による所有権移転登記を申請することができるから，債権者が相続人の１人に代位して申請する場合でも，相続人全員名義の相続による所有権移転登記を申請することができるのである。

よって，本例題１においても，ＤはＣに代位して，相続人全員であるＡ･Ｂ･Ｃ名義での相続による所有権移転登記を申請することができる。

例題２　甲土地は，未登記の国有地である。Ａは国を被告として，甲土地についての時効取得を原因とする所有権移転登記手続訴訟を提起し，勝訴した。Ａは，所有権移転登記請求権を保全するため，国に代位して，国名義の所有権保存登記を申請することができるか。

本例題２において，Ａは，国に代位して，国名義の所有権保存登記を申請することができる。（昭55・11・25民三6757号）。国名義の所有権保存登記は，国が単独申請することができる登記なので，国に代位して，当該登記を単独で申請することを認めたのである。債務者が国の場合でも，通常どおり代位できるというわけである。

なお，本例題２においては，判決によってＡの所有権が確認されているので，Ａ名義の所有権保存登記を申請することもできる。

例題３　敷地権付区分建物の表題部所有者Ａは，当該区分建物をＢに売却し，当該売買代金を担保するため，Ａを抵当権者として，Ｂの所有となった当該区分建物に抵当権の設定を受けた。Ｂが所有権保存登記を申請しない場合，Ａは，抵当権設定登記請求権を保全するために，Ｂに代位して，所有権保存登記を申請することができるか。

本例題３において，Ａは，Ｂに代位して所有権保存登記を申請することはできない（昭63・1・19民三325号）。本例題では，Ａ名義の74条１項１号所有権保存登記を申請することができ，所有権を留保することで売買代金を担保することができるため，債権保全の必要性が少ないからである。また，Ｂ名義の所有権保存登記は，ＡからＢへの敷地権の移転を含んだ登記であり，本例題３の代位による登記を認めてしまうと，共同申請の趣旨を没却することになってしまうからである。

3. 登記申請のポイント

1　登記申請情報

事例　令和5年8月22日，甲土地の所有権登記名義人であるAは，甲土地をBに売却した。令和6年6月21日，Bは，甲土地をさらにCに売却した。BがAからの所有権移転登記を申請しないので，CがBに代位して，Aと共同で，AからBへの所有権移転登記を申請することにした。

◉記載例　代位による登記

登記の目的	所有権移転
原　　　因	令和5年8月22日売買
権　利　者	（被代位者）B
代　位　者	C
代 位 原 因	令和6年6月21日売買の所有権移転登記請求権
義　務　者	A
添 付 情 報	登記原因証明情報　登記識別情報　印鑑証明書 住所証明情報　代理権限証明情報　代位原因証明情報
課 税 価 格	金1,000万円
登録免許税	金20万円

本記載例は，所有権移転登記を代位による登記で申請した場合の記載例である。売買による所有権移転登記の記載例を基本としてアレンジを加えた記載例となっている。代位による登記は，あくまで他の記載例をもとにアレンジを加えていくものなのである。アレンジを加えたのは，「（被代位者）」「代位者　C」「代位原因　令和6年6月21日売買の所有権移転登記請求権」「代位原因証明情報」の部分である。この個所を記載しなければ，通常の所有権移転登記の登記申請情報となる点を確認しておいてほしい。

2　登記申請人

代位債権者が登記権利者に代位して申請する。共同申請の登記を申請する場合は，代位債権者と登記義務者が共同で申請する。

このことを示すために，登記申請情報には，権利者を記載したうえで，「（被代位者)」と加える。また，代位者を記載する。

3　代位原因

代位による登記によって保全される債権を「代位原因」として記載する。具体的には，次のように記載する。

①年月日売買の所有権移転登記請求権
②年月日設定の抵当権設定登記請求権
③年月日金銭消費貸借の強制執行

①・②は，被保全債権が登記請求権の場合である。何の原因で発生したどんな登記請求権かを具体的に記載する。①であれば,「所有権移転」「年月日売買」という登記をすることができるように代位していることがわかる。

前記1の記載例においては，BからCに対する「令和6年6月21日売買」を原因する「所有権移転」登記をすることができるように代位しているのだから，代位原因は,「令和6年6月21日売買の所有権移転登記請求権」となるわけである。

③は，被保全債権が金銭債権の場合である。当該金銭債権に基づく強制執行をするために代位することを示す必要がある。そこで,「年月日金銭消費貸借」と債権を特定して,「強制執行」と続けて,「年月日金銭消費貸借の強制執行」となる。

4　添付情報

(1)　総　　説

基本となる登記申請で求められる添付情報を提供すればよいが，それに加えて，代位原因証明情報の提供が必要となる。被保全債権が存在することを証明するためである。前記1の記載例においては，CのBに対する所有権移転登記請求権が存在することを証明するために，B・C間で令和6年6月21日に締結された売買契約書を提供する。

なお，記載例において，登記原因証明情報として提供しているのは，A・B間で令和5年8月22日に締結された売買契約書である。間違えないようにしてほしい。

(2) 代位原因証明情報

【どのような情報が必要か】

代位原因証明情報は，登記官が被保全債権を確認できるものであれば足りる。公務員が職務上作成した公文書である必要はなく，私人間で作成された契約書などでよい（昭23・9・21民甲3010号）。

【不要な場合】

被保全債権が登記記録上から推認できるときは，代位原因証明情報の提供は不要となる（昭35・9・30民甲2480号）。

たとえば，抵当権設定登記を受けている抵当権者が，当該不動産の所有者に代位して表題部に記録された不動産の表示変更等の申請をする場合，登記申請情報に「代位原因証明情報は，令和2年3月6日受付第39865号をもって本物件に抵当権設定登記済につき添付省略」と記載すれば，代位原因証明情報の提供を省略することができる。抵当権を保全するために，不動産の表示変更等をする必要性があるため，被保全債権としては抵当権設定登記を受けていることで足りるからである。

> **例題**　Aが所有権登記名義人である甲土地にBの抵当権が設定されている。Aが死亡し，Cが相続したが，相続による所有権移転登記がなされていない。Bが甲土地を競売するにあたり，Cに代位して相続による所有権移転登記を申請する場合，登記申請情報に抵当権設定登記がなされていることを記載することで代位原因証明情報の提供を省略することができるか。

抵当権設定登記がなされている不動産について相続による所有権移転登記がなされていなくても，当該抵当権は第三者に対抗することができる。つまり，抵当権者がその権利を維持するために相続による所有権移転登記がなされている必要はない。そのため，抵当権者は，相続による所有権移転登記を代位による登記で申請することはできないのである。

しかし，抵当権者が死者名義の不動産に対して競売の申立てを行った場合，相続による所有権移転登記がなされていなければ，競売は開始されない。つまり，抵当権者が競売手続を進めてもらうためには，相続による所有権移転登記がなされている必要性がある。そこで，相続人が相続による所有権移転登記を申請しない場合には，競売の開始を受けるために，抵当権者が代位により申請することができるのである。

よって，本例題において，相続による所有権移転登記を代位によってするためには,「抵当権登記名義人である」だけでは足りず,「競売の申立てをしたこと」が必要となる。よって,抵当権登記名義人であることが登記記録からわかっても代位原因証明情報の提供を省略することはできず,競売申立受理証明書の提供が必要となるのである。

以上から,本例題においては,代位原因証明情報の提供を省略することはできない。代位原因証明情報として,競売申立受理証明書の提供が必要となるのである。なお,この場合,登記申請情報に記載する代位原因は,「年月日設定の抵当権の実行による競売」となる。

5 登録免許税

代位による登記の場合であっても,登録免許税は,通常の登記の場合と同様である。

6 登記の実行

(1) 登記記録

代位による登記によって登記申請がなされた場合には,通常の登記事項が登記されることに加えて,代位者及び代位原因が登記される(59条7号)。登記権利者でない者が登記権利者の関与なしに登記申請を行ったことから,誰が何のために登記申請をしたのかを公示する必要があるのである。代位によって登記申請がなされた場合には,代位登記でなされたことが登記記録から読み取れるということである。

登記実行後の登記記録は,次のようになる(前記1の記載例の場合)。

◉登記実行後の登記記録

権利部(甲区)(所有権に関する事項)			
順位番号	登記の目的	受付年月日・受付番号	権利者その他の事項
1	所有権保存	平成25年1月11日 第11111号	所有者　A
2	所有権移転	令和6年7月5日 第75757号	原因　令和5年8月22日売買 所有者　B 代位者　C 代位原因　令和6年6月21日売買の所有権移転登記請求権

⑵　登記識別情報の通知

代位による登記がなされた場合，それによって登記名義人となる者があっても，その者に対して登記識別情報は通知されない。登記名義人となる者が自ら登記申請人となったわけではないからである。

ただ，実際に登記申請をした者に対しては，登記完了証が通知され（規則181条1項），代位された者に対しては，登記が完了した旨が通知される（規則183条1項2号）。

4. 詐害行為取消判決に基づく場合

1　意　　義

⑴　詐害行為取消権とは

詐害行為取消権とは，債務者が債権者を害することを知りつつ自己の財産を減少させる行為（詐害行為）をした場合に，債権者が，その行為の取消しを裁判所に請求する権利のことである（民424条1項）。

⑵　詐害行為取消権に基づく登記とは

AはBに対して債権を有している。BはAを害することを知りながら，その所有する甲土地をCに贈与し，所有権移転登記がなされた。Aは，詐害行為取消訴訟を提起し，「甲土地の贈与を詐害行為として取り消し，Cは所有権抹消登記手続をせよ」とする確定判決を取得した。

この場合，Aは，Bに代位して，BからCへの所有権移転登記の抹消登記を単独で申請することができる（昭38・3・14民甲726号）。当該抹消登記の登記義務者はCであるが，Cの登記申請意思は判決によって擬制されており，Bに代位したAが単独で申請することができるというわけである。

2　登記手続のポイント

⑴　登記原因

詐害行為取消判決に基づく所有権抹消登記を申請する場合の登記原因は，「年月日詐害行為取消判決」である。登記原因日付は，判決が確定した日である。

⑵ 代位原因

詐害行為取消判決に基づく所有権抹消登記を債権者が代位で申請する場合の代位原因は，「年月日金銭消費貸借の強制執行」などとなる。

⑶ 代位原因証明情報

詐害行為取消判決に基づく所有権抹消登記を債権者が代位により申請する場合の代位原因証明情報は，詐害行為取消判決の判決書正本及び確定証明書である。これは，登記原因証明情報を兼ねる。

第3章　単独申請による抹消登記の特則

●この章で学ぶこと●

登記された権利を単独申請で抹消できる場合があります。ここでは，そのような特則について学んでいきます。どのような要件で，どの権利について単独申請ができるのか，しっかり押さえましょう。

1. 意　義

登記された権利の抹消登記は，原則として，設定者と抹消する権利の登記名義人の共同申請により行う。登記義務者が登記手続に協力しない場合には，その者を被告として，登記の抹消手続を命じる確定判決を得る必要がある。

しかし，一定の場合には，判決による登記によることなく，登記権利者からの単独申請で行うことができる。ここでは，そのような抹消登記の特則を学習していこう。

2. 死亡・解散による抹消登記

1 意　義

登記されている権利について，人の死亡または法人の解散によって消滅する旨の登記がなされている場合において，その権利が人の死亡または法人の解散により消滅したときの抹消登記は，登記権利者が単独で申請することができる(69条)。

権利が人の死亡等によって消滅する旨の定めは，相続人と取引したくない場合に設けるのだから，抹消登記についても，相続人の関与なしに申請できるように配慮したものである。死亡・解散によって権利が消滅する定めが登記されていること，死亡・解散が生じたことは公文書で証明できることから，共同申請によらなくても真正な登記が実現できるという理由で認められている。

2 抹消できる権利

死亡・解散した場合の単独申請による抹消登記は，登記されている権利について人の死亡または法人の解散によって消滅する旨の登記がなされているときであれば行うことができる。抹消することができる権利について限定はされてない。

たとえば，人の死亡または法人の解散によって消滅する旨の登記がなされている地上権においても，地上権者が死亡すれば，登記権利者が単独で抹消登記を申請することができる。

また，配偶者が死亡したことにより配偶者居住権が消滅した場合における配偶者居住権の抹消登記も，登記権利者である居住建物の所有者が単独で申請することができる。配偶者居住権の登記においては，存続期間が登記されており，人の死亡または法人の解散によって権利が消滅する旨の登記がなされているといえるからである（☞ P213）。

3 登記申請のポイント

(1) 登記申請情報

事例 A所有の甲土地に，Bの1番抵当権が設定されているが，その抵当権設定登記には「抵当権者が死亡したときは抵当権が消滅する」とする抵当権消滅の定めが付記されている。令和6年6月14日，抵当権者Bが死亡した。

◉記載例　死亡・解散による抵当権の単独申請による抹消

登記の目的	1番抵当権抹消
原　　　因	令和6年6月14日抵当権者死亡
権　利　者	（申請人）A
義　務　者	B
添 付 情 報	登記原因証明情報　代理権限証明情報
登録免許税	金1,000円

(2) 登記原因

登記原因は，「年月日抵当権者死亡」などと記載する。抵当権者等が死亡したことで，権利が消滅したからである。

(3) 登記申請人

登記権利者からの単独申請である。ただし，登記された権利の抹消登記は本来，共同申請により行う登記であるため，登記申請情報には，登記義務者も記載したうえで，登記権利者に「(申請人)」と記載する。

(4) 添付情報

単独申請なので，登記原因証明情報としては，公文書の提供が必要となる。具体的には，抵当権者の死亡を証する戸籍謄本，会社が解散したことを証する登記事項証明書などである。

3. 買戻特約の抹消

買戻特約がなされた売買契約の日から10年経過した場合における買戻特約の抹消登記は，登記権利者が単独で申請することができる（69条の2)。

買戻権の存続期間は最長で10年であり，それ以上伸長することはできない(民580条)。よって，契約の日から10年経過している場合には，買戻権は絶対的に消滅していることになる。そのため，登記権利者が単独で買戻特約の抹消の申請をしても，買戻権者が不測の損害を被ることは考えられない。このことから，登記権利者の単独申請を認めたのである。

4. 除権決定による権利の抹消

1 意　　義

(1) 除権決定による権利の抹消とは

共同して登記の抹消の申請をすべき者（登記義務者等）が所在不明のため共同申請ができない場合，公示催告を申し立て，除権決定を得たときは，登記権利者が権利の抹消登記を単独で申請することができる（70条1項・3項）。

公示催告とは，「権利者がいたら申し出てください」とする裁判所の公告である。裁判所に掲示し，官報で公告する。この手続で権利者が申し出てこなければ，裁判所は「権利を消していいですよ」という除権決定を出してくれて，登記権利者から権利の抹消登記を単独申請することができる。

裁判所にこの公示催告をしてもらうためのハードルは高い。かなり詳細に登記義務者の所在不明等を明らかにしない限り，裁判所は認めてくれない。具体的には，登記義務者やその相続人の住所地等の現地での聴き取り等を行い，調査報告書等を裁判所に提出しなければならないのである。

(2) 抹消できる権利

およそ権利に関する登記であれば，除権決定による抹消手続の対象となる。登記義務者が所在不明である場合に，除権決定を得て単独申請により抹消できるのは，担保権に限らないのである。

2 要件の緩和

(1) 意　義

地上権・永小作権・質権・賃借権・採石権・買戻特約の登記で，登記された存続期間または買戻しの期間が満了している場合においては，相当の調査を行ってもなお共同して登記の抹消の申請をすべき者の所在が判明しないときは，その者の所在が知れないものとみなして，公示催告を申し立て，除権決定を得ることができる（70条2項）。

これらの権利において登記された期間が満了している場合は，権利が消滅している蓋然性が高いので，公示催告を申し立てる要件を緩和したということである。前記1で説明したとおり，公示催告をしてもらうための調査はハードルが高いが，権利が消滅している蓋然性が高い場合に相当の調査でよいことにして，そのハードルを下げ，権利の抹消登記を申請しやすくしているというわけである。

相当の調査として要求される調査は，たとえば，登記記録上の住所の住民票の登録の有無等を調べ，その住所に郵便物が到達するか否かを確認する程度のものである。現地での聴き取りなどが不要な分だけ，簡易なものとなっているといえる。

(2) 対象となる権利

対象となる権利は，地上権・永小作権・質権・賃借権・採石権・買戻特約の登記である。これらは，期間が登記事項となる権利である。期間が登記されており，その期間を経過している場合に，その権利が消滅している蓋然性が高いことを理由に，要件が緩和されているのである。

存続期間が登記されている権利としては，他に配偶者居住権があるが，配偶者居住権は対象とされていない。配偶者居住権においては，配偶者が死亡した場合に，前記 *2.* の規定により登記権利者が単独で抹消することができることから，本規定により抹消登記を認める必要性が高くないからである。

なお，買戻特約の登記においては，契約の日から10年経過した場合には，除権決定を経なくても，単独で抹消することができる点についても確認しておいてほしい（☞前記 *3.*）。

3　登記申請のポイント

(1) 記　載　例

事例　A所有の不動産に設定されたBの抵当権は弁済により消滅したが，その抹消登記を申請しないでいたところ，Bの所在がわからなくなった。Aは，Bの抵当権について除権決定を得た。

◉記載例　除権決定による抵当権の単独抹消

登記の目的	1番抵当権抹消
原　　　因	平成27年7月18日弁済
権　利　者	（申請人）A
義　務　者	B
添 付 情 報	登記原因証明情報　代理権限証明情報
登録免許税	金1,000円

(2) 登記原因

除権決定を得て申請する場合，登記原因には，権利が消滅した原因を記載する。

(3)　登記申請人

登記権利者の単独申請である。ただし，権利の抹消登記は本来，共同申請によるべき登記であるため，登記義務者も記載したうえで，登記権利者に「(申請人)」と記載する。

(4)　添付情報

添付情報としては，登記原因証明情報・代理権限証明情報・利害関係を有する第三者がいる場合の承諾証明情報の提供が共通して必要となる。

登記原因証明情報として，除権決定があったことを証する情報を提供する必要がある。登記申請すべき者が所在不明であることを証する書面の提供は不要である。登記申請すべき者が所在不明でなければ除権決定がなされないので，除権決定があったことを証する情報が提供されれば，登記申請すべき者が所在不明であることは明らかだからである。

単独申請なので，登記識別情報の提供は不要である。

5. 登記義務者の所在不明の場合の担保権の抹消

1　意　義

共同して登記の抹消の申請をすべき者（登記義務者等）が所在不明のため共同申請ができない場合，以下のいずれかの要件を満たせば，登記権利者が担保権の抹消登記を単独で申請することができる。

①抵当権の被担保債権が消滅していることを証する情報の提供があったとき（70条4項前段）。

②被担保債権の弁済期から20年を経過し，かつ，その期間経過後に当該債権，その利息及び損害金の全額に相当する金銭を供託したとき（休眠担保権：70条4項後段）。

これらは，前記 *4.* の場合と同様，登記義務者が所在不明な場合の手続である。

筆者の実務経験を話そう。あるとき，売買による所有権移転登記の申請を依頼され，登記記録を確認したところ，昭和初期に設定された抵当権が抹消されずに残っていたということがあった。債権額は5円。当時としてはそれなりに価値のある価格だったのだろう。

さて，売却の前提としてこの抵当権を抹消しようと思ったが，抵当権者がどこの誰なのかわからない。債務者が先祖であることはわかるのだが，どこの誰からお金を借りたのか，親類縁者に聞いてみても，さっぱりわからない。抵当権者の名前から見て，昔の人らしいことだけは想像がつくのだが，その相続人が誰なのかも，見当がつかない。

昭和初期などは，銀行の代わりに町の有力者がお金を貸すことも多かったようで，このような抵当権もたまに見かける。

上記①・②の手続は，このような場合に，所有者の単独申請により担保権の抹消ができるようにしたものである。

①は，すでに弁済が済んでいて，その書面がある場合には，単独申請することができるということであり，②は，まだ弁済が済んでいないので，弁済の代わりに供託をして，抵当権を単独で抹消してしまおうということである。②の場合を，特に休眠担保権の抹消手続と呼ぶ。

上記のケースにおいては，弁済した証拠もないので，結局②の方法により申請した。債権・利息・損害金の全額を供託しなければならないというと高くつくと思う人も多いだろうが，昔の抵当権は債権額が低額なので，供託金が数百円程度の少額で済んでしまうことも多い。

2　対象となる権利

(1)　総　　説

登記義務者が所在不明である場合に，①被担保債権の消滅の証明があったことにより，または，②休眠担保権であることを理由に，登記権利者が単独で行う抹消登記申請の対象となるのは，原則として担保権である。被担保債権に関する「弁済」や「供託」を前提としているため，担保権限定の手続となっているのである。ただし，担保権であっても，例外的に対象とならないものがある。①・②の手続として，登記権利者が単独で抹消できる権利・できない権利をまとめると，以下のようになる。

対象となる権利	対象とならない権利
・抵当権（原則） ・根抵当権（元本確定後） ・質権 ・先取特権	・抵当権（金銭債権以外の債権を担保するもので，債権の価格が登記されていないもの） ・根抵当権（元本確定前） ・譲渡担保権 ・仮登記担保

担保権であるにもかかわらず，①・②の抹消手続の対象とならないのは，1つは，債権額が登記されていないものである。抵当権（金銭債権以外の債権を担保するもので，債権の価格が登記されていないもの）・譲渡担保権・仮登記担保がこれに当たる。債権額が登記されていない以上，①においては，弁済がなされたことの証明があっても，それが債権全額かどうか不明であり，担保権が消滅したことの証明とはならず，また，②においては，供託すべき額が明らかとならないからである。

また，元本確定前の根抵当権は，付従性がないので，債権が弁済や供託によって消滅しても，それに伴って根抵当権が消滅することはないため，①・②の抹消手続の対象とされていない。

(2) 根抵当権が対象となる場合の弁済期

②の休眠担保権であることにより単独申請で抹消することのできる権利の対象として，元本確定後の根抵当権が含まれることは前述した。

ここで問題となるのが，「弁済期から20年を経過した後」というときの弁済期である。根抵当権は，特定の債権を担保するために設定されたわけではないので，弁済期をいつと考えればよいのかという問題である。

この点，先例は，根抵当権の元本確定の日として登記記録上明らかとなっている日を弁済期としている（昭63・7・1民三3499号）。取引を停止することで元本確定とすることが多いので，元本確定時を便宜上弁済期と考えてしまおうということである。

また，登記記録から元本確定日が明らかとならない場合には，根抵当権の設定日から3年を経過した日を元本確定の日とするとしている。確定期日の定めがない場合において，設定者から確定請求をすることができる日と合わせたということである。

3 登記申請のポイント

(1) 登記原因

①被担保権の消滅の証明があった場合も，②休眠担保権の場合も，登記原因は，「年月日弁済」と記載する。

⑵　添付情報

【登記原因証明情報】

登記原因証明情報として，それぞれ単独申請ができるための要件を満たしていることを証明する必要がある。具体的には，以下のとおりである。

①の被担保債権の消滅の証明があったことにより単独申請する場合には，債権証書，被担保債権及び最後の2年分の利息その他の定期金の完全な弁済があったことを証する情報の提供が必要となる。

②の休眠担保権の場合，被担保債権の弁済期を証する情報，供託書正本（弁済期から20年を経過した後に当該被担保債権，その利息及び債務不履行により生じた損害の全額に相当する金銭が供託されたことを証する情報）の提供が必要となる。なお，供託をする時期が債権の弁済期から20年を経過していることが要件として必要であるが，弁済期は抵当権の登記事項となっていないため，弁済期を証明する情報を提供しなければならないということである。

【所在不明であることを証する情報】

①・②のどちらの場合においても，登記申請すべき者の所在が不明であることの証明書の提供が必要となる。登記申請すべき者の所在が不明であることが要件となっており，他の添付情報からそのことが明らかとならないからである。除権決定を得た場合の単独申請では，登記義務者の所在が知れないことを証する情報の提供は必要ないことと比較すること。

登記原因証明情報の具体的内容と登記義務者の所在が知れないことを証する情報の要否について，以下の図表にまとめてみた。

ケース	条文	登記原因証明情報	登記申請すべき者の所在が知れないことを証する情報
除権決定を得た場合	70条1項・3項	・除権決定があったことを証する情報	×
被担保債権が消滅している証明があったとき	70条4項前段	・債権証書 ・被担保債権及び最後の2年分の利息その他の定期金の完全な弁済があったことを証する情報	○
休眠担保権の場合	70条4項後段	・被担保債権の弁済期を証する情報 ・供託書正本（弁済期から20年を経過した後に当該被担保債権，その利息及び債務不履行により生じた損害の全額に相当する金銭が供託されたことを証する情報）	○

6. 解散した法人の担保権の抹消

1 意　　義

担保権者が法人であり，その法人が解散している場合において，一定の要件を満たした場合には，登記権利者が担保権の抹消登記を単独で申請することができる。

2 要　　件

解散した法人の担保権の抹消を登記権利者が単独で申請するには，以下のすべての要件を満たしていなければならない（70条の2）。

①共同して登記の抹消の申請をすべき法人が解散していること。
②その法人の解散から30年を経過したこと。
③相当の調査を行ってもなおその法人の清算人の所在が判明しないため，その法人と共同して抹消を申請することができない場合であること。
④抹消する登記が先取特権・質権・抵当権に関する登記であること。
⑤被担保債権の弁済期から30年を経過したこと。

②について。解散から30年経過しているということは，その法人は法人としての実質を失っていると考えられるため，その法人の保護を考える必要がないからである。

③について。「相当な調査」でよい。前記 *4.* 2の場合と同様の調査でよいということである。

⑤について。被担保債権の弁済期から30年を経過しているということは，被担保債権が消滅時効にかかっていると考えられるため，担保権者に不測の損害を与えることはないからである。

◉単独申請で抹消できる権利の整理

	地上権	永小作権	賃借権	採石権	先取特権	質権	抵当権	買戻特約
判決による登記（63条）	○	○	○	○	○	○	○	○
死亡・解散による登記の抹消（69条）	○	○	○	○	○	○	○	○
売買契約から10年経過（69条の2）	×	×	×	×	×	×	×	○
除権決定による抹消（70条1・3項）	○	○	○	○	○	○	○	○
所在不明擬制（70条2項）	○	○	○	○	×	○	×	○
所在不明・債権消滅証明（70条4項）	×	×	×	×	○	○	○	×
所在不明・20年経過弁済（70条4項）	×	×	×	×	○	○	○	×
法人解散から30年経過（70条の2）	×	×	×	×	○	○	○	×

第4章 共有における申請方法の特則

●この章で学ぶこと●

この章では，不動産が共有の場合の登記申請方法の特則について学びます。民法の共有の知識を復習しつつ学習を進めていきましょう。

1. 所在等不明共有者がいる場合の共有物の変更

1 意　　義

共有者のなかに所在等不明共有者がいる場合には，裁判所は，共有者の請求により，その所在等不明共有者以外の他の共有者の同意を得て共有物に変更を加えることができる旨の裁判をすることができる（民251条2項）。

たとえば，短期賃貸借の期間を超える賃借権その他の使用及び収益を目的とする権利の設定は「変更行為」に当たるので，このような方法で設定することができる。そして，その場合の登記申請の方法が問題となるのである。

2 登記申請の方法

(1) 登記申請人

所在等不明共有者がおり，その所在等不明共有者以外の他の共有者の同意を得て共有物に変更を加えることができる旨の裁判がなされ，その裁判に基づいて共有物に変更が加えられ，これに基づいて共有物の変更にかかる登記の申請をする場合，所在等不明共有者以外の共有者全員が登記申請人となって申請を行う。所在等不明共有者は登記申請人とはならないが，登記義務者としてその氏名（名称）・住所を登記申請情報に記載しなければならない。

たとえば，A・B・C・Dが共有者として登記されている土地について，D

が所在等不明共有者であり，Aの請求により裁判所がD以外の他の共有者の同意を得て共有物に変更を加えることができる旨の裁判をしたことにより，Eを地上権者として，存続期間50年の地上権を設定した場合，A・B・Cを登記義務者，Eを登記権利者として，地上権の設定登記を申請することができる。

(2)　添付情報

登記原因証明情報として，確定裁判にかかる裁判書の謄本及び請求を行った共有者が所在等不明共有者以外の他の共有者全員の同意を得て共有不動産に長期の賃借権等を設定したことを証する情報の提供が必要となる。

(3)　通知の要否

この登記の完了した後，登記官は所在等不明共有者に対して登記が完了した旨を通知する必要はない。

2. 共有物の管理

1　意　　義

管理行為の決定は，原則として，各共有者の持分の価格の過半数で行う（民252条1項）。

短期賃貸借の期間を超えない賃借権その他の使用・収益権を設定することは，「管理行為」に該当し，各共有者の持分の価格の過半数で設定することができる。そして，このように設定された権利の設定登記をどのように申請するかが問題となる。

2　登記申請の方法

(1)　登記申請人

各共有者の持分の価格の過半数で短期の賃借権等が設定され，これに基づいて当該短期の賃借権等の設定の登記を申請する場合には，各共有者の持分の価格に従い，その過半数を有する共有者が登記申請人となれば足りる。ただし，登記申請人とならない共有者も，登記義務者としてその氏名（名称）・住所を登記申請情報に記載する必要がある。

(2) 添付情報

登記原因証明情報としては，当該過半数で決するところにより短期の賃借権等が設定されたことを証する情報の提供が必要となる。この場合，登記官は，登記申請人となった共有者の有する持分の価格に従った合計が過半数であることを登記記録で確認する。

(3) 通知の要否

登記官は，登記の完了後，登記申請人にならなかった共有者全員に対し，登記が完了した旨を通知する（規則183条1項2号）。この場合，登記申請人にならなかった共有者が複数いる場合には，その全員に通知しなければならない。

3. 所在等不明共有者等がいる場合の共有物の管理

1 意　　義

裁判所は，次の①・②のいずれかの場合には，共有者の請求により，所在等不明共有者等（次の①・②に該当する共有者）以外の共有者の持分の価格に従い，その過半数で共有物の管理に関する事項を決することができる旨の裁判をすることができる（252条2項）。

①所在等不明共有者がいる場合

②管理に関する事項について賛否を明らかにしない共有者がいる場合

短期賃貸借の期間を超えない賃借権その他の使用・収益権を設定することは，「管理行為」に該当し，このような方法で設定することができる。そして，このように設定された権利の設定登記をどのように申請するかが問題となる。

2 登記申請の方法

(1) 登記申請人

前記1の裁判に基づいて所在等不明共有者等以外の共有者の持分の価格に従い，その過半数で決するところにより短期の賃借権等が設定され，これに基づいて当該短期の賃借権等の設定の登記を申請する場合には，所在等不明共有者等以外の共有者のうち，各共有者の持分の価格に従い，その過半数を有する共有者が登記申請人となれば足りる。当該共有者以外の共有者は登記申請人にはならない。なお，登記申請人とはならなかった共有者についても，登記義務者としてその氏名（名称）・住所を登記申請情報に記載しなければならない。

⑵　添付情報

登記原因証明情報として，確定裁判にかかる裁判書の謄本及び所在等不明共有者等以外の共有者の持分の価格に従い，その過半数で決するところにより短期の賃借権等が設定されたことを証する情報の提供が必要となる。この場合には，登記官は，登記申請人となった共有者の有する持分の価格に従った合計が過半数であることを登記記録で確認することになる。

⑶　通知の要否

登記官は，登記の完了後，所在等不明共有者（前記**1**①の者）に対して登記が完了した旨を通知することを要しない。これに対して，所在等不明共有者以外で登記申請人にならなかった共有者全員に対しては，登記が完了した旨を通知しなければならない（規則183条1項2号）。この通知は，所在等不明共有者以外で登記申請人にならなかった共有者が複数いる場合には，その全員に通知しなければならない。

4. 共有物の管理者

1　意　　義

共有物の管理者は，管理行為をすることができる（民252条の2第1項本文）。

また，共有物の管理者が変更行為（軽微変更を除く）をする場合には，共有者全員の同意を得なければならない（民252条の2第1項但書）。

共有物の管理者が共有物に短期の賃借権等を設定する行為は「管理行為」であり，それを超える期間の長期の賃借権等を設定する行為は「変更行為」となる。

2　登記申請の方法

(1)　管理行為の場合

【登記申請人】

共有物の管理者が，共有物について短期の賃借権等を設定し，当該短期の賃借権等の設定の登記を申請する場合には，管理者を選任した共有者が登記申請人となる。そして，共有物の管理者は，管理者を選任した共有者の代理人となって申請をすることになる。それ以外の共有者は，登記申請人とはならないが，登記義務者としてその氏名（名称）・住所を登記申請情報に記載しなければならない。

【添付情報】

共有物の管理者が管理者を選任した共有者の代理人として申請する場合には，代理権限証明情報として，過半数による決定により共有物の管理者を選任したことを証する情報の提供が必要となる。これとは別に登記申請について代理権を授与したことを証する情報の提供は必要ない。管理人を選任したことを証明すればよく，登記申請を依頼したことを証する必要はないということである。この場合には，登記官は，登記申請人となった共有者の有する持分の価格に従った合計が過半数であることを登記記録で確認することになる。

【通知の要否】

登記官は，登記申請人にならなかった共有者全員に対し，登記が完了した旨を通知しなければならない（規則 183 条 1 項 2 号）。登記申請人にならなかった共有者が複数いる場合には，その全員に通知しなければならない。

(2)　変更行為の場合

【登記申請人】

共有物の管理者が共有物について長期の賃借権等を設定し，長期の賃借権等の設定の登記を申請する場合には，共有者全員が登記申請人となり，管理者がその代理人となって申請をする。

【添付情報】

この場合には，代理権限証明情報として，過半数による決定により共有物の管理者を選任したことを証する情報及び各共有者が共有物について長期の賃借権等を設定したことに同意したことを証する情報の提供が必要となる（令 18 条）。

第7編

不動産登記法総論

第1章　不動産登記の意義

●この章で学ぶこと●

これまでは，登記申請情報を確認しながら，ひとつひとつの登記申請について学習してきました。ここからは，不動産登記法の総仕上げとして，不動産登記全般にわたる考え方や横断的な項目を学習していくことにします。この章では，不動産登記の効力などについて学習しましょう。

1. 登記の効力

1　総　説

不動産登記をすると，どんなことを主張できるようになるのか。言い換えれば，不動産登記にはどんな効力があるのか。以下，この点についてひとつひとつ確認していこう。

2　対抗力

対抗力とは，登記をすることで，第三者に対して物権などの権利の変動を主張することができるという効力である。民法 177 条で規定されている効力であり，不動産登記の最も重要な効力である。

権利に関する登記は，対抗力を有している。そのため，不動産登記を申請することが義務ではない場合においても，この対抗力を取得するために，権利を取得した人は，自ら進んで登記申請をするのが普通である。

3　権利推定力

権利推定力とは，登記があれば，その登記どおりの実体上の権利関係が存在するだろうという推定を生じさせる効力である。

登記に権利推定力があることから，売主が所有権登記名義人として登記されている登記記録を確認し，その登記を信じて不動産を買った場合，たとえ売主が真の所有者でなかったとしても，買主は無過失と推定される（大判大15・12・25）。

4　形式的確定力

形式的確定力とは，登記が存在する場合，その登記が実体上有効であるか無効であるかにかかわらず，以後，その登記を無視して登記することができないとする効力である。

登記に形式的確定力があることから，地上権の登記が存在する場合においては，登記記録上たとえその地上権の存続期間が満了していることが明らかであったとしても，当該地上権の抹消登記がなされた後でなければ，新たな地上権の設定登記の申請をすることができない（昭37・5・4民甲1262号）。

5　公信力はない

公信力とは，公示が真の権利状態と異なる場合であっても，その公示を信頼して取引した者に対し，公示どおりの権利状態があったのと同様の保護を与える効力である。

不動産登記には，公信力は与えられていない。よって，ある不動産の真の所有者がAであるにもかかわらず，登記がB名義になっていた場合，Cがその登記を見てBが所有者だと信じ，Bから当該不動産を買ったとしても，Cは当該不動産を取得することができない。

なお，動産取引においては，占有に公信力が与えられており，即時取得の制度が規定されている。

2. 登記の順位

1　権利の登記の順位

同一の不動産に登記した権利の順位は，その登記の前後による（4条1項）。

同一の区の登記間においては，基本的には，順位番号によることになる。また，別の区になされた登記間においては，順位番号が連動しておらず，順位番号では判断できないので，受付番号によることになる（規則2条1項）。

敷地権付区分建物の登記記録に登記がなされたときは，その登記の効力は，原則として敷地権にも及ぶ。この場合，区分建物の登記記録になされ敷地権に効力が及んでいる登記と，土地の登記記録になされた登記の順位は，受付番号による（規則２条２項)。別の登記記録であり，順位番号では判断できないからである。

付記登記でなされた登記の順位は，主登記の順位による（4条２項)。また，同一の主登記に対して数個の付記登記がなされた場合には，その付記登記の順位は，付記の前後による（4条２項後段)。先に登記がなされた付記１号のほうが，後から登記された付記２号より優先するということである。

2 主登記・付記登記

(1) 主 登 記

主登記とは，独立の順位番号を付してなされる登記である。法令に別段の定めがない限り，登記は主登記でされる。主登記が原則だということである。

(2) 付記登記

【付記登記の意義】

付記登記とは，独立した順位を付さず，既存の主登記に付記してなされる登記のことである（4条２項)。

法令に別段の定めがある場合にのみ，付記登記で登記がなされる。付記登記でなされるケースには，順位を変えないで登記したい場合や，既存の登記と強い結びつきがあるために新しく順位をとることが適切でない場合などがある。

【付記登記となる場合】

付記登記でなされる登記は，次のとおりである（規則３条各号)。

①登記名義人表示変更更正登記（１号）

②権利の変更・更正の登記（登記上の利害関係を有する第三者が存在しない場合，または登記上の利害関係を有する第三者の承諾証明情報の提供があるとき）（2号柱書）

③債権分割による抵当権変更登記（2号イ）

④指定根抵当権者・指定債務者の合意の登記（2号ロ）

⑤根抵当権における優先の定めの登記（2号ニ）

⑥抹消回復登記（登記事項の一部が抹消されている場合）（3号）

⑦所有権以外の権利を目的とする権利に関する登記（4 号）
⑧所有権以外の権利の移転登記（5 号）
⑨権利消滅の定めの登記（6 号）
⑩次順位抵当権者の代位の登記（7 号）
⑪抵当証券交付の登記（8 号）
⑫買戻特約の登記（9 号）

②について。権利の変更・更正登記は，登記上の利害関係を有する第三者が存在する場合において，その承諾証明情報の提供がないときは，主登記でなされる。抹消登記は常に主登記でなされる点と比較せよ。

⑦について。所有権を目的として抵当権を設定した場合には主登記でなされるのに対して，地上権を目的として抵当権を設定した場合には，当該地上権に付記してなされる。⑦は処分の制限の登記を含むので，地上権に対する差押えの登記も付記登記でなされる。

⑧について。抵当権移転・地上権移転などが付記登記で実行されるということである。ただし，所有権を目的とする根抵当権の分割譲渡の登記は，主登記で実行される（規則 165 条 1 項）。

⑶　主登記・付記登記の整理

択一式試験において，どの登記が主登記で実行され，どの登記が付記登記で実行されるのかが問われることがある。これについては，登記申請ごとに学習してきた。また，前記⑵で付記登記となるものについて学習したので，それ以外の登記は主登記であると判断できる。

ここでは，復習の意味で，試験頻出の重要なもの，間違いやすく注意してほしいものについて，整理する。忘れてしまっているものについては，該当箇所に戻って確認しておいてほしい。

【順位変更と順位譲渡】

抵当権の順位変更の登記は，主登記で実行される。これに対して，抵当権の順位譲渡の登記は，付記登記で実行される。

【賃借権を優先させる同意の登記】

賃借権の先順位抵当権に優先する同意の登記は，主登記で実行される。

【敷地権・工場財団の登記】

敷地権である旨の登記は，敷地権の種類を問わず，主登記で実行される。これに対して，工場財産に属した旨の登記は，所有権の場合は主登記で実行され，地上権等の場合は付記登記で実行される。

次の図表のように整理することができる。

	所有権	地上権等
敷地権である旨の登記	主登記	主登記
工場財団に属した旨の登記	主登記	付記登記

【抹消登記】

抹消登記は，常に主登記で実行される。「常に」というのは，抹消される登記の種類を問わないということである。

たとえば，転抵当権の抹消登記も，抵当証券交付の登記の抹消登記も，主登記で実行される。また，破産法による否認の登記も，抹消登記に準じて主登記で実行される。

【抹消回復登記】

権利の全部が抹消されている場合の抹消回復登記は，主登記で実行される。これに対して，登記事項の一部が抹消されている場合の抹消回復登記は，付記登記で実行される。

【賃貸人の地位の留保の登記】

賃貸人たる地位が留保された場合における留保された賃借権（第１賃借権）の設定登記も，第１賃借権の賃貸人たる地位を留保するために不動産の譲受人が譲渡人のために設定した賃借権（第２賃借権）の設定登記も，いずれも主登記で実行される。

転貸の登記が付記登記で実行されることと比較すること。

3. 登記記録の公開

1 意　義

不動産登記制度は，不動産の表示と権利関係を公示して，不動産取引の安全と円滑に資することを目的としているため，登記された事項は公開されている。

実際には，登記事項証明書や登記事項要約書の交付を受け，登記された事項を確認することができる。重要なのは登記事項証明書である。後記2で説明していこう。

2　登記事項証明書

(1)　意　　義

登記事項証明書とは，登記記録に記録されている事項を証明した書面である。簡単にいえば，データで処理されている登記記録の内容をプリントアウトして，登記官が認証文を付したものである（規則197条1項）。

(2)　交付請求

【総　説】

何人も，登記官に対して，手数料を納付して，登記事項証明書の交付を請求することができる（119条1項）。登記事項証明書は，誰でも交付請求をすることができる点を押さえてほしい。公示が目的だからである。対象となる不動産について利害関係があることは必要ないのである。

【請求先】

登記事項証明書の交付請求は，請求にかかる不動産を管轄する登記所以外の登記所に対しても交付の請求をすることができる（119条5項）。

【請求方法】

登記事項証明書の交付請求は，オンラインの方法でもすることができる（規則194条3項）。

(3)　住所情報非公開の特例

登記記録に記録されている者の住所が明らかにされることにより，人の生命・身体に危害を及ぼすおそれがある場合，または，これに準ずる程度に心身に有害な影響を及ぼすおそれがある場合には，その者からの申出があったときは，登記事項証明書に住所に代わる事項を記載しなければならない（119条6項）。

DV・ストーカー被害者の住所が公開されてその者に危害が及ぶことを防止するための制度である。その趣旨から，申出ができるのは自然人に限られる。

3　改所有不動産記録証明制度

(1)　意　　義

何人も，登記官に対し，手数料を納付して，自らが所有権登記名義人として記録されている不動産にかかる登記記録の一定の事項を証明した書面（所有不動産記録証明書）の交付を請求することができる（119 条の 2）。つまり，「私の所有している不動産の一覧表をください」と請求することができるというわけである。

登記事項証明書は，「この不動産についての証明書をください」と不動産ごとに請求することになるが，この制度では，ある特定の人が所有している不動産の情報を網羅的に請求することができるのである。

遺言を用意する際に，自分の所有している不動産をもれなく把握したり，会社が融資を受けるにあたってその会社の所有するすべての財産を金融機関に提示したりする要請があることから，このような制度が作られた。

請求した者が所有する不動産がない場合には，その旨が証明されることになる（119 条の 2 第 1 項括弧書）。

⑵ 請求権者

【何人も】

「何人も」と規定されているとおり，自然人でも法人でも請求することができる。

ただし，あくまでも自らが所有権登記名義人として記録されている不動産についての証明書の交付を請求することができるのみである点に注意してほしい。どのような財産を所有しているかはプライバシーに関する情報であり，他人が所有している不動産を調べることができるわけではないのである。この点，登記事項証明書の交付請求と異なる。

【一般承継人】

相続人その他の一般承継人も，被承継人にかかる所有不動産記録証明書の交付を請求することができる（119 条の 2 第 2 項）。

相続人に対して被相続人の所有不動産を調べる権利を与えることで，相続登記漏れを防止することができ，所有者不明不動産を発生させないようにすることができると考えられたからである。

⑶ 請 求 先

所有不動産記録証明書の交付請求は，法務大臣の指定する登記所の登記官に対してすることができる（119 条の 2 第 3 項）。

第２章　登記申請人

●この章で学ぶこと●

ここでは，登記申請人に関する論点を整理していきます。特に「代理人による申請」で学習する代理権不消滅・代理権の範囲が重要です。

1. 登記申請人の意義

1　登記能力

(1)　意　　義

登記能力とは，不動産登記において，権利の登記名義人として登記を受けることができる資格のことである。つまり，登記記録上において，「所有者」「抵当権者」などの登記名義人として登場することができる資格のことである。

登記名義人となるのは，所有権・抵当権などの実体上の権利を取得した場合である。そのため，実体上権利を取得することができるとされている権利能力者は，登記能力があることになる。原則として，民法上の権利能力者が，登記上の登記能力者というわけである。

ただし，問題となる点もある。以下，検討していこう。

(2)　死者名義の登記

死者は，死亡によって権利能力を失っている。そのため，死者名義の登記ができるか否かが問題となるが，死者名義の登記は認められる。

たとえば，甲土地がＡからＢに売却されたが，登記をする前にＢが死亡した場合，ＡからＢへの所有権移転登記を相続人による登記で行い，Ｂ名義の登記にすることができる。

権利能力が存在する間に一度有効に権利を取得していれば，死亡によって権利能力を失っても，登記能力は失われず，当該権利取得の登記をすることができるということである。権利を取得した者が死亡したとしても，実体上の権利の変動を登記記録に忠実に反映させて公示することが必要なので，死者名義の登記が認められているのである。

(3) 胎児名義の登記

【民法上の権利能力】

民法上，権利能力を有するのは出生の時であり，出生前の胎児には権利能力がないのが原則とされている（民3条）。

しかし，例外的に，①不法行為に基づく損害賠償請求権（民721条），②相続（民886条），③遺贈（民965条）については，すでに生まれたものとみなされて，胎児に権利能力があるとされる。ただし，この場合でも，民法は停止条件説に立ち，胎児は，胎児である間は権利能力がなく，生きて生まれれば，相続等の時点に遡って権利能力を取得するとされている。

【登記上の登記能力】

不動産登記実務においては，胎児の権利能力の取得について解除条件説に立ち，胎児である間に権利能力を認め，胎児名義での相続登記・遺贈の登記を認めている（昭29・6・15民甲1188号）。

胎児が生まれる前の段階で登記申請ができるようにして相続登記を推進する必要がある，また，医療技術の発展により死産率が低下しており，胎児名義の登記をしても法的安定性を欠くことが少ないといった観点から，民法とは異なる考え方を採用し，胎児名義の登記を許したのである。

注意すべきは，相続登記において認められるのは，胎児を登記名義人とする法定相続であるということである。胎児を含めて遺産分割を行い，その協議に基づく相続登記をすることは認められないのである。民法では，生きて生まれなければ胎児に権利能力がなく，胎児を含めた遺産分割協議は認められないからである。

(4) 権利能力なき社団名義の登記

権利能力なき社団は，権利能力がなく，権利の主体となることができないので，登記能力もない。権利能力なき社団を登記名義人とする登記をすることはできない（25条13号，令20条2号）。

権利能力なき社団を抵当権等の債務者として登記することはできる（昭31･6･13民甲1317号）。債務者は登記名義人ではなく，抵当権等の内容のひとつにすぎないので，実体に近い公示を認めたのである。

これに対して，権利能力なき社団を信託登記の受益者として登記することはできない（昭59・3・2民三1131号，登研429号122）。信託登記の受益者は，信託終了後，登記名義人となる可能性があるからである。

2　登記申請能力

登記申請をするには，意思能力があれば足り，行為能力は不要である。民法の制限行為能力の規定は適用されないということである。

登記申請行為は，当事者間に新たな権利変動を生じさせる行為ではなく，実体上すでに発生している権利変動を登記記録に公示させるだけの行為だからである。

たとえば，未成年者が売買による所有権移転登記を申請をする場合であっても，親権者（法定代理人）の同意は不要である。ただし，その登記申請の原因としての売買契約は，親権者（法定代理人）の同意を得て行う必要があり，登記申請情報には，その同意を証する情報を提供しなければならない。

2. 代理人による申請

1　意　義

登記申請は，代理人によってもすることができる。

通常，登記申請は，司法書士が行うことがほとんどであるが，これも代理申請である。本書においても，司法書士が代理申請することを前提に記載例を学習してきた。

共同申請によるべき登記申請を司法書士が申請する場合には，登記権利者・登記義務者の双方から委任を受けて，双方の代理人として申請することになる。これは双方代理に当たるが，認められている。民法では，自己契約・双方代理は原則として禁止されているが，登記申請は，債務の履行に準じるものとして，自己契約・双方代理の場合でも許されるのである（民108条1項但書）。

2 代理人の種類

(1) 法定代理人

登記申請は，法定代理人がすることができる。たとえば，未成年者が登記申請する場合，本人に意思能力があれば，自分で申請することができる。また，法定代理人から申請することもできる。実際には，当該法定代理人から登記申請の代理権を与えられた司法書士が申請することが多い。

(2) 任意代理人

登記申請は，登記申請の代理権を与えらえた任意代理人が行うことができる。

司法書士や弁護士の資格がない者も，「家族が忙しくて登記申請できそうもないので，やってあげた」というように，代理で申請することはできる。ただし，司法書士や弁護士でない者が業として登記に関する手続について代理することは，司法書士法違反となってしまうので，お金を稼ぐために繰り返し，登記申請の代理行為を行うことはできない。なお，司法書士の業務については，司法書士法で改めて学習する。

3 代理権不消滅

(1) 意　義

登記申請の代理権を与えられた委任による代理人の権限は，次に掲げる事由によっては，消滅しない（17条各号)。

①本人の死亡（1号)

②本人である法人の合併による消滅（2号)

③本人である受託者の信託に関する任務の終了（3号)

④法定代理人の死亡または代理権の消滅もしくは変更（4号)

①がとにかく重要である。これは，本人の死亡により代理権が消滅するというルールの特則である。また，①には，復代理人が選任されている場合において代理人が死亡した場合にも適用される。

甲土地がAからBに売却され，司法書士CがAとBから登記申請の依頼を受け，委任状の交付を受けた。しかし，その登記が申請されないうちに，Aが死亡し，Dが相続した。この場合，当事者であるAが死亡しているにもかかわらず，司法書士Ｃは，Ａが死亡前に交付してくれた委任状とＢからの委任状を代理権限証明情報として提供し，登記申請することができるのである。Ｄから委任状をもらい，登記義務者の相続人による登記として申請する必要はないということである。

登記申請の代理の場合，代理人がすべきことが明確であり，相続人の意思を確認する必要性は大きくない（そもそも相続人も登記申請義務を承継する）。また，民法の原則どおり代理権が消滅するとしても，相続人が同一の司法書士に依頼することが多いだろう。とすれば，Ｄから改めて委任状をもらうのは手間が増えるだけなので，民法の特例を認めたのである。

⑵　委任による代理人

注意すべきは，前記⑴の事由が生じた場合の代理権不消滅の特則は，委任による代理人の場合に限られるということである。法定代理人の場合は，前記⑴の事由が生じたときは，原則どおり，代理権が消滅する。

たとえば，未成年者Ａの法定代理人Ｂが登記を申請する場合，登記申請前にＡが死亡すれば，Ｂの代理権は消滅することになる。

ただし，未成年者Ａの法定代理人からさらに委任を受けた代理人Ｃが登記を申請する場合は，Ａが死亡しても，Ｃの代理権は消滅しない。本人の死亡により法定代理人の代理権は消滅するが，法定代理権の代理権消滅は，その者から委任を受けた代理人の代理権消滅原因とはならないからである（☞前記⑴④）。

4　代理権の範囲

⑴　総　　説

他の関連する行為について代理権を与えられた者が登記申請の代理権を有するのだろうか。原則として，登記申請の代理権は，他の関連する行為の代理権に関連して付与されることはない。

また，登記申請の代理権を与えられた者が，どのようなことまですることができるのだろうか。原則としては，登記申請を完成させるところまでしか行うことはできず，その後の登記関連行為について代理をするには，別個の代理権が必要となる。

ここでは，他の行為の代理権との関連性を中心に，登記申請の代理権の範囲について具体的に学習していこう。

(2)　訴訟代理権と登記申請代理権

登記手続を求める訴訟の訴訟代理人は，別個に登記申請についての委任を受けなければ，当該登記申請の代理人となることはできない。

よって，判決による登記を申請する場合に提供する判決書正本に訴訟代理人として記載されている者であっても，その判決書正本を代理権限証明情報とすることはできず，別個に委任状等の提供が必要となる。

(3)　審査請求代理権と登記申請代理権

委任による登記申請の代理人は，別個に委任を受けなければ，当該登記申請についての審査請求の代理人となることができない（審査請求については☞P506）。審査請求は，登記申請とは別個の行為であり，登記申請の代理権には含まれていないからである。

(4)　取下代理権と登記申請代理権

委任による登記申請の代理人は，特別の授権がなくても，補正のための登記の取下げをすることができる。補正のための取下げは，登記を完成するために行うものだからである。

これに対して，登記申請行為の撤回をするための取下げは，別個に委任を受けなければすることができない。これは，登記申請を完成させる行為とは反対の性質を有するものだからである。登記申請の委任状に「登記申請に関する一切の行為を委任する」という旨の記載があったとしても，これを撤回のための取下げについての委任状として流用することはできない。撤回のための取下げは，登記申請を完成させるのとは反対の行為であり，登記申請の委任内容に含まれていることはありえないからである。

取下げについての詳細は，P499で学習する。

(5)　登記識別情報の通知を受ける代理権と登記申請代理権

委任による登記申請の代理人は，登記申請とは別個の委任を受けなければ，当事者の代理人として登記識別情報の通知を受け取ることができない（規則62条2項）。登記識別情報の通知を受け取るのは，登記が完成した後であるため，登記申請の代理権に含まれていないのである。

なお，法定代理人は，当然に，本人に代わって登記識別情報の通知を受け取ることができるので注意すること。

(6)　還付手続代理権と登記申請代理権

登録免許税の還付を受けることができるのは，原則として，登記権利者または登記義務者である。しかし，取下げまたは過誤納の場合において，代理受領の申出があれば，登記申請代理人が還付を受けることができる（平 21・6・16 民二民商 1440 号）。登録免許税の還付については，P495 を参照すること。

3. 相続人による申請

1　意　　義

物権変動が生じたが，その登記をする前に当事者が死亡した場合には，登記申請の当事者である被相続人に代わって，その相続人が当該登記を申請する（62 条）。これが相続人による登記である。記載例なども含めて『不動産登記法Ⅰ』で学習したので，復習しておくこと。

2　合併の場合

物権変動が生じたが，その登記をする前に，当事者である法人が合併により消滅した場合には，当該消滅した法人に代わって，合併により権利を承継した法人が当該登記を申請する。

合併承継法人は，消滅法人の権利義務を包括承継するので，登記申請する当事者の地位も承継するからである。

たとえば，株式会社 A が B にその所有する甲土地を売却した後，所有権移転登記を申請する前に，株式会社 A を消滅会社，株式会社 C を存続会社とする吸収合併が行われた場合，登記権利者を B，登記義務者を株式会社 A の権利承継会社である株式会社 C として，株式会社 A から B への所有権移転登記を申請することができる。

第3章 添付情報

●この章で学ぶこと●

それぞれの登記申請において必要となる添付情報については，すでに学習してきました。ここでは，添付情報そのものの論点について学習していきましょう。

1. 添付情報の提供方法

1 書面申請・オンライン申請

(1) 考え方

添付情報は，原則として，登記申請情報と併せて提供しなければならない。

(2) 書面申請

書面申請では，登記申請情報と添付情報を書面で作成し，登記所に提供する。

(3) オンライン申請

オンライン申請（特例方式を除く）においては，添付情報は，登記申請情報と併せてインターネットで送信する（18条1号，令10条）。その際，送信する登記申請情報と添付情報は，すべて電子署名をしたうえで（令12条），電子証明書を併せて提供しなければならない（令14条）。

2　特例方式

(1)　原　　則

オンライン申請の特例方式で登記申請する場合には，登記申請情報はインターネットで申請し，添付情報は，登記申請の受付の日から２日以内に，登記所に郵送または持参すればよい（令附則５条１項，令附則21条２項）。

(2)　登記識別情報

登記識別情報は，オンライン申請の特例方式で登記申請する場合であっても，登記申請情報と併せて送信する方法で提供しなければならない（令附則５条１項括弧書）。他の添付情報のように，後日，登記識別情報を記載した書面を提出する方法で提供することはできない。登記識別情報は，パスワードであり，入力することで簡単にインターネットで送信できるからである。

(3)　登記原因証明情報

【原本は後日提出】

オンライン申請の特例方式で登記申請する場合，登記原因証明情報は，書面として後日提出する方法で提供すればよい。

【PDF ファイルを登記申請時に送信】

ただし，登記原因証明情報を書面で提供する場合には，まず，登記申請情報と併せて登記原因証明情報に記載された情報を記録した電磁的記録を送信しなければならない（令附則５条４項）。つまり，登記原因証明情報の原本は，後日提供すればよいが，その書面をスキャナで読み取って PDF ファイルにしたものを，登記申請をする時に一緒に送信しなければならないということである。これは，契約等をしていないにもかかわらず，先に登記申請をして順位を確保しておこうとする不正を防止するためである。

登記申請情報と併せて提供しなければならない当該 PDF ファイルは，登記原因証明情報そのものではないので，作成者の電子署名は不要である（規則附則22条４項後段）。

【登記名義人表示変更登記の場合】

登記名義人表示変更登記を申請する場合は，登記申請時に登記原因証明情報に記載された情報を記録した電磁的記録（PDF ファイル）を送信する必要はない（規則附則22条2項）。

登記名義人表示変更登記は，順位を争うような登記ではないうえに，登記原因証明情報が公的書面であることから，先に登記申請をしておこうとする不正が考えにくいからである。

3　外国文字の添付情報

添付情報が外国文字で記載されている場合は，その訳文を記載した情報を併せて提供しなければならない（昭40・6・18民甲1096号）。

なお，当該訳文を作成する翻訳者についての資格制限はなく，登記申請代理人が訳文の作成をしてもよい。

筆者も，英語がすらすらと読めるわけではないが，辞書を引きながらどうにか訳文を作成したことがある。登記官に「私は英語はわからないが，この訳文の内容は大丈夫だね？」と問われたので,「大丈夫です」と胸を張って答えたら，きちんと登記が完了したことがある。

4　登記事項証明書

異なる管轄に抵当権の追加設定登記を申請する場合や，要役地が異なる管轄にある地役権の設定登記を申請する場合など，添付情報として，登記事項証明書を提供しなければならない場合がある。

オンライン申請をする場合には，登記事項証明書そのものを提供することはできない。そこで，その提供に代えて，登記官が電気通信回線による登記情報の送信を一般財団法人民事法務協会（「インターネット登記情報提供サービス」の運営法人）から受けるために必要な情報（照会番号）を送信しなければならない（令11条）。

インターネットで登記記録を確認することができる「インターネット登記情報提供サービス」というものがある。そのサービスで照会番号を発行してもらい，登記申請の際にその番号を提供する。登記官は，この照会番号を使って，インターネット登記情報提供サービスで登記記録を確認することができるというわけである。

2. 登記原因証明情報

1 意　　義

登記原因証明情報とは，登記原因となる法律行為またはその他の法律事実の存在ならびにこれにより権利が変動したことを確認することができる情報である。つまり,「年月日売買」などの登記原因が生じたことを証明するものである。

権利の登記を申請する場合には，添付情報として登記原因証明情報を提供しなければならないのが原則である（61条，令7条1項5号ロ)。登記申請の原因である法律行為・法律事実が本当に生じたことを証明し，虚偽の登記がなされないようにするためである。

ただし，所有権保存登記（敷地権付区分建物についての74条2項保存を除く)，契約日から10年を経過したことによる買戻特約の単独申請による抹消登記，仮処分による失効による抹消登記，混同による抹消登記の各登記を申請する場合には，登記原因証明情報を提供する必要はない。

2 要　　件

(1) 内　　容

登記原因証明情報は，次の内容が明らかになっているものでなければならない。

①当事者
②法律行為・法律事実の内容及び日付
③権利変動が生じたこと及びその時期
④対象不動産

たとえば，売買による所有権移転登記であれば，登記原因証明情報は，「売買契約書」が基本となる。ただ，③の内容も必要となるので，売買契約に条件などが付されていて，契約書だけでは所有権移転が生じたことの証明とならないときには，それだけでは足りない。たとえば，売買契約書に「買主が売買代金を支払った時に所有権が移転する」とする所有権移転時期特約がある場合，登記原因証明情報としては，売買代金が支払われたことまで明確になっていなければならないということである。よって，この場合，売買契約書に領収証を加えたものが登記原因証明情報となるのである。

⑵ 作　成　者

登記原因証明情報は，権利変動の当事者全員で作成するのが原則なので，登記権利者と登記義務者の双方が作成すべきである。

しかし，登記義務者が単独で作成したものでもよいとされる。登記申請によって不利益を受ける登記義務者が作成したものであれば，真実性の担保ができるからである。

⑶ 報告形式

登記原因証明情報は，前記⑴①～④の内容が記載されているものであれば，売買契約書などでなくてもよい。登記申請用に当事者が作成した「法律行為・法律事実があり，権利が変動した」旨を記載した，報告形式のものでもよいのである。

たとえば，時効取得による所有権移転登記のように，判決書がない限りは報告形式の登記原因証明情報以外を準備することが困難な場合もある。また，売買による所有権移転登記でも，売買契約書は手元に残しておきたいという要望や税の申告など他の用途に使用しなければならない都合もあることから，実際には，報告形式の登記原因証明情報を提供することが多い。

イメージを作るために，次ページに掲げた報告形式の登記原因証明情報を見てみよう。甲野太郎から乙野次郎への売買による所有権移転登記を申請するためのものである。

まず，甲野太郎は押印しているが，乙野次郎は押印しておらず，氏名に「様」が付されている。このことから，この登記原因証明情報は，甲野太郎が単独で作成したものであることがわかる。登記原因証明情報は，当事者全員が作成したものでなくても，登記義務者が単独で作成したものでよいのである。

また，記述式試験において，報告形式の登記原因証明情報における「登記原因となる事実または法律行為」を解答として求める問題が出題されることがある。次ページの登記原因証明情報をよく確認しておくこと。売買契約に所有権移転時期特約が付されているので，売買契約を締結した事実に加えて，売買代金が支払われた事実まで記載している点がポイントである。

3　単独申請の場合の制約

単独申請の登記を申請する場合は，登記原因証明情報は，公文書（市区町村長,

◉報告形式の登記原因証明情報（売買による所有権移転登記の場合）

登記原因証明情報

1．登記申請情報の要項

⑴登記の目的　所有権移転

⑵登 記 原 因　令和６年７月１日売買

⑶当　事　者　登記権利者　東京都新宿区新宿二丁目２番２号

乙野次郎

登記義務者　東京都渋谷区代々木一丁目１番１号

甲野太郎

⑷不動産の表示

所在　大分県別府市中央町

地番　１番１

地目　宅地

地積　200.00㎡

2．登記原因となる事実または法律行為

⑴売主甲野太郎及び買主乙野次郎は，令和６年６月30日本件不動産の売買契約を締結した。

⑵上記⑴の売買契約には，本件不動産の所有権の移転は売買代金の支払いが完了した時に生ずる旨の所有権移転時期に関する特約が付されている。

⑶乙野次郎は，甲野太郎に対し，令和６年７月１日に，売買代金を支払い，受領された。

⑷よって，本件不動産の所有権は，令和６年７月１日，甲野太郎から乙野次郎に移転した。

令和６年７月５日　大分地方法務局　御中

上記の登記原因のとおり，相違ありません。

（買主）　東京都新宿区新宿二丁目２番２号

乙野次郎　様

（売主）　東京都渋谷区代々木一丁目１番１号

甲野太郎　㊞

登記官その他の公務員が職務上作成した情報）でなければならない。たとえば，相続による所有権移転登記であれば戸籍謄本，登記名義人住所変更登記であれば住民票の写しという公文書が，登記原因証明情報として要求されている。この場合，私文書である報告形式の登記原因証明情報を作成することはできない。

単独申請による登記の場合，登記義務者の関与なしに，利益を受ける登記権利者が単独で申請するため，何の対策もしなければ，不正な登記がなされるおそれがある。そこで，このような虚偽の登記申請を防ぐ意味で，登記原因証明情報として公文書を要求したのである。

3. 登記識別情報

1 意　　義

(1) 登記識別情報とは

登記識別情報とは，登記名義人となったときに通知され，その登記名義人自らが登記申請をしていることを確認するために用いられる12桁のパスワードである（2条14号）。

共同申請による登記申請をする場合に，登記申請情報と併せて登記義務者の登記識別情報の提供が必要となる。登記義務者の本人確認をするためである。

(2) 登記済証

【かつての登記済証制度】

登記識別情報の制度は，平成16年の改正（平成17年3月7日施行）で新たにできたもので，それまでは，登記済証であった。一般的に権利証と呼ばれるものである。

当該改正においては，オンライン申請が認められた。しかし，紙でできた登記済証ではインターネットで送信することができず，オンライン申請に対応することができない。そこで,「登記済証」は, パスワードである「登記識別情報」に変わった。これなら，インターネットで送信することができるのである。

【現在でも登記済証を提供することがある】

登記済証から登記識別情報へと制度が変わった。しかし，今でも登記済証を提供して登記申請を行うことがある。たとえば，売主が何十年も前に不動産を購入し，そのときに交付を受けたものが登記済証である場合などである。

法律上は，これまで学習してきたように，登記識別情報の提供を求めているが，登記済証を提供すれば登記識別情報の提供をしたものとみなしてくれる（附則7条）。登記義務者が登記済証しか持っていない以上，登記済証を提供すればよいというわけである。

登記実務においても，登記済証を提供して登記申請することは多いが，記述式問題においても，そのようなことがある。では，いつまで登記済証が交付されていたのか。逆にいえば，いつから登記識別情報が通知されるようになったのか。次に，その判断方法を解説することにしよう。

【いつから登記識別情報が通知されるようになったか】

改正法は，平成17年3月7日に施行されたが，その日からすぐに登記識別情報の通知が始まったわけではない。改正法が施行された後，法務局が法務大臣の指定を受け，オンライン庁となった後に申請された登記において初めて，登記識別情報の通知がなされるのである。改正法が施行された後も，オンライン庁となるまでは，あいかわらず登記済証が交付されていたのである。

オンライン庁とは，オンライン申請をすることができる法務局のことである。改正後も，すぐにオンライン申請ができるようになったわけではなく，法務大臣からオンラインの指定を受けた法務局から順次オンライン申請に対応していったのである。オンラインの指定を受けていない法務局は，オンライン申請に対応しておらず，交付するものも依然として登記済証だったというわけである。

平成20年7月14日までに，すべての法務局についてオンラインの指定が終わっている。つまり，それ以降は，どの法務局でも登記識別情報を通知するようになったということである。

【記述式問題での考え方】

以上の状況から，記述式問題で，登記義務者の有しているものが登記済証であるか登記識別情報であるかの判断は，次のようにすればよいことになる〈図7-1〉。

①平成17年3月6日以前になされた登記申請では登記済証が交付されている。改正法が施行されていないからである。

②平成17年3月7日～平成20年7月13日の登記申請は，法務局によって異なる。問題文に与えられたオンライン指定日を確認し，その日以降であれば，登記識別情報が通知されている。

③平成20年7月14日以降になされた登記申請では，登記識別情報が通知さ

れている。すべての法務局がオンライン指定を受けているからである。

図 7-1　登記済証と登記識別情報

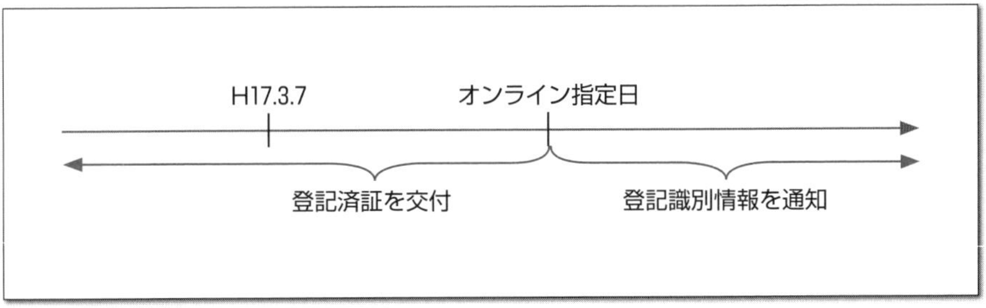

2 通　　知

(1) 通知される場合

登記申請をして，その登記が完了しても，必ず登記識別情報が通知されるわけではない。登記識別情報が通知されるのは，次の要件を満たした登記申請がなされた場合である。

①登記名義人として登記される者が登場する登記であること。

②登記名義人となる者が自ら申請していること。

①について。抵当権抹消登記，順位変更登記などでは，登記識別情報が通知されない。また，抵当権の債権額増額変更の登記，根抵当権の極度額増額変更の登記，抵当権の効力を所有権全部に及ぼす変更登記，地役権の設定登記は，実質的には権利取得の登記といえるが，登記記録に新たに登記名義人が登場するわけではないので，やはり登記識別情報は通知されない。

②について。登記名義人が登場する登記であっても，代位による登記でなされた場合は，登記識別情報が通知されない。また，保存行為として共有者の1人から登記申請した場合には，登記申請をしなかった他の共有者については，登記識別情報が通知されない。

(2) 定 め 方

【登記識別情報の個数】

登記識別情報は，不動産ごと，登記名義人となった申請人ごとに定められる（規則 61 条）。

たとえば，Aが所有権登記名義人である甲土地と乙土地について，B・C共有名義とするAからB・Cへの所有権移転登記を一括申請した場合，登記識別情報は，4つ通知される。Bの甲土地の分，Bの乙土地の分，Cの甲土地の分，Cの乙土地の分の4つの登記識別情報が通知されるということである。

【再作成】

登記識別情報を通知すべき者にいったん登記識別情報を通知した後は，登記識別情報を再作成することはできない（平17・2・25民二457号）。

⑶　通知を要しない場合

登記識別情報を通知すべき登記が完了した場合でも，次のいずれかに該当するときは，登記識別情報が通知されない。

①あらかじめ通知を希望しない旨の申出をした場合（規則64条1項1号）

②オンラインで登記識別情報の通知を受ける場合において，登記完了後，登記識別情報の送信ができる日から30日以内に，申請人が登記識別情報のダウンロードをしない場合（規則64条1項2号）

③書面による登記識別情報通知書の交付を受ける場合において，登記完了後から3か月以内に，申請人が登記識別情報通知書を受領しない場合（規則64条1項3号）

④登記識別情報を受けるべき者が官公署である場合

①について。登記識別情報は，パスワードであり，誰かに見られるおそれもある。それを避けるため，初めからもらわないことができるということである。この申出は，登記申請情報に記載して行わなければならない（規則64条2項）。

②・③は，「登記識別情報を準備したのに，一定期間が経っても受け取らないから，もう通知しません」ということである。②より③のほうが期間を長くとってある。パソコンでダウンロードするより，法務局に取りに行くほうが手間暇がかかり，その機会を保障する必要があるためである。

④について。官公署が登記義務者となる場合であっても，登記識別情報の提供が不要だからである。ただし，あらかじめ登記識別情報の通知を希望した場合には，通知する。④についての詳細は，本編第6章で詳述する。

⑷　通知の相手方

【総　説】

登記識別情報の通知は，登記名義人となった申請人に対してなされる。では，代理申請・相続人による登記申請がなされた場合には，誰に対して通知されるのだろうか。以下，説明していこう。

【法定代理等】

登記権利者の法定代理人，法人である登記権利者の代表者，死亡した登記権利者の相続人から登記申請があった場合は，登記権利者となった者の登記識別情報を，それぞれ，法定代理人・代表者・相続人に通知する（規則 62 条 1 項 1 号・2 号，平 18・2・28 民二 523 号）。

【委任による代理人】

委任による代理人によって登記申請された場合，登記識別情報は，登記権利者である本人に通知される。

ただし，代理人が登記識別情報の通知を受けるための特別の委任を受けた場合には，代理人に通知される（規則 62 条 2 項）。単に登記申請の代理権を与えられただけでは，代理人が登記識別情報の通知を受け取ることはできないのである（☞ P444）。

(5) 通知方法

【オンライン申請の場合】

オンラインで登記申請がなされた場合，登記識別情報は，原則として，インターネットで送信され，申請人がダウンロードする（規則 63 条 1 項 1 号）。

ただし，申請人の申出により，登記識別情報を記載した書面（登記識別情報通知書）の交付を受けることができる（規則 63 条 1 項柱書，平 20・1・11 民二 57 号）。当初は，オンライン申請した場合は登記識別情報もインターネットで送信するのが原則であったが，「オンライン申請はするが，登記識別情報はデータでなく紙でほしい」という要望が強かったため，認められたものである。

【書面申請の場合】

書面で登記申請がなされた場合，登記識別情報は，登記識別情報を記載した書面（登記識別情報通知書）を交付することにより通知される（規則 63 条 1 項 2 号）。書面申請の場合，インターネットで送信してもらうことはできない。

3 登記識別情報に関する証明制度

(1) 意　義

登記名義人またはその相続人その他の一般承継人は，登記官に対し，手数料を納付して，登記識別情報が有効であることの証明，登記識別情報が失効していることの証明，登記識別情報が通知されていないことの証明等の登記識別情報に関する証明を請求することができる（令22条，規則68条）。

たとえば，決済が順調にいくかどうかを判断するために，登記名義人や司法書士が登記申請前に登記義務者の登記識別情報が有効か否かを確認しておく必要がある。そのような場合には，登記識別情報が有効であることの証明を請求して確認することができるのである。

⑵　請求方法

登記識別情報に関する証明の請求は，書面でも，オンラインでもすることができる。

⑶　添付情報

【原　則】

登記識別情報に関する証明の請求は，登記識別情報を提供して行わなければならない（規則68条2項）。

【例　外】

ただし，登記識別情報が失効していることの証明，登記識別情報が通知されていないことの証明の請求をする場合には，登記識別情報の提供は不要である。これらは，登記識別情報がないことの証明を求める請求だからである。

4　登記識別情報の失効の請求

⑴　意　　義

登記識別情報の通知を受けた登記名義人またはその相続人その他の一般承継人は，登記官に対し，登記識別情報についての失効の申出をすることができる（規則65条）。

登記識別情報を盗み見られ，悪用されるおそれがあるような場合に，この申出により登記識別情報を失効させ（パスワードを使用できないようにするということ），不正な登記申請を防止することができるのである。

⑵　請求方法

登記識別情報の失効の申出は，書面でも，オンラインでもすることができる。

(3) 添付情報

登記識別情報の失効の申出をするのに，登記識別情報の提供は不要である。登記識別情報の提供をしなければ申出することができないとすれば，「登記識別情報を紛失したので誰かが悪用する可能性がある」という場合に，申出することができなくなってしまうからである。

5 事前通知

(1) 意　義

登記識別情報通知書を紛失したり，データを保管していたパソコンが壊れたりして，登記識別情報がわからなくなることもあるだろう。また，初めから登記識別情報が通知されていない場合もある。

このような場合，登記申請にあたって登記識別情報を提供することができないことになる。それでも登記申請はできるのだろうか。

実は，登記識別情報を提供することができなくても，登記申請はできる。登記識別情報は，パスワードであり，本人確認の一手段にすぎない。登記義務者として申請している者が登記名義人本人であることが確認できれば，何も登記識別情報にこだわることはないのである。多くの人は，SNS・オンラインのショップのアカウントや各種手続でパスワードを忘れてしまったことがあるだろう。筆者は日常茶飯事だ。しかし，その場合でも，「パスワードを忘れた方はこちら」というボタンを押して，他の方法で本人確認をすることで，事なきを得ている。登記申請も同じである。登記識別情報の提供ができないため本人確認のひと手間が増えるが，登記申請自体はできるのである。

その方法が，事前通知と呼ばれるものである。とりあえず，登記識別情報を提供せずに登記申請をする。もちろん，このままでは受理されない。本人確認ができていないので，なりすましの可能性がある。そこで，この登記申請がなされ時点で，登記官は，登記義務者の住所に「あなたから登記申請がありました。あなたからの申請で間違いがなければ，その旨を申し出てください」という内容の通知（はがき）を出す。これが事前通知である（23条1項）。そして，一定の期間内に，「私が申請しました。間違いありません。」とする申出があれば，登記を実行することになる。

ただし，例外として，次に掲げるいずれかの場合において，登記官が相当と認めたときは，事前通知の手続を省略することができる。

①司法書士が登記申請前に本人確認をしておき，「本人確認をしました」という本人確認情報を提供した場合

②公証人が本人確認のための必要な認証をした場合

これらの方法については，後述することにしよう（☞後記6・7）。

⑵　登記申請の方法

以上のとおり，登記申請にあたって登記識別情報の提供ができない場合でも，登記申請をすることはできる。もちろん，この場合には，申請後すぐに受理されるわけではなく，原則として事前通知がなされることになる。なお，一方の不動産については登記識別情報を提供し，他方の不動産については事前通知の方法で申請する場合においても，一括申請をすることはできる（昭37・4・19民甲1173号）。

登記識別情報が提供できない場合の登記申請は，登記識別情報の提供ができていないだけで，原則として，通常の申請である。ただし，次の点に注意が必要である。

①登記申請情報に，登記識別情報を提供することができない理由を記載する（令3条12号）。

②登記義務者の印鑑証明書の提供が必要となる（規則48条1項5号，規則49条2項4号）。

①について。登記識別情報を提供しないで登記申請するには，登記識別情報を提供できない正当な理由が必要となるからである（22条但書）。登記申請情報に，登記識別情報を提供することができない理由を「不通知」「失効」「失念」などと記載する必要がある。

②について。所有権者以外の者が登記義務者となる場合や，所有権者が登記義務者であっても抵当権の債務者変更登記の場合は，本来であれば，印鑑証明書の提供は不要である。しかし，この場合でも，登記義務者の印鑑証明書の提供が必要となるということである。「登記識別情報で本人確認ができないのだから，せめて印鑑証明書くらいは提供してくれ」ということである。

⑶　事前通知

【方　法】

登記官からの事前通知は，必ず書面で行う。オンライン申請の場合でも，事

前通知は書面で行う。

事前通知は，登記名義人の住所にはがきを送ることによって行う。なりすましの登記申請でないことを確認するために，登記記録上の住所に宛てて送ることに意味があるからである。オンライン申請の場合に，そのアカウントに対して「あなたが申請したことに間違いないですか」とインターネットを通じて確認しても全く本人確認になっていないことがわかるだろう。

【再発送の可否】

登記義務者に対する事前通知が受取人不明で返送された場合，申出期間の満了前であれば，申請人からの申出によって，再発送される（準則45条前段）。その場合でも，申出期間は最初に通知を発送した日から起算されるのであって，延長はされない（準則45条後段）。

なお，事前通知を登記義務者が受け取った場合，「事前通知をなくしたので再発送してほしい」という申出をすることはできない。

⑷　申請の内容が真実である旨の申出

【意　義】

登記官から事前通知があった場合，一定の期間内に，登記義務者から「申請の内容が真実である」旨の申出があることで，登記が実行される（23条1項後段）。

なお，登記の受付は，当該申出の時点ではなく，最初に登記申請をした段階である。よって，当初の申請の時点での受付番号が付され，その時点での順位で登記が実行される。

【期　間】

事前通知に対する申出は，次の期間内にしなければならない（規則70条8項）。

①**原則**：登記官が事前通知を発した日から2週間以内

②**例外**（登記義務者が外国に住所を有する場合）：登記官が事前通知を発した日から4週間以内

事前通知は郵送でなされるので，外国に住所がある場合には，その郵便事情を考慮し，申出期間が長めに設定されているのである。この期間内に申出がなされなかった場合，登記申請は却下されることになる（25条10号）。

【方　法】

事前通知に対する申出は，登記申請が書面で行われた場合には書面によってしなければならず，登記申請がオンラインで行われた場合にはオンラインによってしなければならない（70条5項）。

書面で申し出る場合には，登記官から送られてきた通知書に，「申請の内容が真実である」旨を記載し，記名・押印したうえで，登記所に提出する。押印は登記申請時に登記申請情報または委任状に押印した印鑑（つまり実印）で行う必要がある。

オンラインで申出をする場合には，登記官から送られてきた通知書に記載されている通知番号を入力したうえで，「申請の内容が真実である」旨の情報に電子署名を行ったうえで登記所に送信する。住所に送られてきた通知書に記載されている通知番号が申出において必要なので，本人確認ができるという仕組みである。

⑸　前住所への通知

【意　義】

登記記録上住所変更がなされている場合には，不動産を乗っ取ろうとしている地面師が，あらかじめ虚偽の住所変更の登記をしておき，事前通知を受け取ろうとしているケースもないとはいえない。そこで，変更前の前住所にも通知をし，確認することになっている。反応がなければそのまま登記を進めればよい。「なにそれー！聞いてないよー！」と異議の申立てがあった場合には，登記官による本人確認調査がなされることになる（☞ P502）。登記申請が当然に却下されるわけではない。

【要　件】

登記識別情報を提供せずに登記申請がなされた場合において，次の要件を満たすときは，登記官は，現在の住所に事前通知をすることに加えて，登記記録上の前住所にあてても通知をしなければならない。

①所有権に関する登記であること

②登記義務者の住所についての変更・更正登記がなされていること

③法務省令（不動産登記規則）で省略が認められる例外に該当しないこと

①について。前住所への通知は，地面師が不動産を乗っ取ろうとすることを予防するための制度であるため，前住所への通知がなされるのは，所有権に関する登記の場合だけである。

③については，以下に説明していこう。

【例　外】

次のいずれかに該当する場合には，例外として前住所通知を省略することができる（規則71条2項各号）。虚偽の住所変更更正登記の可能性が高くないからである。
①住所変更・更正の原因が行政区画の変更等である場合（1号）
②所有権に関する登記の申請日が，最後に住所変更の登記がなされた日からすでに3か月経過している場合（2号）
③登記義務者が法人である場合（3号）
④資格者代理人（司法書士）による登記義務者の本人確認情報の内容により，申請人が登記義務者であることが確実であると認められる場合（4号）

①について。行政の都合で住所が変わっただけであり，犯罪の可能性はない。

②について。もし，不動産を乗っ取る犯罪をしようとしているのであれば，もっと手早く行うはずである。

④について。資格者代理人が本人確認をして，それが「相当」と認められれば事前通知を省略することができるが，前住所通知まで省略できるわけではない。本人確認が「確実」だというさらに厳格な要件を満たして初めて，前住所通知が省略されるのである。

6　資格者代理人による本人確認情報

(1)　意　　義

司法書士等の資格者代理人が代理人として登記申請をする場合，当該司法書士等が，申請人が登記義務者本人であることを確認するために必要な情報（本人確認情報）を提供し，登記官がその内容を相当と認めたときは，事前通知手続が不要となる（23条4項1号）。

資格者代理人が本人確認をすることができるのは，当該資格者代理人が代理申請をする場合のみである。本人申請をする場合や，他の司法書士等が申請する場合に，登記申請をせずに本人確認のみをすることはできない。

また，資格者代理人が本人確認情報を提供しても，登記官が「相当」と認めなければ，事前通知は省略できない点に注意してほしい。登記官がその内容を「確実」だと認めた場合には，前住所通知についても省略することができる。

本人確認情報を提供する場合には，それが司法書士等の資格者代理人によって作成されたことを証明するために，資格者代理人が登記の申請の代理を業とすることができる者であることを証する情報を併せて提供しなければならない（規則72条3項）。

⑵　本人確認の方法

資格者代理人が申請人と面識がある場合はよいが，そうでない場合には，本人確認情報を作成するにあたり，本人確認をする必要がある。資格者代理人が本人確認をする場合には，次に掲げるいずれかの書面の提示を受けなければならない（72条2項）。

①運転免許証・旅券などの顔写真付公的証明書類（1号書類）１通以上

②国民年金手帳などの顔写真のない公的証明書類（2号書類）２通以上

③顔写真付社員証・顔写真付私立大学の学生証など公的証明書に準じるもの（3号書類）及び２号書類の各１通以上

①・②及び有効期限のある③の書類は，資格者代理人に提示をした日に有効なものでなければならない。登記申請の日に有効である必要はない。

7　公証人による認証

登記識別情報を提供することなく登記申請がなされた場合において，当該登記の登記申請情報（本人申請の場合）または委任状（代理申請の場合）について，公証人から，当該申請人が登記義務者本人であることを確認するために必要な認証がなされ，かつ，登記官がその内容を相当と認めたときは，事前通知をすることを要しない（23条4項2号）。

4. 印鑑証明書

1　意　　義

⑴　提供が必要となるケース

所有権者が登記義務者となる場合には，当該登記義務者の印鑑証明書の提供が必要となる。

所有権者である登記義務者は，本人申請の場合は登記申請情報に，代理申請の場合は委任状に押印するが，それが，実印であることを証明するために印鑑証明書を提供するのである。つまり，登記識別情報とともに登記義務者の本人確認をするための添付情報なのである。

印鑑証明書の提供が必要なのは，書面申請の場合だけである。オンライン申請の場合は，登記申請情報や添付情報にその作成者が電子署名をしたうえで，電子証明書を提供しなければならない。現実の印鑑を押印することがない以上，印鑑証明書の提供は不要なのである。

⑵ 法定代理人の場合

印鑑証明書は，原則として登記義務者のものが必要となる。ただし，登記義務者の法定代理人が申請する場合，または，法定代理人が司法書士に委任して申請してもらう場合には，法定代理人のものが必要となる。この場合，実際に登記申請情報や委任状に押印するのは，法定代理人だからである。

よって，親権者が未成年の子を代理して登記申請する場合，成年後見人が成年被後見人を代理して登記申請する場合，遺言執行者が相続人に代わって遺贈の登記をする場合，破産管財人が任意売却の登記を申請する場合などは，それぞれ，親権者・成年後見人・遺言執行者・破産管財人の印鑑証明書の提供が必要となる。

2 適 格 性

⑴ 作成権者

登記申請にあたって提供する印鑑証明書は，申請人が自然人である場合は，市区町村長が作成したものでなければならない（令16条2項，令18条2項）。

申請人が法人である場合は，登記官が作成したものでなければならない（令16条2項，令18条2項）。法人の代表者は，印鑑をその法人を管轄する登記所に提出することができ，印鑑証明書の交付を受けることができるのである（商登12条1号）。

⑵ 期間制限

登記申請にあたって提供する印鑑証明書は，作成後3か月以内のものでなければならない（令16条3項，令18条3項）。

⑶ 外国人・在外日本人の場合

外国人が登記義務者として登記を申請する場合，印鑑証明書の提供に代えて，その者の所属国の日本大使・本国の官公署等が作成した登記申請情報または委任状の署名が本人のものであることの証明書（署名証明書）を提供することができる（昭34・11・24民甲2542号）。外国人に押印の習慣がないことを考慮したものである。もちろん，外国人が印鑑登録をしている場合には，印鑑証明書を提供することもできる（昭35・4・2民甲787号）。

また，在外日本人が登記義務者として登記を申請する場合，印鑑証明書の提供に代えて，在外日本領事・外国公証人が作成した登記申請情報または委任状の署名が本人のものであることの証明書（署名証明書）を提供することができる（昭40・6・18民甲1096号）。外国で印鑑証明書が取得できないことを考慮したものである。

なお，これらの署名証明書には，作成後3か月以内のものでなければならないとする期間制限はない（昭48・11・17民三8525号，平2・4・18民三1494号）。

3　提供が不要となる場合

次のいずれかの場合には，所有権の登記名義人が登記義務者となるときであっても，印鑑証明書の提供は不要である。

①法人の代表者の印鑑証明書を提供する場合において，申請情報の内容として会社法人等番号を提供したとき（規則48条1項1号，規則49条2項1号）

②押印がなされた登記申請情報または委任状について公証人またはこれに準じる者の認証を受けた場合（規則48条1項2号，規則49条2項2号）

③登記義務者が官公署である場合

④抵当権の債務者変更登記である場合

①は，提供された会社法人等番号で，登記官が印鑑のデータを確認し，照合することができるからである。このことから，登記官が押印された印鑑に関する証明書を作成することが可能でないときは，印鑑証明書の提供を省略することはできない。

②は，公証人等が確認しており，委任状が真正に作成されたものであることが担保されているからである。

4　他の添付情報の一部としての印鑑証明書

(1)　意　　義

次の添付情報を提供する場合には，その添付情報が真正な作成者によって作成されたことを証明するために，印鑑証明書の提供が必要となる。

①登記原因についての第三者の承諾を証する情報

②登記上の利害関係を有する第三者の承諾証明情報
③登記権利者が単独で仮登記を申請する場合の仮登記義務者の承諾証明情報
④登記上の利害関係人が単独で仮登記を抹消する場合の仮登記名義人の承諾証明情報
⑤遺産分割協議書・特別受益証明書などの相続証明情報

登記申請にあたり，第三者の作成した添付情報を提供する場合には，その書面に当該第三者が実印で押印し，それが実印であることを証明するために印鑑証明書を提供しなければならないということである。

これは，あくまで承諾証明情報などの一部として提供する印鑑証明書であり，独立した添付情報として提供するものではないから，登記申請情報に「添付情報　印鑑証明書」とは記載しない。

第三者の作成した添付情報の一部としての印鑑証明書の提供が必要となるのは，書面申請の場合のみである。オンライン申請の場合，添付情報には電子署名をするので，当該第三者の電子証明書を提供することになる。

(2)　提供が不要となる場合

次に掲げる場合には，他の添付情報の一部としての印鑑証明書の提供は不要となる（令19条2項，規則50条2項）。
①承諾証明情報等の作成者が官公署である場合
②法人の代表者の印鑑証明書を提供する場合において，申請情報の内容として会社法人等番号を提供したとき
③承諾証明情報等について，公証人またはこれに準じる者の認証を受けた場合

(3)　期間制限

他の添付情報の一部として提供する印鑑証明書については，作成後3か月以内のものでなければならないとする制限はない。

5. 住所証明情報

1　意　　義

新たに所有権登記名義人となる者が登場する登記を申請する場合には，住所証明情報を提供しなければならない。住所証明情報を提供しなければならない

のは，次の登記を申請する場合である。
①所有権保存登記
②所有権移転登記
③新たに所有権登記名義人が登場する所有権更正登記

2 適　格　性

(1) 内　　容

【自然人の場合】

自然人の住所証明情報として提供することができるものは，住民票の写し・戸籍の附表である。

また，印鑑証明書を住所証明情報として提供することができる（昭 32・5・9 民三 518 号）。印鑑証明書にも，住所が記載されているからである。

【法人の場合】

法人の住所証明情報として提供することができるものは，当該法人の登記事項証明書である（昭 32・3・27 民甲 615 号）。

(2) 期間制限

住所証明情報には，作成期限がない。印鑑証明書を住所証明情報として提供する場合も，作成後3か月以内のものでなければならないとする制限はない。

3 提供を省略できる場合

(1) 住民票コード

登記権利者が自然人である場合において，登記申請情報に住民票コードを提供したときは，住所証明情報を提供することを要しない（令9条，規則 36 条4項）。

(2) 会社法人等番号

登記権利者が法人である場合において，会社法人等番号を提供したときは，住所証明情報としての登記事項証明書の提供を省略することができる。

(3) オンライン申請

オンライン申請の方法で登記申請をする場合において，申請人が公的個人認証サービスの電子証明書を提供したときは，当該電子証明書の提供をもって当該申請人の現在の住所証明情報の提供に代えることができる（規則44条1項）。

6. 会社法人等番号

1　会社法人等番号を有する法人

(1)　原　則

会社法人等番号を有する法人が登記申請人となる場合，当該法人の会社法人等番号を提供しなければならない（令7条1項1号イ）。登記申請行為や司法書士への委任行為をしているのが，当該申請人となっている法人の代表者であることを証明するためである。登記官は，提供された会社法人等番号に基づいて，当該法人の登記記録を確認するのである。

(2)　例　外

会社法人等番号を有する法人が登記申請人となる場合，当該法人の会社法人等番号の提供に代えて，作成後3か月以内の当該法人の登記事項証明書を提供することができる（規則36条1項・2項）。

会社法人等番号を提供した場合，登記官が当該法人の登記記録を確認して登記を進めるが，その法人に商業登記の申請がなされており，登記記録へのアクセスが制限されている場合には，登記記録の確認ができず，商業登記が完了するまで不動産の登記が進まなくなってしまう。そこで，実務において，不動産登記を進めてもらうために，あらかじめ取得しておいた当該法人の登記事項証明書を提供することがあるのである。

2　会社法人等番号を有しない法人

会社法人等番号を有しない法人が登記申請人となる場合，当該法人の資格を証する情報を提供しなければならない（令7条1項1号ロ）。資格を証する情報としては，当該法人の作成後3か月以内の登記事項証明書があげられる（令17条1項）。

7. 代理権限証明情報

1　代理権限証明情報とは

代理人によって登記申請する場合には，登記申請情報と併せて，その代理人の権限を証する情報（代理権限証明情報）を提供しなければならない（令７条１項２号）。

2　内　容

代理権限証明情報として提供するものは，具体的には次のとおりである。

①**任意代理人**（司法書士）：委任状
②**未成年者の親権者**：戸籍謄抄本（戸籍事項証明書）
③**成年後見人**：登記事項証明書
④**不在者の財産管理人**：家庭裁判所の選任審判書
⑤**相続財産清算人**：家庭裁判所の選任審判書
⑥**破産管財人**：裁判所の破産管財人の選任を証する書面
⑦**利益相反行為の特別代理人**：家庭裁判所の選任審判書
⑧**共有物の管理者**：過半数による決定により共有物の管理者を選任したことを証する書面
⑨**所有者不明土地管理人等**：裁判所書記官作成の印鑑証明書（選任及び印鑑証明書）または所有者不明土地管理命令等の裁判書謄本

⑦は，親権を行う父または母とその親権に服する未成年の子の利益が相反する場合のことである。その場合，親権者と子の間の法律行為は，特別代理人が子を代理して行う。そして，特別代理人が未成年者を代理して登記申請したときは，特別代理人が家庭裁判所で選任されたことを証明する選任審判書の提供が必要になるということである。ただし，法律行為が利益相反行為であっても，その登記申請行為については，特別代理人が未成年者を代理する必要はなく，未成年者本人が登記を申請することもできるし，親権者が未成年者を代理して登記申請することもできる。

②～⑨の者からさらに司法書士へ登記申請が委任された場合には，②～⑨の情報に加えて，委任状の提供も必要となる。

3　作成期限

代理権限証明情報は，それが市区町村長，登記官その他の公務員が職務上作成したものである場合には，作成後3か月以内のものでなければならない（令17条1項）。それ以外の代理権限証明情報（例委任状）については，作成期限の制限はない。

8. 第三者の許可・同意・承諾証明情報

1　意　　義

(1)　第三者の許可・同意・承諾証明情報とは

登記原因について，第三者の許可・同意・承諾を要するときは，登記申請情報と併せて，その第三者の許可・同意・承諾を証する情報を提供しなければならない（令7条1項5号ハ）。

第三者の許可・同意・承諾証明情報は，次の2つに分けることができる。

①第三者の許可・同意・承諾を得ることが，登記申請の原因である法律行為の効力発生要件となっているもの

②第三者の許可・同意・承諾がないことが，登記申請の原因である法律行為についての取消原因・無効原因となっているもの

以下，この2つについて説明していこう。

(2)　許可等が効力要件となっているもの

【意　義】

第三者の許可・同意・承諾を得ることが，登記申請の原因である法律行為の効力発生要件となっている場合には，当該第三者の許可・同意・承諾がなければ物権変動が生じないので，物権変動が生じたことを証明するために，第三者の許可・同意・承諾を証する情報を提供しなければならない。

たとえば，農地法の許可がこれに当たる。農地の売買においては，許可がなければ所有権が移転しない。

【登記原因日付への影響】

当該許可・同意・承諾は，法律行為の効力発生要件だから，許可・同意・承

諾の日が登記原因日付に影響を与える。たとえば，農地の売買契約が令和6年6月25日に締結されても，農地法の許可書が令和6年7月1日に到達した場合には，登記原因は，「令和6年7月1日売買」となる。

【具体例】

第三者の許可・同意・承諾を得ることが登記申請の原因である法律行為の効力発生要件となっているものの具体例としては，次のものがある。

①農地法の許可書（農地3条）

②不在者の財産管理人が処分行為（民法103条の権限を越える行為）をする場合の家庭裁判所の許可書（民28条）

③相続財産清算人が処分行為をする場合における家庭裁判所の許可書（民953条，民28条）

④破産管財人が任意売却をする場合の裁判所の許可書（破産78条2項1号）

⑤抵当権の順位変更に対する利害関係人の承諾証明情報（民374条1項）

⑥根抵当権の極度額変更における利害関係人の承諾証明情報（民398条の5）

⑶　許可等がないことが取消原因・無効原因となるもの

【意　義】

第三者の許可・同意・承諾を得ることが登記申請の原因である法律行為についての効力発生要件とはなっていなくても，第三者の許可・同意・承諾がないことが登記申請の原因である法律行為についての取消原因・無効原因となっている場合には，第三者の許可・同意・承諾証明情報を提供しなければならない。

たとえば，未成年者の法律行為に対する親権者の同意がこれに当たる。未成年者がその所有する不動産を売却する場合，親権者の同意は効力要件ではなく，当該同意がなくても，所有権移転の効果は生じる。しかし，親権者の同意がない場合には，取り消すことができる契約となり，取り消されることで初めに遡って無効となる。一応物権変動が生じているといっても，取り消される余地のあるものを登記するのは好ましくなく，取引の安全を害する。そこで，許可等を得ることが効力発生要件とはなっていなくても，許可等がないことが登記申請の原因である法律行為についての取消原因・無効原因となっている場合には，第三者の許可・同意・承諾証明情報を提供しなければならないとされたのである。

【登記原因日付への影響】

この場合は，許可・同意・承諾証明情報は，登記原因日付に影響を与えない。

許可・同意・承諾が効力要件ではないからである。たとえば，未成年者が自己の所有する不動産を令和６年６月25日に売却し，親権者の同意を令和６年７月１日に得た場合，登記原因は，「令和６年６月25日売買」となる。親権者の同意を得ることで契約を取り消すことができなくなるが，契約の効力自体は，それ以前の契約締結時から生じているからである。

【具体例】

第三者の許可・同意・承諾がないことが登記申請の原因である法律行為についての取消原因・無効原因となっているものの具体例には，次のものがある。

①未成年者の法律行為に対する法定代理人の同意（民５条）

②被保佐人・被補助人の法律行為に対する保佐人・補助人の同意（民13条，民17条４項）

③会社と取締役等の利益相反行為についての株主総会・取締役会での承諾（会356条１項，会365条）

③については，後記**4**で詳しく説明する。

2　注意すべき事例

(1)　時効取得

例題１　甲土地の所有権登記名義人Ａは不在者となり，Ｂが財産管理人に選任された。甲土地をＣが時効取得したとして，ＡからＣへの時効取得による所有権移転登記をＢが登記義務者となって申請する場合に，家庭裁判所の許可を証する情報を提供する必要はあるか。

不在者の財産管理人が処分行為をするには，家庭裁判所の許可が必要である（民28条）。この点，本例題１においては，不在者の財産管理人Ｂが処分行為をしたわけではなく，事実として時効取得されただけであり，家庭裁判所の許可は問題とならないはずである。しかし，時効取得されたかどうかには複雑な判断が必要なので，不在者の財産管理人が登記義務者として時効取得を原因とする所有権移転登記を申請するには，家庭裁判所の許可を証する情報の提供が必要であるとされた（登研548号165）。

よって，本例題１の登記を申請する場合には，家庭裁判所の許可を証する情報の提供が必要となる。

なお，相続財産清算人が登記義務者となって時効取得による所有権移転登記を申請する場合も同様に，家庭裁判所の許可を証する情報の提供が必要である

（登研 492 号 119）。

例題２　甲土地の所有権登記名義人は，未成年者Ａである。Ａの親権者はＢである。甲土地をＣが時効取得したとして，ＡからＣへの時効取得による所有権移転登記を申請する場合に，Ｂの同意を証する情報の提供は必要か。

本例題２では，Ｂの同意を証する情報の提供は不要である。未成年者が登記義務者となって時効取得を原因とする所有権移転登記を申請する場合，法定代理人の同意を証する情報を提供する必要はない（登研 529 号 162）。

例題１とよく比較すること。

⑵　生前売買

被相続人が生前に不動産を売却した後，相続人なくして死亡した場合，相続財産清算人が当該売買による所有権移転登記を申請するときは，家庭裁判所の許可を証する情報の提供は不要である（昭 32・8・26 民甲 1610 号）。

相続財産清算人が処分行為をするには，家庭裁判所の許可を得る必要がある。しかし，上記の場合は，生前に発生した物権変動についての登記義務の履行にすぎず，処分行為には当たらないからである。

3　農地法の許可書

⑴　意　　義

【農地法の許可書とは】

農地や採草放牧地について所有権を移転したり，用益権を設定・移転したりする場合は，原則として，農地法所定の許可を得なければならない（農地３条）。そして，その原因に基づく登記申請をするときは，農地法所定の許可を得たことを証明するために，農地法の許可書を提供する必要がある。

これは，農業政策として，農地を保護するためである。農業をやったことのない人が農地を買い，農地が荒れてしまうことを防止することが目的である。物権変動により農地を使用・収益することになる人が，それにふさわしいかどうかを判断し，許可を出すわけである。

【許可が必要となる基準】

農地について生じるすべての物権変動について農地法所定の許可が必要となるわけではない。どのような物権変動において農地法所定の許可が必要かについて，具体的には，後記⑵以降で説明する（本書においても，随所ですでに説明してきたことがほとんどであり，復習も兼ねている)。ここでは，その全体的な判断基準について説明していく。

次の場合には，農地法所定の許可は不要となる。

①使用・収益を伴わない権利を設定する場合
②相続または相続と同視できる物権変動である場合
③物権変動の原因が契約でない場合
④裁判所の手続を経ている場合

①は，農地の使用状態が変わらない以上，許可は不要とされたものである。

②について。相続は，人の死亡により当然生じるものであり，許可がなければ承継できないというものではないからである。

③について。許可は，当事者が契約により物権変動を生じさせることを制限するためのものだからである。よって，事実行為による物権変動の場合は，許可不要である。また，単独行為の場合も，その要件が法律に厳格に規定されていることが多いので，許可が不要であることが多い。

④について。物権変動が生じることについて，裁判所が認めている以上，重ねて農地法の許可を得る必要はないとされたものである。

(2) 所有権移転の場合

所有権移転登記において農地法の許可書の提供が必要か否かは，登記原因によって異なる。『不動産登記法Ⅰ』において，登記原因ごとに説明したが，ここで再度整理しておこう。農地法の許可書の提供の要否は，次の図表のようになる。前記(1)で説明した基準を利用して，しっかり覚えてほしい。

◉所有権移転登記における農地法の許可書の提供の要否

許可書の提供を要する	許可書の提供を要しない
①売買・贈与・死因贈与・譲渡担保・買戻権行使	①相続・合併・会社分割・時効取得
②遺産分割による贈与	②遺産分割・民法958条の3の審判
③相続人以外の者への相続分の譲渡	③共同相続人への相続分の譲渡
④相続人以外の者への特定遺贈	④包括遺贈・相続人への特定遺贈
⑤協議による財産分与	⑤審判・調停による財産分与
⑥共有物分割	⑥共有持分放棄
⑦合意解除	⑦法定解除

許可書の提供を要する	許可書の提供を要しない
⑧前登記名義人以外の者への真正な登記名義の回復	⑧前登記名義人への真正な登記名義の回復・相続人間での真正な登記名義の回復
⑨民法646条2項による移転	⑨委任の終了

(3)　所有権更正の場合

農地について売買を原因としてAからBへの所有権移転登記がなされている場合において，所有権登記名義人をBからB・C共有名義とする更正登記を申請するときは，農地法の許可書を提供しなければならない（登研444号107）。この更正登記をすることで，AからB・Cへと売買されたことになり，その物権変動についての許可を得る必要があるからである。

これに対し，農地について相続を原因としてAからBへの所有権移転登記がなされている場合において，所有権登記名義人をBからB・C共有名義とする更正登記を申請するときは，農地法の許可書を提供する必要はない（登研417号104）。この更正登記をすることで，AからB・Cへと相続されたことになるが，相続による権利取得であれば，農地法所定の許可を得る必要はないからである。

(4)　制限物権設定の場合

制限物権の設定登記をするにあたり農地法の許可書の提供が必要か否かについては，次のように整理することができる。

許可書の提供を要する	許可書の提供を要しない
・地上権・地役権・賃借権の設定 ・不動産質権の設定	・抵当権・根抵当権の設定

地上権などの用益権を設定した場合には，用益権者が農地の使用・収益をすることになり，農地の使用・収益状況に変更が加わるため，農地法の許可を得る必要がある。これに対して，抵当権や根抵当権を設定しても，担保権者に使用・収益権がなく，農地の使用・収益の状況に変更は生じないため，農地法の許可を得る必要はない。

不動産質権を設定した場合には，質権者が農地を使用・収益することになるので，農地法の許可を得る必要がある点に注意が必要である（☞ P144）。

また，地下に工作物を設置するための区分地上権を設定する場合も，農地法の許可を得る必要がある。地下に工作物ができることで，農地に悪影響が及ぶ可能性があるからである。これに対して，空中に電線を張るために地役権を設定する場合には，農地法の許可を得る必要はない（☞ P180）。農地の上空に電線が張られても，農地に大きな影響は及ばないからである。

(5) 農地と当事者の死亡

例題 1　A は，自己所有の農地を B に売却し，所有権移転登記をせずに死亡した。A の相続人は C である。その後，A から B への売却についての農地法の許可書が到達した。どのような登記をすべきか〈図 7-2〉。

売主の死亡後に農地法の許可書が到達したという事例である。本例題 1 では，A から C への相続による所有権移転登記を申請したうえで，C から B への売買による所有権移転登記を申請すべきである。売買による所有権移転の効力が発生し，B が取得するのは，農地法の許可書が到達した時であるが，それ以前に A が死亡して農地の所有権はいったん C に承継されていたからである。つまり，A → C → B という 2 回の所有権の移転が生じたことになる。そして，これを登記に忠実に反映させるため，2 件の登記申請が必要となるのである。

図 7-2　例題 1 の図解

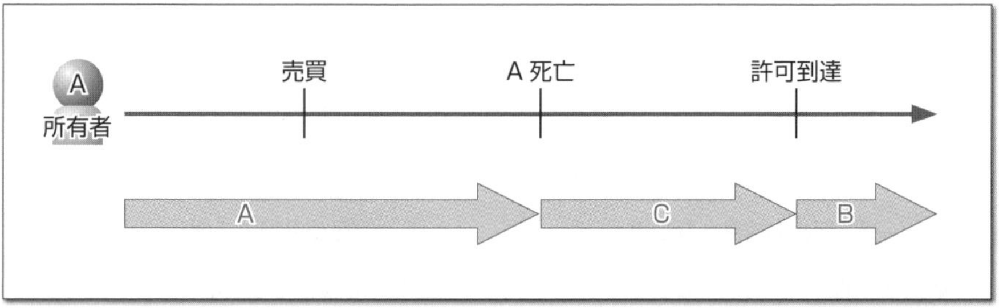

例題 2　A は自己所有の農地を B に売却し，農地法の許可を停止条件とする B 名義の条件付所有権移転仮登記がなされた。その後，A は死亡し，C が相続した。A の死亡後，A から B への売却についての農地法の許可書が到達した。どのような登記をすべきか。

売主の死亡後に農地法の許可書が到達したという点で，本例題 2 の実体関係は，例題 1 と同じである。ただ，売主 A の死亡前に仮登記がなされている点が異なる。

本例題 2 の場合，B の仮登記に基づく本登記の申請をすればよく，A から C

への相続による所有権移転登記を省略することができる（昭35・5・10民三328号）。たしかに，例題1と同様，いったん相続人Cに所有権が移転している。しかし，相続による所有権移転登記を申請したとしても，仮登記の本登記の際に職権抹消されてしまう。そのため，相続による所有権移転登記の省略を認めたのである。

例題3　Aは，自己所有の農地をBに売却し，当該売却についての農地法の許可書が到達した。しかし，所有権移転登記をしないうちにAは死亡し，Cが相続した。どのような登記をすべきか〈図7-3〉。

本例題3は，農地法の許可書が到達した後に売主が死亡した事例である。本例題3においては，AからBへの売買による所有権移転登記を，相続人による登記で申請する。AからCへの相続による所有権移転登記を申請する必要はない。Aが死亡する前に，農地の所有権はAからBにすでに移転しており，Cに所有権は移転していないからである。

図7-3　例題3の図解

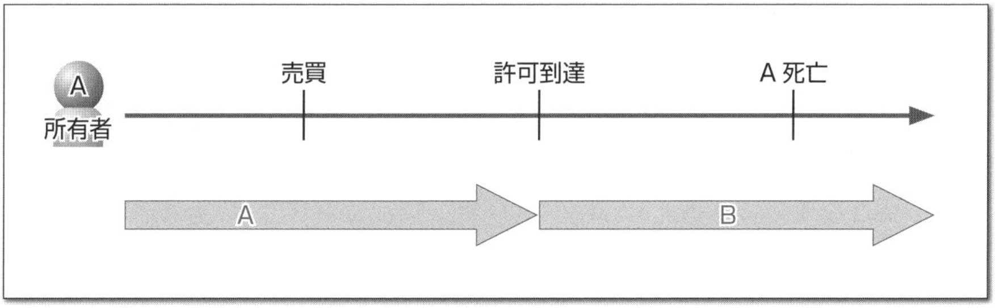

例題4　Aは，自己所有の農地をBに売却した。所有権移転登記をしないうちにBは死亡し，Cが相続した。その後，AからBへの売却についての農地法の許可書が到達した。どのような登記をすべきか〈図7-4〉。

本例題4は，買主の死亡後に農地法の許可書が到達したという事例である。本例題4では，どのような登記も申請することができない（昭51・8・3民三4443号）。Bへの所有権移転についての許可が得られたときにはBが死亡しており，許可が失効してしまうからである。誰が使用・収益するかに着目して許可を与えているので，買主が死亡することで許可は効力を失ってしまうというわけである。

本例題4においては，AからCへの売却についての許可を改めて申請し，その許可が到達すれば，当該許可書を提供してAからCへの所有権移転登記を申請することができる。

図 7-4　例題 4 の図解

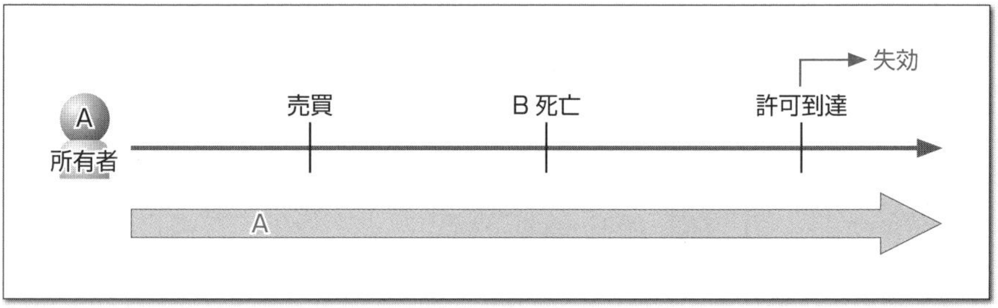

例題 5　A は，自己所有の農地を B に売却し，当該売却についての農地法の許可書が到達した。しかし，所有権移転登記をしないうちに B は死亡し，C が相続した。どのような登記をすべきか〈図 7-5〉。

本例題 5 は，農地法の許可書が到達した後に買主が死亡した事例である。A から B への売買による所有権移転登記を相続人による登記で申請して，B から C への相続による所有権移転登記を申請すべきである。

例題 4 と異なり，農地法の許可書が到達した時点で買主 B が生きており，許可が失効するわけではない。売買により A から B に所有権が移転しており，その後，B が死亡したことで相続により B から C に再度所有権が移転するのである。この物権変動を忠実に登記記録に反映するために，上記 2 件の登記申請が必要となるのである。

図 7-5　例題 5 の図解

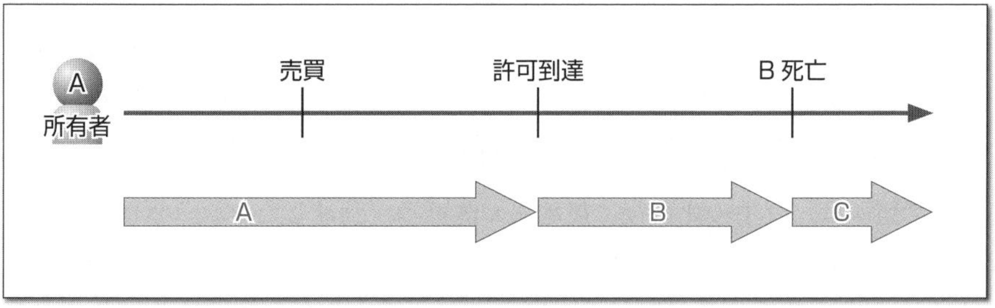

(6)　許可書の適格性

【考え方】

農地法の許可書を提供してする登記申請は，当該許可書の内容どおりのものでなければならない。許可書と当事者が異なったり，登記原因が異なったりする登記申請をした場合には，「そんな法律行為についての許可はされていない！

勝手な内容の登記をするな！」ということで，登記は却下されてしまう。

【具体例】

所有権移転の原因を「贈与」とする農地法の許可書を提供して，「売買」を登記原因とする所有権移転登記を申請することはできない（昭40・12・17民甲3433号）。

また，農地を買い受けた者として複数の者が記載されている農地法の許可書を提供して，そのうちの1人の単独名義とする所有権移転登記を申請することもできない（登研448号132号）。

【記載の違い】

農地法の許可書に記載されている地積が登記記録上の地積と相違している場合であっても，当該土地の地番その他の表示により土地の同一性が認められるときは，当該所有権移転登記を申請することができる（昭37･6･26民甲1718号）。

農地法の許可書と登記申請の内容（原因や当事者など）が異なる場合には，登記申請をすることができないが，土地の表示などの記載が異なっていても，内容が異ならなければ，登記申請は受理されるということである。

4　株主総会・取締役会の承認を証する情報

⑴　意　　義

【利益相反行為とは】

株式会社の経営を株主から委託されて行っている者が，取締役である。取締役は，会社のためを考えて行動することが通常であるが，会社と利益が反する場合に，会社の利益を犠牲にして自己や第三者の利益を図ることがある。そのため，取締役は，利益相反行為をしようとする場合には，当該取引について重要な事実を開示し，株主総会（取締役会設置会社においては取締役会）においてその承認を受けなければならない（会356条1項，会365条）。

株式会社は，出資をしている株主のものなので，会社の利益を犠牲にするおそれのある利益相反行為をするには，原則として株主の意思が反映される株主総会の承認を得る必要があるということである。しかし，取締役会を設置している株式会社の場合，ある程度の意思決定は取締役会に任されており，利益相反行為の承認も取締役会で受ければよい。

【登記申請】

利益相反取引に基づき登記申請をするには，登記原因についての第三者の許可・同意・承諾証明情報として，株主総会議事録（取締役会設置会社においては取締役会議事録）を提供しなければならない（令7条1項5号ハ）。

株主総会（取締役会）の承認が利益相反取引の後に得られた場合でも，登記原因日付には影響を与えない。承認が得られることで，利益相反取引は最初から有効であったことになるからである。

【持分会社の場合】

持分会社において，業務執行社員が利益相反取引をしようとするときは，当該社員は，当該社員以外の社員の過半数の承認を受けなければならない（会595条1項）。そのため，利益相反取引に基づく登記申請をする場合には，他の社員の過半数の一致があったことを証する情報を提供しなければならない。

持分会社についての詳細は，会社法で学習する。不動産登記法において，試験に頻出なのは，株式会社の利益相反取引なので，以下の説明は，株式会社の場合に限定することとする。

⑵　利益相反取引

利益相反取引には，次の2つがある。

①**直接取引**：取締役が自己または第三者のためにする株式会社との取引（会356条1項2号）

②**間接取引**：株式会社が取締役の債務を保証することその他取締役以外の者との間において行う株式会社と当該取締役との利益が相反する取引（356条1項3号）

⑶　判断基準

【基　準】

次の基準を満たした場合には，利益相反行為となり，株主総会（取締役会）の承認が必要となる。

基準①：会社が単に権利を得たり，義務を免れたりする取引ではないこと

基準②：直接取引では，相手方が自己の会社の取締役であるか，相手方である会社の代表者が自己の会社の取締役であること。間接取引では，自己の会社の取締役または自己の会社の取締役が代表者である会社の利益のための取引であること

基準①について。会社と取締役の取引であったとしても，会社が取締役から贈与を受けるような場合は，利益相反取引とはならない。また，会社の債務を

担保するために取締役が所有する不動産に抵当権を設定する行為も，会社に不利益はないので，利益相反取引とはならない。

基準②について。間接取引の具体例として，取締役の債務を担保するため，会社所有の不動産に抵当権を設定する行為は，利益相反取引となる。契約の相手方が会社である場合の判断が難しいが，自己の会社の取締役が代表者を務める会社と取引をする場合には，取締役自身と取引をしているといえるので，利益相反取引となるということである。

これらの基準は，2つの会社が登場したときに判断が難しくなるが，慌てず，1つの会社ごとに別個に検討していくのがコツである。

【具体例】

例題　甲株式会社（取締役A・B・C，代表取締役C）の所有する不動産を乙株式会社（取締役A・B・D，代表取締役A）に売却する場合，甲株式会社・乙株式会社にとって，利益相反取引となるか〈図7-6〉。

まず，基準①については，売買契約であるため，甲株式会社・乙株式会社ともに，単に利益を得たり義務を免れたりする取引ではなく，利益相反取引の可能性はある。

次に，基準②について，会社ごとに確認していこう。

まず，甲株式会社にとって利益相反取引か否かを考えていこう。甲株式会社の相手方である乙株式会社の代表取締役はAであり，自己の会社の取締役である。よって，甲株式会社にとっては，利益相反取引となる。甲株式会社にとって，Aが代表取締役を務める乙株式会社と取引することは，自己の会社の取締役であるAと取引するのと変わりがないということである。

図 7-6　利益相反取引

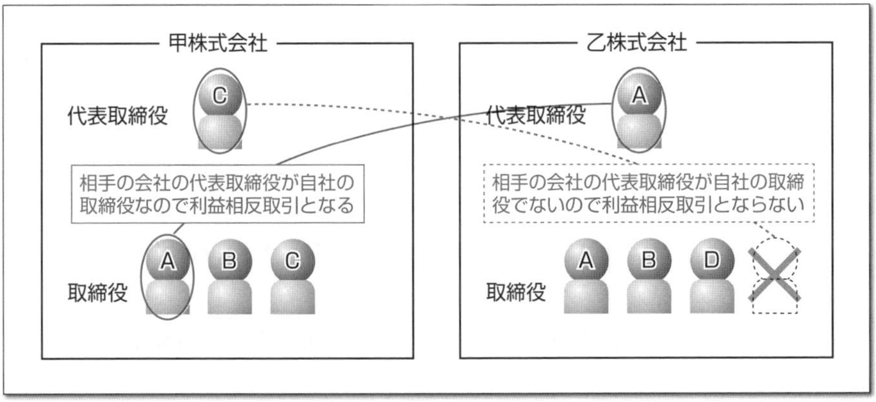

次に，乙株式会社の相手方である甲株式会社の代表取締役はＣであり，乙株式会社にとっては，自己の会社の取締役ではない。よって，乙株式会社にとっては利益相反取引とならない。乙株式会社にとっては，Ｃという自社とは無関係の者と取引しているといえるからである。

以上から，例題の売買契約は，甲株式会社にとっては利益相反取引となり，乙株式会社にとっては利益相反取引とならない。甲株式会社から乙株式会社への所有権移転登記を申請する場合には，甲株式会社の株主総会議事録（取締役会議事録）の提供が必要となる。

⑷　具体的事例

【抵当権の債務者の変更】

株式会社の所有する不動産に，当該株式会社を債務者とする抵当権の設定登記がなされた後，当該株式会社の取締役が債務を引き受けたことにより，債務者を株式会社から取締役に変更する抵当権変更登記を申請する場合，株主総会議事録（取締役会議事録）の提供は不要である（昭41・6・8民三397号）。たしかに，結果的には，取締役の債務を会社の不動産で担保している状態になるが，もともと会社の債務だったものを取締役が肩代わりしてくれたことで生じたものであり，会社にとって不利益なものではないからである。

【根抵当権の債務者変更】

株式会社の所有する不動産に，当該株式会社を債務者とする根抵当権の設定登記がなされた後，元本確定前に債務者を株式会社から取締役に変更する根抵当権変更登記を申請する場合，株主総会議事録（取締役会議事録）の提供が必要である（登研382号82）。取締役の個人的な債務を会社の不動産で担保することになるからである。抵当権の債務者変更の場合と異なり，取締役が会社の債務を肩代わりしたような事情がないことを確認しておくこと。

【根抵当権の全部譲渡】

株式会社の所有する不動産に，取締役を債務者とする根抵当権の設定登記がなされている場合，元本確定前に根抵当権の全部譲渡による根抵当権移転登記を申請するときは，株主総会議事録（取締役会議事録）の提供が必要である（登研664号181）。全部譲渡により被担保債権が入れ替わり，根抵当権の譲受人の取締役に対する債権が株式会社の不動産で担保されることになるので，会社の所有する不動産に取締役の債務を担保するための新たな根抵当権を設定することと同視することができるからである。

9. 登記上の利害関係を有する第三者の承諾証明情報

1 意　　義

登記上の利害関係を有する第三者の承諾証明情報とは，ある登記を申請する場合において，その申請にかかる登記が実行されると登記記録上不利益を受ける第三者がいるときに，その者が当該登記を承諾したことを証する情報である。

登記上の利害関係を有する第三者の承諾証明情報は，登記上の理由から要求されるものであり，物権変動の効力発生要件ではないので，登記原因日付に影響を与えることはない。

2 提供が必要的である場合

次に掲げる登記を申請する場合，登記上の利害関係を有する第三者が存在するときは，その承諾を証する情報の提供が必要的となる。

①抹消登記（68条）

②抹消回復登記（72条）

③抹消の性質を有する所有権更正登記

④所有権に関する仮登記に基づく本登記（109条１項）

⑤買戻しによる所有権移転登記

3 提供が任意的である場合

次に掲げる登記を申請する場合，登記上の利害関係を有する第三者が存在しないとき，または，登記上の利害関係を有する第三者の承諾を証する情報が提供されたときは，登記は付記登記で実行される。登記上の利害関係を有する第三者の承諾証明情報の提供がないときは，登記は主登記でなされる。

①権利の変更登記

②権利の更正登記

4 裁判があったことを証する情報

登記上の利害関係を有する第三者が，実体上承諾義務があるにもかかわらず，承諾しない場合がある。その場合，登記申請をしようとする者は，当該第三者に対し「承諾せよ」という訴訟を提起し，勝訴すれば，確定給付判決を得ることができる。そして，この判決謄本（または判決と同一の効力を有する和解調書・

調停調書・認諾調書等）を登記上の利害関係人に対抗できる裁判があったことを証する情報として提供すれば，当該第三者の承諾を証する情報に代えることができる。

10. 法定相続情報証明制度

1 意　義

(1) 趣　旨

ある者が死亡した場合，相続による所有権移転登記や，相続人による登記を申請するようなときに，除籍謄本・戸籍謄本等の提供が必要となる。また，登記申請以外においても，車の名義書換や銀行預金の解約などの際に除籍謄本・戸籍謄本等の提供が求められる。何かの手続をするたびに除籍謄本・戸籍謄本等が求められ，相続人の負担となっていた。

相続人の負担を軽減するよい方法はないだろうか。相続人の負担が軽減すれば，相続登記の促進ともなる。このようなことから作られた制度が，法定相続情報証明制度である。

(2) 制度概要

【法定相続情報一覧図】

相続人は，除籍謄本・戸籍謄本等を確認しながら，法定相続の関係図を作成する。いわば，戸籍を図解するわけである。これが，「法定相続情報一覧図」である。実際は，相続人等から依頼を受けて，司法書士が作成することが多い。

【保管及び写しの交付の申出】

相続人は，法定相続情報一覧図と除籍謄本・戸籍謄本等を持参して，「この法定相続情報一覧図を保管してほしい。そして，その写しを交付してくれ」と法務局に申し出る。

登記官は，提出された除籍謄本・戸籍謄本等をチェックして，法定相続情報一覧図が正しいと判断したら，この図の写しを作成し，登記官の認証を付して（職印を押して）交付する。法定相続情報一覧図は，法務局で保管する。

【使　用】

交付を受けた法定相続情報一覧図の写しは，除籍謄本・戸籍謄本等の代わりに使用することができる。不動産登記申請においても使用することができるし，銀行預金の解約等でも使用できる。いちいち除籍謄本・戸籍謄本等を取得する必要がなくなったというわけである。

また，他にも使用する場合には，再交付してもらうこともできる。

2 手　　続

(1) 申出をすることができる者

登記官に対して，法定相続情報一覧図の保管及び写しの交付の申出ができるのは，相続人である（規則247条1項柱書）。また，数次相続が生じている場合に申出ができるのは，相続人の地位をさらに相続により承継した者（相続人の相続人）である。

使用目的が登記申請だけではないので，被相続人が不動産を所有していない場合も，相続人は，申出をすることができる。

(2) 申出をすべき登記所

法定相続情報一覧図の保管及び写しの交付の申出は，次に掲げるいずれかの地を管轄する登記所に対して行うことができる（規則247条1項柱書）。

①被相続人の本籍地
②被相続人の最後の住所地
③申出人の住所地
④被相続人を表題部所有者・所有権登記名義人とする不動産の所在地

法定相続証明制度は，使用目的が登記申請に限られず，被相続人が不動産を所有していなくも利用できる制度なので，④に限定されていないのである。

(3) 法定相続情報一覧図の記載事項

法定相続情報一覧図に記載されるのは，次の事項である（規則247条1項1号・2号）。

①被相続人の氏名，生年月日，最後の住所，死亡年月日
②相続開始時における同順位の相続人の氏名，生年月日，被相続人との続柄

また，任意的記載事項として，相続人の住所を記載することができる。法定相続情報一覧図に相続人の住所を記載する場合には，保管及び写しの交付の申出をするときに，相続人の住所を証する情報も提供しなければならない。

⑷ 申出方法

【申出書】

法定相続情報一覧図の保管及び写しの交付の申出は，一定の事項を記載した申出書を提供して行わなければならない（規則 247 条 2 項）。

申出書には，利用目的も記載する必要がある。

【添付情報】

申出には，除籍謄本・戸籍謄本等，そして相続人の住所を記載する場合には相続人の住所を証する情報を提供しなければならない。これらの書面は，法定相続情報一覧図の写しの交付時に返却される。

【再交付】

法定相続情報一覧図の写しの再交付の申出をすることができるのは，保管及び写しの交付の申出をした相続人のみである。

3 登記申請への提供

【除籍謄本・戸籍謄本等の代わり】

相続人名義での所有権保存登記，相続による所有権移転登記，相続人による登記などを申請する場合において，その相続に関して認証の付された法定相続情報一覧図の写しを提供したときは，相続があったことを証する除籍謄本・戸籍謄本等の提供に代えることができる（規則 37 条の 3）。相続人の中に廃除された者がいる場合も，法定相続情報一覧図の写しを提供すれば，別途，廃除されたことを証する情報の提供は不要である。廃除されたことも戸籍の内容だからである。

ただ，法定相続情報一覧図は，除籍謄本・戸籍謄本等の内容しか反映していないので，相続放棄申述受理証明書・遺産分割協議書の提供に代えることはできない。

【住所を証する情報の代わり】

相続による所有権移転登記等を申請する場合において，その登記申請において提供された法定相続情報一覧図に相続人の住所が記載されている場合には，相続人の住民票の写しの提供に代えることができる（平 30・3・29 民二 166 号）。

11. 援用・原本還付

1 援　　用

(1) 意　　義

同一の登記所に対して，同時に数個の登記を申請する場合において，各申請に共通する添付情報があるときは，その添付情報は，そのうちの１つの登記申請情報において提供し，他の登記申請情報にはこれを援用する旨を記載して，その提供に代えることができる（規則37条１項）。

たとえば，甲土地は，A・Bの共有であり，Aの持分に対してのみ抵当権が設定されているとしよう。この事例において，A・Bが甲土地をCに売却したら，A持分全部移転登記とB持分全部移転登記を申請することになる。この場合，どちらの登記申請においても，Cの住所証明情報の提供が必要となるが，１件目のA持分全部移転登記の登記申請情報に併せて提供すれば，２件目のB持分全部移転登記の登記申請情報においては，「住所証明情報（前件添付）」と記載して，実際の提供を省略することができるというわけである。

(2) 要　　件

次の要件を満たす場合に，添付情報を援用することができる。

①同一の登記所に同時に２以上の登記申請をする場合であること

②数個の登記において共通する添付情報を提供する場合であること

①は，時間的に同時に提出するということであり，同時申請に限らず，連件申請の場合であってもよい。

②は，数個の登記について提供する添付情報が物理的に同一であるだけでなく，法令の添付根拠も同一であることを意味する。

たとえば，AからBへの所有権移転登記と，Cの抵当権設定登記を連件で申請する場合，１件目で住所証明情報として提供したBの印鑑証明書を，２件目で印鑑証明書として援用することはできない。Bが市区町村長から発行を受けた「印鑑証明書」であることは共通するが，１件目は住所証明情報として，２件目は印鑑証明書として提供しており，添付根拠が異なるからである。

なお，オンライン申請の場合であっても，添付情報の援用をすることはできる。

2 原本還付

(1) 意　　義

登記申請人は，登記申請情報に併せて提供した添付情報の原本の還付を請求することができる（規則55条1項本文）。

添付情報は，原則として登記所で保管され，申請人に還付されない。しかし，申請人が他の手続でその書面を使用するなどの事情がある場合に，原本の還付を受けることができるのである。

(2) 原本還付の方法

【時　期】

原本還付の請求は，登記申請時に行わなければならない。登記完了後は，原本還付の請求をすることができない。

【謄本を提出】

原本還付の請求をするには，原本に加えて，「原本に相違ない」旨を記載した謄本を提出しなければならない(規則55条2項)。原本をコピーしたうえで,「原本に相違ない」と記載して，原本とともに提出するということである。

原本還付の請求がなされた場合，登記官は，原本と上記謄本を照合して，原本と同じであることを確認したら，登記完了後に原本を返してくれる。謄本は登記所で保管する。

【除籍謄本・戸籍謄本等の場合】

相続関係を証する除籍謄本・戸籍謄本等の原本還付請求をする場合，その謄本（コピー）の提供に代えて，相続関係を図にした相続関係説明図を提出すればよい（昭39・11・21民甲3749号）。なお，ここでいう「相続関係説明図」とは，申請人や司法書士が作成した相続の関係図のことであって，登記官の認証を受けた法定相続情報一覧図のことではない。なお，登記官の認証を受けた法定相続情報一覧図の提供がある場合は，原本還付どころか，除籍謄本・戸籍謄本等の提供自体が不要となる。

相続関係説明図での代替が認められるのは，除籍謄本・戸籍謄本等のすべてをコピーするのは大変であるうえ，登記所としても，かさばって保管が大変だからである。「司法書士さ～ん，除籍謄本・戸籍謄本等の内容を図にして提出してくれたら，コピーをとらなくても全部返してあげるよ。こっちも助かるし

～」というわけである。

相続関係説明図によって原本還付を受けることができるのは，除籍謄本・戸籍謄本等のみである。遺産分割協議書・相続放棄申述受理証明書などの原本還付を受けるには，相続関係説明図を提供しただけでは足りず，「原本に相違ない」旨を記載した謄本を提出する必要がある（平17・2・25民二457号）。

⑶　原本還付ができない場合

次の場合には，原本還付を受けることができない。

①オンライン申請の場合（規則55条1項本文）

②登記申請情報や委任状に押印した印鑑に関する印鑑証明書（規則55条1項但書，令16条2項，令18条2項）

③承諾証明情報や同意証明情報に押印した印鑑についての印鑑証明書（規則55条1項但書，令19条2項）

④裁判所書記官作成の印鑑証明書（規則55条1項但書，令16条2項，令18条2項，規則48条1項3号，規則49条2項3号）

⑤当該登記申請のためにのみ作成された委任状その他の書面（規則55条1項但書）

⑥偽造された書面その他の不正な登記申請のために用いられた疑いのある書面（規則55条5項）

①について。オンライン申請の場合，添付情報をインターネットで送信しても，そのデータは送信元のコンピューターに残っているはずであり，原本還付を受ける必要性がないからである。原本還付は，書面申請の場合の制度ということになる。ただし，オンライン申請の特例方式の方法で登記申請した場合において，添付情報を書面で提出したときは，その添付情報について原本還付の請求をすることができる（規則附則24条2項）。

②～④は，重要な印鑑証明書ということである。印鑑証明書は，文字情報だけでなく，印影という形を証明するものなので，印刷が鮮明な原本を登記所に保管しておきたいということである。ただし，上記以外の印鑑証明書については，原本還付の請求をすることができる。たとえば，相続による所有権移転登記と併せて提供された遺産分割協議書の一部として提供された印鑑証明書や，本人確認情報に押印した司法書士の職印に関する印鑑証明書については，原本還付の請求をすることができる。

第4章　登録免許税

●この章で学ぶこと●

この章では，登録免許税について学びます。収入印紙・領収証書の再使用証明に注意して，学習を進めていきましょう。

1. 意　義

不動産の権利に関する登記を申請する場合，申請人は，登録免許税を納付しなければならない（登免税3条）。登記を受ける利益に対して，税金が課されるのである。

登録免許税の納付義務は，登記権利者と登記義務者が連帯して負う。ただし，当事者の特約により自由に納付義務者を変更することができる。国としては，税金がしっかり納められさえすれば，誰が負担してもかまわないということである。

登録免許税が納付されない場合，登記申請は却下される（25条12号）。

2. 非課税となる場合

1 意　義

不動産の権利に関する登記を申請する場合は，原則として登録免許税が課されるが，一定の場合には非課税となる。非課税となる登記には，次のようなものがある。

①国または地方公共団体等が自己のためにする登記（登免税4条1項）

②登記官による職権登記（登免税5条2号）

③住居表示の実施，行政区画の変更に伴う地番変更による登記事項の変更登記

（登免税5条4号5号）

④登記官の職権抹消・更正（登免税5条12号）

⑤信託による所有権移転登記（登免税7条1項）

②〜⑤についての詳細は，それぞれの箇所での説明にゆだねる。ここでは，①について説明していこう。

2　国または地方公共団体等がする登記

(1)　意　　義

国または登録免許税法別表2に掲げる非課税法人が自己のためにする登記は，非課税となる（登免税4条1項）。登録免許税法別表2に掲げる非課税法人には，地方公共団体・国立大学法人・地方道路公社・日本司法支援センター・日本中央競馬会などがある。以下，「地方公共団体等」と呼ぶことにする。

(2)　非課税となる登記

【考え方】

非課税となるのは，国または地方公共団体等が自己のためにする登記である。つまり，国または地方公共団体等が登記の利益の主体となるような登記を申請する場合に，非課税となるということである。

国または地方公共団体等が登記義務者として登記申請をする場合には，非課税とならない。

【順位変更】

担保権の順位変更登記は，登記権利者・登記義務者の割り振りを決めない合同申請なので，課税・非課税が問題となる。この場合，順位変更を行う登記申請人全員が国または地方公共団体等であるときは，非課税となる（登研314号67）。これに対して，登記申請人の中に私人が存在するときは，国または地方公共団体等の担保権の個数も権利の件数に含めて課税される（昭48・10・31民三8188号）。甲土地に設定されているA銀行の1番抵当権，熊本市の2番抵当権，国の3番抵当権について，順位変更登記を申請する場合，登録免許税は3,000円となる。

【代位の登記】

国または地方公共団体等がこれら以外の者に代位して登記申請する場合も，非課税となる（登免税5条1号）。

3. 減税となる場合

1 意　義

登録免許税が減税となる場合には，次のような場合がある。

①共同抵当権・根抵当権の追加設定登記（登免税 13 条 2 項）

②仮登記に基づく本登記（登免税 17 条 1 項）

③地上権者等が所有権を取得する登記（登免税 17 条 4 項）

ここでは，③について説明していこう。

2 地上権者等が所有権を取得する場合

地上権・永小作権・賃借権・採石権・配偶者居住権の設定登記がなされている土地または建物について，当該地上権者等の登記名義人が所有権を取得する所有権移転登記を申請する場合，登録免許税は，通常の税率に 100 分の 50 を乗じた額（つまり半額）となる（登免税 17 条 4 項）。

たとえば，甲土地は，A が所有権登記名義人であり，B の地上権設定登記がなされている。この事例において，A から B への所有権移転登記を申請する場合の登録免許税は，1000 分の 20 の半額の 1000 分の 10 となる。B は，地上権設定登記を受けるときに 1000 分の 10 を支払っており，その分を考慮したものである。

当該地上権等の存続期間が満了していることが登記記録から明らかであっても，この半額サービスを受けることができる（昭 42・7・2 民三 726 号）。この場合でも，登記記録上地上権等が存在しているのは事実であり，また，地上権設定の登録免許税をすでに納付しているからである。

これに対して，地上権設定登記がすでに抹消されている場合には，半額サービスを受けることはできず，通常どおり課税される。

例題　A が所有権登記名義人である甲土地（不動産価額 1,000 万円）には，B の所有権移転仮登記がなされており，また，B の地上権設定登記がなされている。B が当該仮登記に基づく本登記を申請する場合の登録免許税を答えよ。

本例題の申請は，仮登記に基づく本登記である。所有権移転登記を仮登記に基づく本登記として申請する場合は，前記1②に該当し，通常の税率である 1000 分の 20 から仮登記で納付した分である 1000 分の 10 が控除される（登免税17条1項)。

また，本例題で，所有権移転登記を受けるのは地上権登記名義人であるから，前記1③に該当し，やはり半額サービスを受けることができるはずである（登免税17条4項)。

本例題において問題となるのは，この2つの減税サービスを併用することができるかという点である。

結論からいうと，併用することができる。その場合に，地上権登記名義人等が所有権を取得した場合の半額サービスの計算をしてから，仮登記に基づく本登記をする場合の1000分の10の控除の計算をするという順番で計算しなければならない。掛け算・割り算（半額）を足し算・引き算（控除）より先に計算するのが小学校の算数の教科書に書いてある世の習いである。

例題においては，まず，1000分の20の税率に半額サービスを適用して，1000分の10にする。そして，この計算結果である1000分の10から1000分の10を控除すると，税率は1000分の0となる。ただし，登録免許税は，0円ではない。非課税の場合を除けば，登録免許税額が1,000円未満の場合，登録免許税は1,000円となる。よって，例題の登記を申請する場合の登録免許税は，1,000円である。

4. 納付方法

1　総　　説

登録免許税の納付方法には，現金納付・印紙納付がある。また，オンライン申請の場合には，それに加えて，電子納付の方法も認められる。

2　納付方法

(1)　現金納付

郵便局などで現金で登録免許税を支払い，その領収証書を登記申請情報に貼付する方法である（登免税21条)。

(2)　印紙納付

収入印紙を登記申請情報に貼付する方法である（登免税22条)。書面申請の場合，収入印紙で納付することが多く，法務局には，収入印紙を購入できる窓口がある。

(3) 電子納付

オンライン申請の場合には，歳入金電子納付システムを利用した納付をすることもできる（登免税 24 条の 2 第 1 項本文）。簡単にいえば，ネットバンキングを使ったネット決済である。パソコン上の納付ボタンを押すだけの簡単な方法である。

注意するのは，オンライン申請の場合でも，現金納付や印紙納付が認められているということである。オンライン申請だからといって，ネット決済をしなければならないわけではないのである。

◉登録免許税の納付方法

	書面申請	オンライン申請
現金納付・印紙納付	○	○
歳入金電子納付システムでの納付	×	○

3 納付後の処理

登記官は，登記をするときは，登録免許税がきちんと納付されていることを確認しなければならない（登免税 25 条）。

納付されている場合，それが収入印紙によるときは，収入印紙に消印をする。現金納付によるときは，登記申請情報に貼付されている領収証書に使用済みの記載をする（登免税 25 条，準則 126 条 1 項）。

5. 登録免許税の過誤納等があった場合

1 意　義

(1) 還付される場合

登録免許税を納めすぎた場合，登録免許税を納めたのに登記がなされなかった場合には，納めなくてよかった余計な登録免許税について還付を受けることができる。登録免許税の還付を受けることができるのは，次の場合である。

①登記申請が却下された場合（登免税31条1項1号）
②登記の申請が取り下げられた場合（登免税31条1項2号）
③登録免許税に過誤納があった場合（登免税31条1項3号）
④再使用証明を受けた者から現金での還付を受けたい旨の申出があった場合（登免税31条5項）
⑤いったん実行された登記が，登記官により，不動産登記法71条に基づいて職権抹消された場合（昭43・4・2民三88号）

②については，再使用証明を受けたい旨の申出をすることができ，再使用証明を受けた場合には，登録免許税は現金では還付されない。

⑵　注意すべき事例

【二重登記】

二重登記の一方を職権で抹消した場合には，抹消された登記について納付していた登録免許税は，還付される（昭43・3・13民甲398号）。登記の却下に準じる扱いをするのである。

【還付されない場合】

所有権の全部移転登記を一部移転登記にする更正登記を申請した場合や，抵当権の債権額減額変更登記を申請した場合には，登録免許税の還付を受けることができない。これらの場合，実体的に間違っていたとはいえ，登記手続上は登記申請人の申請どおりの登記がなされたのであり，納付した登録免許税は正当なものといえるからである。

2　還付手続

登録免許税を還付すべき事由が生じた場合，登記官は，遅滞なく，所轄税務署長に通知をしなければならない（登免税31条1項柱書）。通知を受けた所轄税務署長は，登記を受けた者に対して，金銭で還付する（国税通則56条1項）。

取下げ・過誤納の場合において，代理受領の申出があれば，司法書士等の登記申請代理人に対して還付することもできる（平21・6・16民二民商1440号）。司法書士が登録免許税を立て替えることもあり，司法書士等へ還付することが合理的な場合があることから，認められたものである。

なお，還付請求権は，その請求をすることができるようになった日から5年間行使しないと，時効により消滅する（国税通則74条1項）。

6. 再使用証明

1 意　　義

登記申請を取り下げた場合，前記*5.*で説明したように，登録免許税は現金で還付されるのが原則である。

しかし，登記申請の取下げと併せて，登記申請情報に貼付された消印・使用済みの旨の記載がなされるなどしている収入印紙または領収証書を再使用したい旨の申出をすることができる（登税31条3項）。

登記申請を取り下げた場合，登記申請情報と添付情報が返還されるが，当該申出をすると，収入印紙または領収証書に再使用できる旨が記載されたうえで返還される。これが再使用証明である。この再使用証明を受けた収入印紙・領収証書は，登記申請をする際に，収入印紙・領収証書として再度使用できることになる。消印や使用済みの記載がなされ，二度と使用できないはずの収入印紙・領収証書が，復活して再度使用することができるようになるということである。

2 再使用の申出の可否

(1) 再使用の申出ができる手続

再使用の申出ができるのは，登記申請の取下げを行った場合である。

登記申請が却下された場合や，登録免許税を過大納付した場合は，現金で還付を受けるしかなく，再使用の申出をすることはできない。

(2) 納付方法での可否

再使用の申出をすることができるのは，収入印紙または領収証書を貼付して登録免許税を納付した場合である。

電子納付した場合には，再使用の申出をすることができない。電子納付した場合には，再使用するような消印や使用済みの記載がなされている証書等が存在しないからである。

オンライン申請をした場合でも，収入印紙または領収証書を貼付して登録免許税を納付したときは，再使用の申出をすることができることに注意してほしい。

(3)　再度の再使用の申出

再使用証明を受けた収入印紙・領収証書を使用して登記申請をしたが，再び登記申請を取り下げた場合には，再度の再使用の申出をすることができる（昭42・12・27民甲3718号）。

3　再使用の方法

(1)　使用方法

再使用証明を受けた収入印紙・領収証書は，登記の申請において使用することができる。

再使用証明を受けた収入印紙・領収証書を登記申請において使用することができるのは，当該証明を受けた登記所のみであり，他の登記所で使用することはできない（登研321号71）。

不動産登記の申請を取り下げた際に再使用証明を受けた収入印紙・領収証書は，商業登記の申請においても使用することができる（登研393号87）。

(2)　使用期間

再使用証明を受けた収入印紙・領収証書は，取下げの日から１年間のみ使用することができる（登免税31条3項前段）。

1年を過ぎた場合，再使用証明を受けた収入印紙・領収証書は使用できなくなるが，還付請求権自体が消滅するわけではない。そのため，取下げの日から5年間であれば，現金還付の請求をすることができる（☞前記*5.* 1(1)④）。

第5章 登記申請後の処理

●この章で学ぶこと●

ここでは，登記申請がなされた後の処理について学びます。審査請求がよく出題されます。しっかり学習してください。

1. 登記の受付

1 受付とは

登記の申請があった場合，登記官はその申請を受け付ける（19条1項）。

受付は，受理とは異なる。受け付けられたとしても，受理されたというわけではなく，形式的に受け取ったということにすぎない。受付後に登記官が審査して，却下事項があれば，却下されることになる（25条）。

受付の際に登記申請情報に貼付された収入印紙・領収証書には，消印・使用済みの記載がされる。

2 受付番号

登記申請の受付がなされると，受付番号が振られる。

同一の不動産に対して同時申請がなされた場合には，同一の受付番号が振られる（19条3項）。

また，同一の不動産に対して2つ以上の申請がなされた場合において，その前後が明らかでないときがある。郵送でなされた登記申請と法務局に持参された登記申請の場合などに生じる。この場合，これらの申請は，同時になされたものとみなされ，同一の受付番号が振られる（19条2項）。ただし，この2つ以上の登記が同一の所有権登記名義人からの二重譲渡の登記の場合など，矛盾する登記の場合は，双方とも却下される。

3　受領証の交付

書面により登記申請をした申請人は，登記申請情報及び添付情報の受領証の交付を請求することができる（規則 54 条）。

これに対して，オンライン申請をした申請人は，受領証の交付を請求できない。オンライン申請においては，申請人自身がインターネットで申請後の情報を確認することができ，受領証の交付を請求する実益がないからである。

2. 補正・取下げ・却下

1　補　　正

(1)　意　　義

登記申請に却下事由に該当する不備があったとしても，その不備が補正可能なものである場合には，登記官の定めた相当の期間内に補正すれば，登記申請は却下されず，受理される（規則 60 条 1 項）。軽微な不備の場合に，申請人の便宜を図るため，補正の機会を与えたものである。

(2)　補正の方法

補正は，次の方法で行わなければならない（規則 60 条 2 項）。

①**書面申請の場合**：書面の方法で補正する。

②**オンライン申請の場合**：オンラインの方法で補正する。

登記申請の補完手続である以上，登記申請と同一の方法で行う必要があるということである。

2　取　下　げ

(1)　意　　義

取下げとは，申請人の意思で，登記申請を撤回することである。いったん登記を申請しても，登記が完了する前であれば，申請人の意思でその申請を取り下げることができる。

⑵ 種　　類

取下げには，次の2つがある。

①登記申請を補正するための取下げ

②登記申請を完全にやめるための取下げ

①について。たとえば，前提としての登記名義人表示変更登記を申請し忘れた場合は，登記名義人表示変更登記と連件申請にしなければならない。しかし，件数が変わるため，そのまま補正することができない。このような場合には，補正して再提出するために取り下げることができるということである。

⑶ 手　　続

【時　期】

取下げは，登記完了前にしなければならない（規則39条2項）。登記が完了した場合，取下げはできず，抹消登記を申請しない限り，なかったことにはできなくなる。

【方　法】

取下げは，次の方法で行う（規則39条1項）。

①**書面申請**:取り下げる旨の情報を記載した書面（取下書）を登記所に提出する。

②**オンライン申請**：オンラインで取り下げる旨の情報を登記所に送信する。

【提供するもの】

取下げをするには，取り下げる旨の情報を提供しなければならない。その情報には，補正のための取下げか，申請を完全にやめるための取下げか，その理由も提供しなければならない（昭29・12・25民甲2637号）。

【代理人からの取下げ】

取下げは，代理人から行うこともできる。この場合，補正のための取下げであれば，代理人の権限を証する情報の提供は不要である。

これに対して，申請を完全にやめるための取下げであれば，取下げのための代理人の権限を証する情報を提供する必要がある。登記申請情報と併せて提供した委任状に「登記申請に関する一切の行為」と記載されていても，その委任状を流用することはできない。

⑷ 取下げの処理

書面による登記申請が取り下げられた場合，登記申請情報（申請書）と添付情報（添付書類）が還付される（規則39条3項）。

納付した登録免許税は，現金で還付されるが，再使用したい旨の申出をすることもできる（登免31条3項）。

3 却　　下

(1) 意　　義

登記申請に不備があり，相当な期間内に補正がない場合，登記官は，理由を付した決定で登記申請を却下する（25条）。

(2) 手　　続

【却下決定書】

却下の決定がなされたときは，登記官は，却下決定書を書面で作成して，申請人ごとに交付する（規則38条1項本文）。オンライン申請が却下された場合も書面で交付されるので，注意すること。

代理人によって登記申請がなされている場合，却下決定書は，代理人に交付すれば足りる（規則38条1項但書）。

【還付されるもの】

書面による登記申請が却下された場合，添付情報（添付書類）が還付される（規則38条3項本文）。ただし，偽造された疑いのある書類等は，還付を受けることができない（規則38条3項但書）。

取下げの場合と異なり，登記申請情報（登記申請書）は還付されないので，よく比較しておくこと。

【再使用をしたい旨の申出の可否】

登記申請が却下された場合は，収入印紙・領収証書について再使用したい旨の申出をすることができない。却下の場合，登記申請情報が還付されないので，その登記申請情報に貼付した収入印紙・領収証書についても還付されないからである。

3. 登記官による本人確認調査

1 意　　義

登記官は，登記の申請があった場合において，申請人以外の者が申請人になりすまして申請していると疑う相当な理由があるときは，申請人の申請権限の有無についての調査（本人確認調査）を行わなければならない（24条1項）。

登記官には，提供された登記申請情報・添付情報だけを審査する形式的審査権しかないのが原則である。本人確認調査は，登記官に認められた唯一の実質的審査権である。

登記官に認められた本人確認調査は，申請人となるべき者が申請しているか否かの調査（本人確認）に限られる。申請人に申請意思があるか，申請にかかる登記原因が真実に合致しているかなどについて実質的な調査をすることはできない。

2 要　　件

(1) 総　　説

登記官が本人確認調査をしなければならないのは，次の要件を満たした場合である（24条1項）。

①申請人となるべき者以外の者が申請していると疑うに足りる相当の理由があること

②登記申請を却下すべき場合でないこと

①について。その具体的事由は，後記(2)で説明する。

②について。登記申請を却下する場合であれば，本人確認をする必要性がないからである。

(2) 相当な理由

登記官に本人確認調査義務が生じる要件である「申請人となるべき者以外の者が申請していると疑うに足りる相当の理由がある」とは，具体的には，次の場合である。

①捜査機関その他の官公署から，不正事件が発生するおそれがある旨の通知があったとき（準則33条1項1号）

②不正登記防止申出がなされてから3か月以内に登記申請があったとき（準則33条1項2号）

③同一の申請人にかかる不正事件が発覚しているとき（準則33条1項3号）

④登記識別情報を提供せずに登記申請がなされ，前住所通知がなされた場合において，登記の完了前に，当該通知にかかる異議の申出があったとき（準則33条1項4号）

⑤登記官が，登記識別情報の誤りを原因とする補正・取下げ・却下が複数回なされていることを知ったとき（準則33条1項5号）

⑥登記官が，登記申請情報の内容となった「登記識別情報を提供することができない理由」が事実と異なることを知ったとき（準則33条1項6号）

⑦上記①～⑥以外の場合でも，登記官が職務上知り得た事実により，申請人となるべき者になりすました者が申請していることを疑うに足りる客観的かつ合理的な理由があると認められるとき（準則33条1項7号）

3　本人確認調査の手続

(1)　調査方法

登記官による本人確認調査は，次の方法で行う（24条）。

①申請人・その代表者・その代理人に対して，出頭を求める方法

②申請人・その代表者・その代理人に対して，質問をする方法

③申請人・その代表者・その代理人に対して，文書の提示その他必要な情報の提供を求める方法

本人確認の方法として，出頭させて顔を確認したり，干支などを質問したり，運転免許証などを求めたりすることは，常套手段である。登記官の本人確認調査においても，このような常套手段が採用されているということである。

①～③のすべてを行う必要はなく，状況に応じた適切な方法を採用すればよい。たとえば，電話等による事情の聴取・資料の提出などで申請人となるべき者であることの確認がとれたならば，本人の出頭を求める必要はない（平17･2･25民二457号）。

(2)　本人に対する調査の要否

司法書士が代理して行った登記申請において，登記官が本人確認する場合は，まず当該司法書士に対して必要な情報を求める（準則33条2項）。司法書士へ

の調査により，申請人となるべき者の申請であることが確認できたときは，本人に対する調査を行う必要はない（平17・2・25民二457号）。

(3) 他の登記所の登記官への嘱託

登記官が本人確認調査のため，申請人等の出頭を求めた場合において，出頭を求める申請人等が遠隔の地に居住しているとき，その他相当と認めるときは，申請人等の申出により，他の登記所の登記官に本人確認調査を嘱託することができる（24条2項，準則34条1項）。

4. 不正登記防止申出

1 意　義

申請人となるべき者になりすました者が登記申請をしているおそれがある場合，または，そのような登記申請をするおそれがある場合，当該申請人となるべき登記名義人等は，登記所に出頭して，その旨の申出をすることができる。これを不正登記防止申出という。

登記官の本人確認調査のきっかけにして，不正の登記を事前に防止することができるように認められたものである。

2 申出の手続

(1) 方　法

不正登記防止申出は，申出権者が登記所に出頭して行わなければならない。インターネットを利用した申出や郵送での申出をすることはできない。オンラインや郵送では，申出人の本人確認をすることができず，その申出自体が本人になりすました者からの虚偽の申出である可能性もあるからである。

(2) 申出権者

不正登記防止申出ができるのは，次の者である。

①登記名義人本人
②登記名義人の代表者
③登記名義人の代理人

③について。委任による代理人は申出することができない。ただし，①～③の者が登記所に出頭できないやむを得ない事情があると認められる場合には，委任による代理人により申出をすることができる（準則35条1項但書）。

3　申出にかかる登記が申請された場合

(1)　本人確認調査の実施

不正登記防止申出が相当であると認められる場合において，申出の日から3か月以内に申出にかかる登記の申請があったときは，登記官は，本人確認調査をしなければならない（準則33条1項2号）。

調査の結果，申請人となるべき者以外の者が申請していると判断されたときは，登記の申請は却下される。不正登記防止申出にかかる登記が申請されたからといって，当該登記申請が当然に却下になるわけではない。

(2)　申出者への通知

不正登記防止申出の日から3か月以内に申出にかかる登記申請があったとき，及び本人確認調査を完了したときは，登記官は，速やかに，申出をした者に対してその旨を適宜の方法で通知する（準則35条8項）。

5. 登記完了後の手続

1　登記識別情報の通知

登記申請人自らが登記名義人となる登記が完了したときは，登記官は，原則として，当該申請人に対して登記識別情報を通知しなければならない（21条）。

2　登記完了証の交付・通知

登記が完了したときは，登記官は，登記権利者及び登記義務者の双方に対して，登記完了証を交付することにより，登記が完了した旨を通知しなければならない（規則181条）。

ただし，登記権利者や登記義務者が数人いる場合には，各1人に通知すれば足りる。たとえば，AからB・Cへの所有権移転登記が完了したときは，登記完了証は，AとBに対して交付して通知すれば足りる。

3　代位登記がなされた場合

代位による登記が申請され，完了したときは，申請人である代位者及びその他の申請人に対して登記完了証が交付される（規則181条1項前段）。被代位者には登記完了証が交付されず，登記が完了した旨の通知がなされるのみである（規則183条1項2号）。

6. 審査請求

1　意　　義

登記官の不当な処分により不利益を受けた者，または登記官の不作為にかかる処分を申請した者は，その不当処分の是正を求め，登記官が正当な処分をするように，その登記官を監督する法務局または地方法務局の長に対して，審査請求をすることができる（156条1項）。

たとえば，登記申請を行った者が「何も不備がないのにどうして却下するんだ。受理しろ」と登記官の監督者に対してクレームをつけることができるということである。

2　請求権者

(1)　要　　件

審査請求をすることができるのは，次の要件を満たす者である。

①登記官の処分により直接不利益を受けた者であること

②審査請求が認められることでその不利益が除去される者であること

(2)　具体的事例

共同申請による登記申請が却下された場合には，登記権利者・登記義務者のいずれも単独で審査請求をすることができる。

代位による登記が抹消された場合，代位債権者は，審査請求をすることができる（大決大9・10・13）。

抵当権移転登記申請が却下された場合，抵当権設定者は，審査請求をすることができない（大決大6・4・25）。抵当権設定者は，抵当権移転登記の申請人ではないからである。

(3)　代理人からの請求

審査請求は，代理人から行うこともできる。ただし，登記申請の代理人が審査請求をするには，登記申請の代理権とは別個に，審査請求についての代理権の授与が必要となる点に注意が必要である（☞ P444）。

3　対象となる処分

審査請求の対象となるのは，不動産登記法において登記官がなすべきとされているすべての行為であり，登記申請の受理，登記の実行，登記申請の却下，受領書の交付，登記事項証明書の交付等が含まれる。

ただし，登記が実行された場合には，登記官がその登記を職権抹消できるときのみ（71条：☞ P517），審査請求の対象となる。審査請求は，登記官の処分を求める請求である以上，登記官が抹消という処分をすることができる場合でなければならないのである。

4　請求手続

(1)　請求方法

審査請求は，書面またはオンラインの方法でしなければならない（行政不服9条1項）。口頭で審査請求をすることはできない。口頭では感情的となり，有意義な請求とならない可能性が高いからである。

(2)　請　求　先

審査請求は，不当な処分をした登記官を経由して，不当な処分をした登記官を監督する法務局または地方法務局長に対して行う（156条2項）。つまり，監督法務局長または地方法務局長宛ての請求を登記官に提出するということである。登記官が自己の処分が間違っていたと考えた場合に，監督者を挟まない迅速な処理を可能にするためである。

(3)　請求期間

審査請求には，期間制限はなく，審査請求の利益がある限り，いつでもすることができる。登記申請情報の保存期間が満了した後でも，審査請求をすることができる。

5　審査請求された場合の措置

(1)　審査請求に理由があると判断した場合

審査請求を受け取った登記官は，その請求に理由があると判断したとき，つまり「クレームはまっとうだ。自分が間違っていた」と認めたときは，相当の処分をしなければならない（157条1項）。

たとえば，登記官が行った登記申請の却下処分に対して審査請求があった場合，登記官は，審査請求に理由があると判断すれば，自分で登記を受理する処分をしてよいということである。これにより迅速な処理が可能となるのである。

相当の処分をしたときは，登記官は審査請求人に対して，その処分の内容を通知する（規則186条）。

(2)　審査請求に理由がないと判断した場合

【登記官の措置】

審査請求を受け取った登記官は，その請求に理由がないと判断したとき，つまり「このクレームはおかしい。自分は正しい」と考えたときは，3日以内に，意見を付して，事件を監督法務局長・地方法務局長に送付しなければならない（157条2項）。

【法務局長・地方法務局長の措置】

登記官から審査請求の送付を受けた法務局長・地方法務局長は，審査請求に理由があると判断したときは，登記官に対して相当の処分を命じる。この場合，法務局長・地方法務局長は，登記官に対して相当の処分を命じたことを審査請求人・登記上の利害関係人に対して通知しなければならない（157条3項）。

これに対して，審査請求に理由がないと判断したときは，裁決で審査請求を棄却する。この裁決書の謄本は，審査請求人・登記官に交付・送付される。

6　他の救済手段との関係

登記官の処分に不服がある者は，行政訴訟を提起することもできる。また，登記官の不当な処分により被った損害の賠償を国に対して請求することもできる（国家賠償請求：最判昭36・4・21）。

審査請求・行政訴訟・国家賠償請求は，それぞれ別個の制度であり，どれを先に行使しなければならないというような順序に関する制約はない。よって，審査請求や行政訴訟により処分が取り消されなくても，国家賠償請求をすることもできるし，審査請求をしていなくても行政訴訟をすることができる。

第6章 嘱託登記・職権登記

●この章で学ぶこと●

この章では，官公署の嘱託でなされる登記，登記官が職権で行う登記を学んでいきます。不動産登記法最後の学習項目です。しっかり学習してください。

1. 嘱託による登記

1 意　　義

(1) 嘱託による登記とは

嘱託による登記とは，官公署（国・地方公共団体・裁判所など）の嘱託によってなされる登記のことである。嘱託とは，官公署が登記所に登記をするように働きかけることである。登記所以外の他の役所からの登記申請によってなされる登記のことだと理解すればよいだろう。

(2) 嘱託登記の種類

嘱託登記には，次の２つの種類がある。
①官公署が当事者となったことで行う嘱託登記
②官公署が私人の法律関係に介入したことで行う嘱託登記

①は，国が私人から不動産を購入したり，国が所有している国有地を民間に払い下げたりすることで行う登記である。官公署が登記権利者・登記義務者となったことで，官公署からの嘱託となる場合である。

②は，裁判所からの差押えの登記のように，官公署があくまで第三者として，本来の役割として，嘱託登記を行う場合である。

②については，試験対策上必要な範囲で説明した（☞ P336など）。ここでは，①について説明をしていこう。

2　官公署が登記権利者となる場合

(1)　登記申請手続

官公署が登記権利者となる場合の登記については，官公署は，遅滞なく，登記義務者の承諾を得て，当該登記を嘱託しなければならない（116条1項）。

登記義務者の承諾を得て，登記手続を官公署が単独で行うということである。共同申請による必要はない。官公署が虚偽の申請をすることは考えにくいので，単独での登記手続を認めているのである。

たとえば，一般私人Aから国が不動産を買い受けたことによる所有権移転登記は，Aの承諾を得て，国が嘱託することにより行う。

(2)　添付情報

◉添付情報チェックシート

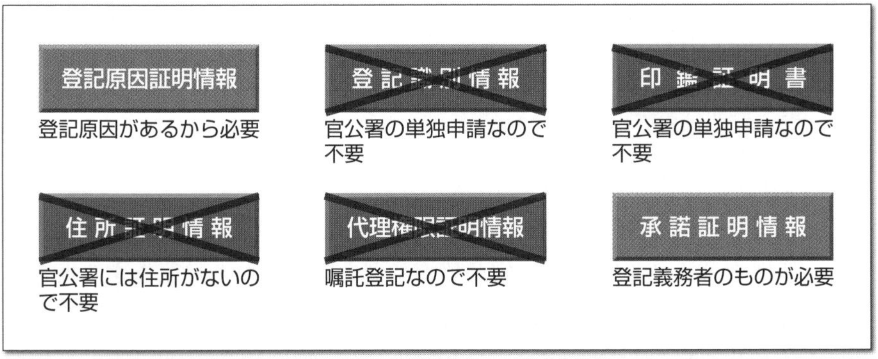

【登記識別情報】

官公署が登記権利者として登記を嘱託する場合，登記義務者の登記識別情報の提供は不要である（昭33・5・1民甲893号）。官公署の単独申請であるうえに，登記義務者の承諾証明情報によりその登記申請意思を確認することができるからである。

【印鑑証明書】

官公署が登記権利者として登記を嘱託する場合，嘱託される登記が所有権登記名義人が登記義務者となる登記であっても，印鑑証明書の提供は不要である。

官公署の単独申請でなされるからである。

【住所証明情報】

官公署が登記権利者として登記を嘱託する場合，たとえ官公署が所有権登記名義人として登記されるときであっても，住所証明情報の提供は不要である（昭36・4・19民甲895号）。

官公署が登記名義人となった場合には，たとえば，「所有者　埼玉県」などと登記される。つまり，官公署の住所は登記されないのである（そもそも住所という概念がない）。住所が登記されないのだから，それを証明するための住所証明情報の提供は必要ないというわけである。

【登記義務者の承諾証明情報】

官公署が登記権利者として登記を嘱託する場合，登記義務者の承諾証明情報の提供が必要である（令別表73添付情報欄ロ）。官公署が登記を嘱託する場合は，登記義務者の承諾を得て行わなければならず，そのことを証明する必要があるからである。

(3)　登録免許税

官公署が登記権利者として行う嘱託登記は，非課税である（登免税4条1項）。国や地方公共団体が自己のためにする登記は非課税だからである（☞ P490）。

(4)　登記識別情報の交付

【原　則】

官公署を登記権利者とする嘱託登記がなされても，登記識別情報は通知されない（規則64条1項4号本文）。官公署が登記義務者となる登記をする場合でも登記識別情報の提供が不要だからである（☞後記**3**）。使い道のないパスワードを作って通知する意味がないというわけである。

【例　外】

官公署があらかじめ登記識別情報の通知を希望する旨の申出をした場合には，登記識別情報が官公署に通知される（規則64条1項4号但書）。

3　官公署が登記義務者となる場合

(1)　登記申請手続

官公署が登記義務者となる場合，登記権利者からの請求があったときは，官公署は，遅滞なく当該登記を嘱託しなければならない（116条2項）。

官公署が登記権利者となる場合と同様，官公署が虚偽の申請をすることは考えにくいので，単独での登記手続を認めている。ただし，対抗要件を備えるか否かは，登記権利者の自由であり，勝手に登記権利者名義の登記をすることは許されない。そこで，登記権利者からの請求が要件となっている。

たとえば，一般私人Aが国有地の払下げを受けた場合，国からAへの所有権移転登記は，Aの請求があれば，国が嘱託することで行う。

⑵　添付情報

◉添付情報チェックシート

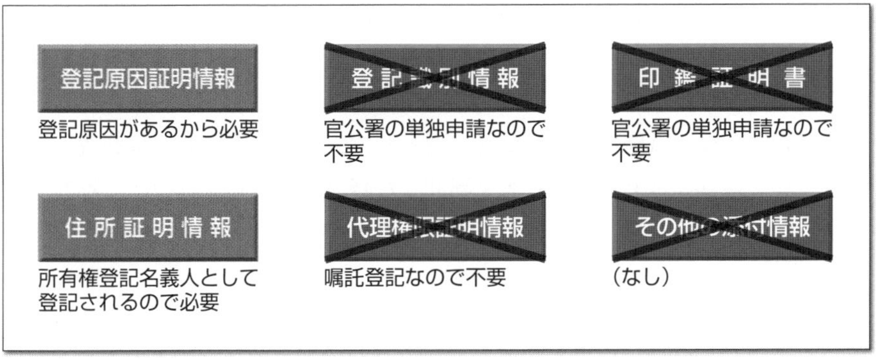

【登記識別情報】

官公署が登記義務者として登記を嘱託する場合，登記識別情報の提供は不要である（昭33・5・1民甲893号）。官公署の単独申請だからである。

【印鑑証明書】

官公署が登記義務者として登記を嘱託する場合，嘱託される登記が所有権登記名義人が登記義務者となる登記であっても，印鑑証明書の提供は不要である（16条4項）。官公署の単独申請でなされるからである。

【住所証明情報】

官公署が登記義務者として登記を嘱託する場合，所有権登記名義人として新たに登記される者がいるときは，その者の住所証明情報の提供が必要となる（昭32・5・6民甲879号）。登記名義人となる者が私人であり，その者の住所が登記されることになるからである。官公署が登記権利者となる場合には住所証明情報の提供が不要である点と比較すること。

(3) 登録免許税

官公署が登記義務者として行う嘱託登記の登録免許税は，通常どおり課税される。国や地方公共団体が自己のために行う登記ではないので，非課税とはならないのである（☞ P491）。

(4) 登記識別情報の交付

【原　則】

官公署を登記義務者として登記権利者が登記名義人となる嘱託登記を行った場合，登記官は，速やかに，当該権利者の登記識別情報を，嘱託登記を行った官公署に通知しなければならない（117条1項）。

この場合，通知を受けた官公署は，遅滞なく，当該登記識別情報を登記権利者に通知しなければならない（117条2項）。

登記官は，登記識別情報を官公署に通知して，官公署から登記権利者に渡してもらうということである。登記を嘱託した官公署に通知するのが合理的であるうえに，官公署がパスワードを盗み見て悪用するとは考えにくいからである。

【例　外】

登記権利者からの申出に基づいて，嘱託情報の内容として，登記識別情報の通知を希望しない旨の申出をしたときは，登記識別情報は通知されない（規則64条）。

2. 職権による登記

1 意　　義

(1) 申請主義

登記は，当事者からの申請または官公署からの嘱託によってなされるのが原則である（申請主義：16条1項）。原則として，登記官が職権で勝手に登記することはできないのである。

しかし，例外として，登記官が職権で行っても誤りがないと考えられるもの，登記官が職権で行うほうが合理的であるもの，登記官が職権で行う必要性が特に高いものについては，職権による登記が認められている。

⑵　職権でできる登記

【申請・嘱託に付随する職権登記】

登記官が職権でできる登記の多くは，登記の申請や嘱託がなされた場合にその登記に関連して登記官が行うものである。これはついては，それぞれの項目で学習した。

多くのものを学習したが，ここでは，復習のために主なものを列挙しておく。

①所有権の登記のない不動産に対して処分制限の登記（差押え等）が嘱託された場合の所有権保存登記（76条2項）

②敷地権である旨の登記（46条）

③地役権設定登記における要役地である旨の登記（80条4項）

④抹消登記における利害関係人の登記の抹消（規則152条2項）

⑤所有権の仮登記を本登記にした場合の利害関係を有する第三者の登記の抹消（109条2項）

⑥共同担保目録の作成（83条2項）

⑦根抵当権の分割譲渡をした場合の極度額の減額の登記（規則165条4項）

⑧買戻しによる所有権移転登記がなされた場合の買戻権の抹消（174条）

【登記官が自ら開始する職権登記】

登記官が独立して自ら開始する職権登記がある。それは，次のものである。

①登記官の過誤により登記の錯誤・遺漏が生じた場合の登記の更正（67条）

②管轄違い等がある場合の登記の抹消（71条）

③二重登記がなされた場合の抹消

以下，登記官が自ら開始する職権登記について説明を加えていく。

2　職権による更正

⑴　意　　義

登記官は，権利に関する登記に錯誤・遺漏を発見した場合，原則として，登記権利者・登記義務者・代位者に通知しなければならない（67条1項本文）。当事者の申請による更正登記等を促すためである。

しかし，登記官は，権利に関する登記に錯誤・遺漏を発見した場合において，その錯誤・遺漏が登記官の過誤によるものであるときは，法務局長の許可を得て，自ら登記の更正をしなければならない（67条2項）。

登記の誤りが登記官のミスによるものである場合は，申請によらず，登記官が直してくれるということである。登記の誤りが登記官のミスによって作られたものであるにもかかわらず，当事者の申請によらなければ更正できないのでは不当だからである。

筆者の実体験を話そう。登記申請が完了し，法務局から届いた登記事項証明書を確認していたところ，お客さんの名前が間違って登記されていた。自分の申請が誤っていたのであれば，所有権登記名義人更正登記を申請して，お客さんに謝らなければならない。あわてて自分の作成した登記申請情報のデータを見た。しかし，筆者は誤っていなかった。助かった。これは登記官のミスである。すぐに法務局に行って，登記官にミスを指摘して直してもらった。当然，職権更正登記がなされても下線が引かれるだけで，間違った形跡は残ってしまっている。「こちらは正しく登記申請したのに，登記官が間違ったんですよ」と，お客さんに偉そうに説明したことは，いうまでもない。

⑵ 要　件

登記官が錯誤・遺漏のある登記を職権で更正するためには，次の要件を満たさなければならない。

①当該登記官を監督する法務局長・地方法務局長の許可を得ること
②更正について登記上の利害関係を有する第三者がいるときは，その承諾を得ること

②について。職権で更正する場合でも，登記上の利害関係を有する第三者が存在するときは，その承諾が必要である。たとえば，1番抵当権の債権額が1,000万円であるにもかかわらず，登記官の過誤により「1,000円」と登記されてしまったとしよう。この場合は，登記官の職権で更正することができるが，更正する前に2番抵当権が設定されていたときは，当該2番抵当権者の承諾が必要となるのである。

なお，職権による更正登記は，是正前後の同一性がなくてもすることができる。

⑶ 更正後の手続

職権更正がなされたときは，登記官は，その旨を登記権利者・登記義務者・登記名義人・代位者に通知しなければならない（67条3項，4項）。ただし，登記権利者・登記義務者・登記名義人・代位者がそれぞれ2人以上あるときは，

その1人に通知すれば足りる。

3　管轄違い等がある場合の抹消

(1) 意　　義

登記官は，権利に関する登記が完了した後に，次の事由に該当することを発見したときは，当該登記を抹消しなければならない（71条）。

①管轄違いの登記がなされた場合（25条1号）
②登記事項以外の事項を目的とする登記がなされた場合（25条2号）
③申請にかかる登記がすでに登記されている場合（25条3号）
④登記すべきものでないときとして政令で定める登記がなされた場合（25条13号）

これらは却下事項であり，本来であれば，登記することができない。しかも，それが登記記録から明らかである。そこで，登記官が職権でこれらの登記を抹消することを認めたのである。

なお，上記①～④以外の却下事由のある登記がなされてしまった場合は，当事者の申請によらなければ抹消することができない。

(2) 要　　件

管轄違い等がある場合の抹消は，登記権利者・登記義務者・登記上の利害関係を有する第三者に異議を述べる機会を与えたうえで行わなければならない（71条1項～3項）。

職権による更正の場合と異なり，法務局長・地方法務局長の許可を受ける必要はない。また，職権登記後に登記権利者・登記義務者等へ通知する必要もない。

4　二重登記の場合の抹消

(1) 二重登記とは

二重登記とは，1つの不動産に重複して表題登記がなされ，登記記録が2つ設けられてしまった状態のことである。

公示上，不適切な状態なので，そのうち1つの登記記録を職権抹消する必要がある。以下，2つの登記記録のうち，どちらの登記記録を抹消すべきかについての基準を説明していく。

(2) 同一人名義の場合

【原　則】

表題部所有者が同一である二重登記がなされた場合，原則として，後になされた表題登記を登記官が職権で抹消し，その登記記録を閉鎖する（昭37・10・4民甲2820号）。

【例　外】

しかし，後に表題登記がなされた登記記録に所有権保存登記がなされ，さらに第三者の権利に関する登記がなされた場合は，例外として，先になされた表題登記を職権で抹消し，その登記記録を閉鎖する（昭39・2・21民甲384号）。あまり使われていない登記記録を閉鎖するほうが第三者への影響が少なくて済むことから認められた便宜的な取扱いである。

(3) 別人名義の場合

表題部所有者が別人である二重登記がなされた場合は，第三者の権利の有無にかかわらず，後になされた表題登記を抹消し，その登記記録を閉鎖する（昭39・2・21民甲384号）。

たとえ後から表題登記がなされた登記記録のみに第三者の権利に関する登記がなされていても，表題部所有者が異なる以上，便宜的な取扱いはできないということである。

(4) 登録免許税の還付

二重登記がなされた場合において，申請によりなされた所有権保存登記が抹消された場合には，その所有権保存登記を受けるために納付された登録免許税については，還付を受けることができる（昭39・1・13民甲37号）。

《ホームルーム》

講師：不動産登記法の学習がひととおり終わったね。どうだったかな。
生徒：いやー，難しかったですね。覚えることも多いし。先例も多いし。まだ，覚えきれていません。
講師：難しいよね。でも，あまり心配し過ぎることはないよ。不動産登記法は，すべての受験生にとって難しいんだ。１回で覚えられないのが普通だよ。何回も何回も粘り強く繰り返すことだよ。
生徒：みんな，難しいんですね。それを聞いて安心しました。不動産登記法は，記述式問題も出題されますよね。これについても不安なんですが。
講師：たしかに，択一式試験と違って，複雑な事例を読み解かなければならないし，登記申請情報を自分で書かなければならない。でも，これも，それほど不安に思う必要はない。記述式問題だけに必要な知識というものはなく，本書で学習した知識で記述式にも対応することができるから。というより，必要とされる知識自体は，択一式問題より記述式問題のほうが少ないくらいだよ。知識的には択一式試験のほうが細かいことが問われるんだ。
生徒：安心しました。どうしても不安に思ってしまいます。ちゃんと先生に聞いてみるもんですね。でも，記述式対策は必要ですよね。何をすればいいですか。
講師：まずは，本書で出てきた記載例をしっかり書けるようにすること。「解法を身につけないと」なんて高尚なことを言っている割には，記載例を覚えることを怠っている人が本当に多いんだよ。記載例を集中的に覚えるには『ケータイ司法書士Ⅴ』などのひな型集を使ってもいいね。
生徒：はい。しっかり覚えます。
講師：あとは，記述式問題の解法を身につける必要があるけど，これって，結局は，どんな状況の場合にどんな登記をしなければならないかというようなことを覚えるということなんだよ。「表題部しかなければ所有権保存登記をしろ」みたいなことで，本書でも指摘してきたから，これも本書をしっかり復習することから始めることだね。あとは，実際の記述式問題を使って知識を使う練習をすることも必要だね。記述式対策としては，ある程度問題を解く練習がやはり必要だ。
生徒：わかりました。まずは，本書をしっかり復習します。最後までありがとうございました。難しいけど，頑張ります。

判例・先例年月日索引

明治期

大正期

昭和前期：30 年代まで

昭和後期：40 年代以降

平成期

令和期

登記研究索引

事項索引

せ

そ

た

ち

て

と

に

●著者紹介●

森山　和正（もりやま・かずまさ）

昭和51年3月27日、群馬県桐生市に生まれる。群馬県立太田高校を経て、早稲田大学法学部卒業。大学3年生の11月に司法書士受験を思い立ち、8か月の学習で大学在学中に司法書士試験に合格。その後、司法書士事務所、司法書士法人で実務を執った後、2004年より東京法経学院講師、2010年よりLEC東京リーガルマインド講師。同校では、全国の受験生を対象とした配信クラスを担当し、わかりやすく、無駄を排した講義で多くの短期合格者を輩出している。

趣味は、鉄道（特に寝台列車による旅行）、将棋、マジック。

《主な著書》

- ケータイ司法書士　Ⅰ民法／Ⅱ不登法・供託法・司法書士法／Ⅲ会社法・商法・商登法／Ⅳ民訴系3法・憲法・刑法／Ⅴ記述ひな形 不動産登記／Ⅵ記述ひな形 商業登記
- ケータイ司法書士プレミアム　NEO民法
- SOS! 弱点強化司法書士　会社法・組織再編とその登記
- 司法書士合格六法（監修）　（三省堂）
- 司法書士試験　解法テクニック50
- 司法書士試験　すぐに結果が出る勉強メソッド55（共著）
- 司法書士試験　暗記のターゲット100　（中央経済社）

本書に関する正誤情報、法改正情報等のうち重要なものについては、著者のブログで見ることができます。
☞ http://blog.goo.ne.jp/vectormagic

装丁　やぶはな あきお

森山和正の
司法書士Vマジック 4　第2版
不動産登記法Ⅱ

2023年9月22日　第1刷発行

著　者　森　山　和　正
発行者　株式会社　三　省　堂
代表者　瀧本多加志
印刷者　三省堂印刷株式会社
発行所　株式会社　三　省　堂
〒102-8371　東京都千代田区麴町五丁目7番地2
電話（03）3230-9411
https://www.sanseido.co.jp/

<2版司法書士Vマジック4・544pp.>

落丁本・乱丁本はお取り替えいたします。

ISBN978-4-385-31994-0